经济学理论及现实问题的思考

王志伟 著

北京大学经济学院教授文库

通过这些著述和文稿，我们不仅可以分享教授们的研究成果，领略他们的学术风格，而且可以把握不同历史时期我国经济学研究的思想脉络，反思特定历史阶段的特殊经济实践以及经济学理论发展和研究方法的进程。

王志伟 文集

图书在版编目(CIP)数据

经济学理论及现实问题的思考:王志伟文集/王志伟著.—北京:北京大学出版社,2005.10
(北京大学经济学院教授文库)
ISBN 7-301-09507-4

Ⅰ.经… Ⅱ.王… Ⅲ.经济学-文集 Ⅳ.F0-53

中国版本图书馆 CIP 数据核字(2005)第 092468 号

书　　　名：经济学理论及现实问题的思考——王志伟文集
著作责任者：王志伟　著
责 任 编 辑：朱启兵
标 准 书 号：ISBN 7-301-09507-4/F·1177
出 版 发 行：北京大学出版社
地　　　址：北京市海淀区成府路 205 号　100871
网　　　址：http://cbs.pku.edu.cn
电　　　话：邮购部 62752015　发行部 62750672　编辑部 62752926
电子信箱：em@pup.pku.edu.cn
排　版　者：北京高新特打字服务社　82350640
印　刷　者：北京原创阳光印业有限公司
经　销　者：新华书店
　　　　　　650 毫米×980 毫米　16 开本　25.25 印张　411 千字
　　　　　　2005 年 10 月第 1 版　2005 年 10 月第 1 次印刷
定　　　价：52.00 元

未经许可,不得以任何方式复制或抄袭本书之部分或全部内容。
版权所有,翻版必究

编 委 会

主　编：睢国余
副主编：黄桂田
编　委：何小锋　胡　坚　黄桂田　睢国余
　　　　　李庆云　李心愉　刘　伟　刘文忻
　　　　　孙祁祥　王大树　王跃生　王志伟
　　　　　萧　琛　萧国亮　萧灼基　晏智杰
　　　　　叶静怡　郑学益

序 言

北京大学经济学院成立于 1985 年 5 月,其前身是北京大学经济学系。经济学系始建于 1912 年,是中国高等学校建立最早的经济系科,源于 1898 年戊戌维新运动中创办的京师大学堂商学科。

在近百年的北京大学经济学系、经济学院发展进程中,不同历史阶段的教授们以崇高的敬业精神和执著的经世济民的职业操守为北京大学经济学科的发展作出了自己的卓越贡献。这些教授不仅包括学术泰斗和学界先贤,而且包括活跃于经济学舞台的先贤传人和后起之秀。他们是北京大学经济学系及迄今为止有 20 年历史的经济学院发展中的开拓者、建设者。在北京大学经济学院成立 20 周年庆典之际,我们对历代北京大学经济学系、经济学院的教授们表达诚挚的敬意和衷心的感谢!

《北京大学经济学院教授文库》选录了经济学院部分教授公开发表的有代表性的著述。虽然这些著述由于文稿作者的年龄、阅历、所处时代背景不同,学术视野、价值取向各异,甚至文稿所反映的某些学术观点和理论判断值得进一步斟酌和商榷,但是通过这些著述和文稿,我们不仅可以分享教授们的研究成果,领略他们的学术风格,而且可以把握不同历史时期我国经济学研究的思想脉络,反思特定历史阶段的特殊经济实践以及经济学理论和研究方法的发展进程。有些论文的思想和方法按今天的某种"学术规范"或"学术前沿"衡量,可能显得"陈旧"和"过时",但它们却是属于"当时"的学术前沿和符合"当时"的学术规范的。从动态的、历史的、发展的眼光审视经济类学科的发展,不仅是过去,而且在现在和将来,都不存在一成不变的"学术规范"和永恒的"学术前沿",因为经济活动现象和经济发展过程太具有嬗变性、多样性和生动性,以解释和解决现实经济问题为出发点的经济学成果怎么可能保持它的不变性?尊重历史、尊重反映各个阶段历史的学术成果,从历史史实和"历史性"成果中吸取养分,借以站在前人成果的肩膀上"创造"我们所处阶段的"学术前沿",才是学术发展永恒的道理。可以说,这是我们出版《北京大学经济学院教授文库》的宗旨之一。

我们希望通过这套文库的出版,进一步推进经济学院未来学科的建设,吸引北京大学经济学院未来的教授们以更精彩的篇章进入《北京大学经济学院教授文库》。

真诚地感谢北京大学出版社的合作及相关工作人员的辛勤劳动!

《北京大学经济学院教授文库》编委会
2005 年 5 月

自　　序

　　这本文集是对我学术历程的一个侧面记录。

　　20世纪40年代末,我出生于一个工人家庭,家里兄弟姐妹多,经济条件不宽裕。父亲和母亲双双工作,才能够艰难养家。在我的记忆中,外祖母几乎完全和我们在一起,全力帮助我们操持家务,照看我们兄弟姐妹。所以,我在儿童和少年时代所受的家庭教育很多来自于外祖母。外祖母很会讲故事。通过她的大量故事,我从小便接受了民间传统的是非与善恶观念,树立了热爱学习、立志上进的思想。我父母文化水平不高,但是,他们也一直在教育子女爱学习、爱劳动、助人为乐。我的文字启蒙最早来自于母亲,而思想启蒙则来自于外祖母。

　　我的小学学业是随着父母的工作调动、家庭迁移,在动荡的环境变换中完成的。所幸的是,我较完整地完成了中学学业。尽管经历了"文化大革命"的十年动乱,诸事繁杂,但中学阶段较扎实的知识基础,再加上勤奋学习的习惯,使我顺利通过了"文化大革命"结束后的首次高考,进入了北京大学。

　　我属于"文化大革命"中的"老三届"① 高中毕业生。由于"文化大革命"的岁月蹉跎,29岁时,我才踏入本应在十年前进入的大学之门。进入北京大学学习,是我从事经济学学习和学术研究生涯的开端,也是我人生的又一次重要转折。我这一生经历了两次重大的转折:第一次重大转折是个人完全无法把握的"文化大革命"。它不仅完全改变了全中国人民的正常生活,而且切断了我们那一代人正常进入大学学习之路,在人生精力最旺盛、求知欲最强烈的学习的黄金时代,将我们抛到了农村。这次转折极大地改变了我们那一代人的命运。多少人自暴自弃,就此沉沦。多少人空怀壮志,报国无门。整个国家出现了知识和人才的断层。第二次重大转折就是"文化大

---

① 所谓"老三届"泛指在1966—1968这三年的中学毕业生,既包括初中毕业生,也包括高中毕业生。

革命"结束后首次恢复高考。它使我从"文化大革命"给人们造成的理想渐趋淡漠、前途渺茫的状态中重新振奋起来,转入一个奋发努力、积极进取、报效国家的全新状态。正是由于这次重大转折,使我有机会走上了经济学的学习和研究之路。

北京大学是我学术上和思想上"终生的家"。在这里,我开始走入经济学学习和研究的殿堂之门;在这里,我聆听并领受了众多前辈经济学家和学术大师的启蒙与教诲;在这里,我与同学和朋友互相交流思想,陶冶情操,锤炼学业,互相促进。尤其是,在追随我的导师陈岱孙教授19年的学习、工作、相处、相知与共事的过程中,先生为人师表的品德、深邃独到的学术洞见、博大精深的学识和朴实无华淡泊名利的生活态度,都为我这个后辈学子在道德文章上树立了永远辉煌的楷模。这本文集中收入的、最早发表的首篇文章,就是在我师从先生学习时所写的硕士论文基础上发表的"处女作"。而我后来在博士论文基础上出版的学术专著《希克斯经济思想研究》同样渗透着先生悉心指导和殷切关怀的心血。

我国经济体制改革和经济发展的大潮,冲击着社会的每一个角落,为有志者一展抱负提供了大好机遇。在以经济建设为中心的时代里,经济学者恰逢其时。社会对发展经济的期盼,对经济学和经济管理知识的渴求,都为经济学者发挥才干、大显身手提供了广阔的舞台。作为见证中国社会主义发展历程、承前启后的一代人,我为自己选择了教师这一光荣的职业而自豪。每当看到一批批洋溢着青春朝气的年轻人,以所学知识走向社会时,我心里都充满自豪与充实之感。在努力教学的同时,自己对有关的学术问题和社会经济改革和发展中的实际问题,也进行了一些研究和探讨。其中一些便形成了这本文集。

鉴于《教授文库》的要求,我这本集子在内容上主要选取了经济思想史和西方经济学方面的文章。从时间上看,这本文集主要是20世纪90年代以来所发表的文章。由于自己在知识水平和学术造诣方面的局限性,理论学术观点未免有片面和不足之处。幸好,它主要是我自己投身经济学的一种历史记录。借着文集的出版,如能得到同行和同仁的真诚指教,将是本人最大的收获和极大的愉快。这本文集如能对他人多少有些用处,那将是我最大的荣幸。

写完本篇《序言》,恰逢本人生日,回顾人生,不胜感慨。本文集也可算是对我自己人生的一个阶段性小结吧。

我衷心感谢北京大学经济学院在学院成立二十周年之际为院里的教授们所做的工作——帮助大家把过去在报刊杂志上发表的一些文章结集出书。这也是学院对教授们工作的一种鼓励和激励。我也诚恳感谢为这本文集出版所付出辛勤努力的每一位朋友和同事。没有他们的努力,本书的出版也是不可能的。

王志伟

于枫丹丽舍家中

2004 年 10 月 25 日

目 录

西方经济思想史和西方经济学

评西斯蒙第的经济思想:从其《政治经济学研究》分析 …………… （3）
由亚当·斯密的经济自由主义和凯恩斯的
　政府干预主义引起的思索 ……………………………………… （13）
从凯恩斯到理性预期学派
　——对现代西方主流派经济学发展趋势的思考 ……………… （23）
现代西方经济学基本发展演变趋势的分析和历史透视 ………… （34）
古典市场伦理道德观的现实意义 ………………………………… （47）
约翰·理查德·希克斯对经济学的贡献 …………………………… （56）
20世纪西方宏观经济学的发展演变论要 ………………………… （104）
经济全球化下的新自由主义经济学 ……………………………… （121）
新经济自由主义在当前的国际影响及其教训 …………………… （136）

经济周期波动

李嘉图和马尔萨斯关于经济危机论战的意义、后果及影响 …… （147）
试论马克思经济周期波动理论的现实意义 ……………………… （154）
E.曼德尔对经济危机和周期理论的探讨 ………………………… （163）
二元体制下中国经济周期波动理论 ……………………………… （172）
西方经济学者对马克思的经济危机和周期理论的研究 ………… （183）

论经济波动与调控
　　——对我国经济形势的深层思考 ……………………………(222)
经济波动与经济调整 …………………………………………(232)
我国社会主义市场经济增长中的波动理论问题 ………………(241)
经济长周期理论的演变及其近期发展 …………………………(246)

货 币 金 融

马克思评资产阶级早期国际货币金融理论 ……………………(307)
人民币为什么不贬值：中国经济未来几年可保持增长 ………(320)
中国金融风险的预防与经济隐患的消除
　　——亚洲金融风暴的警告和改革的迫切性 ………………(327)
欧元汇率变动趋势的分析 ………………………………………(335)

宏观经济政策

财政问题与财政改革 ……………………………………………(349)
我国当前的宏观调控与实行减税政策的可能性 ………………(356)
20世纪美国扩张性财政政策的经验与教训 ……………………(363)
20世纪美国扩张性财政政策的演变及启示 ……………………(377)

西方经济思想史
和西方经济学

评西斯蒙第的经济思想：
从其《政治经济学研究》分析*

一

西斯蒙第是经济学说史上颇具影响的人物。他毕生著述甚多,除历史著作和本书外,其余经济学著作主要有:《托斯卡那的农业》(1801年)、《商业财富或政治经济学原理在商业立法上的应用》(1803年,以下简称《论商业财富》)、《政治经济学新原理或论财富同人口的关系》(1819年,以下简称《新原理》)。

西斯蒙第的《新原理》已为我国经济学界所熟悉。其《政治经济学研究》(1838年,以下简称《研究》)则鲜为人知,原因在于:一方面,《研究》在经济思想方面和《新原理》基本相同,非专门研究西斯蒙第的人,一般没有必要涉及它;另一方面,该书以前没有中译本,从而限制了读者的范围。不过,《研究》毕竟是西斯蒙第后期主要的经济著作之一,其内容又是《新原理》一书的补充和发展。因此,《研究》中译本的出版,对于全面研究西斯蒙第经济思想,是十分必要的;对初次接触西斯蒙第经济思想的人,《研究》也不失为一本可以入选的参考书。

二

西斯蒙第经济思想的发展分为前后两个截然相反的时期。这与西斯蒙第所处的时代、法国和瑞士的经济状况以及小商品生产者的地位和要求密切相关。18世纪末,资产阶级革命摧毁了封建宗法经济关系,建立了资本主义经济制度。起初,小生产者是拥护资本主义制度的。他们希望摆脱封

---

* 本文原为给商务印书馆出版的西斯蒙第的《政治经济学研究》中译本所写的序言。它反映了作者对西斯蒙第经济思想及《政治经济学研究》一书的看法。

建束缚,求得发展,因而对资本主义充满了希望和幻想。到 19 世纪上半期,法国、瑞士的资本主义经济有了很大发展,工业革命也兴起了。尽管小商品生产者在工农业中仍占据大多数,但其趋势却是日益衰落和受排挤,迅速分化。工业革命和农业资本主义的迅速发展与小商品生产者的迅速分化瓦解和被改造,不断形成鲜明的对照。资本主义制度下的各种矛盾和弊病也开始日益显露出来。这时,原来对资本主义抱有较大幻想的小商品生产者,在自身分化瓦解中开始失望、抱怨,并反对资本主义,希望能按自己的要求对资本主义制度进行改良,甚至企图谋求资本主义之外的新的社会经济制度。于是,一些从小资产阶级立场出发、为劳动群众说话的经济学家,便站出来著书立说,试图阻止资本主义机器工业的迅猛发展,把资本主义纳入小生产的宗法和行会的经济关系中。西斯蒙第的经济思想,就恰好反映了小生产者对待资本主义态度的变化。

西斯蒙第前期的经济思想代表了对资本主义充满希望和幻想的小商品生产者的利益和要求,因而推崇和赞成英国古典经济学派的思想主张。其前期代表作《论商业财富》反映的就是这种倾向。西斯蒙第后期的经济思想则反映了受排挤和发生分化的小商品生产者对资本主义失望后,企图走改良道路的要求,因而强烈反对英国古典经济学派的思想主张。其后期代表作《新原理》,就是这种倾向和尝试的集中反映。《研究》则是对《新原理》中提出的主张和见解的进一步阐述和发挥。

《研究》是西斯蒙第的最后一部经济学著作,原为他的多卷本长篇巨著《社会科学研究》的第二卷和第三卷(第一卷是 1836 年出版的《自由人民之宪制的研究》)。第一卷出版两年后,西斯蒙第出版了《研究》。

西斯蒙第认为,他在《新原理》中所提出的经济科学的新原理,远未被人们所理解,尤其未被当权者所理解,因而无法克服英国古典政治经济学带来的弊病。这就"有必要以新的形式,反复地陈述我认为具有根本性的真理"①。

从结构上看,《社会科学研究》的第一卷《自由人民之宪制的研究》,是"关于自由人民的政体研究",旨在阐明西斯蒙第所说的"真正的自由政策,并拿它同现今在理论家占主导地位的民主思想以及同在实践家占主导地位的蒙昧主义对照"(本卷,第 4 页)。其主要意图在于"设法让人们理解,人类

---

① 西斯蒙第:《政治经济学研究》第 1 卷,胡尧步、李直、李玉民译,商务印书馆 1989 年版,第 3 页(以下凡本书引文均采用文内夹注,只写卷数与页数)。

通过革命改善命运的可能性是多么微小,因此,我竭力规划一条循序渐进的道路,人类才可望获得更多的智慧、更多的美德、更多的自由和更多的幸福"(本卷,第4页)。这充分反映了西斯蒙第思想倾向的改良主义性质。

《社会科学研究》第二、三卷,即《研究》,系零散发表于报刊上的文章的汇编,也有部分新补充的内容。全书"着重阐述财富分配的理论"(本卷,第5页),矛头针对"财富学派"或"理财学派",即指向英国古典经济学派。《研究》的第一卷,主要"研究领土财富与农民的生活条件";《研究》的第二卷,"着重研究商业财富与城市居民的生活条件"(本卷,第7页)。

在写作方法上,《研究》不同于《新原理》。首先,西斯蒙第认为,人们在浏览熟悉的领域时,会感到不耐烦。如果把所有的原理都放在一篇文章里简洁地叙述,读者就有可能跳过去。为此,他决定把理论原理与经验材料结合起来进行叙述。其次,他认为,研究人类生存条件一定要从具体情况出发,这也需采用理论与材料相结合的办法。第三,他决定,在上升到普遍意义之前,先列举事实;在寻求药方之前,先指出并描绘出病症。第四,由于该书大部分是零散文章的汇集,因此,每篇文章都有各自的阐述,独立的导言及相应的材料。"这种办法虽有重复之嫌,会受人指责,然而,它利多于弊"(本卷,第2页)。西斯蒙第采用这种写作方法,主要是想和古典经济学派的抽象分析方法形成强烈对照,给人耳目一新之感。不过这种方法对具体事例不厌其烦地直接描述,冲淡和限制了理论分析。因此,尽管从经济史角度看,这种方法有一定可取之处,但比起英国古典学派,却是一种退步。

三

尽管《研究》一书在思想高度上始终没有超过《新原理》,但它补充了大量材料来进一步发挥《新原理》的思想,并采取了更加鲜明的与古典经济学派相对立的态度。这里仅就几个主要问题,看看西斯蒙第在《研究》中是怎样在批判古典经济学派的同时,阐述他自己的主张和看法的。

(一) 关于政治经济学研究的对象

西斯蒙第认为,社会科学的研究要"寻求人类的最大利益……包含提高道德品质与获得幸福"(本卷,第6页)。政治经济学也应遵循这一原则。他在《新原理》中曾说过:"从政府的事业来看,人们的物质福利是政治经济学的对象。"① 在《研究》中他又指出,"政治经济学的研究对象是人人分享物质财富"(本卷,第6页)。《研究》一书把"人"作为出发点和归宿,"把财富看作获得社会幸福的手段"(第2卷,第2页),把关于人们的福利和财富分配的理论作为中心。围绕这个中心,《研究》注意从以下几方面进行考察:第一,注意搜集与人相关联的事实。在西斯蒙第看来,"详细地介绍一个实例比阐述理论更为重要"(第2卷,第50页)。第二,研究各种人的幸福,包括道德、情趣、习性和智慧。第三,确定社会物质利益的规则与生活资料的原则。第四,研究对社会秩序变化的态度。简言之,西斯蒙第的以人的福利和分配为中心的经济体系,主要研究的就是围绕该中心的分配和消费问题。

西斯蒙第在《研究》中,集中力量批判了古典学派经济体系研究的对象和中心。他认为古典学派只关心财富不关心人,"理财学或财富增长的科学,也被认为是抽象的,不是与人或物相关联的,在这种基础上建立的大厦,也就像空中楼阁"(本卷,第11页)。古典学派抽象地追求财富增长,而不问为谁的利益去积累财富,只是把尽可能地生产大量廉价物品作为国家的目的。在西斯蒙第看来,"财富就是人类劳动生产出来的大量物品,而人类的需要又将它消费了"(本卷,第13页)。"国民财富就是应该使所有的人分享到生活的好处"(本卷,第11页)。因此,应当从"人"出发去指导人的劳动及分配。作为一门好的政治经济学,"最重要的是认识穷人的地位,并向我们保证,只要穷人劳动,社会就能使他们丰衣足食,安居乐业"(本卷,第20页)。而人们富裕了,国家才会兴旺发达。

西斯蒙第很清楚,"当亚当·斯密发现并向全世界揭示政治经济学的真正原理时,资本同所需要的生产活动,还是那么不相称,因此,他认为一个国家最想做到的事情就是积累资本,而最有利可图的活动就是使资本更快地周转"(本卷,第41页)。古典学派认为,整个社会都是靠劳动养育的;而资本又推动了劳动。资本的最好用途是商业,最终是生产。因此,古典学派强调生产,并把生产与财富看作是一致的。西斯蒙第认为,"在那个时代,他们是完全对的"(本卷,第45页)。但西斯蒙第强烈反对古典学派下面的看法,即只需关心生产财富,不必担心消费和需求,因为"与创造交换手段的同时,生产也创造了消费的原因。他们说……人的需要和欲望是永无止境的,总是会把所有这些财富转化为享受的"(本卷,第46页)。西斯蒙第认为,"劳动的目的应该是享受,生活的目的应该是消费"(本卷,第47页)。"决定生

---

① 西斯蒙第:《政治经济学新原理》,何钦译,商务印书馆1964年版,第22页。

产在多大程度上合算的是生产同消费的比例"(本卷,第48页),而人的需要和欲望"只有同交换手段结合起来才能得到满足"(本卷,第47页)。

通过这样的对比,西斯蒙第指明了他自己同古典学派之间的根本区别。他说:"理论上对立的结果看来产生了两个基本问题,即:生产和消费之间应保持何种关系,以及社会收入的真正性质是什么?"(本卷,第48页)这又归结为,古典学派的理论舍本逐末,丢掉了人和真正利益,只关心物的进步,不关心人类的进步,为了眼前的利益而牺牲了未来。其最突出的例子正如西斯蒙第在《新原理》中所说:"英国的例子格外令人注目,因为它是一个自由的、文明的、管理得很好的国家,它的一切灾难的产生只是由于它遵循了错误的经济方针。"① 这样,西斯蒙第就把古典学派的理论看作一种空洞、抽象、不切实际的,甚至导致社会灾难的学说加以反对。

我们说,西斯蒙第主张的实际是一种反映小商品生产方式下社会经济活动的理论。他的政治经济学,不是从资本主义下占统治地位的根本的经济条件和关系出发,而是从小生产者的伦理道德观念出发的,以一切人为标榜的小商品生产者的要求。他说的"人及其福利",实际是小生产者及其福利。这从他把消费放到头等重要的地位就可以看出来。他重视生产与消费的比例是对的,但他并不真正了解资本主义生产关系的本质。他把个人消费直接同生产相联系,但没有看到生产消费的巨大作用;没有看到,在直接关系上,资本主义生产并不单纯与个人消费相联系,而是更多地与生活消费相联系,只是在最终,才与个人消费发生联系。这样,他对古典学派的批评就陷入一种形而上学的错误中。此外,他强调个人消费和分配,反对古典学派强调生产,还在于他没有把生产理解为人们在生产中的社会关系。列宁说:"如果我们一贯把'生产'看作生产中的社会关系,那末无论'分配'或'消费'都会丧失任何独立的意义。如果生产中的关系阐明了,各个阶级获得的产品份额也就清楚了,因而,'分配'和'消费'也就清楚了。相反地,如果生产关系没有阐明(例如,不了解整个社会总资本的生产过程),关于消费和分配的任何论断都会变成废话,或者变成天真的浪漫主义的愿望。西斯蒙第是这种论调的创始人。"②

---

① 西斯蒙第:《政治经济学新原理》,何钦译,商务印书馆1964年版,第9页。
② 列宁:《评经济浪漫主义》,《列宁全集》第2卷,人民出版社1984年版,第166—167页。

(二) 关于政治经济学研究的方法

西斯蒙第不赞成古典学派的研究方法,认为它过于抽象。他尤其反对英国古典经济学派的代表大卫·李嘉图所采用的抽象研究方法,认为这种方法是造成古典政治经济学与资本主义经济发展中许多矛盾和问题的重要因素。

西斯蒙第认为,政治经济学应该引导人们走向幸福,而"要看出人们应该往哪个方向走,惟一办法就是把他们孤立开来,假设他们是为他们自己行事的,其中没有贸易,然后再去弄清他们的欲望和利益。一个单独的人的目的也应该就是所有人的共同目的,如果贸易是正当的,也就是说,如果是为社会服务的,而不是把一部分人的力量用来反对另一部分人的力量,不是使一部分人富有起来,而损害另一部分人,这个目的应该是相同的。真正的贸易只不过是希望实现共同目标的人在他们之间实行社会分工而已"(本卷,第48—49页)。

我们说,西斯蒙第的研究方法在本质上,与古典学派的抽象分析方法并没有什么区别,只不过西斯蒙第的分析是从小生产者开始,而古典学派则是从资产者个人开始。西斯蒙第反对李嘉图的抽象方法,其实反对的恰好是李嘉图的正确方面。李嘉图的错误并不在于运用抽象方法,而恰恰在于抽象得不够。西斯蒙第为了与古典学派相区别,采取了更多的考察具体事例的方法,即描述的方法,不过,一旦遇到理论问题,他仍然要回到抽象方法上来。其实,正是由于西斯蒙第的研究方法比古典学派更不彻底,因而在理论上更不彻底,不能抓住生产关系进行分析。

(三) 关于积累、再生产和经济危机

西斯蒙第还坚决反对古典学派的无所顾忌地扩大再生产和进行资本积累的主张。

他认为,古典学派的财富积累方式是:第一,生产得更多;第二,耗费得更少。这种方式鼓励个人活动的迅速发展。然而,在这种方式下,人们首先是为寻找利益而竞争,但不顾后果(参见本卷,第26页)。在普遍的竞争下,尽管生产和积累财富的技术发达了,作为资本的财富集中并扩大了,但小生产阶级却分化、破产了,贫富间产生了鸿沟,甚至发生突然的社会变动和毁灭,即经济危机。

西斯蒙第认为,古典学派在这方面的看法是错误的。在这个问题上,马

尔萨斯比古典学派高明。因为马尔萨斯"已经隐约地看到必须在生产和消费之间保持差不多准确的平衡","看到了市场可能发生壅塞,以致使生产活动成为生产者本身破产的一个原因"(本卷,第47页)。而李嘉图却假定:(1)生产的任何增长都是收入的增长;(2)收入的任何增加决定了消费的增长;并且认为,自由竞争会使这两条假定成为现实。

西斯蒙第认为,资本主义经济发展的现实是与李嘉图的看法相矛盾的。自由竞争使"每一个人在追求个人目的时,看不见整体的利益,也无法准确地衡量自己的行动,使之符合一切人的需要"(本卷,第51页)。每个生产者都不能不与分工交换相联系,他必须找到消费者才能实现发财的愿望。商人,在社会职能上就充当了生产与消费的中介人,充当了"社会后备储备的管理人"。贸易使消费者对商人产生了依赖心理而放弃了后备储备。这样,贸易愈发展,社会愈富裕,其后备储备就愈益减少,而生产与消费之间保持均衡就愈重要。独立生产者可以依据自身的需要去安排生产计划,使经济处于均衡状态。出现贸易和市场以后,人们不顾需要,一味追求个人利益,并用其指导经济生活,于是,资本家、业主(地主)、劳动者都竭力增加生产,致使产品越来越便宜,报酬越来越少。为了从销售数量上找回价格上的损失,他们就拼命生产更多的东西,却不考虑消费者的购买力。这就导致了整个生产的壅塞。

当然,西斯蒙第还是比较注意消费对生产的制约作用的。他认为,贸易本身就会坚决反对这种生产的激增。"每一个商人都拒绝接受他们看来不容易和不能很快售出的商品,他们设法在仓库中保留最少量的库存,尽可能频繁地更新他的货色,而一旦他的资本不再以最大的速度周转时,他就会遭到损失。在这种情况下,他们觉得,生产者已经是够积极的了,如果再催促他们,迫使他们不顾遭到拒绝,更大批地投进贸易中去,那就冒失得太出奇了"(本卷,第54页)。这是自由贸易的竞争中本来就有的情况,而李嘉图却忽视了它。

西斯蒙第认为,比较合理的经济制度,应当坚信消费对生产的决定作用,"只有消费增加了,增加生产才真正有利可图",而"增加消费只不过就是增加开支"(本卷,第54页)。这就需要有合理的经济制度来保证收入分配。

西斯蒙第还认为,要处理好再生产中消费与生产的关系,应有恰当的安排。他从小生产者自然经济出发,指出:"单独的人又是生产者,又是消费者,他劳动的目的就是满足他的欲望和需要"(本卷,第49页)。在这种情况下,就不会产生消费与生产的矛盾,不会发生经济危机。因而,个人安排生产与消费的原则,也就成为社会生产的原则:一切都按对消费的紧迫程度和顺序来安排。第一,生产用于享受而马上就能消费掉的东西;第二,生产用于长期享受的东西;第三,生产比生产者本人还要持久的东西。这三类东西属于消费储备,生产出来就享用,并通过消费来消耗它们。另外,还要有后备储备,以备不时之需。当这两种储备充实之后,就会停止生产和增加财富。再生产和积累就毫无意义和价值。西斯蒙第认为"从其整体来看,社会完全像这个人"(本卷,第50页)。处于这种情况下的社会,生产与消费就是均衡的,就不会发生经济危机,人民也是幸福的。

我们说,西斯蒙第在积累和再生产方面的观点是完全错误的。他坚持"斯密教条",把社会总收入混同于社会总产品,只注意个人消费而没有注意生产消费。他批评古典学派为生产而生产,却没有看到,只有抓住生产和生产中的一切关系,才能抓住根本,因此,他谈消费问题、分配问题,都没有和资本主义的基本矛盾相联系,都讲得不够深刻。尽管他注意到经济危机是资本主义所特有的,却不能正确解释它。正如列宁所说:"事实上,如果我们用产品实现的不可能性、用生产和消费之间的矛盾来解释危机,那我们就会否认现实,否认资本主义道路的适当性,认为它是一条'错误的'道路而要去寻找'另外的道路'。如果从这个矛盾中引出危机,我们就一定会认为,这个矛盾愈向前发展,摆脱矛盾也就愈困难。……相反地,如果我们用生产的社会性和占有的个人性之间的矛盾来解释危机,我们就是承认资本主义道路的现实性和进步性,并指责寻找'另外的道路'是荒唐的浪漫主义。从而我们也就承认,这一矛盾愈向前发展,摆脱这一矛盾就愈容易,而出路正在于该一制度的发展。"① 西斯蒙第所主张的,正是列宁所说的这种"荒唐的浪漫主义"观点,因此,他不能真正说明积累、再生产和经济危机问题。

(四)对资本主义制度的批判和对小生产的讴歌

西斯蒙第怀疑资本主义经济制度的合理性,经常批判和揭露它的弊病,还企图以小生产经济制度来代替它。在《研究》中,经常可以见到西斯蒙第的这种情绪。在《研究》中,西斯蒙第批判了资本主义制度,揭露和谴责了自由竞争造成的恶果,并为小生产者的破产和市场普遍壅塞而痛心。他还指出了资本主义生产集中的弊病,认为,尽管集中改进了一切事物,但也"毁坏了人的一切","凡是物取得进步的地方,人就得受苦"(第2卷,第131页)。

---

① 列宁:《评经济浪漫主义》,《列宁全集》第2卷,人民出版社1984年版,第137—138页。

他说,资本主义在"欧洲罕有的繁荣时期,实际上只不过是使穷人的生活状况不断恶化,使制造业和商业濒临危机,同时还搅动了本世纪高枕无忧的幸福人民的平安生活"(第2卷,第277页)。资本主义的矛盾和弊病使西斯蒙第及其追随者用爱慕的目光回顾中世纪,使他们企图恢复农业,恢复个人所有制,恢复智慧和幸福。他认为,"只有当农民人数很多和生活幸福时,社会结构才得以巩固","让农民过幸福生活就是目的,是社会的最大目的"(第2卷,第142页)。因为"真正的财富、真正的力量、以及国家的幸福都系于农村人口"(第2卷,第75页)。

这些观点充分反映了西斯蒙第的小资产阶级立场,显示出他找不到比资本主义更好的社会制度时只好转而求助于过去的思想。在《研究》中,他对过去田园诗般平静幸福的农村生活和个体经济不厌其烦地加以赞美和描述,就是上述思想的表现。宗法制的农业以及行会制的工业,这就是西斯蒙第所醉心的经济制度。

不过,西斯蒙第自己也感到旧制度已一去不复返,倒退是没有出路的,而且"穷人自己向来也不同意倒退的运动"(第2卷,第211页)。尽管西斯蒙第"热情欢迎一切重新将无产者与财产结合起来的方法",但"我们对这种方法不抱任何信心,它决不会消除那些极为严重的祸患,眼下这些祸患是工业、商品壅塞,以及为生产得更多更便宜的产品而展开的各种竞争造成的严重灾难"(第2卷,第212页)。他认为,"只有一些治标的办法:首先,最重要的是澄清舆论;第二,是不鼓励新的发明;第三,是在工业企业中排除巨额资本"(第2卷,第212页)。此外,在经济政策上,西斯蒙第主张依靠政府对经济生活的干预来克服资本主义的弊病。他很清楚,小生产者的力量是十分软弱的。他认为,政府不应该直接干预个人的经济利益,但它应当出面纠正经济生活中的失误。这种纠偏,是政府的神圣职责,是"使国家不致为了增加某种收入而沦于毁灭"(第2卷,第36页)。政治经济学和政府行动的目的是为了人类的幸福,而不是为了物的积累,因而,政府应该阻止各种竞争,当然最重要的是"应该注意生活资料的分配,但是,应该考虑全体人民的利益,而不仅是社会上某个阶级的利益"(第2卷,第26页)。

西斯蒙第对资本主义矛盾的揭露和对资本主义制度的批判,是当时别的资产阶级经济学家,包括古典学派,都做不到的。这正是他的贡献和功绩所在。不过,西斯蒙第对资本主义制度的批判和对小生产的讴歌,诚如马克思所言,"他中肯地批判了资产阶级生产的矛盾,但他不理解这些矛盾,因此也不理解解决这些矛盾的过程。不过,从他的论据的基础来看,他确实有这样一种模糊的猜测:对于在资本主义社会内部发展起来的生产力,对于创造财富的物质和社会条件,必须有占有这种财富的新形式与之适应;资产阶级形式只是暂时的、充满矛盾的形式,在这种形式中财富始终只是获得矛盾的存在,同时处处表现为它自己的对立面。这是始终以贫困为前提、并且只有靠发展贫困才能使自己得以发展的财富"①。但西斯蒙第看不到新的生产关系的代表,也找不到真正的出路。"在这方面,他常常求救于过去;他成为'过去时代的赞颂者',或者也企图通过别的调节收入和资本、分配和生产之间的关系的办法来制服矛盾,而不理解分配关系只不过是从另一个角度来看的生产关系"②。这完全是他的小资产阶级立场和狭隘眼界所造成的。他能做的只是以小生产者的道德伦理标准,对资本主义进行感伤的评判,实际上,也就是以"良心"和"情感"来代替经济学家的理智和科学分析。

西斯蒙第是一位在经济学说史上占特殊地位的经济学家。尽管其学说总的历史倾向是保守的,甚至是反动的,但他毕竟较早地批判和揭露了资本主义制度的弊病,其某些观点对经济学的发展产生了较大影响,甚至今天仍具有一定的启发性和借鉴意义。

---

① 《马克思恩格斯全集》第26卷Ⅲ,人民出版社1974年版,第55页。
② 同上。

由亚当·斯密的经济自由主义和凯恩斯的政府干预主义引起的思索[*]

一

亚当·斯密经济理论体系的核心是经济自由主义,他的《国民财富的性质和原因的研究》一书集中体现了这种思想。

斯密的经济自由主义的产生有其特定的历史条件。18 世纪后期的英国,经济上处于由工场手工业向机器大工业转变的开端。这时不仅需要向各产业部门大量投资,而且需要清除一切妨碍这一过程的阻力,其中最主要的是清除重商主义所奉行的国家对经济的干预和束缚,为资本主义迅速发展创造一个适宜的、充分自由的条件。这时的英国,在生产力和资本方面,已优于其他国家而处于领先地位,在国内外都可以从经济自由主义政策中获得好处。因此,它迫切需要克服重商主义的传统而采取开明的自由放任政策。斯密的经济自由主义正是适应这种历史要求而提出的。

斯密认为,人总有自私心,总会为自己的利益精打细算。这种个人努力对于社会只有好处,没有坏处,因此,社会应该让人们各行其是地去按自己的意愿从事各种经济活动。在斯密看来,"各个人都不断地努力为他自己所能支配的资本找到最有利的用途。固然,他所考虑的不是社会的利益,而是他自身的利益,但他对自身利益的研究自然会或者毋宁说必然会引导他选定最有利于社会的用途"①。他认为,这种基于个人私利而充满竞争的经济活动,不仅能使生产效率最大化,而且会促进经济和生产力的增长,并使利润均等化,实现充分就业下的高度社会繁荣。在这一过程中,人们的分散活动受到"一只看不见的手的指导",而有效地促进了社会的利益,其间不需要任何政府力量的干预。

---

* 原载于商务印书馆编辑部编:《西方经济思想评论》第 2 辑,商务印书馆 1990 年版。
① 亚当·斯密:《国民财富的性质和原因的研究》下卷,郭大力、王亚南译,商务印书馆 1972 年版,第 25 页。

斯密的经济自由主义包含了对自由竞争的市场经济机制的赞美,其关于"一只看不见的手"的精辟论断,有力地推动了资本主义经济的发展。经济自由主义的政策含义和结论,即自由放任,是对重商主义以来的政府对经济生活进行干预的坚决反对。经济自由主义是斯密首创的政治经济学体系的核心贡献之一。

斯密的经济自由主义有着深厚的思想基础,那就是资产阶级个人主义、功利主义和自然秩序的哲学伦理观念。

早在格拉斯哥大学求学时,斯密就深受老师弗朗西斯·哈奇森的影响。哈奇森教给学生的原则是:"道德上的善的标准在于增进他人的幸福。"[1] 哈奇森还创造性地提出了"最大多数人的最大幸福"[2] 这一名言。他的思想主张是一切合乎理性的自由。他把政治经济学当作自然法学的一个分支进行了系统研究。他不仅对价值、利息、通货有深刻的见解,而且认为,"在不对他人的身体或财产造成损害,不违反公共利益的情况下,每个人都享有这样的天赋权利,即有权根据自己的意愿,为了达到自己的目的而运用自己的才能去从事任何工作或娱乐活动。这正是斯密在产业方面提出的天赋自由学说"。[3]《亚当·斯密传》一书的作者约翰·雷甚至认为:"哈奇森的学说实际上就是与斯密的名字联系在一起的产业自由学说。"[4] 这种说法的真实程度如何且不论,但可以肯定,当时的斯密在经济思想和哲学伦理思想上深受哈奇森的影响。斯密本人也似乎提到,他关于财产权的理论得自哈奇森的启发。[5]

此外,18世纪启蒙学者和唯物主义思想家对斯密的经济哲学思想也产生了重大影响。法国的爱尔维修(1715—1771年)把利己主义解释为人类的自然特征和社会进步的因素。他认为,资产阶级道德以自私的利益为基础,以每个人对个人利益的自然追求为基础,它只受别人追求其个人利益的限制。就像地球引力对一切物体及人都同样发生作用一样,社会中自私自利对人也发生类似的作用,每个人,不论其出身和地位如何,都应享有追求自己利益的平等权利,由此也使全社会得到好处。斯密发展了这些思想,并将它运用到政治经济学中,提出人的本性及人与社会关系的概念,为古典学

---

[1] 约翰·雷:《亚当·斯密传》,胡企林、陈应年译,商务印书馆1983年版,第13页。
[2] 同上。
[3] 同上书,第15页。
[4] 同上。
[5] 同上书,第14页。

派奠定了基础。斯密把自私的利益作为经济活动的主要动力。他认为,个人利益的实现应以不损害别人,同时为别人提供服务为条件,即以社会劳动分工和交换为条件。正是商品经济中对个人利益的追求和努力,在改善每人个人物质利益的同时,促进了社会的发展和社会福利的实现。这是受自然的经济规律支配的过程,即受"一只看不见的手"指挥的过程。这种活动是人的自然本性的反映,它在本质上是不应受束缚和受阻碍的,在现实中主要是不应继续受重商主义的政府干预的束缚。斯密甚至在《国民财富的性质和原因的研究》一书发表之前,就已在格拉斯哥经济学会上宣称自己是天赋自由学说的创始人。他在那次演讲中明确表示了对政府干预的反对态度。他说:"一般说来,政治家和计划者都把人看作是借以达到某种政治目的的工具。计划者妨碍了自然界作用于人类事务的正常进程。自然界建立起自身的秩序所需要的,只是让它保持其本来面目,让它不受妨碍地追求自己的目标。……使国家从最野蛮的状态发展到最富裕的程度所必需的,只不过是和平、轻税和某种程度的司法行政;所有其他事情都应听其自然发展。阻碍这种自然趋势,使事物向其他方向发展,力图使社会的进步停留在某一点的政府都是不自然的。这样的政府要维持自己,必然要采取压制的、暴君式的手段。"[①] 在这种思想支配下,斯密把充分自由的经济活动,称为自然秩序,即完全受客观经济规律("看不见的手")支配的经济秩序。他认为,这是个人利益与社会利益协调发展的根本条件。

斯密的经济自由主义包含这样两种含义:一是经济政策的原则与目的,即自由放任;另一个是研究经济实践的理论与模式。自由放任政策是斯密经济哲学思想的直接引申和结论。它包括自由竞争、自由贸易、自由经营以及经济活动中的自行其是。斯密认为,自由放任政策的实行才能体现经济自由主义,才能促进社会资源最合理最适宜的使用,刺激技术进步和经济发展;反之,政府干预,"禁止人民大众制造他们所能制造的全部物品,不能按照自己的判断,把自己的资财与劳动,投在自己认为最有利的用途上,这显然是侵犯了最神圣的人权"[②]。这只会使社会陷入贫穷和混乱。作为研究经济实践的理论和模式,斯密对错综复杂的社会经济现象进行了合理的抽象,以便抓住经济现象的本质,找出经济规律。他这种研究方式和模式为他较

[①] 约翰·雷:《亚当·斯密传》,胡企林、陈应年译,商务印书馆1983年版,第57—58页。
[②] 亚当·斯密:《国民财富的性质和原因的研究》下卷,郭大力、王亚南译,商务印书馆1972年版,第153页。

正确地反映当时资本主义生产关系及经济规律奠定了基础,并为整个古典经济学派以及以后的一些经济学家,奠定了经济学方法论的基础。

我们说,斯密对经济学最重要的贡献之一,就是他开创的自由放任原则以及对该原则的最令人信服和最系统的论证。他的经济自由主义影响的最好说明就是,其后一百多年间,英国经济政策完全贯彻了这些思想原则,甚至今天,一些国家的保守主义经济学家还对之津津乐道。特别在凯恩斯主义失灵以来,西方经济理论界更出现了一股向斯密的经济自由主义复归的思潮。

二

凯恩斯在其最有影响的著作《就业、利息和货币通论》中,一改斯密以来的经济自由主义传统,把经济生活纳入政府干预主义和着重宏观经济管理的轨道。

凯恩斯理论主张的政府干预主义,一方面是资本主义发展到垄断阶段,各种矛盾冲突加剧,危机频繁,传统经济理论再也不解决问题时,历史条件对资产阶级经济学提出的要求;另一方面,它也是这一时期各资本主义国家反危机的实际措施和经验的总结,还有对早期异端经济思想的引申和发挥。凯恩斯的主要贡献就在于,他终于承认了资本主义经济机制本身的缺陷,从而强调只有政府干预经济的办法,才能挽救资本主义的危机。凯恩斯通过对"萨伊定律"的否定,来否定古典传统,即否定由斯密提出、李嘉图继承发展、后人沿袭的关于资本主义在"一只看不见的手"引导下能自我完善的机制,从而宣告自由放任时代的终结。他提出"有效需求"理论,说明在消费倾向、灵活偏好和对资产未来收益的预期这三大心理规律的基础上,社会经济失调和失衡的原因,并引申出他由政府干预经济的政策主张。

凯恩斯的"有效需求"理论来自马尔萨斯的创造。他的政府干预主张远在重商主义时代就有了,后来,马尔萨斯、西斯蒙第、李斯特等人曾在不同的立场、不同角度和不同程度上有所涉及。

凯恩斯的贡献就在于系统地建立了一个宏观理论体系,把前人零散的思想和主张,加以适合现代情况的系统化,并从中引出必要的政策结论。

政府干预主义的经济思想和政策主张,从本质上说,是具有较强烈政治统治色彩,强调集权控制的经济哲学观念和调节机制。在重商主义时代,它是封建君主统治的表现。在资本主义的垄断阶段,它是整个资产阶级社会生存、发展的需要。这时,政府再不出面,就会危及整个资本主义制度。于是,曾被自由资本主义所克服和否定了的政府干预主义,又重占上风。此外,从国家的职能来看,它应包揽一切个人、团体不能解决的矛盾的仲裁和解决。垄断资本主义时期,竞争更趋激烈,规模更大、更深刻、更严重,这时,由国家出面对经济生活进行干预,正是资本主义国家和政府职能的一种必然表现。

此外,一些资本主义国家在紧急情况下采取政府干预经济的局部经验,也为垄断资本主义时期政府干预主义的实行,提供了现实的可能性。这样,凯恩斯的政府干预经济的理论就是适合资产阶级挽救危机的历史需要的。这也是一种历史的必然。惟其如此,"凯恩斯革命"才能具有那么大的影响,才能在资产阶级经济学史上开辟一个新时期。

三

通过对亚当·斯密的经济自由主义和凯恩斯国家干预主义的考察,我们发现几个值得深思的问题。

(一) 关于经济发展中的平等和效率问题

斯密的经济自由主义体系,客观上为发挥经济效率、充分利用资源创造了一定的条件。斯密是从资产阶级个人的本性来看待经济效率的发挥的。他认为,平等就在于每个人都有机会参与竞争、追求个人利益并以同一的价值标准来衡量每个人不同形式的劳动。而个人利益就是经济发展的根本动力所在。由于充分的经济自由,这些意识到个人利益,并懂得如何通过交换来达到这一目的的"经济人",就能发挥最大的作用,为自己,同时也为社会造福。具体说来,价值规律和市场竞争,在促进和刺激个人利益增进的同时,也促进了劳动效率的提高和生产技术的发展,还促进了利益的均等化和社会进步。

不过,斯密所讲的平等的竞争机会、价值衡量和所谓利益的均等化,一方面是以不平等的资本主义生产关系为前提的,另一方面是仅从资本家个人角度出发的。正是资本主义私有制基础上的不平等,使资本主义下个人利益在竞争中产生根本的无法解决的矛盾,从而产生生产的周期性波动和危机。同时,也正是在私有制的基础上,资本家之间才在竞争中,受那只"看不见的手"的支配,实现了利益均等化,但这种"平等",却使竞争失败者付出了巨大代价。

在斯密的经济自由主义体系下,平等与效率实际上是对立的。但斯密没有意识到这种对立,反而认为它们是和谐的,其调节者就是那只"看不见的手"。

凯恩斯实际上看到并承认了,一方面资本主义经济的效率在不断提高,另一方面却因危机而产生巨大的社会浪费和经济波动。他认为,传统经济理论有严重的缺陷,从而提出应把政府干预作为社会经济活动的调节器。他还看到了与资产阶级个人主义紧密相关的不平等带来的巨大灾难性危机和失业,从而提出"充分就业"和收入均等化的政策主张和经济目标。

不过,凯恩斯也是维护资本主义私有制度的。他说:"人类有许多有价值的活动,必须要有发财这个动机,私有财产这个环境,才能充分收效。"[①]他认为,保证了这点,才能最终保持经济发展的动力并提高效率。他的主张强调的主要是通过政府来保证和维持资本主义经济。他认为"国家必须用改变租税体系、限定利率,以及其他方法,指导消费"[②],保证分配的平等,但也必须让"国家之权威与私人之策动力量互相合作"[③]。这不仅因为他承认古典学派的理论在充分就业下仍然有效,而且认为"效率高——这是管理不集中以及追求自己利益之好处"[④]。他甚至指出:"决策不集中以及个人负责对于效率之好处,恐怕比19世纪所设想者还要大;而当代之不屑乞助于利己动机,亦嫌过火。"[⑤] 在凯恩斯看来,尽管资本主义有失业的缺陷,但它有效率与自由,如能找到症结所在,找出解决办法,"也许可以医治了疾病,同时保留了效率与自由"[⑥]。

我们说,社会主义是对资本主义的合理扬弃。它一方面要保持资本主义下一切有合理的科学意义的东西;另一方面,又要抛弃和克服资本主义的弊病,代之以更加合理,更加合乎绝大多数人利益的东西。在经济效率与平等方面,社会主义本身就是对资本主义形式平等下内容不平等的根本否定。作为社会主义下有计划的商品经济,它不仅具有商品交换这种形式上的平等,而且具有公有制这个事实上的内容上的平等。

---

① 凯恩斯:《就业、利息和货币通论》,徐毓枬译,商务印书馆1963年版,第318页。
② 同上书,第321页。
③ 同上。
④ 同上书,第323页。
⑤ 同上。
⑥ 同上书,第324页。

自然，社会主义也要有经济发展的动力和刺激问题。这种动力和刺激究竟是什么呢？是单纯的社会主义觉悟、劳动热情和爱国主义吗？这些显然不够。由于社会主义事业在人类历史上的首创性，由于各社会主义国家的具体情况不同，由于无产阶级管理经济的经验不足，在处理经济效率与平等的问题上，社会主义同样面临怎样才能解决好其矛盾的问题。

资本主义经济的动力和刺激全在于个人利益。斯密认为，个人利益的谋取可以通过交换与社会利益协调起来。这是不对的。这以将个人与社会等同的错误观念为前提。资本主义生产关系通过形式上平等的竞争机会，而使矛盾更趋尖锐、突出，以致发生危机，处于严重的困境。资本主义的经济效率是以巨大的社会不平等和浪费为前提的。只要不改变资本主义生产关系，无论凯恩斯还是其他人，都无法克服平等与效率的尖锐对立。

其实，社会主义下，经济利益仍是经济发展的动力和刺激。社会主义下的经济利益，既是经济发展的根本目的，也是刺激经济发展的动力，还是对经济活动进行管理和调节的根本原则。但社会主义的经济利益是多层次的、多元的。这与社会主义生产关系的多元性有密切关系，同时也与社会主义下劳动者个人与集体、国家之间的相互关系有着密切联系。

我们在一个时期，把经济发展的动力和刺激放在单纯依靠社会主义觉悟、政治热情、集体主义和爱国主义精神上，只满足于一般号召，习惯于按过去指挥打仗、搞政治运动的方式去搞经济建设，其结果是平均主义严重，经济效率低下。

其实，社会主义也要讲物质利益，也要讲个人物质利益。社会主义多层次的生产关系，决定了物质利益的多元性、多层次性。其中，劳动者个人的物质利益仍是经济发展的主要动力和刺激。不过，社会主义的个人物质利益与资本主义不同。它是建立在生产资料公有制和按劳分配的基础上的。按劳动贡献分配产品或收入，这不仅是形式的平等，也是内容的平等。但平等不是平均主义，平等只意味着起跑线是同一的，机会也是同等的。平等也并非没有差别。按劳分配的差别恰好可以成为对劳动者个人利益的刺激和追求目标，成为经济发展的微观动力和提高经济效率的促进因素。近几年我国的联产承包制和按劳分配原则的强调，不就是这方面的有力证明吗？至于少量个体经济，则是社会主义有计划商品经济的补充。社会主义分配原则仍是按劳分配。

我们在前一时期，平均主义弊病严重，经济效率不高，只强调"公"，不敢说个人利益和单位的利益；只强调集中领导，不敢分散经营；只强调国家计划,不能讲计划外的灵活性。这样做的结果,就是丢掉了企业单位和个人的能动性,只把个人和企业作为社会经济机器上的死板零件,而没有把个人和企业作为社会经济机体的具有生命活力的细胞。

社会主义的个人利益与集体利益、国家利益或社会利益的一致性,是依它们之间的相互依存关系决定的。资本主义是在形式平等之下,以大多数人的贫困为代价,获取一小部分人的财富扩大。斯密所设想的和标榜的"看不见的手"并不能使全体个人完全得到好处。只有社会主义,从所有制和社会方面,保证了最根本的公平和相互关系,才能实现个人利益与集体利益、社会利益的共同增进。

在当前的经济改革中,我们所面临的基本课题,正是如何加强社会主义下本来应该发挥的这种经济动力和刺激的作用,使有计划的社会主义商品经济的效率达到最大化。实践将证明,社会主义在这方面比资本主义具有不容置疑的优越性。

(二) 自由放任与政府干预政策的适用性及选择性问题

斯密强调自由放任对发挥经济效率、促进社会生产力提高的巨大作用,反对政府干预对经济的束缚,其根本基础是他"经济人"的假定。既然"经济人"最了解自己及他人的利益,并能采用最适当的方法去获取利益,经济活动自然就无需外来的干预。但斯密受到他那个时代的限制。那时面临的主要问题是如何发展经济、扩大和积累财富。资本主义本身的矛盾还没有尖锐起来,自由放任的经济活动尚未遇到较大的失调。因此,斯密对于资本主义本身的矛盾和自由放任的缺陷还缺乏认识,对于国家和政府干预没有给以充分的重视。

凯恩斯并非完全反对自由放任的传统。在他从事经济理论和实际工作前期,他就是一位传统经济思想的信奉者。不过,当资本主义的发展一旦把矛盾和危机呈现出来,他就改变了自己的看法。他看到了自由放任的不足,发现只能用政府干预的办法来挽救资本主义经济机制内在的缺陷。20世纪40—60年代,凯恩斯主义的主张似乎在西方资本主义国家取得了辉煌的成就,政府干预主义也取代了过去的自由放任政策。不过,70年代以后,在"停滞膨胀"的困扰下,许多资产阶级经济学家又开始怀疑凯恩斯主义的政府干预政策,开始向自由放任复归。

表面上看起来,政府干预和自由放任似乎是互相排斥的。其实,从资本主义经济发展的历史来看,这两种手段始终互相补充,区别仅在以谁为主。

斯密也注意到政府的作用,凯恩斯也不抹杀自由放任的优点。资本主义国家始终是从自己的实际需要出发来考虑二者的选择。一般说来,自由放任和分散经营有助于发挥效率,政府干预和集中管理则有助于缓和或消除宏观失调。但由于资产阶级绝不改变其生产关系,因而其基本矛盾也不会发生根本改变,于是,对资产阶级来说,这两种选择都不能根本改变资本主义经济的根本问题。

由此,我们得到启发:自由放任和政府干预无非是资产阶级用来调节和管理经济的两种基本政策立场和主张。自由放任以经济会自动协调为前提,主要强调了经济单位与个人的经济"活力"会产生效率的最大化和生产力的提高。政府干预以微观作用的充分发挥为前提,主要强调宏观上的控制和协调,以避免大的混乱、失调和危机。实际上,资本主义国家往往是二者并用的。

从我国来看,过去统得太死,没有把经济单位和个人作为有活力的能动的经济细胞对待。在当前的经济体制改革中,应注意发挥企业和个人的能动作用,增强经济动力和刺激,让企业和个人真正积极地为自己和社会的利益发挥出热情和动力,从而提高生产力,增进经济效益。这就是发挥社会主义商品经济本来应有的机制和作用,但也要有适当的宏观计划协调,由政府解决商品经营者之间不能解决的问题,避免大的失调。市场调节与政府调节互相结合,互相补充,但各方又有其独立的功能,不能互相替代或包揽。这就是改革应达到的目标和前进的方向。

(三) 经济改革及经济理论变革中的时代感、现实感和阶级性问题

任何经济改革和经济理论的创新,都要有强烈的时代感、现实感和阶级性。凯恩斯和斯密都是资产阶级经济学史上创立新体系、实行变革的、有巨大影响的经济学家。他们的理论体系和政策观点,都十分明显地反映了这一点。

我们要进行经济改革,创立和发展社会主义经济理论体系,同样需要强烈的时代感、现实感和阶级性。没有时代感和现实感,就无从发现问题,从而去解决问题,也无从高瞻远瞩,从理论高度去进行改革和创新。时代感和现实感问题,就是能否实事求是地解决问题并找到长远方向的问题。没有阶级性,是既不现实,也不可能的。资产阶级经济学家以资产阶级利益和立场代替所有人的利益和立场,给人一种超阶级性的假象。我们则完全可以

公开表明自己的阶级立场,从绝大多数人(劳动群众)的立场和利益出发,从社会主义的原则、立场出发。这才可能正确分析对待资产阶级经济理论,吸取合理的科学因素,完成自己的理论创新。

从凯恩斯到理性预期学派[*]

——对现代西方主流派经济学发展趋势的思考

本世纪 30 年代中期,凯恩斯的《就业、利息和货币通论》一书既是现代西方经济学的划时代界碑,也是西方经济学正统观念转向的枢纽。它造成占统治地位的经济自由主义观念向国家干预主义让位。从《通论》至今,现代国家干预主义成为西方主流派经济学已有半个世纪的历史。不过,在迅速变化的资本主义经济背景下,凯恩斯的国家干预主义经济学因无力救治经济停滞和通货膨胀并发症,而受到来自各方面的挑战。其中,以经济自由主义的两次挑战,最为严厉和持久。本文将从这两次旷日持久的论战出发,对现代西方主流派经济学的发展趋势略作探讨。

一、经济自由主义的首次挑战

1929 年的经济大危机和随之而来的 30 年代长期大萧条,孕育了以凯恩斯《通论》为代表的国家干预主义思潮。而美国"罗斯福新政"的实施和第二次世界大战的契机,则奠定了国家干预主义的统治地位。战后,凯恩斯经济学迅速扩展影响,取代传统的经济自由主义而成为现代西方主流经济学。然而,这种变化并不能使经济自由主义绝迹,特别是 60 年代后期到 70 年代初,经济停滞和通货膨胀并存时,经济自由主义便乘势而起,发动了战后的首次挑战。这便是以米尔顿·弗里德曼为首的美国货币主义对凯恩斯主义的大论战。

弗里德曼的货币主义是战后经济自由主义各派中力量最强盛的一派。他的基本经济思想是经济自由主义,货币主义只是其外在表现形式。他始终认为,自由市场可以顺利地解决一切经济问题,包括使资源得到最佳分配和使个人福利最大化。因此,他坚决反对凯恩斯主义学说中的国家干预主

---

[*] 原载于《经济学家》1990 年第 4 期。

义。他认为，凯恩斯经济思想的核心即国家干预主义，其理论表现是其"有效需求不足论"，而外在的政策主张是宏观的政府干预政策，主要是宏观财政政策。60年代到70年代的经济滞胀，就是凯恩斯国家干预主义的直接恶果。为此，他以凯恩斯的财政政策为突破口，对凯恩斯主义的整个理论展开批判。

在弗里德曼看来，宏观上控制通货膨胀和经济稳定只需维持一个稳定的货币增长速度。至于其他问题，完全可以采取自由放任的办法，让"一只看不见的手"引导经济走向稳定和合理化。他批评凯恩斯过分重视刺激需求的财政政策而忽视货币政策，也批评凯恩斯主义鼓励需求增长（即货币供给增加）的主张。

对于货币主义的挑战，美国凯恩斯主义者给予了针锋相对的回击。他们力图表明，经济滞胀不能完全归咎于凯恩斯主义的财政政策。因为，事实上财政政策与货币政策是结合使用的，而在货币政策上，双方并没有重大分歧。分歧仅在于要不要对经济实行稳定调节政策。货币主义者不赞成国家干预下的稳定政策，认为应让经济借助市场力量达到稳定。他们认为，在长期内，失业会保持一种"自然的比率"，而无论怎样调节刺激也没有用处。不顾"自然失业率"的干预性调节，只会造成通货膨胀上升。这样反而不如采取自由放任政策，让经济在保持"自然失业率"的条件下，通过市场力量和机制达到稳定，或可缓解通货膨胀。凯恩斯主义者则指出，货币主义者不顾历史事实地否认了供给冲击，杜撰出经济防冲击的能力。这是企图开历史的倒车。

论战双方各执一词，都无法提出真正有效的对策，所以，论战变成了旷日持久的细节争论，而在大问题上，谁也无法说服对方。这是由两方面原因造成的：一方面，经济现实使占主流统治地位的凯恩斯主义经济学，无法完全摆脱其软弱无力的窘境；另一方面，货币主义也无法真正解决现实的问题。双方论战说明，国家垄断资本主义的基本矛盾需要国家干预主义解决现实问题，但现实问题又不是国家干预主义能真正解决的。经济自由主义借国家干预主义无力之时卷土重来，显示其存在，但又无法扭转历史趋势，重登历史宝座。论战只能以凯恩斯主义吸收货币主义某些观点后做些适应性变革，而货币主义则适当保留其对立地位而告终。

二、经济自由主义挑战的发展和深化

以货币主义为代表的经济自由主义对凯恩斯主义国家干预政策的批评,之所以能产生巨大的震荡和影响,是因为货币主义者既揭露了凯恩斯主义国家干预政策的严重后果,又说明了其政策工具的失灵,即一整套"经济自动稳定器"无法发挥正常调节作用。菲利普斯曲线也因工人们对通货膨胀的适应性认识而失灵。一旦菲利普斯曲线在长期内变成垂直线,实际上的调节运动就变为通货膨胀和失业相互促进的运动,而发生无法缓解的长期滞胀。

不幸的是,货币主义在自由放任政策下保证稳定的货币供应量和增长率的药方,既不能被当局认真采纳,也不能真正发挥效力。这就给经济自由主义阵营中的供给学派,提供了昙花一现的机会。

供给学派与货币主义虽然同是经济自由主义者,但二者有较大的不同。供给学派并不像货币主义那样过分看重自由放任政策下的货币政策。供给学派强调的是经济的供给方面。他们认为,既然凯恩斯主义的需求管理发生了错误,当然要反其道而行之,"回到萨伊那里去",回到"供给会自动创造需求"的重视供给的方向。于是供给学派就从与凯恩斯主义直接对立的角度提出自己的主张,把经济自由主义对国家干预主义的论战推向发展。

供给学派主张,经济主要靠完全竞争的市场调节,反对一切政府干预。经济发展和增长则取决于生产的增长。在批评凯恩斯主义国家干预政策和只重视需求的同时,供给学派也批评了货币主义单纯稳定货币供应量增长率的办法,认为货币主义的办法也不能有效地刺激供给。凯恩斯主义者则认为他们的批评是没有根据的,因为凯恩斯主义者并不否认市场经济的作用,而且也不仅限于需求分析。至于供给学派信奉的"萨伊定律"则早在凯恩斯的《通论》中就被驳倒了。

我们说,供给学派的理论比较贫乏,没有提出什么新东西。它的崛起和喧嚣一时,除了因凯恩斯主义遇到滞胀的难题之外,主要靠美英某些政府首脑人物的青睐,使之成为其经济政策的思想基础而已。供给学派的经济政策,除了政府首脑人物出于竞选需要以迎合民众心理之外,并未取得多大成果。因此,在经济自由主义对凯恩斯主义国家干预的论战中,供给学派成为一阵过眼烟云是不足为怪的。

和供给学派几乎同时登场反对国家干预主义的自由主义经济学流派,

还有理性预期学派。理性预期学派的学说,萌芽于60年代初,形成于70年代初,自70年代开始加入反对凯恩斯主义国家干预的论争。到80年代,理性预期学派提出的命题已经成为西方经济学界争论的一大"热点"。而这一论战,目前尚远未结束。

理性预期学派是美国通货膨胀不断加剧,凯恩斯主义失灵,而货币主义又提不出有效处方的情况下出现的。它既是对凯恩斯主义的反动,又是对货币主义的新发展,还被认为是新古典主义的最新代表。

理性预期学派的基本观点,是在对宏观经济学的模型进行计量分析,对宏观经济学的微观基础的探讨中产生的。在对微观经济学普遍承认的"经济人"或"合乎理性的人"的基本假设进行研究之后,该学派否定了凯恩斯主义宏观经济学的结论。

理性预期学派认为,凯恩斯的经济理论有三个基本错误:其一,以凯恩斯主义为理论基础的经济计量学模型,在考虑预期问题时,采用的是"适应性预期"而非"理性预期"。"适应性预期"只是在未来变动和过去变动很相似,或变化不大的情况下,才可能准确或大致准确。否则,就不可能得到准确的结果。于是,凯恩斯主义计量经济模型就会因不符合现实而变得没有实际用处。理性预期学派认为,凯恩斯主义计量经济模型使用"适应性预期",就等于假设人们不能利用或不利用一切信息来谋取最大利益,而这就违背了西方经济学的"经济人"和"合乎理性的人"的基本假设,因而是错误的。如果用这种模型指导,增加货币供应去减少失业,就像利用菲利普斯曲线的选择关系去调整决策,其结果非但无助于解决失业问题,反而使通货膨胀恶化。其二,凯恩斯主义理论体系也是完全错误的,因为它涉及的人在行为上是自相矛盾的。行为自相矛盾的人不合理性,因此,这又一次违背了西方经济学中"合乎理性的人"的假定。理性预期学派甚至还说,即使凯恩斯主义理论体系使用了具有相同行为的个人的假定,它也无法证明个人在不同函数或方程中的影响,恰好符合其体系要求。其三,理性预期学派认为,经济政策是否成功,必须要从微观经济角度考虑该政策是否能增加社会成员的福利,而不能根据凯恩斯主义的宏观经济数字来判别经济政策的成败。理性预期学派认为,以总量数字变化去判别政策优劣的凯恩斯主义,实际上是在任意树立判别政策成败的标准。这种做法当然是错误的。这也是无视"合乎理性的人"这一假定的。由于这些原因,凯恩斯主义的宏观经济学体系就是错误的,其体系无法使宏观微观理论协调一致。

不仅如此,理性预期学派还从彻底的经济自由主义立场提出:任何情况下,试图对经济进行调节的宏观经济政策都是无效的。因为"合乎理性的人"在经济生活中,首先是根据自己的利益和自己掌握的所有信息做出预期并调整自己行为的,而不是首先根据政策来调节自己的行为。这样一来,宏观经济政策在人们合乎理性地调整预期和行为时,就会失效。可见,稳定经济的最好办法,就是放弃政府干预,实行彻底的经济自由主义,让市场自行调节,一切将按"自然率"进行"微调",进入稳定状态。

对于理性预期学派的非难和攻击,凯恩斯派经济学家进行了应战和回答。他们认为,理性预期学派的主张是行不通的,在宏观经济模型中引入合理的预期,虽然其模型是吸引人的,但其适用范围有限,不切实际,有时甚至把经济理论的原理与政策混为一谈。他们假设所有的经济调节和市场出清都可以在瞬间完成,但实际上经济并不按其方式运行。由于时滞及其他各种原因,调节往往是不完善的。这样,理性预期学派攻击国家干预主义,取消干预政策的主张,就缺乏现实依据,其模型也缺乏经验证明。"经济人"的合理预期,只是一种假设,连经济学家都难于作出的准确预期,一般人就更难做到了。理性预期学派的计量模型罗列的许多经验事实,是不够严谨的,经不起推敲的。因而,罗伯特·索洛认为,"卢卡斯、萨金特及巴罗,这几位该学派领袖人物所选择的解决这个问题的方法,则是对正确了解宏观经济学信号的误解,或者说,根本无能的表现"[①]。

理性预期学派提出的问题对于凯恩斯主义来说,是比以往历次论战更为尖锐激烈的抨击。凯恩斯主义已受到震动,但还看不出崩溃的迹象,因为理性预期学派的弱点也十分明显。一方面,理性预期学派需要经验证据的支持;另一方面,凯恩斯学派则力图在可能的情况下,将对手的某些观点,纳入自己的体系,使自己理论体系基本点不受损害的情况下,加强适应性,继续维持其正统地位。

三、从论战及其发展趋势引出的思考

现代西方经济学20世纪60—80年代的论争尚未结束。回顾其论战历史,预测其今后走向,可以引起我们对某些问题的思考。

[①] 〔美〕阿罗·克莱默编著:《与世界著名经济学家对话》,胡建新、周桂荣译,中国经济出版社1989年版,第118页。

1. 基本趋势和主流派地位问题

资本主义经济理论发展到当前，基本趋势大致有三大阶段：第一阶段是资本主义发端之初，以重商主义为代表的国家干预主义统治的阶段。第二阶段是以古典经济学派为代表的经济自由主义思潮占统治地位的阶段。该阶段包括资本主义生产方式奠基、确立和发展的各时期，直到 20 世纪 30 年代。第三阶段即以凯恩斯经济学为代表的国家干预主义占支配地位的阶段。该阶段直至现在。各阶段中，国家干预主义和经济自由主义这两种经济思潮只有一种占支配地位，但另一种总是如影随形一般伴随着前者。在重商主义阶段，国家干预主义外在地、明显表现在对外贸易方面。但在一国内部，许多重商主义者则力主经济自由主义思潮，反对国家的意志凌驾于私人经济行为之上。古典经济学派阶段是经济自由主义几乎没有受到挑战的黄金时期。而这一阶段中，国家干预主义思潮也未绝迹。德国历史学派从本民族立场出发的国家干预主义、西斯蒙第从小资产阶级经济浪漫主义出发的国家干预主义都曾产生过一定影响。在凯恩斯主义占据统治地位后，国家干预思潮得到较大发展，并由此建立了与传统经济理论旗鼓相当但更受重视的宏观经济学体系。这一思潮经过 20 年的黄金时代后，再次受到经济自由主义思潮的严重挑战。尽管其统治地位并未受到根本性打击，但其战后树立的权威和有效性却受到严重损害。

经济自由主义和国家干预主义，是资本主义经济发展过程中出现的既有区别又有联系的两种思潮。它们是资本主义内在经济矛盾发展和解决过程中的必然反映，是资产阶级意识形态的经济表现。其统治地位的变换是资本主义不同发展阶段内在矛盾的要求。但两者本质上都是资产阶级的统治思想。其对立是表面的、形式的，维护资产阶级利益和统治的共同点才是本质的。

当前，资本主义早已由自由竞争发展为国家垄断资本主义，因此，国家干预主义思潮取代经济自由主义思潮而占支配地位，是资本主义发展的现实条件决定的。这是两大思潮发展变化的总趋势。这一总趋势决定了，无论经济自由主义发动怎样的攻势和挑战，其最终结果都将无法改变国家干预主义的支配地位。可见，当前经济自由主义思潮对凯恩斯国家干预主义思潮的挑战，充其量只能使震动，而不能使之易位。这也是主流派经济学与非主流派经济学相互论战的决定性趋势。凯恩斯经济学发展变化的趋势，基本是在保持其国家干预主义统治地位的前提下，通过论战，逐步吸收其他流派和思潮中可接受的东西，使自己变得更具灵活性、适应性，加强其调节经济运行的效果。这也是国家垄断资本主义本身存在和发展的客观需要。不兼容和吸收其他流派的有益观点,就不利于维持经济的稳定的发展。

此外,由于政府经济职能在国家垄断资本主义基础上已逐步由外在因素变为内在因素。所以,一方面,宏观经济学已逐步把政府干预的措施变为模型和函数的内生变量;另一方面,凯恩斯主义始终是政府经济决策的基调。于是国家干预主义的主流和支配地位,便成为诸多因素决定的客观需要。

2. 关于宏观经济学的微观基础问题

这是现代西方经济学论战中长期涉及的领域和问题。西方学者认为,凯恩斯创立的宏观经济学主要研究的是宏观数量问题。但宏观数量是由微观数量构成的,宏观问题也与微观问题密切相关。因此,宏观经济学必须有微观经济学作基础,前者的正确性也部分取决于后者的正确性及二者的协调关系。凯恩斯本人没有重视这一问题,所以,考虑凯恩斯创立的宏观经济学的正确性时,必须研究其微观基础。供给学派、理性预期学派都是从这一角度提出问题的。凯恩斯学派本身也一直在致力于解决这个问题。从某种意义上看,新古典综合派就是这一努力的产物。

和宏观经济学微观基础密切相关的,是资本主义制度所决定的个人主义问题。西方学者普遍认为,个人是社会的基本元素,社会是个人的总和。社会的制度、组织和机构机制只是为个人服务的。个人才是社会的基点和一切问题的归宿。每个人既利己又理智,都是"经济人"。他们一切活动的出发点和最终归宿都是自身利益。亚当·斯密曾详尽探讨和论述过个人主义与经济自由主义的关系。他认为,只有在经济自由制度下,"经济人"才会有效地趋利避害,实现个人和社会的共同繁荣。这样,公私利益协调性、市场自动调节性、生产的合理性和分配的公平性就成为经济自由主义津津乐道的四大理论支柱。凯恩斯主义经济学的胜利,主要是彻底否定了市场自动调节性,并在一定程度上否定了分配的公平性。凯恩斯主义认为,由于市场调节力量的有限性,国家干预是十分必要的。凯恩斯主义并没有否定公私利益协调性和理性个人的明智行为。代表资产者利益的政府干预力量,必然要与广大劳动者的利益相冲突;而资本家个人与国家垄断资本势力的矛盾,有时又会以"理性的人"与政府干预之间矛盾的形式表现出来。于是,研究个人利益最大化的微观经济学,就与维护总量稳定的宏观经济学发生了不协调。这就是现代经济自由主义与国家干预主义力量始终存在斗争的现实社会依据。

从宏微观经济学相协调的关系看,经济自由主义侧重的是微观和市场充分自由竞争。这种条件下,"理性的人"的活动受"一只看不见的手"支配,达到宏微观经济的协调。这既保证私人利益的最大化,又达到宏观上生产的合理发展和资源的最优分配。所以,经济自由主义、个人主义使个人利益和市场调节相一致,不存在宏观与微观的根本对立。我们说,经济自由主义以默认资本主义占有关系为前提,其平等自由的经济活动背后,却肯定了极大的不平等和矛盾冲突。这种矛盾冲突在资本主义发展的某些时期,可以表现得不那么尖锐,但是一旦进入尖锐冲突时期,为保证资本主义制度的安全,资产阶级国家和政府就不能不出面干预,以维持资产阶级整体的根本利益了。

当然,代表资产阶级整体和长远利益的国家和政府,与资产者个人存在着矛盾。即使为长远利益而限制其目前利益,资产者也会对国家干预表示不满,而对自由放任表示拥护。资产阶级的个人主义立场是经济自由主义的天然基础。经济自由主义是资产阶级个人主义在经济上的本能需要。但资本主义本质矛盾的尖锐发展,已不可能没有国家干预,否则许多重大问题难以解决,更会给所有的资产者带来灾难。由此看来,现代西方经济学中的经济自由主义和国家干预主义之争,无非是资产者本能的私己要求与这种要求得以实现的条件相冲突的表现,是资产者短期直接利益与长期间接利益冲突的表现。宏观微观经济学的协调问题,说到底,就是这种冲突在经济学领域的协调和解决的反映。所以,宏观微观经济学的协调问题将是西方现代资产阶级经济学的长期重要课题之一。

3. 实证研究中的理论、技术工具及规范性问题

西方经济学发展进程中,长期以来有一种倾向,即日益向实证化、技术化发展。这与资产阶级学者广泛认为,规范问题已经在资本主义确立之初、政治经济学初创时期得到解决有关;当然,也和一些人认为规范研究不科学,规范研究只是马克思主义经济学的方法有关。我们说,任何社会科学研究都是规范性与实证性相结合的。即使西方学者认为纯粹的实证科学,也不能完全超脱于社会价值判断。它们都是以承认和维护现存制度为其大前提的,充其量只是在这一根本规范之下的实证研究。

现代西方经济学的实证倾向发展中,技术工具的发展起了极其重要的作用。数学技术、统计技术的发展,使计量经济学迅速发展。而计量经济学的发展又日益介入理论研究之中,成为西方经济学研究中最主要的途径,汇合成了一股现代实证研究的洪流。凯恩斯主义宏观经济学曾为数理模型和

计量分析方法铺平了道路。但实证研究方法的日益专门化,却反过来置凯恩斯的政府干预思想于无用之地了。理性预期学派的研究一方面加强了实证化、技术化的倾向,另一方面,也使这种研究钻进日益狭窄的领域。我们说,经济学的实证研究必须以理论去统领技术手段,以实际检验、丰富和完善理论。现代西方经济学论战反映出,实证研究对于技术工具的过分依赖,导致很多理论假定的主观随意性。有时,正确的理论观点也会在片面技术手段的模型化过程中,导致荒谬的结论。此外,许多理论分歧,在论战中也表现为模型和计量技术的分歧。一方面,这说明了经济学研究方法实证化的重要意义,另一方面也说明资产阶级经济学的争论,始终不在最本质的方面,而只是分析方法和实用方法之争。

分析方法的分歧,还表现为均衡分析与非均衡分析的不同。经济自由主义者多取均衡分析法。他们认为,凯恩斯经济学是非均衡分析法。不仅其理论把经济看作非均衡的,而且政府干预政策也会造成非均衡。这在通货膨胀问题上尤其明显。我们说,均衡与非均衡本来就是事物在一定范围、条件下变动的两种状态,因而均衡分析与非均衡分析方法,也应结合在一起,片面强调某种方法是不妥当的。长期以来的均衡分析,无疑为深入研究问题提供了方便,但也忽视了非均衡分析,有片面性。西方学者往往把均衡与稳定,同自由竞争的理想市场状态联系到一起,造成割裂均衡与非均衡的关系,片面追求均衡,以均衡与否作为衡量经济政策效果的重要方面。目前这种倾向仍属普遍状态。应当肯定,某些经济学家提出非均衡分析,是一种进步。但均衡与非均衡分析方法间的统一,目前尚不明显。

在理论分析中,预期已成为引起争论,甚至导致重大分歧的重要内容。预期就是指人们根据经济活动的过去和现在的信息,对未来趋势或信息的预测。这直接关系到人们的经济决策。人们早就在经济活动中涉及预测和预期的问题。凯恩斯本人的早期著作已经涉及预期,其《通论》更给预期以极其重要的地位。有的西方学者甚至认为,凯恩斯革命的成果之一,就是在经济分析中把不确定性和预期提高到了主导性地位。但是,凯恩斯并未真正说明预期的形成过程和机制。他对预期的论述是假设性的和零散的,而不是分析性的和有经验性依据的。他的预期范畴还无法真正用于分析度量。

凯恩斯以后,近期西方宏观经济学大大发展了对预期的研究,力图把该理论变为具有可验证假设的可运用理论。从最早蛛网模型的预期假设,到外推法预期、适应性预期,最近到理性预期,研究逐步深入,技术性不断增强,模型设计日渐精密。货币主义曾以适应性预期去反对凯恩斯主义利用菲利浦斯曲线进行的取舍选择,而理性预期学派则更进一步说明,货币主义者阐明的适应性预期,仅在经济处于合理的稳定状态时才适用,而在趋势预测方面没有什么用处。只有理性预期才能充分利用现有的知识结构和信息,对经济变量的未来值进行预期。理性预期是"经济人"的本能特性。一旦人们真正掌握了理性预期,政府的宏观干预和调节政策就会趋于无效,所谓"政府有政策,人民有对策"的局面就会出现。理性预期学派这一见解的提出,对于凯恩斯主义宏观需求管理的理论,无疑是一次"大地震"。

理性预期的概念发端于20世纪60年代初,但直到十年之后,凯恩斯主义传统理论不能解释和解决经济滞胀问题时,该理论才被引入经济学。这说明,预期理论在目前条件下,已经无可非议地成为经济理论的一个重要方面,并日益显示其重要作用。正因为如此,理性预期的新理论激起了西方经济学方法论研究的新热潮,并因其政策含义而引发了一场从理论到实践的经济学大论战。理性预期理论也因此而一跃成为"八十年代的宏观经济学"。

西方经济学家认为,理性预期学派的作用和贡献是某种意义上对凯恩斯《通论》的革命。具体就是:第一,说明了预期在经济模型中的关键性作用;第二,提出了在技术上将预期引入模型的更好方式;第三,改变了政府经济决策的路线和方向。但理性预期理论目前的缺点也是显而易见的。其一,"经济人"的理性和信息完善性的假定过于极端而不切实际。事实上,不用说一般人,就是经济学家也无法确切掌握全面信息和真实经济模型。其二,该方法的合理性只是一种趋向性的长期迭代过程,而不适用于短期情况。其三,它排斥了凯恩斯曾强调的不确定性,而只取可能规律性重现的风险性,这也是片面和错误的。

我们说,将预期深入地引入经济学,是理性预期学派的贡献,也是凯恩斯的贡献,本质上是经济现实的反映。预期引入经济学的直接结果,涉及"理性的人"和信息论的问题。这个问题既涉及整个资产阶级经济学的基本出发点,也涉及政府的决策。这是时代因素和资本主义经济发展现实的反映和要求。不过理性预期理论有其资产阶级经济学家难以觉察的弱点,即:过分强调和突出主观心理因素,而忽视资本主义经济制度的基本矛盾,因此,论战始终在其加以理性和技术性的范围内兜圈子,无法统一。"理性的人"的"理性预期"过分美化了资本主义的基本社会价值观——资产阶级个人主义,也过分美化了在此基础之上的经济自由主义。对此,西方学者是不愿加以承认的。惟其如此,论战便只能在技术性前提下持久化,胜负既未可知,真正的"革命"还谈不上。

总之,西方经济学的论战在实证化的方向上,确实在实证技术的发展、分析方法的运用和理论因素的变动方面,取得了新的进展,值得认真研究。

4. 理论论战对经济学发展的作用

从现代西方经济学的发展和演变不难看出,经济学理论方法和认识的许多重大进展都来源于不同观点的争鸣和论战。经济现实问题要求理论加以解释指导。理论则从本身的完善发展和现实对它的启发两方面向前推进。而这两方面都会引起论争。资产阶级经济理论反映的经济现实变化,是资本主义基本经济矛盾及其解决方式相互作用运动的表现。西方经济理论论战实质上就是这一过程的理论表现。论战中,各方本质上都是维护资本主义制度的,只是方式、角度不同而已。米尔顿·弗里德曼曾明确指出,"经济学家之间的基本分歧是在经验方面,而不在理论方面"[①]。还有的经济学家则认为,分歧是概念性的和计量模型分析技术方面的。无论如何,理论论战终究推动了经济理论和分析技术的发展,并为缓解社会经济矛盾作出了一定贡献。

[①] 转引自迈克尔·卡特、罗德尼·麦道克著:《理性预期:八十年代的宏观经济学》,杨鲁军、虞虹译,上海译文出版社1988年版,第147页。

现代西方经济学基本发展演变趋势的分析和历史透视[*]

一

始终贯穿着政府干预主义同自由放任主义思潮间相互斗争的现代西方经济学的发展演变,大致可分为四个阶段:(1) 20 世纪 30 年代中期到第二次世界大战结束。这是凯恩斯主义经济学产生,现代西方经济学兴起的阶段。(2) 战后 40 年代中期到 60 年代末。这是凯恩斯主义经济学兴盛时期,也是政府干预主义占上风的时期。(3) 70 年代到 80 年代末。这是凯恩斯主义经济学衰落,新自由主义各派叠起,双方论战对峙时期。该时期政府干预主义受到严重挑战,自由主义思潮开始复兴。(4) 90 年代至今。这一时期,在各派论战和对峙中,"趋同"与"综合"的倾向开始出现,同时,各种新的具体的经济理论开始萌生。西方经济学开始了"调整"和新的结合时期。

20 世纪 30 年代中期,凯恩斯的《就业、利息和货币通论》一书奠定了现代宏观经济学乃至整个现代西方经济学的里程碑,但其蓬勃兴盛,却是在第二次世界大战之后。

在战后资本主义相对长期的经济繁荣背景下,西方经济学界几乎是凯恩斯主义的一统天下。然而,70 年代后期,普遍的经济滞胀使它一筹莫展。凯恩斯主义的黄金时代结束了,政府干预主义的宝座动摇了,取而代之的是一个群雄蜂起、论战不休的局面。十多年来,凯恩斯主义的地位已经衰落,新自由主义各派却未能取而代之。

今天,诸强对峙、论战不休的局面仍未结束,但"分久必合"的趋势已经悄然萌动。一方面,凯恩斯主义学派在发生变化。在十多年的争论中,它不断吸收着新自由主义流派中那些已被实践证明相对合理的理论和政策观

---

[*] 原载于《北京大学学报(哲学社会科学版)》1993 年第 2 期。

点,就像"新古典综合派"最初把凯恩斯主义与新古典理论相综合一样,今天的凯恩斯主义也在与新自由主义的理论观点相综合。前后两种综合与兼容,原则上是一致的。一代新凯恩斯主义者,力争在原有教义基础上,提出一些新的理论和方法,以求在新形势下重振凯恩斯主义的声威。另一方面,今天新自由主义各派,几乎都在不同程度上承认现实中市场的缺陷,甚至承认市场机制必然引起信用波动和经济波动的弊端。他们要自由竞争,但不要自由放任,不完全反对政府干预。他们主张一种由政府来保证的有秩序的市场制度。他们也企图综合市场机制与政府干预的优点,而避免其缺陷。从这个意义上说,新自由主义也是一种宏微观结合的"新古典综合派"。只是其强调的"综合"中的重心不同。这样,在现代西方经济学的基本发展演变趋势上,就萌生出一种趋同的"综合"倾向。每种新的流派或每个流派的未来,都极可能是本质上"综合"的各异形态。当然,这并不排除在某一经济领域中产生一种有影响的全新理论和方法的可能性。

现代西方经济学最基本的发展演变趋势,可以概括为一条"否定之否定"的道路,也是一条"分而合,合而分"的道路。要真正理解这种发展演变趋势,必须从导致其变动的客观历史条件,以及各派理论对这些历史条件的适应性中去寻找原因。

二

现代西方经济学源起于"凯恩斯革命",但不仅仅是"凯恩斯革命"。瑞典的魏克塞尔、米尔达尔,波兰的卡莱茨基,经过独立研究,都得出了和凯恩斯基本相同的结论,即放弃自由放任政策,采纳政府干预主张,以达到熨平经济周期,实现充分就业和经济稳定增长的目标。这说明具有政府干预特征的现代西方经济学有其产生的客观的历史必然性。

20世纪20—30年代的世界性经济大萧条之前,统治西方经济学的是新古典学派的理论。其主要教义是,在自由放任政策下,以个人经济利益为基础的充分自由竞争的市场制度中,在充分弹性的价格机制下,会有一只"看不见的手",把经济引向"充分就业的均衡",使每个人的利益和社会利益充分协调一致,使社会资源得到最充分的利用。20—30年代世界性的严重经济衰退和长期萧条,无情地打破了上述教义的神话。新古典学派教义的破产和新理论学说的出现,理所当然地成为那个时代现实的要求和呼唤。米尔达尔、卡莱茨基和凯恩斯能够殊途同归,得出基本相同的结论,正是这一历史必然性的具体表现。凯恩斯主义不过是应运而生的这类理论突出的代表。

战后,凯恩斯主义迅速传播,很快成为西方经济学的正统和主流,造成一种经济学理论言必称凯恩斯的局面。这里同样有其历史条件的必然性。首先,是历史的影响力和作用。20—30年代的大萧条使西方国家在战后依然谈虎色变,视为畏途。各国无不把缓和经济周期、争取充分就业和稳定经济增长作为战略目标。这样,转而采用凯恩斯主义政府干预政策就势在必行。其次,美国"罗斯福新政"以及其他国家战时实行政府干预政策对付经济危机的成功经验,对西方各国具有强烈的吸引力和示范作用。特别是战后各种因素造成的西方经济长期相对稳定和繁荣,成为凯恩斯主义理论"正确性"的最有力佐证。历史的机遇加上现实的幸运,使凯恩斯主义"顺时而昌"。

不过,历史的相似和嘲弄往往具有讽刺意味。30年代使古典教义破产垮台的同一规律,在70年代也落到凯恩斯主义头上。首先是70年代西方国家普遍的经济停滞和通货膨胀并发症,使凯恩斯主义进退维谷、一筹莫展。这一无情的事实,极大地动摇了凯恩斯主义理论的地位。其次,严重的世界性的通货膨胀,是凯恩斯主义所未曾预料到的难题。凯恩斯主义昔日赖以安身立命、昌盛发达的历史条件和现实基础都发生了变化,曾经"顺时而昌"的正统经济学,开始"背时而亡"了。

相反,"滞胀"这一造成凯恩斯主义动摇的同一历史条件,却成为新自由主义各派乘势而起的温床。"准通货膨胀"的赤字财政政策,像一把双刃宝剑,既在当年为凯恩斯主义砍倒了新古典学派,也在70年代后砍中了它自己。新自由主义各派都以通货膨胀问题为契机,从攻击凯恩斯主义理论入手,标新立异,登场亮相。这样,整个80年代,西方经济学界诸派论战、难决雌雄的态势,便取得了历史的客观必然性。当然,也正是这些客观条件,使新自由主义各派终究羽翼未丰。

20世纪90年代以来,西方经济学界初露端倪的"分久必合"动向,同样有其历史和现实原因。一方面,资本主义经济中垄断、经济周期波动、货币金融体系的危机以及公共产品的生产等因素,都会不同程度地造成市场自动调节机制的失效。因而,老式的自由放任政策的确不能奏效。在这一方面,政府对经济的干预,不仅具有直接的必要性,而且成为市场机制发挥作用的前提条件。另一方面,凯恩斯主义的政府干预,在过去几十年里走过了头,从而产生了它未曾料到的严重问题——经济的"滞胀"。实践证明,政府干预也不能包打天下。在以个人利益为基础的资本主义经济中,市场机制可以发挥其应有的、乐于为人接受的作用。在这方面，政府干预无法替代它。但市场机制的自发作用必然产生垄断，这又会损害众多非垄断资本家的利益。这又要求政府干预，以保护大多数资本家的利益。在资本主义现实条件下，一定程度的市场机制和一定程度的政府干预都是必要的。因而，无论哪派经济理论都不能过分偏执一端。这一点正是当前西方经济学"分久必合"动向的历史和社会基础。

现代西方经济学发展演变的历史充分说明：每种经济理论的产生和发展，乃至在一个时期占据的支配地位，首先都是一定历史条件的产物。它既包含客观经济社会条件，也包含具有历史继承性的理论条件。就后者而言，更多更直接地表现为理论间的批判、继承和补充的关系，同时也通过它们对经济现实的关系，再反过来作用于以后的理论。

三

现在，我们从现代西方经济学发展演变趋势的基本特征和内在线索，分析各阶段各主要理论派别的地位变化及其特点。

现代西方经济学发展演变的主要方面是宏观经济学。主要政策倾向的发展变化，基本是围绕政府干预的性质和程度进行的。主要的理论派别是凯恩斯主义学派和新自由主义学派。方法论上，主要是总量分析、均衡分析、比较静态分析和模型分析，变化趋势是总量与个量结合、均衡与非均衡结合、短期静态向长期动态发展。同时，模型化的研究方法、计量分析以及数学手段、电子计算机工具的运用，日益发展起来。研究方向上，基本分为向实用对策发展和向理论专业化发展两支，其中又以前者为主。在经济哲学的出发点上，主要是围绕对"经济人"理性假设的态度变化，从忽视和否定"经济人"理性向重视和肯定这种理性转变。这方面直接关系到对政府干预能力和效果的看法的变化。

（一）凯恩斯本人的经济思想与战后凯恩斯主义的区别

作为现代西方经济学正统的凯恩斯主义，其兴起和鼎盛的必然性如前所述。这里要补充的是，凯恩斯本人的基本经济思想与战后兴盛的凯恩斯主义间的区别。诚然，凯恩斯本人和30年代的同名思潮，适应着当时资本主义经济现实的要求，从理论上批判和打破了新古典学派的一贯信条"萨伊定律"，指出市场供求自动均衡、储蓄与投资自动均衡、弹性工资下劳动就业的自动均衡,统统都不可能实现。从大萧条的现实出发,凯恩斯提出了政府干预经济的一整套理论和政策。然而,凯恩斯只考虑到短期,只考虑到大萧条的情况。他并未打算使自己的理论在长期中发生作用。但是,战后居支配地位的凯恩斯主义经济学,却有所不同。一方面,它们把凯恩斯学说的强烈的短期针对性抛到脑后,力图将其普遍化、长期化和动态化;另一方面,它们从适应"混合经济"制度的立场出发,把被凯恩斯批判的新古典理论重新纳入凯恩斯主义体系,作为其微观基础。这样,以"新古典综合派"面目出现的凯恩斯主义经济学,从其登上正统经济学的宝座开始,其理论体系内部,就种下了矛盾和不祥的种子。

由于这两种原因,"新古典综合派"在运用凯恩斯理论和政策主张的同时,却忘记了凯恩斯理论赖以立足的 30 年代大萧条的具体事实。结果,在片面追求充分就业和经济增长的同时,造成了累积性通货膨胀的后果。"新古典综合派"的政策措施,正像菲利普斯曲线所表明的那样,想以温和的通货膨胀换取经济的充分就业和持续繁荣。客观上,它只是人为地通过积累矛盾的方式把经济周期缓和下来,而通货膨胀则以前所未有的速度迅速成长起来,最终造就了动摇其自身地位的历史条件。所以,造成凯恩斯主义经济学在 70 年代后发生危机和动摇的必然性,不仅存在于客观经济状况的变化之中,而且存在于其自身理论政策体系内部的矛盾和弱点中。有了这样的原因,再加之新自由主义各派的攻击,其正统地位的动摇就是不可避免的了。

(二)新自由主义各流派对凯恩斯主义的批评及其政策主张

70 年代之后变得咄咄逼人的新自由主义各经济流派,在主要方面有两个共同点:其一,以经济停滞和通货膨胀为突破口,向凯恩斯主义大兴讨伐;其二,主张减少政府干预,让市场机制充分发挥自动调节作用。但哪一派都没有主张绝对的自由放任。

1. 货币主义是新自由主义各派中最早发难的,也是力量最强的一派。他们早就反对过多政府干预,主张市场机制自动调节。但由于凯恩斯主义的正统地位和影响,只是到 70 年代经济形势发生了根本变化时,它才得以脱颖而出。货币主义者以通货膨胀问题为突破口,对凯恩斯主义大加批判,认为凯恩斯主义的过分政府干预和短期行为造成了经济"滞胀"的恶果。他们反对相机抉择的原则和一系列有关政策工具,主张实行单一货币规则,达到经济长期稳定、控制通货膨胀的目的。

但是，货币主义者在其他方面并没有什么令人信服的东西。在实践上，他们还未能拿出有充分说服力的证据来证明其观点的正确。他们对凯恩斯主义的破坏性攻击是有力的，但建设性措施却是软弱的。况且，资本主义经济 50—60 年代的繁荣，在他们论战时仍在一定程度上给人们存留着凯恩斯主义"成功"的印象。再说，以"新古典综合"面目出现的凯恩斯主义，并非完全排斥经济中自动调节的功能。这一方面表现为以新古典一般均衡思想为基础的 IS—LM 分析模型对凯恩斯思想的高度概括；另一方面则表现为它对古典的经济自动调节、自动均衡思想的局部的、有条件的认可，甚至也在宏观政策中搞"经济自动稳定器"。这样，货币主义的观点尽管在实际上影响了所有的经济理论，但它也只能以反对派的面目，同凯恩斯主义在某些方面进行争论、对峙，而无法取代之，甚至还不能真正与其平起平坐。

2. 理性预期学派主要从"经济人"对政府干预政策会产生理性的预期，从而使政策失效的角度，攻击凯恩斯主义。他们认为实行充分的自由放任政策，可使"经济人"的理性行为导致良好的经济秩序，克服经济"滞胀"。这种观点在一定程度上客观地反映了经济决策和经济行为变动中预期的作用，从对策角度提出了政府政策与个人对策间相互影响的问题。但理性预期学派主要从通货膨胀的治理角度入手，来探讨预期对宏观政策效果的影响，以及宏观政策的选择。他们在批评凯恩斯主义干预政策的失败和菲利普斯曲线信条的失效方面，的确取得了某种成功。但他们在理论和实践两方面也存在弱点：在实践上，他们未能取得实验成功的有力支持；在理论上，又没能说明预期的形成机制。其模型虽然在理论上很吸引人，预期因素也为人们普遍首肯，但复杂的计算、过分的专业化，使人望而生畏，而且人们的预期在信息、知识等条件限制下，很难达到"理性"。这就使其适用范围变得狭小有限，而且不切实际。尤其市场出清和经济调节无时滞的假设，更是完全脱离实际的。

理性预期学派从一个人们忽略的角度发端，对凯恩斯主义展开攻击，这是其受到人们重视的原因，也是其得以存在和发展的原因。但其理论本身的弱点和实践上的可能性较小，必然使其难以取代凯恩斯主义的地位。

3. 供给学派站在凯恩斯主义对立面，从供给角度，对凯恩斯发动攻击。他们公开主张"萨伊定律"的重要性，指责凯恩斯主义过分强调需求的决定作用，而忽略了供给，造成了经济的严重问题。应该说，供给学派指责凯恩斯主义把暂时性对策长期化，完全否定"萨伊定律"是有某种道理的。他们主张减税、减支，增加社会供给，降低通货膨胀的观点，也有一定道理。但凯恩斯主义多年造成的问题积重难返,而且社会现实条件已不允许实行彻底的自由放任。因此,供给学派的主张缺乏现实的基础。同时,供给学派未能在理论上建立一套新颖的有说服力的体系,也使之很难与凯恩斯主义抗衡。

供给学派只是在凯恩斯主义"倒霉"之时,借政要人物出于某种需要的青睐而得势的。随着时间的推移和其他学派力量的变化,便迅速销声匿迹了。

(三) 20世纪80年代后期以来西方经济学的趋势

80年代后期以来,西方经济学的趋势是,在长期论战中寻求共识,互相渗透。各派之间的相互交叉和借鉴已经成为西方经济学发展趋势的一大特点。对这一趋势和特点的客观要求,如前所述,是当今资本主义经济中垄断和竞争共存、矛盾和发展共生的必然结果。从经济理论本身来说,资产阶级的个人主义和自由主义仍是每个资产阶级经济学流派的哲学出发点。亚当·斯密早已阐明的以个人利己主义为目的和动机、以利他主义为形式和手段的资产阶级经济自由主义,仍有着基本的广泛的社会和思想基础。但是,由于时代的发展,自由放任的政策已不能完全保证达到均衡与和谐。因此,凯恩斯主义政府干预政策的出现是必然的。它也是达到普遍的经济利己主义的手段。宏观经济学本身研究的对象、范围和性质是社会经济的总量和整体上的问题。这必然与政府的干预问题联系在一起,无论哪个流派,在宏观问题上都不能回避它。但是当政府干预被推向极端,甚至对利己主义发生妨碍时,资产阶级又会抛弃它。然而,客观条件又不允许彻底抛弃政府干预。这样一来,在二者并存的基础上,把一定程度的自由放任同一定程度的政府干预结合起来,便成为80年代后期以来的一种趋势和特征。

近来的事实表明,凯恩斯主义已逐步吸收了货币主义、理性预期和其他学派一些有益的观点,而开始成为一种进一步变化的凯恩斯主义——新凯恩斯主义。新自由主义阵营中也逐渐产生了以货币和理性预期学派为主,但也吸收别派观点的又一新古典学派。两派之间的争论焦点已不是旧的分歧,而是围绕"市场是否迅速出清"问题展开。

英国《经济学家》杂志曾在不久前预测[①],经济学今后的"研究方法和目的肯定会发生变化",专业化倾向会加强,"不一致的领域在缩小,一致的地方在增加"。但大规模宏观经济计量模型的预测将受冷落。该杂志还认为,70年代以后的各派会继续存在并争论,但谁也不能互相取代。也许将会有

---

① 参见〔英〕《经济学家》主编:《21世纪的经济学》,徐诺金译,中国金融出版社1992年版。

新的凯恩斯主义流派出现。

在外部形势方面,今后主要是:"世界经济正在发展中的一体化趋势";"商品、资本和劳务的国际流动将成为经济研究的前沿性核心问题";"日益增加的资源和环境压力是第三大历史趋势"。

在 90 年代以后,需求理论存在的"最大的空白是单个厂商理论";"公司策略"将占领该空间。增长理论是"第二大空白";技术进步因素将受到重视。"第三大空白"将是经济学中的理性问题。理性被认为是经济学的基石。它"也许具有最深远的意义,对这项空白的填补将极大地改变经济学的特征。"[①] 目前"准理性"的研究已经展开,但远远不够。

在供给理论方面,新一代的分析方法——非线性方法,将更好地描述和模拟现实的经济运动。"这种新的教学研究方法可能极大地推动经济学的发展"[②]。对策论的应用、计算机技术方法的应用将对经济学产生较大的影响,使经济理论进一步完善化。

此外,经济学中的行为研究也将进一步推动实验性和实证性研究的发展。

四

综上所述,我们在对现代西方经济学基本发展演变趋势进行分析和历史透视时应该注意以下几方面的问题:

(一)对现代西方经济学基本发展演变趋势的主线及背景的理解

长期以来,西方经济学发展演变的主线索和核心是政府干预主义与自由放任主义的地位变化及相应的争论。但从发展趋势来看,这一争论有减弱的倾向,两种主张有互相结合、渗透,逐渐趋于一致的迹象。

一般地说,经济思潮和学说的变化,其先决条件是它所处时代经济条件本身的变化。经济思潮和学说的大变动需要以经济背景条件的大变动为契机。历史上政府干预主义和经济自由主义思潮的地位变动也都首先伴随着经济条件的大变动。没有经济背景条件的相应变动,经济学说的大变动是

---

① 参见〔英〕《经济学家》主编:《21 世纪的经济学》,徐诺金译,中国金融出版社 1992 年版,第 124 页。

② 同上书,第 126 页。

不可能的。看待当前西方经济学的变动趋势也是这样。

经济自由主义和政府干预主义,是资本主义经济发展过程中出现的既有区别,又有联系的两种思潮。它们是资本主义经济内在矛盾发展和解决过程中的必然产物,是资产阶级意识形态的经济表现。其地位的交替变化,是资本主义经济发展不同阶段内在矛盾斗争的结果。但二者本质上都是维护资产阶级利益的,这是共同点,其对立和争论是表面的和外在形式的。亚当·斯密阐明的经济秩序,并未完全排除解决经济矛盾的形式的变化。他只是从他当时的历史条件出发,说明个人经济利益的实现,可以通过利他的形式,在市场机制内自发得到解决。到国家垄断资本主义时代,仅靠自由放任已经无法保证资产者个人利益的充分实现,政府干预便成为经济秩序不可避免的外在形式之一。这一历史条件发展到今天,并未发生根本性变化,因此,已经占有统治地位的政府干预主义,不会彻底垮台。当然,经济自由主义也就不能完全取代它。70年代的经济"滞胀"使经济自由主义思潮重新抬头,受到重视,但也决定了政府干预主义与经济自由主义的兼容。国家垄断资本主义的现实使政府经济职能得到强化,并逐步成为经济的内生变量,这一事实无法改变。但资产者个人自由受到约束,在长期中也不利于资本主义经济发展和社会稳定。因此,自由放任会在一定程度上重新被纳入正统经济学中。

(二) 对西方经济理论变动中趋同与分化的理解

我们说"趋同",是指两种鲜明对立的观点,在某些方面互相承认和接纳的过程。它多以综合的形式出现。在经济学说史上,这种过程有时是交替进行的。重商主义是一种综合,其后是各种分化;斯密的学说则是另一种综合,其后也是长期的分化。至于"凯恩斯革命",则既是对以前国家干预主义思想的综合,又是宏观经济学相对微观经济学的一种分化。

分化并不是与从前割断联系的分离和创新,它只是对旧传统下某方面的强调或抛弃。因此,分化总具有某种综合性,而综合则多是对各种不同观点中某些方面的强调,正像约翰·希克斯所说的:"我们可以自封为摆脱了往昔;但往昔依然笼罩着我们。"①

凯恩斯的确反对了以"萨伊定律"为代表的古典教条,但他是有强烈针

---

① 约翰·希克斯:《古典和当代》(英文版经济理论论文集第三卷),巴塞尔·布莱克韦尔出版社1983年版,第4页。

对性的。此外,他为古典的微观理论留下了一定的余地。正因为如此,"新古典综合派"才能进行其综合,从而在凯恩斯主义殿堂中留给自由放任理论一席之地。凯恩斯同当时新古典学派经济学家,如庇古的分歧并不表现在宏观问题上。大萧条时期,英、美的大多数经济学家也都是赞成凯恩斯观点的。在实际问题上,凯恩斯与其他经济学家的分歧也不像人们后来所认为的那么大。事实证明,凯恩斯主义同新古典的自由主义之间,原本就有某种联系。正是由于这些原因,70—80年代的争论之后,才可能出现"趋同"(新的综合)的趋势。

时代条件的变化导致人们注意力的转移。现实问题会把不同流派人们的视线转向对实际问题的解决,而这又会为新的综合提供基础。

(三) 关于西方经济学理论和政策的时效性问题

在现代西方经济学的发展和争论中,这是一个很重要的问题。一般说来,经济理论主要涉及经济的规律,它对与之适应的经济条件总具有适用性。而经济政策则是针对具体经济条件变化,出于某种目的而采用的手段和措施,因而时效性较强。当然,政策经验会促进理论的发展,理论本身也会影响和支配政策。但二者并非总是一致的,特别是当涉及它们同经济条件变动的关系时,更是如此。

凯恩斯经济政策的产生在实际上要早于其经济理论,而且具有极强的针对性。《通论》是1936年出版的,而针对大萧条的政策主张则要早很多,而且在当时受到大多数人的赞同。《通论》不过是想说明在大萧条的背景下所采用政策主张的理论依据。因此,《通论》并非永远适用的"一般理论"。从本质上说,《通论》是短期的,或针对性很强的。凯恩斯本人很注意未来的不确定性,因而他关心的主要是当前短期。但是,由于第二次世界大战的契机,"新古典综合派"把凯恩斯的主张同新古典的微观理论"综合到一起,变成了长期理论"。这样,短期理论和对策便在长期中出现了问题。本质上这是针对性与普遍性矛盾的表现。这种矛盾引发了70年代后新自由主义各派对凯恩斯主义的攻击,以及凯恩斯主义原有地位的衰落。

由于经济现实条件的要求,在新自由主义各派攻击中,凯恩斯主义学派逐渐意识到这种矛盾,开始注意长期与短期、普遍性与针对性的问题。他们吸收了新自由主义的某些观点,如货币和预期、供给因素等观点,通过"综合"来克服矛盾。新自由主义各派也开始注意吸收凯恩斯主义的某些主张,来解决现实的经济衰退和失业问题。这也是某种意义的"综合"。

(四) 关于西方经济学研究方法的变化

现代西方经济学发展变化过程中，经济学研究方法也在发生变化，大体说来有以下几个特征：

1. 实证化与专门化两种倾向并存

实证化的倾向是同资本主义经济中的实际要求相联系的。这种倾向一方面表现为研究目的的实用性，另一方面表现为现实经济条件对研究的实证要求。凯恩斯主义的兴衰、新自由主义的沉浮，都是针对现实经济问题产生的，因而都是实证的。政策性研究先于理论研究，是这一倾向的特点。另外，凯恩斯主义体系中对微观部分的"综合"、新自由主义各派由微观理论基础去结合宏观对策的做法，都是经济现实的要求。在整个宏观经济理论的发展过程中，注意力由原来重视经济增长和充分就业，逐渐发展到重视赤字和通货膨胀以及汇率与国际收支逆差问题，也是这种实证化倾向的整体反映。

专业化是伴随实证化而产生的倾向。它既是实证化研究深入发展的结果，也是借助日益丰富的分析工具的结果。战后二十多年资本主义经济稳定的发展必然要求某些方面研究的深化。日益高深、大型、复杂的数理模型分析和宏观计量模型的编制，数学分析技术、统计分析技术基础上的经济计量模型化和电子计算机技术运用，只有靠专门的经济学家和技术人员，才可能进行。同时，这种模型的分析和运用，也只有专门人员才能看懂。某些学院派经济学家也在有意无意地推动这一专门化倾向。这既可以卖弄其学问的高深，又可以从专业化的加强中抬高个人身价。于是，由实证化而来的专业化，通过分析手段的发展和丰富，在加强实证研究技术化倾向的同时，又逐渐脱离着实证化。这一特征从凯恩斯主义宏观计量模型到货币主义和理性预期的动态模型，表现得越来越明显了。

从长期来看，实证化和专门化的倾向仍在加强，但二者间的距离却逐渐拉大了。像非线性分析这类跨学科新方法的引进，也许会使经济学发生较大变化。

2. 均衡分析与非均衡分析两种方法并存

英国经济学家琼·罗宾逊夫人在谈到"凯恩斯革命"的意义时曾说："从理论方面来说，革命在于从均衡观向历史观的转变，在于从理性选择原则到以推测或惯例为基础的决策问题的转变。"① 但事实上,西方经济学在凯恩斯去世后,并未完全从这些方面发展。

凯恩斯打破的主要是自由放任下均衡实现和保持的自动机制,而不是均衡方法本身。当然,凯恩斯的均衡是一种非均衡,即非瓦尔拉斯均衡。后来,"新古典综合派"在召回传统新古典微观经济学的同时,重新恢复了均衡分析。他们的发展只不过把静态均衡变为动态化的均衡。新自由主义各派则始终坚持着均衡分析方法。尽管非均衡分析有所发展,但终究未能排斥均衡分析。

我们说,均衡分析与非均衡分析在方法论上并没有根本差别,其不同点仅在于均衡的水平和条件的差异。其中值得注意的是:一方面,非均衡分析研究的对象更现实一些;另一方面,非均衡分析更强调动态。客观上,均衡分析与非均衡分析都是对事物某些方面的反映。二者是统一的、互相补充的,虽有差别,但并不排斥。正是基于这一原因,战后西方经济学在方法论的这一方面,各派间差异并不大。

当然,凯恩斯本人在均衡观之外,有其历史的动态观,但这在新剑桥学派之外,似乎未受重视。这是"两个剑桥之争"的一个方面。

3. 对理性、预期和不确定性问题的强调

凯恩斯曾说明过预期和不确定性的问题。他是要说明理性判断会发生意外,出现失效,因而不得不借助政府干预和调节。但他没有具体说明预期形成的机制和过程,也未说明信息不完全性和不确定性的具体影响。但是后来这一方面被强烈的政府干预思想冲淡了,在相当长的时间内被忽视了。

70年代后,理性预期学派从通货膨胀问题入手,重提理性和预期问题,并由此否定政府干预的有效性。这对凯恩斯主义形成了较大冲击。理性预期学派的攻击在长期通货膨胀条件下有一定的道理,因而,凯恩斯主义各派也开始对预期加以重视。但一方面由于理性预期学派的模型复杂、难懂,而且其"充分理性"及"完全知识和信息"的假定又脱离实际,因此,说服力也不强。另一方面,凯恩斯主义以"粘性工资"说明了理性预期效果的微弱。所以,理性预期学派也未能取代凯恩斯主义。虽然在理性问题上未能取得共识,但预期这种思想和方法,的确渗入了西方经济学各派之中。

---

① 琼·罗宾逊:《凯恩斯革命的结果怎样?》转引自外国经济学说研究会编,《现代国外经济学论文选》第一辑,商务印书馆1979年版,第20页。参见〔英〕《经济学家》主编:《21世纪的经济学》,徐诺金译,中国金融出版社1992年版。

总之,现代西方经济学正在发展变化,尽管研究方法还没有大的创新性和突破性变化,但原有方法都深化了,并可能在某些方面有一定的突破性变化,各派间也具有接近的趋势。

从现代西方经济学发展变化的历史趋势中,不难看出,资产阶级经济理论正随着资本主义经济现实的发展而发展。但这种发展除去现实的直接要求外,还借助于理论的争论、方法的丰富来实现。在资本主义允许的限度内,资产阶级经济理论正在日益完善和深化,各流派间也在不断取得共识。趋同在发生,但新的分歧也在不断出现。这就是理论在争论中发展的道路。我们应站在历史发展的高度看待它的现实变化。

古典市场伦理道德观的现实意义*

市场经济的效率、秩序和公平,取决于参加市场经济的人们的各种经济行为;而人们的经济行为则在一定程度上与他们的经济伦理道德观密切相关。经济伦理道德观构成了人们经济行为的基础和出发点。

资本主义市场经济发展的历史表明,市场经济总是要求一些基本的伦理道德观和它相适应。虽然某些制度和体制发生变化后,市场伦理道德观也会发生相应的变化,但一些基本的伦理道德观在市场经济中还是比较稳定的。在资本主义市场经济建立之初,古典经济学家所提出的一些市场伦理道德观念,对资本主义市场经济体制的形成、发展和市场秩序的建立,都起到了重要的促进作用。这些观念今天仍在资本主义市场经济中发挥着十分重要的作用。

社会主义市场经济的运行同样要求有相应的经济伦理道德观念。为了使社会主义市场经济体制得到完善,发挥效率,我们必须尽快地建立起社会主义市场经济的伦理道德观。毫无疑问,在这一过程中,我们需借鉴和参考资本主义市场伦理道德观念中对我们的有用之处。而资产阶级古典市场伦理道德观念则包含着某些可供我们借鉴和参考的东西。

一、古代和中世纪的商业伦理道德观念

市场经济的特点是通过商业和市场把社会的全部经济活动组织和带动起来。商业和市场密不可分。尽管市场经济是在商业发达到一定程度以后才出现的,但市场伦理道德观念,更准确地说,商业伦理道德观念却先于市场经济而和商业的出现一起产生了。在古代和中世纪的思想家们那里,已经在某种程度上涉及了一些商业伦理道德观念。

古希腊哲学家亚里士多德在商业还没有普遍化的时候,就已经认识到

---

* 原载于《经济科学》1997 年第 4 期。

"在交换时必须使双方都得到补偿"① 的互惠原则。他认为,如果交换不是互惠,"如果没有两个人之间的相互需求,如果两者都不需要帮助,或者是只有其中之一需要帮助,他们就不会发生交换"。② 亚里士多德认为,"互惠"就是维持商品交换正常秩序的基本的伦理道德观念,违者将受到舆论的谴责。

中世纪最具权威的经院哲学家托马斯·阿奎那则更多地谈到了商业伦理道德的问题。他主张采用"公平的价格",进行诚实公平的交易,反对买卖中的欺骗恶行。他说:"为了达到按高于公正价格的价格出卖物品的特殊目的而进行欺骗,是完全有罪的,因为一个人欺骗了他的邻人会使邻人蒙受损失。"③ 而"使别人遭受危险或损失总是违法的"。④ "神圣的法律则是对于凡是违反德行的事情无一不加以惩罚的。"⑤ 他还具体地指出了交易中的三种欺骗行为:(1)"如果卖者知道他所出卖的物品中有缺陷,他就是进行欺骗,这个销售就是非法的。"⑥ (2)使用小于标准的量具售货,也是骗人,这种销售也是非法的。(3)在物品的质量方面,以次充好,进行销售,同样是非法的。"在所有这样的情形中,一个人不仅因为作了不公正的销售而是有罪的,而且他还有进行退赔的义务。"⑦ 阿奎那是从基督教的教义和有关法律的观点来看待商业伦理道德的。他强调参与买卖的人对于别人应负的法律和道义责任。在他看来,公正、诚实、与人无损,就是商业中应有的基本伦理道德。凡有悖于此的行为都应受到法律的惩罚。他主张从伦理道德和法律两个方面来维护正常的商业秩序。

二、古典的市场经济伦理道德观念

1. 早期资产阶级学者的市场经济伦理道德观念

自资产阶级启蒙运动到亚当·斯密以前,一些早期的资产阶级学者也对于市场经济中的伦理道德观念与市场经济秩序问题提出过一些很有影响的看法。

托马斯·霍布斯指出,人们的欲望是多种多样的,因而,在经济活动中不

---

① 〔美〕A.E.门罗编:《早期经济思想》,蔡受百译,商务印书馆1985年版,第25页。
② 同上书,第26页。
③ 同上书,第47页。
④ 同上书,第49页。
⑤ 同上。
⑥ 同上。
⑦ 同上。

可能有人们共同的利益和目的。但是,却存在一种能够实现各种目的的方法,那就是合作。每个人都需要别人的合作,或者至少需要别人不干预自己的活动,才能达到自己的目的。此外,每个人都会从一个和平与和谐的社会环境中受益,但这一社会环境的维持却需要每个人的参与。霍布斯认为,伦理道德准则就是每个人为了实现这样的社会环境所必须遵守的标准。如果人们不能遵守伦理道德准则,必要的社会环境就不能维持,从而,人们就不能有机会去实现自己的目的,也不能满足自己的欲望。如果个人利益和别人利益发生了矛盾或冲突,人们则需要妥协。尽管人们通过妥协不能完全达到自己的目的,但至少可以部分达到自己的目的,或者部分满足自己的欲望。在霍布斯看来,人们自己遵守伦理道德准则只是一种手段,是为了引导别人也遵守伦理道德准则,从而能够使自己的欲望最终得到满足。霍布斯的主张反映了一种以资产阶级个人主义为核心的市场经济的伦理道德观念。

伯纳德·曼德维尔则进一步赤裸裸地宣扬了以个人主义为核心的伦理道德观念。他认为,人的任何行为都是有目的的,都是立足于个人利益基础之上的道德支配下的产物。曼德维尔所说的这些道德并不是一般道德家所说的那种自我克制的美德,而恰恰是他们眼中的道德缺陷,即贪婪、虚荣、奢侈、野心等。在他看来,人类的文明并不来自自我克制,而是来自这些"恶德"和"恶行"。曼德维尔观点的浓缩,即"个人行恶,公众得益"。在他那里,社会的经济秩序与良好的伦理道德无关。如果说,经济秩序和伦理道德观念有关的话,则是极端利己主义的伦理道德观念支配下的利己行为会自动产生一种于社会有益的经济秩序。

曼德维尔这里主要是想说明人们的动机和实际社会结果之间的不一致。但他也要说明社会上存在着一种自组织的机制,可以使看似杂乱无章的利己行为产生和谐的、对公众有益的结果和秩序。曼德维尔的观点比较偏激,却为资本主义市场经济自动调节机制的观点勾勒了最初的轮廓。

2. 亚当·斯密的市场经济伦理道德观念

资产阶级古典经济学的奠基者亚当·斯密,为资本主义市场经济奠定了全面的理论基础。当然,其中也包含了市场经济伦理道德观念。

市场的运行机制和市场的参与者是亚当·斯密理论体系中两个重要的方面。市场的运行机制就是所谓的"看不见的手"的调节原理。市场的参与者就是后来人们所说的"经济人"。市场伦理道德观念则是借助"经济人"的行为影响市场秩序和市场效率的一个重要方面。

在亚当·斯密的市场经济体系中,私有产权制度以及保护它的国家政治和法律体系的有效存在,是必要的前提条件。没有它们,市场经济就缺乏正常运行的基础和保证。"经济人"的概念尽管不是亚当·斯密本人的提法,但他的确使用了在含义上大致相同的市场活动参与者的概念。在斯密那里,"经济人"就是进行市场经济活动的理性的人。这些"经济人"在市场经济活动中,是十分明智和清醒的。他们完全清楚自己的利益所在,完全了解市场的各种情况和信息,也具备完美的计算能力。他们总是能够在既定条件下趋利避害。市场伦理道德观念就是规范"经济人"行为的重要因素。它影响着"经济人"的行为方式。

斯密的市场伦理道德观是以"原子论"的个人主义作为其哲学基础的。这种个人主义认为,社会是个人的加总,而个人则是社会的基本单元;个人在道义上比社会更加重要。从经济上说,个人利益是社会利益的基础。在私有财产制度下,作为社会基本组成单元的个人,理所当然地应该为自己的经济利益去努力和竞争。如果每个人都得到了经济利益的增进,整个社会也就取得了经济的发展和繁荣。这一哲学观念实际上代表了文艺复兴时期以来逐步发展起来,而由托马斯·霍布斯加以阐述的哲学观念。借助这一哲学观念,斯密就可以用对"经济人"个人行为和动机的分析研究,作为他分析整个社会经济活动的基础和中心。当然,斯密也从曼德维尔那里接收了关于社会可以在个人谋利行为基础上自行组织起和谐秩序的观点。

斯密市场伦理道德观的核心概念是"利己心",但是,他在阐述"利己心"的作用时,也涉及"利他心"。"利己心"就是"经济人"为自己利益打算。这是"经济人"参加市场经济活动的根本出发点和直接动机。"利他心"则是为他人利益打算。这也是人们某些行为和活动的动机和出发点。"利己心"和"利他心"在根本方面是互不相容的。斯密认为,从人的本性上说,人类行为的动机基本上是利己的。人在大多数情况下,首先是为他(她)自己的利益着想。利他的动机和行为毕竟要少于利己的动机和行为。当利己与利他发生矛盾或冲突时,人们一般会首先选择利己。斯密认为,人的这种利己本性和动机是一种值得赞美的特性。在他看来,正是这一特性决定了"经济人"的行为和活动,造成了市场经济的正常秩序。

斯密认为,"经济人"的个人行为构成了市场经济活动的基础,而"经济人"的市场伦理道德观念又是决定其经济行为的基础。斯密的市场经济机制是一种经济的内在规律。它是在没有外来干预的情况下,看似杂乱无章的众多个别经济行为共同构成的和谐有序的市场秩序。这就是所谓"看不见的手"的市场经济的自动调节机制。这种自动和自行调节的机制之所以能够有效地发挥作用,其根源就在于,"经济人"人性基础上的市场伦理道德观念及其支配的经济行为本身可以较好地协调"利己心"和"利他心"。

从17世纪的威廉·配第和约翰·洛克那里,就已经隐约可见这种由"看不见的手"所造成的,而并非有意去造成的市场经济秩序的基本思想。到18世纪,伯纳德·曼德维尔则以一种极端的耸人听闻的态度,去赞扬世俗所厌恶的极端利己主义的"恶行",并以之说明了"看不见的手"的机制和作用。后来,亚当·弗格森、大卫·休谟也从人性和人的行为的角度,阐述了这一机制。斯密直接继承了这些人的思想,并且把它们发展成为自己的市场伦理道德观念基础之上的"看不见的手"的市场调节机制学说。

斯密的市场伦理道德观的根本特点,在于他处理"利己心"和"利他心"的方法。斯密认为,"利己心"是推动"经济人"参加经济活动的根本动力。离开自身经济需要的经济活动,是难以持续的。所以,斯密最重视的市场经济伦理道德观念是"利己心"。他重点阐述的也是"利己心"的作用。但是,斯密同时也看到,人们自身的力量是有限的。在经济活动中,人们经常需要得到别人的帮助。没有别人的帮助,仅靠自己的力量,是不能解决人们的全部需要的。但是,在财产私有条件下的经济活动中,人们一般不会把自己的财产(包括服务)白白送人,也就是说,人们不会首先向别人无端地表示"利他心"。既然自己不会无端地向别人提供"利他心",当然,通常情况下自己也不能直接从别人那里轻易得到"利他心"。这时,必须以自己的"利他心"去获取别人的"利他心",即以自己的"利他心"去间接满足自己的"利己心"。斯密把这一"利己"和"利他"的转换连接过程体现在市场经济的活动中,其连接的关键就在于另一个极其重要的人性倾向——交易倾向。斯密认为,在人类特有的习性和倾向中,有两种非常重要的倾向和经济活动相联系,其一是交易倾向,其二是分工倾向。一方面,交易倾向会导致劳动分工和专业化的发展,而分工倾向造成的劳动分工和专业化的发展,又会和交易一起促进市场经济的发展。另一方面,交易会把"利己心"和"利他心"连接在一起,共同组成市场经济下的伦理道德观念的体系。在《国富论》中,他就是以交易(市场活动)来连接"利己心"和"利他心",从而构建和阐述他的市场经济体系和经济机制的。

在斯密的市场经济伦理道德观念体系中,他把同交易相联系的"利己心"作为经济发展和市场经济秩序的基础。在他看来,利己是"经济人"经济行为的出发点和目的,而利他则是连接这一经济出发点和目的的必要途径。

构成这一途径的具体道路则是互利的交易行为。他指出,在交易中,"经济人"要达到自己的目的,既不能强迫自己的交易伙伴,也不能企求他们发善心。他只能借助于交易把双方的"利己心"相契合,让双方都能从交易中获得好处。他在《国富论》中写道:"……人差不多总有机会去获得他的兄弟们的帮助,然而只是期望从他们的善意去获得这种帮助,那是徒劳的。但是他如果能激起他们的利己心,使之倾向于他,并向他们表明,正是为了他们本身的利益才去作他所求他们为他要作的事情,那他就很可能达到目的。……我们不能期望从屠夫、酿酒师和面包师的慈善心得到我们的晚餐,而是从他们关怀他们自己的利益去得到。"① 尽管斯密始终把利己作为问题的核心,但他明白,在市场经济中,离开了利他的利己是难以实现的。利己必须在形式上表现为利他,个人的经济行为和建议才会为别人所接受。而只有别人接受了他的行为和建议,采取了合作和相应的行动,个人的利己的目的才会最终实现。于是,在斯密的市场经济秩序中,伦理道德观念本身就成为市场自动调节机制的基础:市场的交易行为自动连接了买卖双方的利益和需求,使他们的利己心和利他心自动地结合在一起;只要达成交易,买卖双方的利益就达到了和谐;当市场上许多交易完成时,市场的和谐秩序就实现了。

斯密的这种市场伦理道德观念强调了一种启蒙时代以来的"自然秩序"思想。他认为,"利己心"和"利他心"在交易上的结合是一种符合"自然秩序"的事;市场经济秩序的自动调节与和谐,也是一种"自然秩序"的表现。尽管他在这种"自然秩序"中强调了"利己心"的主导和基础作用,但也对于"利他心"给予了充分的注意。他清楚,目的必须和手段相统一,利己必须借助利他才能实现;市场的和谐必须借助"经济人"的行为与交易的和谐才能实现。"经济人"越是想要自己获利,就越是要为别人提供服务和帮助。因为他为别人提供的服务和帮助越多,越好,别人就越是愿意向他购买或者和他交换商品或劳动。而他参与的交易越多,他获利的机会也越多,从而获利也越多。按照斯密的理论,如果人们在市场经济中未能获得理想的收益,肯定是交易实现得不理想。那么,首先应当调整的是参与市场经济活动的个人的行为。他们应当调整的并不是其主观愿望,而是其实现主观愿望的手段,即如何使别人喜欢并且愿意购买他们的商品和服务。这包括一系列调

---

① 亚当·斯密:《国民财富的性质和原因的研究》,第1卷,郭大力、王亚南译,商务印书馆1974年版,第26页。

整价格与改进商品和服务的质量、数量、花样等方面的努力。只要这些方面能够调整得适合于市场上买主的需要,或者说,买主认为这些商品和服务对于他们比较有利,交易就不难达成和扩大。一旦交易得到了调整和扩展,市场的经济秩序就能达到和谐。于是,主观的愿望就和客观的最终结果达成了统一。当然,在这种经济行为调节的同时,市场经济活动参与者也同时进行了市场经济伦理道德观念方面的调节。不过,这里谈到的只是一种"经济人"的个人自我调节。另外,还有社会对于"经济人"伦理道德和经济行为的强制调节。

社会对于"经济人"伦理道德和经济行为的强制调节有两种:一是来自市场的强制调节,二是来自国家和法律体系的强制调节。来自市场的强制调节是指:当某些人的市场经济行为违背人们所公认的市场经济伦理道德准则时,其他人将不愿和他作交易,或者不愿继续和他作交易。其结果是,不按市场伦理道德准则行事的人将丧失很多交易机会,从而也丧失掉他想要得到的经济利益。这种情形会迫使这些不按市场伦理道德准则行事的人改变其伦理道德观念和行为方式。市场对于"经济人"某些伦理道德观念和经济行为的调节,是通过经济利益的得失,来间接强制实行的。这种强制力量的强弱取决于个人利益的大小和市场的具体状况。而来自国家和法律体系的强制调节是指:国家通过颁布和实施一些有关的法律、法令和规定来规范和制约人们在经济活动中的行为。当某些人的经济行为违背了这些法律、法令和规定时,政府的有关机构就会依照法规对这些人实行制裁。这些制裁不仅使违法者在经济利益上遭受损失,有时还会使他们在某些经济权利和人身权利上受到限制或禁止。这种调节是非经济强制的、直接的。这两种强制调节和上述自我调节一起,共同保证了市场的正常经济秩序。

3. 古典功利主义的市场伦理道德观念

18世纪后期和整个19世纪,与亚当·斯密的市场经济伦理道德观念相一致,并且同样成为斯密以后古典经济学的哲学伦理基础的古典功利主义,也在一定程度上论述了市场经济的伦理道德观念与人们经济行为的关系。

18世纪末19世纪初最著名的功利主义者杰利米·边沁含蓄地提出了功利主义的三个重要命题:(1)个人的福利应该是道德行为的目的;(2)每一个人都只考虑他自己的利益和福利;(3)社会行为的目的应该是最大限度地增进最大多数人的最大幸福。边沁赞同"天赋自由制度"和古典经济学派的基本纲领:竞争、最少的国家干预、自由贸易和废除垄断。他认为,建立在个人利益基础之上的交易(交换)行为会导致市场的产生和广泛的发展,最终会使人们的需求最大可能地获得满足。在以交易为核心的市场经济中，人们只需要考虑他自己的利益，而不必考虑别人，市场机制会自动地、和谐地调节人们相互之间的矛盾和关系，使社会上大多数人们的利益和幸福都得到增进。边沁这种认识和亚当·斯密关于"一只看不见的手"的市场机制调节原理是基本相同的。不过，边沁不像斯密那样通过市场交换联系利己和利他来加以说明。边沁主要强调，当多数个人都得到自己的利益和幸福时，社会的利益就得到了实现。既然多数人的利益和幸福得到了实现，社会也就达到了和谐。另一方面，边沁更强调这一原理发生作用的外部环境和维持这一环境的法律体系的强制作用。因为，他认为功利主义道德行为的基础与核心是个人的利益和福利，个人只为他自己考虑，也只为他自己负责。这样，人们有时就会在经济活动中产生矛盾、摩擦与冲突。只有法律才能维护和谐的秩序，以及最大多数人的利益和幸福。当然，法律是通过"制裁"来发生限制和调节作用的，就是说，法律通过采取令人痛苦的措施来限制和消除少数人不正当、不道德的行为对大多数人利益和幸福的损害。边沁的功利主义伦理道德观念对于李嘉图以后的古典经济学一直产生着重要的影响。

资产阶级古典市场经济伦理道德观念就其内容来说，主要包括一些在市场经济运行中应该遵循和贯彻的行为准则。一般说来，主要有：自利、自由、平等(公平)、合作、交换(互利)、诚实、自律、利他、勤勉、负责、守法、守信等。其核心是自利、自由、机会平等、守法守信，同时也兼顾其他。

从历史上看，这些伦理道德观念在资本主义市场经济发展之初和发展过程中，都对市场经济秩序的形成和发展发挥了重要的作用。如果没有这些伦理道德观念，资本主义经济发展到今天的程度也许是困难的。当然，我们不应片面夸大资产阶级市场经济伦理道德观念的作用。必须看到，资本主义的私有产权制度以及维持这一制度的政治、法律体系，是根本性的条件和保证。没有这些，仅靠经济伦理道德观念是难以发挥作用的。

从一般意义上说，上述资产阶级古典的市场经济伦理道德观念，对于市场经济的发展和市场经济秩序的维护，有其内在的客观合理性。这些伦理道德观念既反映了私有制下个人利益的要求，也反映了市场经济条件下个人利益和社会利益的连接与统一。它们刺激和推动了个人发展经济的积极性和创造性，同时，也对维护和完善市场经济秩序，推动市场经济的繁荣发展发挥了积极作用。只要有市场经济存在，市场经济的伦理道德观念就会发生作用。因此，资产阶级古典的市场经济伦理道德观念中的合理内涵对于各种不同的市场经济形式都具有积极的意义。我们认为,资产阶级古典市场经济伦理道德的合理内涵主要是指,市场经济中,既要承认自己的利益,也要承认他人的利益,个人利益的实现必须以他人利益的实现为前提和条件,利己行为必须和利他行为相结合,而且要以更好的利他为前提。当然,守法守信、机会平等、诚实、合作、勤勉、负责等,也都是市场经济伦理道德观念的合理内涵。它们对于我们的社会主义市场经济同样是必需的。我们社会主义市场经济中至少应当具有这些伦理道德观念,而且还应当具有比这些更丰富的内容,才能更好地发展社会主义市场经济,维持社会主义市场经济秩序,展示社会主义市场经济的特色。

　　我国正在进行经济体制改革,正在建立有中国特色的社会主义市场经济。与社会主义市场经济相适应的经济伦理道德观念尚未建立和形成。很多人过去长时间生活在计划经济体制下,对于市场经济不熟悉,不知道今天应该以怎样的行为正确参与到市场经济之中,也不知道市场经济应有的伦理道德究竟应该是怎样的。因此,在这方面,我们正面临着艰巨的任务。我们常常可以听到和看到一些有悖于市场经济伦理道德的事发生。例如,一些人在市场上以次充好,以假乱真欺骗买主;一些人出尔反尔,对自己的允诺言而无信;一些人缺斤少两,弄虚作假;甚至还有人不择手段骗取钱财……这些人中,有的对于自己的行为不以为耻,反而认为这些是自己的"本事";有的却认为,市场经济就是自由竞争、弱肉强食的秩序,无所谓道德不道德;还有的认为,中国这么大,人这么多,欺骗都欺骗不完……这些都在一定程度上影响和危害着我国市场经济的发展,损害着人们的利益和对于发展社会主义市场经济的正确看法。对此,我们必须给予正确的教育和纠正。当然,首先应该有适当的法律和条例,对于市场经济运行的基本条件和环境给予规范和保证。同时,我们应当积极建立和发展社会主义的市场经济伦理道德观念,促进市场经济正常秩序的发展和完善。在这一过程中,对资产阶级古典的市场经济伦理道德观念的了解和借鉴,是有积极意义的。

约翰·理查德·希克斯对经济学的贡献*

约翰·理查德·希克斯,英国经济学家,因其对一般均衡经济理论和福利经济学的贡献,成为1972年第四届诺贝尔经济学奖的两位获得者之一。

生平简介

希克斯1904年4月8日出生于英格兰的瓦尔维克郡,13—17岁时在利明顿的格雷弗莱尔斯中学学习。17岁时,希克斯获取奖学金进入牛津大学克利夫顿学院和巴里奥学院学习数学。1923年,他以优异的成绩通过了数学学位考试后,转入对"哲学、政治学和经济学"的学习,1925年获硕士学位。

经济学在牛津大学非常具有"社会性",即比较联系社会的实际。这门学科启发了希克斯对劳动问题的研究兴趣。1925—1926年,他曾在G.D.H.科尔指导下研究劳动经济学。

1926—1935年,希克斯到伦敦经济学院任助教,后来又任讲师,其间于1932年获取伦敦大学博士学位。同年,他出版了《工资理论》一书。在伦敦经济学院期间,希克斯又学到了许多经济学方面的知识,逐渐从一个经济学知识贫乏的初学者,成长为一名颇有理论建树的经济学家,并发表了他的第一批学术成果。其中包括使他成名的与罗伊·艾伦合写的文章《价值理论的重新审视》(《经济学杂志》,1934年)。后来他又写了《对于简化货币理论的建议》(1935)。

希克斯自己认为,他在伦敦经济学院的9年可以清晰地分成两个阶段,其分界线是1929年L.罗宾斯就任经济系主任。在前一阶段的3年中,他主要是自学经济学和独立工作。他阅读了大量的书籍文献,并采纳了同事们的阅读建议。但他没有参加任何学术组织和团体。从1929年起,进入第

---

* 原载于梁小民主编:《经济学发展轨迹(第一辑)》,人民日报出版社1998年版。

二阶段，他加入了由罗宾斯创立的，并以罗宾斯为核心的学术小组。该小组全是青年人，除罗宾斯之外，还有哈耶克、罗伊·艾伦、尼古拉斯·卡尔多等人。希克斯认为，他在伦敦经济学院后几年所写的著作，在很大程度上可以说是一种综合性的成果。

希克斯认为，他在伦敦经济学院时，有两件事对他有很大的影响。其一是，他到伦敦经济学院的第一年，休·道顿任系主任。道顿建议他阅读帕累托的著作。这使他受益匪浅。他在经济学理论上正是从帕累托到瓦尔拉斯，再到埃奇沃思，一步一步地深入下去的。其二是一个意外的插曲。1928年，南非约翰内斯堡的威特沃特斯兰德大学惟一的一名经济学教授突然去世。学校当局向伦敦求援，要求暂时派一人去主持教学。希克斯就作为合适的人选去承担了一个学期的教学工作。题目广泛多样的教学使希克斯从统计学到经济史都得到了很大的提高。伦敦经济学院当时在政治上和学术上的宽容性与国际性，也使希克斯大受裨益。他不仅从英国古典经济学家、瓦尔拉斯和帕累托、罗宾斯、美国自由市场经济学家、德国和奥地利经济学家那里学到了一些东西，甚至还深受瑞典学派的维克塞尔和米尔达尔的影响。除了从书本上学习之外，他也在同其他国家经济学家的接触与交往中学到了许多东西。他与陶西格、维纳、米塞斯、熊彼特、俄林、林达尔等都有很深的友谊。他还直接从哈耶克身上学习到更多的知识。这对于希克斯构造他的动态一般均衡体系，深入了解货币理论，都提供了十分重要的帮助。

在此期间，1935年时，希克斯曾与凯恩斯有所接触。当时，凯恩斯的《通论》还没有出版，而希克斯的思想倾向已发生变化，他用自己的方法，独立地从对自由市场机制迷恋的学院传统中解脱出来了。

1935年夏天，希克斯离开伦敦经济学院，到剑桥大学冈维尔和凯厄斯学院任研究员和大学的讲师，直到1938年。这一时期，他在剑桥大学的主要成果是写了《价值与资本》一书。此外，他还为凯恩斯的《通论》写了两篇颇具影响的书评，其中《凯恩斯先生与古典学派》一文产生了深远的影响。

1935年12月，希克斯同厄休拉·凯瑟琳·韦布结婚。韦布在牛津大学萨莫维尔学院和伦敦经济学院工作，是《经济研究评论》杂志的主编（从1933年直至1961年）。后来，韦布1948—1963年任牛津大学公共财政学讲师，1963—1966年任牛津大学利纳克里学院的研究员。

希克斯由于庇古的邀请而去剑桥大学。这种关系和背景使得剑桥大学中的一些凯恩斯主义者把希克斯看作反对派阵营中人。即便他独自创造了IS—LM解释，也未能对正统凯恩斯主义者上述看法的改变产生帮助。

1939年初,《价值与资本》出版后,希克斯又到了曼彻斯特大学,成为首任斯坦利·杰文斯政治经济学讲座教授,并在那里度过了整个第二次世界大战的年代,直至1946年。其间,1942年,他成为英国科学院院士。1943—1945年,他担任曼彻斯特统计学会主席。这一时期,希克斯主要的贡献在消费者剩余和福利经济学方面。此外,他还写了《社会结构》一书。该书后来多次再版,并被译为多种文字。

1946年,希克斯首次访问美国,会见了一些老朋友,也接触了后来很快出名的美国年轻一代经济学家,像萨缪尔森、阿罗、弗里德曼和帕廷金等人。希克斯的《价值与资本》深深地影响了这批年轻的经济学家,被这些人视为"新古典综合"的开端。但希克斯本人在当时尚未能正确地了解自己和这些人间的位置与关系,多年之后,他才意识到这个问题。

1946—1952年,希克斯任牛津大学纳菲尔德学院的高级研究员,并参加了该学院的组建工作。其间,1950年曾任尼日利亚的税收分配委员会委员,1951年曾任皇家利润税和收入税方面的委员会成员。1952—1965年,他任该院"德拉蒙德讲座教授",负责组织研究生的全面工作,并任万灵学院专职研究员,直到退休。此外,他还参加了厄休拉关于公共财政的著作以及其他著作的写作。

这一时期,他主要出版了《经济周期》(1950),《需求理论的修正》(1956)两本书。1961—1962年,他出任英国皇家经济学会会长。1964年,他因其学术贡献而被授予勋爵称号。此后,他继续以自己的方式进行经济学的研究。他对凯恩斯体系的灵活对待,意外地导致了"新的分析概念"。他认为,"这也许对改进人们对世界上已发生的和正在发生的情况的理解,增添了一些动力"①。

1965年以后,希克斯一直在写他后期的著作。虽然他已退休,但仍在牛津大学万灵学院继续做研究员的工作,直到1971年。这期间在工作上和希克斯来往最密切的是牛津大学的访问者和研究生。希克斯为会见他们和回信,花费了大量的时间和精力。

1972年,希克斯因其在一般均衡理论和福利经济学理论上的贡献,被授予当年的诺贝尔经济学奖(与他一起分享该项荣誉的是美国哈佛大学教授肯尼斯·J.阿罗)。该项殊荣是对希克斯学术成就的肯定和最高评价,也

---

① 希克斯:《古典和现代》(英文版),原载《经济理论论文集》第3卷,牛津:巴希尔·布莱克韦尔1983年版,第362页。

为希克斯经济思想进一步扩大影响开辟了道路。此后,希克斯进入了学术创作的"第二青春期",又写作了五本著作,编辑了三卷论文集,并发表了一些论文。

1989年,85岁高龄的希克斯与世长辞,为其经济学家的毕生努力划上句号。就在这一年,他还出版了他最后的著作《货币的市场理论》,发表了文章《宏观经济学的一致》、《规模收益不变的假定》。

对微观经济学的贡献

传统的微观经济学以效用价值论和边际分析方法为基础。在这一方面,希克斯的主要贡献是推动了"序数效用论"和无差异曲线分析方法的完善,以及它们在英语国家的传播和推广。1934年,希克斯同艾伦合写的《价值理论的重新审视》一文,开始在英语世界将无差异曲线的分析方法应用于经济分析。1939年,希克斯在其名著《价值与资本》中,对序数效用论和无差异曲线的概念和方法又作了进一步的发挥和传播。到20世纪50—60年代,这一概念和方法已经成为当代西方经济学微观分析的标准工具。

具体说来,上述贡献表现在:

第一,肯定了帕累托对消费者需求和效用的分析,推崇帕累托的无差异曲线图形的分析方法。他说:"帕累托的一小张几何图,因而产生了一个在方法论方面有广泛重要性的结论。"[①] "帕累托这一发现,使其学说和马歇尔分道扬镳,并为具有广泛的经济意义的新论点开了道。"[②] 他认为,帕累托的无差异曲线图在说明既定价格下个人愿购商品数量的决定方面,比马歇尔的方法简单,未知数少,具有一定的简便之处。同时,帕累托把"既定欲望"定义成既定的"偏好尺度",只要假定消费者对商品组合的偏好有差异就行,而不必像马歇尔的"效用函数"那么复杂。

第二,对帕累托理论的发展。希克斯认为,"帕累托的发现仅仅是开了一扇门","为了解释市场现象,效用的数量观念不是必需的"[③]。因此,他在帕累托的无差异曲线图和偏好尺度的假定上,建立了一种既抛开"基数效用论",又和马歇尔理论一样完全的关于消费者需求的理论。

---

① 希克斯:《价值与资本》,薛蕃康译,商务印书馆1962年版,第15页。
② 同上书,第13页。
③ 同上书,第16页。

他提出"边际替代率"的概念来代替"边际效用"的概念。两种商品的"边际替代率"就是无差异曲线的斜率,即"恰好足以补偿消费者损失一个边际单位 X 的 Y 的数量。"① 它是一种相对的边际效用,可以表示为以下公式和图形:

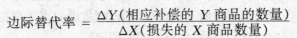

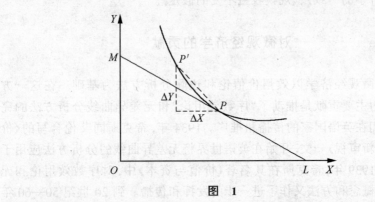

图 1

在图 1 中,P 和 P' 为无差异曲线上的两个点,分别代表 X 和 Y 两种商品的不同组合,其满足消费者要求的程度相同。当 P 变为 P' 时,减少的 X 商品数量为 ΔX,增加的 Y 商品数量为 ΔY,边际替代率为 $\Delta Y/\Delta X$,即连接 P、P' 点的直线的斜率。由于增量 ΔX、ΔY 均可微分,所以,P' 趋向于 P 点,PP' 线趋向于在 P 点与无差异曲线相切的 ML 线。P 点的斜率即 ML 线的斜率。随着 P 点在无差异曲线上的移动,其切线的斜率,即边际替代率也会发生变化。

希克斯依该图修改了马歇尔以 Y 计算 X 的边际效用的说法,把 ML 线叫作"价格线",用它表示消费者在既定收入和价格下所能购买 X 和 Y 两种商品的不同组合。ML 线上任何一点都表示为得到一定量 Y 商品,必须放弃的 X 商品量。二者间的比例决定于两种商品间的价格比例,而这就是价格线 ML 的斜率。如将其中一种商品改为货币,则"商品的价格等于该项商品对货币的边际替代率"②。"如果在一种市场价格体系之下,个人处于均衡状态,则在任何两种商品之间,他的边际替代率显然等于它们的价格比

---

① 希克斯:《价值与资本》,薛蕃康译,商务印书馆 1962 年版,第 18 页。
② 同上。

率。"① 这时价格线与无差异曲线刚好相切,消费者效用达到最大化。如果不是这样,消费就会向这一方向调整,向该均衡位置靠拢。

与此相适应,希克斯还提出以"边际替代率递减规律"来代替"边际效用递减规律"。他认为,无差异曲线向轴线凸出,就表示了"边际替代率递减规律"。这种取代"边际效用递减规律"的工作,"它是理论基础的一种积极的改变"②。若非如此,均衡状况就不稳定。当然,无差异曲线必须始终凸向轴线,不能出现扭结的变化。

希克斯还对需求理论和消费理论作出了重要修正。希克斯在"序数效用论"和无差异曲线分析的基础上,进一步研究了消费者需求和均衡方面的问题。这反映在三个问题上的说明和改进:

其一,是对收入—消费曲线的说明。他认为马歇尔的理论忽略了消费者收入变化对需求的影响,而只强调了价格的作用。

希克斯假定商品 X 和 Y 的价格是既定的,而消费者收入是变化的。如图2所示,消费者的收入如以 X 商品衡量为 OL,以 Y 商品衡量则为 OM,均衡点为 P,价格线 ML 过该点同一条无差异曲线相切。如果消费者收入增加,价格线 ML 平行右移,可购买商品量增加,引起新价格线 $M'L'$ 在新的均衡点 P' 上同另一条无差异曲线相切。这时,无差异曲线斜率与商品价格比率都不变,即 $OM'/OL' = OM/OL$。如果收入继续增加,$M'L'$ 线继续右移,均衡点 P 的变动轨迹便可成为一条曲线,这就是希克斯所说的"收入—消费曲线"。"它显示当收入增加而价格保持不变时,消费变化的情况。"③ 每个可能的价格体系都会有一条相应的"收入—消费曲线"。该曲线一般向右上倾斜,但也有可能向左上移动。(这表明 X 商品为劣等品,收入水平低时消费量大,收入上升后,它就为较高等级的货物所替代或部分替代了。)不过,不论怎样,收入—消费曲线在"事实上,对它的形状,只有一个必要的限制。一根收入—消费曲线不能和任何特定的无差异曲线交叉一次以上。"④

其二,是对价格—消费曲线的说明。

希克斯仍分析两种商品的情况,假定收入固定不变,商品 Y 的价格不变,X 的价格可变。如图3,因 Y 商品价格不变,所以 OM 不变,但 X 商品的价格可变,OL 也可变。每个 X 商品的价格都对应一条"消费可能线"

---

① 希克斯:《价值与资本》,薛蕃康译,商务印书馆1962年版,第18页。
② 同上书,第19页。
③ 同上书,第25页。
④ 同上。

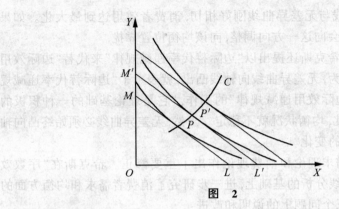

图 2

ML，即连接固定点 M 和 OX 上的点 L 的直线。因 X 商品价格可变，L 点的位置也是可变的。相应于每个价格的 ML 线也都会有一个无差异曲线与之相切的切点。连接这些均衡点的 MPQ 曲线就是"价格—消费曲线"。"它显示当 X 的价格发生变化而其他条件仍然相等时，消费的变化情况。"①

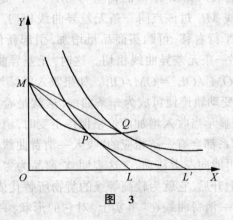

图 3

其三，提出价格变动的收入效应和替代效应。这"具有经济学上的重要意义，对于价值学说的大部分都有着十分根本的意义"②。

在图 4 中，从 ML 的特定位置出发，可以有和任意无差异曲线 I_2 相切于 P' 点的平行于 ML 的 $M'L'$ 直线；还可以有 ML'' 直线，它与无差异曲线 I_2 相切于 Q 点；而 ML 线则与无差异曲线 I_1 相切于 P 点。连接切点 P、P' 可得到收入—消费曲线，连接切点 P、Q 可得到价格—消费曲线。无差异曲线

---

① 希克斯：《价值与资本》，薛蕃康译，商务印书馆 1962 年版，第 27 页。
② 同上。

I_2 高于 I_1，而 Q 点必定位于 P' 点右方。"对于所有高于原来曲线的无差异曲线而言，都具有同一的性质；因之可以推定，在较高的无差异曲线上通过 P 点的价格—消费曲线总是位于通过 P 点的收入—消费曲线的右方。"①

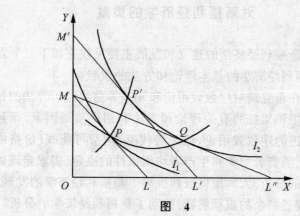

图 4

希克斯指出，当 X 商品价格下降时，消费者购买需求的均衡点从 P 移到 Q。这一移动相当于先沿收入—消费曲线从 P 向 P' 移动，再沿无差异曲线 I_2 从 P' 向 Q 移动。而这就意味着价格下降时消费者会产生两种影响：一是使消费者收入相对提高的"收入效应"；二是改变了消费者的商品组合，产生以价格降低的商品替代其他商品的"替代效应"。价格下降"对需求的总的影响即为这两种趋势的总和"②。

在上述认识基础上，希克斯以此推广到市场的需求，从而重新概括了需求定律："一种商品的需求曲线必然向下倾斜，如这一商品不是低劣货物，则当商品价格下降时，该商品的消费就会增加。即使它是低劣品，致产生负收入效应，但只要收入支出在这商品中的部分很小，使得收入效应也小；则需求曲线仍是按常例出现。即使两个条件都不能满足，这一商品既属品质低劣，又在消费者的预算中占有重要地位，价格的下降也不一定就会减少需求的数量。因为，甚至是一个大的负收入效应也许会被一个大的替代效应所盖过。"③ "如果要为这一需求定律找出例外，显然先需满足非常严格的条件。"④

希克斯对商品需求和消费者均衡理论的上述贡献，是对帕累托和马歇

---

① 希克斯：《价值与资本》，薛蕃康译，商务印书馆1962年版，第27页。
② 同上书，第28页。
③ 同上书，第31页。
④ 同上。

尔等人有关理论的进一步深化和发展。此后,西方经济学的微观理论就采用了希克斯这些分析方法、概念,并作为标准理论写入教科书之中。

对新福利经济学的贡献

希克斯对于新福利经济学的建立和发展主要反映在如下三个方面:

第一,对新福利经济学的基本理论和方法的贡献。

这主要反映在希克斯对序数效用论和无差异曲线分析方法的推广和运用方面。他不仅把帕累托的有关理论和方法介绍到英语国家,而且以他自己重新分析和改进的序数效用论、边际替代率、消费可能线(价格线)、无差异曲线分析方法、消费者均衡和生产者均衡条件的决定、需求定理以及收入效应和替代效应的分析,大大地促进和推动了新福利经济学的发展。

第二,对消费者剩余的重新解释,推动了新福利经济学的分析。

希克斯在《价值与资本》一书以及《消费者剩余的恢复》(1941)、《四种消费者剩余》(1943)的论文中,对由杜普伊特首创、经马歇尔发挥阐述的消费者剩余理论进行了重新探讨和解释,并将其扩展深化。他认为,"显然旧的消费者剩余的概念中最严重的错误是,把消费者剩余当作一种绝对的量",而他的"新概念完全与此不同。消费者剩余是相对的,不是绝对的"①。他说:"我们常常在考虑从一种既定状态向另一种既定状态的变动;我们也一直在问,衡量从这种变动产生的经济福利之增进(或损失)的那种货币收入之增加(或减少)到底是什么。这种增加或减少本身必定总是涉及两种状态的一种或另一种;否则就是无意义的。我们现在看到,即使在这种有约束的情况下,消费者剩余也不是一种明确的量;但是,我们现在消除了这种含糊性,它们就完全不是那么可怕了。消费者剩余仍是一种有用的分析工具——就像它以往一样有用;我们现在应该能够更放心和更自信地使用它了。"②

希克斯对消费者剩余的重新检验和探讨,澄清了基数效用论条件下运用它进行福利分析的麻烦,也消除了理论界的有关疑虑及争论,从而为加强新福利经济学分析工具的可靠性作出了贡献。

第三,对新福利经济学"补偿原则"的补充。

---

① J. Hicks: "Wealth and Welfare", Vol. 1 of Collected Essays on Economic Theory (1981). Basil Blackwell, p.131.
② Id., p.132.

帕累托曾认为，社会福利达到最大化的时候，任何微小的改变都不可能使所有的人偏好全部增加或全部减少。但是，如果有人福利增加，也有人福利减少，就比较难于判断社会福利是否已经达到最大化。对此，美国的 H. 霍特林，英国的 R. F. 哈罗德、N. 卡尔多都先后提出关于福利损失的补偿问题。

希克斯对卡尔多的观点比较赞同。卡尔多认为，如果经济政策的改变使一些人受益，另一些人受损，但可通过税收或价格政策，使受益者补偿受损者而有余，那么，社会福利就增进了，这时的政策改变就是适当的。希克斯对此加以肯定。他说："一次生产的改组，如使 A 的情况变好，但却使 B 的情况变坏，那么，我们可否说这是效率的增加呢？持怀疑态度者认为，无法作出客观的回答。一个人的满足无法加于另一人的满足之上。这样，我们只能说，从 A 来看，是效率的增加，而从 B 看，就不是这样。实际上，可以通过一种简单的办法来克服这种失望的想法。即通过一种完全客观的试验，使我们能分辨出哪些生产的改组是增加生产效率的，而哪些是不能增加生产效率的。如果 A 的情况因这种变革而好转，以至于其境况之改善能在补偿 B 的损失后还有剩余，则该种改组就是效率明显的增加。"①

不过，希克斯也指出了卡尔多的缺点。他认为，如果受益者不对受损者作补偿，补偿就落空了。他对此提出了补救办法。他认为，补偿可以自然进行，不必由受益者进行。他说："如果社会的经济活动是按增进生产效率的原则来改变生产组织的话，那么，虽然不能说社会的全体居民一定比社会按其他原则组织起来要好，但是很有可能，在经过一个相当长时间后，几乎所有的人都会好起来。"②

希克斯的这种意见被西方经济学界认为是对新福利经济学发展所作的贡献，并把它与卡尔多的观点一起称为"卡尔多—希克斯理论"，或者"卡尔多—希克斯标准"。

对经济学研究方法的贡献

希克斯对于经济学研究方法的运用，是丰富多彩的，在其大部分著作中

---

① J. Hicks: "Wealth and Welfare", Vol. 1 of Collected Essays on Economic Theory (1981). Basil Blackwell, p. 105.
② Id.

经他着意倡导的方法就有动态分析方法、均衡与非均衡的分析方法、结构分析方法、历史分析方法、模型分析方法和逻辑演绎方法等,其中一般均衡分析曾是他获取诺贝尔经济学奖的主要原因之一。

对于最为其他经济学家所称道的动态一般均衡分析方法,希克斯在《价值与资本》中也曾自豪地宣布:"我相信我很幸运地找到一种可以应用于广泛的经济问题上的分析方法。"[①] 这种方法开创了一种运用已有的静态分析工具,来分析动态问题的动态分析途径。该方法是把经济的动态看作众多连续的暂时相对静态加以研究,然后再从时间上加以联系。按这种方法,要注意的就只是与时间有关的问题,而其他静态的研究仍可加以使用。他认为,"静止状态是动态体系中的一个特殊情况,在这种情况中嗜好、技术以及资源在一段时间内维持不变"[②],只要把静态当作动态的"微小组成部分",二者就可以建立联系,静态分析的方法就可以经过稍微调整而变成动态分析方法。在《价值与资本》中,希克斯是通过星期、计划、肯定的预期三者把静态方法调整为动态方法的。"星期"使静态成为动态的组成部分,"计划"的微调使"星期"之间连续起来,从而加入时间因素,变为动态。"肯定的预期"则是"计划"的依据。利息和利率的动态处理方法大致相同,只是要通过贴现或折旧,把每个"暂时"利息在时间上形成的序列或"川流"加以平均化处理即可。这样,微小的静态可以构成局部的动态,而局部的动态又可构成整体的动态。通过一般均衡方法的联系,整个动态经济的问题就可以借助已有的分析工具逐步完成动态分析。希克斯认为,"这种方法应用于最复杂的问题(如商业波动问题)时,也许最显得出色"[③]。在以后的《对经济周期理论的贡献》(1950)、《资本和增长》(1965)、《资本和时间》(1973)中,希克斯又不断地发展和深化,补充了这一理论。

关于均衡分析,希克斯同样作出了影响整整一代人的贡献。他努力尝试把静态的局部均衡分析方法改造为动态的一般均衡分析方法,并且从均衡与不均衡两个方面加以研究。在这一方面,他在为凯恩斯所写的《通论》所作的书评中,提出的著名的 IS—LM 曲线的均衡模式,以后就成为凯恩斯主义宏观经济学在相当长时期内的通用分析工具。

希克斯的结构分析方法,主要是从经济研究对象的整体与局部之间的

---

① 希克斯:《价值与资本》,薛蕃康译,商务印书馆1962年版,第1页。
② 同上书,第105—106页。
③ 同上书,第1页。

关系、局部与局部之间的差异角度进行研究的方法。该方法贯穿在希克斯经济研究的长期生涯中，但主要是表现在其后期的著作中。希克斯经济学中许多具有独特见解的理论和观点，都和结构分析方法密切相关。比如，对技术进步的分析中，把技术分为自动发明和引致发明，中性的、劳动节约的和资本节约的；分析市场时，把市场分为商品市场与货币市场；把流动资产分为货币的与证券的；把投资分为自动投资与引致投资；把乘数分为一般乘数和超级乘数；把均衡从结构上分为静态的与动态的，弹性价格的与固定价格的，流量的与存量的，等等。他的许多结构划分与分析，被经济学界认为是独创性的，同样影响了经济学界普遍运用的分析方法。

希克斯的历史观点和历史分析方法也是很有特色的。在希克斯的著作中，尤其在分析某种经济理论的利弊得失或它与经济现实的一致性时，他总是首先强调回过头去搞清楚该种理论最初是在什么情况和历史条件下产生的，它的运行需要什么先决条件，这种理论后来经过了哪些变化，最后再看它在现实条件下的适应性。此外，他的历史分析方法还表现在，他总是力图把某些经济现象、经济范畴的变化同与之相关的特定制度或组织的历史演变结合起来分析。这实际上与后来现代新制度主义的一些观点是相一致的。当然，希克斯强调历史的观点和分析方法，也是要从相应的理论的历史发展中，找到对当前现实有启发性的东西，从而避免走弯路，更有效地分析和解决当前的问题。

对资本理论的贡献

希克斯对于资本理论的研究主要集中在《价值与资本》(1939)、《资本与增长》(1965)、《资本与时间》(1973)这三部著作中。希克斯认为，"如果在资本量的意义上计量资本，那么，资本就是物质商品。但在价值的意义上，资本并不是物质商品。后者是一个价值总额，把这个价值总额叫做资金也许是适当的。资金可能以不同的方式体现在许多物质商品上。我们必须区别实际资本的这两种意义。"[①] 依此看法，希克斯把历史上所有对资本抱有不同看法的经济学家分为"唯物派"和"资金派"。他说："如果说，生产函数理论是唯物主义的标志，那么，资本—产出之比则是现代资金主义的标志。"[②]

[①] 希克斯：《经济学展望》，余皖奇译，商务印书馆1986年版，第157页。
[②] 同上书，第158页。

他认为，总的说来，资本的物质属性与经济学是不相干的，他自己赞成"资金派"的观点。

希克斯关于资本理论的特点是：

第一，在经济活动的动态中分析资本理论。希克斯借助于动态分析，探讨了利息、资本的物质体现形式、变动趋势、发展的限制条件，以及资本与工资的关系。

第二，对技术变动的重视。希克斯的资本理论更多的篇幅涉及的是生产方面。在这方面，其理论的重点是关于技术的变动问题。他并不孤立地研究技术问题。他是在研究资本对技术的选择和调整。因此，他不是一般地把科学技术作为资本积累和增长的动力。他强调科学技术的机器设备体现，强调技术变动对资本的赢利性。在他的论述中，资本正是通过技术创新的一次次冲动发展起来的。资本运行的生产领域，是完全同技术变动、工资变动结合在一起的。"横向过渡"理论和"创新冲击"理论是希克斯资本理论的核心问题。在这一方面，希克斯的观点对于经济学界的影响是不能忽视的。

第三，注意资本理论本身的历史进展。

在希克斯的资本理论中，总是注意吸取别人的理论优点，并对别人的理论弱点加以弥补。因此，希克斯的资本理论一直处于不断的发展变动之中，就像资本本性的活跃变动一样。他的资本理论在形成和发展过程中，是沿两条途径发展的：其一是经济现实条件的变化对资本理论提出的挑战，比如工资膨胀、资源短缺的影响和约束。这些迫使他让自己的理论向现实靠拢。其二是经济理论发展的历史上，有关的资本理论和观点对他的启发。这使他能够历史地、现实地处理有关资本问题，既明白过去的有关争论，也清楚自己理论的发展方向。这在他的著作中可以找到很多例子。

在《资本与增长》中，希克斯在坚持其注重方法论的前提下，从经济增长理论角度研究了资本的有关问题。在他的增长均衡模型中，增长均衡是指偏好和技术等条件不变时，经济始终一贯的扩张，即在不变增长率下的均衡状况。他的模型只考虑两个部门、两种产品（且互为所用）。他表明，只要给定实际工资、利润率，产品相对价格和储蓄率便相继决定，从而经济增长率便可确定。相反，给定经济增长率，也可以通过储蓄率来确定相对价格和收入分配。关于多种技术的选择性问题，他提出，技术选择的变动规律是：随着利润率的降低或工资率的提高，技术选择将向资本密集程度较高的方向移动。具体的确定点要取决于技术变动成本与工资节约程度。关于经济均衡增长过程中收入份额的变化,他是把利润份额作为利润率的函数,再根据储蓄函数来确定均衡的利润份额。利润份额与利润率是正向关系。在单一技术下,增长率越高,利润的储蓄倾向就越低,利润率和份额就越大。在多种技术条件下,如果技术系数不变,并且各部门各产品中资本与劳动贡献一样,那么,随着利润率的提高会导致连续的技术替代。当利润份额达到一定水平后就不会再增加,反而要下降。当然,这会同要素替代弹性大小有关,但同储蓄倾向关系不大。

在《资本与时间》中,希克斯进一步发展了他的动态资本理论。他区分了资本品和消费品,但采用新奥地利学派资本理论的传统,主张生产过程的高度一体化观点。在这种方法中,他强调生产过程的最重要特征是时间的消耗,任何生产过程的本质都是投入到产出的时间流程。生产要素的投入是开始,最终产品的产出是结束,各种资本品恰好是投入到产出转变过程中的不同中间阶段。这样,在时间过程中变动的整体,就没有必要区分出消费品和资本品的生产。因而,在新奥地利学派的分析方法中,资本理论就应当超脱生产过程的物质和技术特征,着重于它的时间特征。这样,就应当以生产过程分析取代生产技术分析,以时间长度取代资本密度,以投入的时间结构取代要素投入的系数结构。

希克斯这种方法是一种更为抽象的资本的"资金"分析。它对传统奥地利理论的发展在于以连续的投入产出川流分析,取代了庞巴维克非川流的点的投入产出分析,从而比前者更具有一般性。

希克斯这时资本理论的另一特点是提出了"横向过渡"(traverse)理论。该理论主要考察经济从一种稳定增长状态向另一种稳定增长状态过渡过程的理论。在这一过程中,他涉及资本的技术形态变化,技术替代、均衡状态的调整和资本增长的源泉等问题。

关于资本的技术形态的变化,他是把技术进步分为资本密集型、劳动密集型和中性三种情况加以考察。他认为,中性技术进步的最大特点是,随着资本的增长,资本的技术变化使新资本建造期的成本节约同新资本使用期的成本节约保持同比例变化。中性技术进步只提高生产效率,而不改变资本的要素投入技术比例。这种技术进步对劳动和资本都有好处。技术进步的向前偏倾即趋向采用资本密集型的技术进步。其最大特征是,新资本使用期的成本节约程度大于新资本建造期的成本节约程度。这将导致新资本使用期以更多的资本要素取代劳动要素,同时使部分劳动力向其余新资本建造期转移,或造成失业。技术进步的向后偏倾即趋向采用劳动密集型的技术进步。其最大特征是，新资本建造期的成本节约程度大于新资本使用期的成本节约程度，这将导致新资本使用期投入的劳动多于新资本建造期投入的劳动，引起劳动稀缺和工资上升。希克斯认为，经济中多数情况是发生向前偏倾的技术进步和少量的中性技术进步。

关于"横向过渡"过程中的资本变化情况，希克斯从充分就业途径和技术替代途径两方面进行了考察。

首先，在充分就业途径上，他从技术进步的三种形态加以考察。在中性技术进步下，只要新设备投入使用（不管全部更新还是部分更新），产出就会增长，工人不会失业，而且还扩大了对劳动的需求。当劳动力的供给外在地有保证时，经济就会增长，直至设备更新完毕，达到新的均衡增长水平，并将继续按劳动力增长率均匀增长。在向前偏倾的技术进步下，新技术使用期成本节约高于建造期成本节约。只要新设备投入使用，就会游离出一部分劳动力。为保证充分就业，可将剩余的游离劳动力转移到新设备的建造方面。这又会造成建造新设备的部门劳动力投入比例提高。这时，如果建造部门的投入不变，新设备的产出能力也不变；如投入降低，则新设备产出能力也降低，产出会暂时减少。当新设备进一步投入使用时，情况更复杂。一来对旧设备的替代会继续游离出部分劳动力，二来增加生产的新设备则会产生对劳动力的追加需求。希克斯认为，这两种力量，当新技术的建造投入系数大于使用投入系数时，会有劳动力不断从使用部门游离出来转向建造部门；反之，则发生反向的劳动力流动，那就难以实现充分就业。一般在向前偏倾的资本密集型技术进步下，是建造期投入系数大于使用期的投入系数。这样，从新设备投入使用的第二年直至旧设备全被替代，建造部门每年都会比前年增加一个不变比例的就业。当旧设备全部替代完成时，劳动力就不再向建造部门流动，甚至还会回流。最终产品的产出方面，新设备一投入使用，即使建造成本节约程度不变，产量也会增长，并且将逐年增长，直至达到新的均衡水平。如果建造成本节约程度降低，由于前一年的新设备投入使用，因此，从第二年起，产出也会逐年增长，直至新的均衡水平。在技术呈向后偏倾的情况下，即建造期成本节约比使用期大的情况下，它对就业的影响恰好和向前偏倾相反，是劳动力从建造部门流向使用部门。当建造期投入系数大于使用期时，建造部门每年都比上年减少相同比例的劳动量。当旧设备替代完毕时，也会出现劳动回流。在产出方面，总产出会逐年提高，但会因建造设备不足而迟早发生停顿，并在到达顶点后转向下降。希克斯认为，就产出而言，在长期中，向前偏倾的技术进步，即资本密集型好些，而短期中,向后偏倾的技术进步,即劳动密集型好些。

其次,希克斯考察技术中的情况。他认为,在"横向过渡"过程中,由于充分就业下工资的变动(上升趋势),将会导致技术的转变和替代。

希克斯认为,新技术的创新往往带来一系列新技术,其中每种新技术都优于旧技术。技术转换和替代的条件是成本不变下利润的提高,或产量利润总额不变下成本的节约。因此,在原工资水平上,能带来更多利润的新技术必将取代旧技术。但总产品和人均产品的提高又必然导致工资的提高,这又导致另一个新技术成为更优、更有利可图的。于是,下一次替代又会发生。通过分析,希克斯说明:由于工资成本高,引发了节约劳动的技术替代,但继续下去,会由于人均产量的提高而使工资水平进一步提高。但另一方面,它也会导致更进一步的技术替代。这样,新技术的创新和替代,就成为经济进步的主要动力,而利润则成为它发生作用的条件。

希克斯认为,经济处于稳定状态时出现的新技术"自动创新",会在经济上引起一次"冲击"。它以带来更高利润为特征,引起对旧技术的替代和转换。但技术发展总会在经济上受到资源或劳动稀缺的限制,从而降低利润。这时,又会有克服稀缺的种种"引致创新"产生,导致进一步的替代。不过,这不能根本克服稀缺,也不能克服因稀缺产生的工资或成本上升,只能短期发生一些缓解作用。每个创新和替代,都有其最终限度,只有连续不断、此消彼长的创新"冲击",才会推动经济长期增长。所以,资本的发展,增长同新技术的变更、利润的增长,对稀缺要素和资源的克服,有着密不可分的关系。

由于现实情况的复杂,希克斯认为,他的充分就业和某些技术限制的假定都不一定能实现,因而,经济的增长路线和资本的运动状态决不会是平稳与均衡的,必须联系更多的现实条件,才能真正说明问题。

对货币理论的贡献

货币金融理论在希克斯的全部著作中占有相当大的分量,在西方经济学中同样具有重要的影响。希克斯并不像别的经济学家那样对货币金融理论进行专一的研究,并构造一种货币的经济理论体系。他是在一种历史观和现实感的发展进程中把握其货币理论研究的。

希克斯在第二次世界大战结束之前的著作中对货币理论的贡献可以归结为五个方面:

第一,希克斯最先提出一种以边际分析方法研究货币理论的主张。

在20世纪30年代,传统的货币理论主要是货币数量论,以"交易方程式"为基本原则来研究货币数量与产量、物价的关系。希克斯在其论文《对于简化货币理论的建议》(1935年)中,提出了一种震动当时理论界的"建议",即主张在货币理论中来一次"边际革命",以"边际效用货币论"取代当时正统的货币数量论的"交易方程式"。他认为,"边际效用分析恰恰是一种一般选择理论,它任何时候都可以运用到在两种可用数量表达的事物间进行选择。现在,货币显然可用数量表达,因此,否认货币有边际效用的观点必定是错误的。人们选择货币而不选择其他,从有关角度说,货币必然有边际效用。"[①]

第二,希克斯提出了资产选择理论的基本原理和思想。

希克斯这一思想是受到了凯恩斯在《货币论》中提出的流动性偏好理论的影响。凯恩斯的流动性偏好涉及人们在存款和证券间进行选择的问题。而这就涉及边际问题。希克斯采用边际分析方法对特定时点上的各种情况进行个别研究。他考察了人们的货币需求,即偏好持币的原因。他认为,人们愿意持有货币是由于三个因素的影响:预计未来支付债务的日期、投资的费用以及预期的投资收益率。而这些又可以归结为资产转换的成本和费用。其中投资方面的问题较为复杂,包括投资的期间长短、成本大小、利率高低,还包括风险和不确定因素。风险和不确定性的增加将导致对货币需求的增加,因为风险和不确定性会降低预期的净收益,而货币则成为安全的资产。

不过,希克斯提出,"大数定律"的运用将会减少投资的风险和不确定性。各自独立互不相干的投资越多,越分散,整体风险就越小。这也就是现在人们所说的"不要把鸡蛋全装在同一个篮子里"的意思。该定律的运用会减少对货币的需求,也就是说,会减少风险和不确定性,增加收益。但是,投资越分散,其费用越大,而这又会阻碍投资分散化。解决的办法是寻求既能使投资分散化,又能减少其费用的途径。现代银行业、保险业、信托投资、多种经营的一体化大公司(托拉斯、康采恩)都是这方面的极好例子。

此外,在分析货币需求时,希克斯还提出一种"财富效应"的假设。就是说,个人对货币的需求,将会适应其财富总量的变化(也就是其资产的价值总值的变化)而发生相应的变动。他认为,"财富效应"事实上是不确定的,

---

① 希克斯:《货币理论评论集》英文版,牛津:克莱伦登出版社1969年版,第63页。

因此,会引起经济波动,导致失衡。其直接原因则是为减少资产转换的费用而付出的努力。

第三,希克斯从货币理论与货币制度在历史发展中相统一的观点出发,提出"货币理论是银行理论的一种一般化。"① 这一思想打破了实际上理论同实践"两张皮"的传统做法,也说明了把银行实际问题混同于一般理论是不适当的。希克斯从银行账户平衡表、资产负债平衡表的分析中,找到了"边际效用货币论"的存在依据,并以银行制度的发展来说明其资产选择理论的重要性和正确性。他看到理论与实际的某种统一,并大胆地把二者结合起来。这对于西方货币金融理论的发展,同样是一种贡献。他把强烈的历史感和现实感注入了货币理论研究之中,赋予了观察现实和理论发展的新角度。这对理论研究无疑是一种启发性贡献。

第四,希克斯在阐述凯恩斯的《通论》时,用 IS—LM 曲线构造了一种一般均衡的利率决定理论和模型。该种理论和方法对西方宏观经济理论的分析产生了极大的影响,其模型至今仍为西方经济学教科书所使用。

1936 年凯恩斯发表了他的"世纪之作"《就业、利息和货币通论》。希克斯为了给当时一些计量经济学家(数理经济学家)解释凯恩斯的理论,而于 1937 年 4 月给"计量经济学会"写了题为《凯恩斯先生和古典学派》的文章。在文章中,希克斯评价对比了凯恩斯的利率理论和所谓的"古典"的利率理论,综合性地研究了利率决定中货币因素和实物因素的影响,并从一般均衡的分析方法加以说明。最后,希克斯提出了 IS—LL 模型,即后来经过美国经济学家汉森修改后著称于经济学界的 IS—LM 模型。该模型既能说明"古典"的理论,也能说明凯恩斯的理论。而"古典的"和凯恩斯的理论在该模型中都成为极端条件下的特例,而该模型则既包含这两种极端情况,也包含一般情况,因而被认为是真正的一般性理论。希克斯无意中构造的这个利率决定的综合模型,独树一帜地提出了一种新的利率决定理论。这就是储蓄等于投资,货币需求等于货币供给时,一般均衡状态下的利率决定观点。当然,这种利率的决定是宏观的理论。这也是希克斯这一理论的一种独特之处。

第五,在《价值与资本》中,希克斯在说明利息变动对生产的影响时,提出了一种实用而有效的研究方法,即把利率的一般变更分裂为许多特殊比率的特殊变更加以研究,然后再将其结果综合起来加以一般化。这一理论

---

① 希克斯:《货币理论评论集》英文版,牛津:克莱伦登出版社 1969 年版,第 74 页。

方法和他整个《价值与资本》中提出的动态方法基本一致。但这种方法在他之前却没有人提出过。从这一方面说，它对于动态利率理论的研究具有一定的开创性，因而也可视为他对利率理论研究的一种贡献。

希克斯认为，在对整个经济体系进行考察时，"利率是一般价格体系的一个构成部分。"① "除在只有一种利率的经济体系中外，我们不能决定利率；在任何其他情况里，我们都必须涉及整个利率体系。"② 他在这里赞成抛弃传统的对于商品劳务与货币的二分法，而主张二者的统一。

他认为，从利息角度看，"货币是作为证券的最完全形态出现的；其他证券是较不完全的，由于它们的不完全，只可卖较低的价格。这些证券的利率就是对它们的不完全——对它们的不完全的'货币性'的衡量。因此货币的性质和利息的性质很近乎是同一的问题。"③ 货币完全为人们所接受，而证券的"不完全的货币性"使之不能完全为人们所接受。因此，货币的流动性大而风险小，证券则流动性相对小而风险相对大。"不完全的货币性"就体现为风险和不确定性，因而，要有利息来补偿。

希克斯说："即使实际的贷款人不考虑不履行的可能性，但当资金是以证券的形式而非货币的形式被保持时，就包含有成本和风险，对此出借人需要某些补偿。(1) 对于期限很短的票据，可以不考虑需要再贴现的可能性，这种票据惟一的短处是投资的成本；所以票据的利率相当于边际借款人的投资成本。(2) 对于较此期限为长的票据，须将票据再贴现的可能性加以考虑。这种票据的利率必须能抵消这种重贴现的风险，对在发生这种可能的事情时所遭受的麻烦必须提供某些补偿。(3) 对为期更长的票据，对一般的长期证券，(有时候)甚至对短期票据，还得考虑另一个风险，即当必须贴现时，可能仅能在不利的条件上进行。"④ 用这种办法确定利率，一是其《建议》一文中提出的边际方法的运用，二是其对利率结构的具体分析的结果。它已大大超越了传统的货币供求决定利率的观念和方法。希克斯也更进一步说明了利率变动对经济的直接效应，即"从整个市场而言，利率的上升会减少当前支出，而利率的下降则会增加当前支出"⑤。

第二次世界大战之后希克斯对货币理论所作的贡献主要反映在《货币

---

① 希克斯：《价值与资本》，薛蕃康译，商务印书馆 1962 年版，第 143 页。
② 同上。
③ 同上书，第 152—153 页。
④ 同上书，第 156—157 页。
⑤ 同上书，第 224 页。

理论评论集》(1967)、《凯恩斯经济学的危机》(1974)、《经济学展望》(1977)、《货币、利息和工资》(1982)、《货币的市场理论》(1989)等著作中。这时,他的经济思想比以前有较大的变化,但其独立的研究风格和态度没有改变。其货币和金融理论这时主要表现为服从于经济动态理论,向经济现实问题靠拢,同时也对凯恩斯和现代货币主义的观点进行评论。这一时期,其主要贡献表现在以下几个方面:

第一,提出以交易费用观点去说明市场、市场组织、货币职能、金融制度的发展变化,从而说明了一些以前未曾说明过的问题。他认为,减少交易费用的努力是市场和市场组织进化的主要动力,也是货币职能具体形式进化的主要动力。

在《货币理论评论集》中,希克斯指出,货币集三种职能于一身的特点自从凯恩斯的理论问世后就有了两种形式。其一是:货币具有计价单位(或维克塞尔所说的"价值尺度")、支付手段和价值贮藏的职能;其二是:货币具有满足人们的交易需求、预防需求和投机需求的作用。前者是传统的看法,后者是凯恩斯的看法;前者可包含货币体系变动的观点,而凯恩斯的看法则是在既定的货币体系之内对个别人或决策者行为的观察。希克斯认为,货币理论的主要任务之一,就是考察货币职能、货币制度的发展变化及其相互联系。

希克斯把货币分为两类。一类是充分发展的货币,同时具有三种职能。另一类是各种不完全的货币,只具有一种或两种职能。两种货币在货币进化史上联系起来。他就由此进入对货币职能的考察和研究。

希克斯认为,市场的发展及市场组织方式的进化,主要取决于要减少交易费用方面努力的刺激。货币职能的变化也是这样。从作为交换媒介的普通商品发展为金银货币,就是一种减少交易费用的过程。在这整个过程中,商品逐渐标准化,货币也逐渐标准化。清偿结算制度的出现更使这一过程发展到相当的高度。这时,实际贸易活动中的货币支付完全变成了符号交换。在瓦尔拉斯的市场上则是完全结清的。虽然,由于最终信用余额必须兑现,这种有组织的市场必须有清偿机构和法院,因而必须支付费用,但总比大量交叉付款的费用要少。银行体系是清偿体系的发展,但其交易费用更低。这时的计价货币已变成为银行信用,同时,它也是支付手段。银行信用已经"几乎是一种充分发展的货币"[①]。正是在这种情况下,才可能由交易

---

① 希克斯:《货币理论评论集》英文版,牛津:克莱伦登出版社1969年版,第11页。

需求产生出剑桥数量方程式 $M = kpy$ 或者别的类似方程式。但对这种货币的持有需求还不存在,因为体系最终是均衡的和结清的。银行系统本质上和清偿结算系统还没有太大的差别。

第二,希克斯对货币需求理论进行了深化的发展。他不仅把货币的三种职能同凯恩斯所说的对货币需求的三种动机结合起来,而且进一步把货币需求划分为"自愿的"和"非自愿的"。

希克斯表明,由于经济体系总是非均衡的,因而总有应付而未付的货币(例如银行券)。不过由于货币本身的"价值储藏"职能,人们还不能说对货币的需求就都是出于交易的目的。这样,实际上就总有一种"自愿"持有的货币存在。他认为,交易需求是"不自愿的",是从属于交易余额的,"这似乎意味着我们必须把它看作不直接受经济刺激影响的"①。而"自愿"部分就不同了。"因为正是通过这个自愿部分,货币的失调才能发生,也正是在这个自愿部分的基础上,货币政策才必定发生作用。"② 希克斯强调了凯恩斯把货币区分为 M_1 和 M_2 的正确性,以及对 M_1 需求的非自愿性和对 M_2 需求的自愿性。他认为,只有货币的"自愿"持有的需求才会涉及资产选择理论,也才会与货币政策相关联。

第三,希克斯把凯恩斯的货币需求动机引申为资产分类的依据,并考虑流动性、交易成本,构造出一种新的资产分类序列。他还具体探讨了资产选择理论中如何运用边际分析方法进行选择,或运用概率分布的方法进行选择的原则。这是对资产选择理论的重要贡献。

希克斯认为,凯恩斯以前的经济学家在区分货币的价值贮藏和其他资产时,认为仅有价值贮藏手段的职能,并不能赋予货币性质。如果一笔资产不仅是价值贮藏,也是计价单位,或者不仅是价值贮藏,也是支付手段,那么,它就是货币资产。如果它有另外两种职能,或者即便只有一种另外的职能,并且能够贮藏,那它必定可以算作货币。但从凯恩斯开始,有了另外的区分方法。"通常说来,货币(被作为资产负债平衡表上的一项)的基本特征是,它不产生利息,而其他资产,在某种情况或其他情况下却产生利息。"③ 两种资产在经济中同时存在。希克斯说:"我自己在早期的著作中曾取这种观点,但是我逐渐认为不应该接受它。"④ 他认为,如果抛弃这种观点,他就

---

① 希克斯:《货币理论评论集》英文版,牛津:克莱伦登出版社 1969 年版,第 15 页。
② 同上。
③ 同上书,第 18 页。
④ 同上。

可以构造出更好的理论。而且经验表明：完全可能使用一种生息的交换媒介（像在工业革命的兰开夏曾用作支付手段的票据）。"只要我们放弃'货币'本不生息的观点，一切都会各安其位。它也许是不生息的，但也许不是不生息的。"①

希克斯认为，他的新观点是受了资产负债平衡表的影响。但这一理论并非由凯恩斯，而是20世纪50—60年代由托宾、林特纳和另外几个人用数学手段得出的。他只是发现了一种可以更简单地表达基本观点的方式。②

与此相关，希克斯提出了资产选择理论，即边际收益曲线的理论，企图以此作为货币需求理论的内容。资产选择理论考虑的关键是收益与风险，而风险就是不确定性。于是，问题变为，从若干组对不确定事件预期的概率分布中，选择一组对于全部预测来说最好的预测。这也可以小心地运用边际分析方法，去寻找效用的最大化点（即使每种资产或债券的边际收益都相等）。

他认为，在资产选择理论中，必然涉及流动偏好与投机动机。"因此，凯恩斯的'货币'可以被包含在投资者进行选择的证券当中。其边际收益曲线将处在水平轴上；如果不存在能得到大于零的较高最终收益的确定投资，（对于完全担心风险的人来说）也就不存在持有这种'货币'一个正量的理由。"③ 希克斯认为，这就是凯恩斯投机动机的理论。但有几点需要加以说明：其一，在资产选择分析方面，"重要的区分不是生息的债券与不生息的货币间的区分。货币的重要特征（当它在这种资产选择理论中出现时）是，其最终收益是确定不变的。"④ 资产证券类别的划分是依其行为的确定性和不确定性划分的。"只要孤立地看待投机需求，像储蓄存款那样，在下一个确定时点上有确定收益的资产，即使其生息，也必须看作货币。"⑤ 其二，"货币收益的确定性（不管是否为零）不过是货币本身的确定性。"⑥ 只有人们对通货膨胀或收缩预期的变化程度确定，货币收益才是确定的。事实上这种预期程度是不确定的，因而货币收益也是不确定的。"一旦投资者开始按这种方式考虑问题，货币就开始失去其作为货币资产的性质（它也许仍保留其支

---

① 希克斯：《货币理论评论集》英文版，牛津：克莱伦登出版社1969年版，第19页。
② 同上。
③ 同上书，第27页。
④ 同上。
⑤ 同上。
⑥ 同上书，第28页。

付手段的职能,就像我们以后将看到的)。一旦他开始这样考虑,他就将开始寻找某种新的货币资产——也许是外币——持有它可以保证其资产中的确定因素。"① 其三,资产选择理论的另一个结果是进一步的不稳定。因为投资者总在不断地调整其资产组合,以期减少风险,保证收益。对于调节资产选择行为的流动偏好,希克斯认为,应该以凯恩斯的《货币论》和他本人1935年在《对于简化货币理论的建议》一文中提出的观点为适宜,即流动偏好是关于一系列流动性不同的资产的需求。而凯恩斯在《通论》中表达的,把流动偏好简单地说成相对于债券而言的对货币的需求,债券一般是一组证券的观点,则只是头一种流动偏好的特殊情况。希克斯认为,一般地说,流动偏好不仅减少对货币的需求,而且导致"一种普遍的以较少流动性的资产替换较多流动性的资产"②。

此外,希克斯还提到交易费用的作用。他认为,投资者在考虑交易费用的情况下,事实上不会为了减少风险而把他的资产分散到所有的各种证券中去。而大多数经济学家却忽视或遗漏了这点。希克斯认为,这是引起整个理论变化的另一个限制条件。如果交易费用为零,最初的投资与不投资对其资本的价值来说都是一样的,就好像投资者一开始就持有货币一样。而投资者只需预见"下一个决策点"再往前而不用顾及其他。对交易费用的考虑和对避开风险的考虑导致投资者相同的资产选择行为,由此产生的货币需求,正是凯恩斯预防动机的含义。另外,交易费用的差别正是"资产序列存在的原因","这些资产的相互流动性有差异"③。

第四,希克斯提出了包含三部分内容的金融市场运行理论,即严格意义的流动性理论、短期利率理论和长期利率理论的普遍化、对货币的投机需求理论。这种体系是对传统理论体系的补充和修正,因而也作为希克斯对货币金融理论的贡献。在这方面,他还提出过一种简化的金融体系模型。由于篇幅所限,这里不再具体介绍其具体内容。

第五,希克斯在对流动性和资产的分析中,把企业划分为有无灵活性两类,进而又把具有灵活性的企业分为自有部分和透支部分两类进行研究。希克斯这种深入的结构分析方法和他对流动性的深入分析,在西方经济学中也是不多见的。这也被西方经济学界视为他的重要贡献之一。

---

① 希克斯:《货币理论评论集》英文版,牛津:克莱伦登出版社1969年版,第28页。
② 同上书,第30—31页。
③ 同上书,第35页。

第六，希克斯提出了一种独特的通货膨胀理论，即一种结构性的通货膨胀理论。该理论以劳动市场结构、工资结构、公平的社会规范与效率的经济规范对通货膨胀的成因加以说明。他的观点被认为是一种独特的理论，成为通货膨胀理论中的一派重要的观点。

第七，希克斯提出的关于现代资本主义存在固定价格和弹性价格两种价格体系和两种相应的市场的观点，在解释西方国家 20 世纪 70 年代以来经济停滞和通货膨胀的并发症方面，被认为是相当有说服力的。因而，这一理论也被认为是希克斯重要的理论贡献。

第八，希克斯在晚年还提出了一种关于货币的市场理论，说明了市场类型的变化以及价格形成机制。这在一定程度上弥补了从马歇尔之前到凯恩斯一直没有涉及和重视的一个空白领域。

对经济周期理论的贡献

希克斯 1950 年出版的《对经济周期理论的贡献》一书，是第二次世界大战后最有影响的关于经济周期理论的著作。

希克斯经济周期理论的贡献主要表现为以下几个方面：

(1) 对凯恩斯经济理论的补充和发展

凯恩斯在《通论》中为说明经济周期曾指出一条研究的路线，但并没有对整个经济周期的具体机制展开分析。他只是重点地从预期、心理以及资本边际效率同利率的比较方面，强调经济本身的不稳定性，并集中说明危机和萧条的问题。此外，凯恩斯也没有把经济周期理论同他的收入决定论有机地结合起来。

希克斯说：“凯恩斯的经济学虽然有助于我们对经济波动的理解，但是，毫无疑问，它至少留下一个主要问题完全没有解释，那就是经济周期问题。”① 而希克斯自己的《对经济周期理论的贡献》就是在这方面"迈出决定性的步骤"。② 他既接受了凯恩斯的储蓄投资机制和乘数理论，也"强调凯恩斯学说中凯恩斯本人没有充分说明的一些结论，并将做些根本的重要改造，以便使之适合于和原先的设计完全不同的结构"③。

---

① 希克斯：《对经济周期理论的贡献》英文版，牛津：克莱伦登出版社 1950 年版，第 1 页。
② 同上书，第 2 页。
③ 同上书，第 4 页。

希克斯对凯恩斯理论的补充和发展,从经济周期理论来说,主要是:

第一,把凯恩斯的短期比较静态分析从经济周期波动角度,发展为长期动态分析。

第二,完成了凯恩斯《通论》中没有完成的经济周期理论,建立了一套系统、完整的体系。

第三,把凯恩斯未详尽展开的乘数作用机制,加以详细探讨,并以加速机制作重点,把二者结合起来,从技术角度说明经济波动的累积过程。他还进一步提出了"超级乘数"的概念,来详尽说明乘数机制作用的具体情况。

第四,以凯恩斯的充分就业状态作为经济周期波动的上限和转折点,以经济在人口和技术进步因素决定的自发投资和乘数作用下的长期均衡水平为波动的下限和转折点。这在周期机制中是至关重要的。这一见解把经济周期波动问题与经济增长问题进一步结合起来了。

(2) 对已有加速原理研究的发展

在希克斯之前,从加速原理方面研究经济周期的经济学家主要有阿夫塔利翁、J.M.克拉克、弗瑞希、卡莱茨基和萨缪尔森等。希克斯认为,弗瑞希等人对加速原理的研究是从比较孤立的角度进行的,而且其复杂的数学推导无法使大多数经济学家对其加以重视和运用。这就需要把加速原理与别的因素和机制结合起来,共同说明经济周期。同时,也要把弗瑞希的理论尽量简化以使大多数人容易接受。正是在这些方面,希克斯对已有的加速原理的经济波动理论加以了发展和简化。

(3) 对哈罗德经济周期理论加以发展

这主要表现为以下几点:

第一,他接受了哈罗德从经济增长中考察经济周期波动的主张,而且摆脱了在静态的理论和方法框架束缚下研究经济周期理论的局限性。

第二,他在哈罗德的启发下,采用了产出理论而不是就业理论对经济扩张过程进行研究。这也是对他以前采用凯恩斯研究方法的一种改变。这使他实际上又回到了新古典学派的方法,从而走出一条独特的研究道路。

第三,他在哈罗德的启发下,找出了一种更恰当的非数学的表达方式来说明其经济周期理论。"这种方法将不为数学家所关心;但它和普通的'经济的'分析方法完全一致,因而,经济学家将发现,他们至少可为其最主要的目的,没有特殊困难地使用它。"①

---

① 希克斯:《对经济周期理论的贡献》英文版,牛津:克莱伦登出版社1950年版,第10页。

第四,希克斯在说明乘数与加速数原理相互作用的累积过程时,重点说明经济扩张的顶点和底点,以及对均衡位置的偏离。他一方面引进凯恩斯的"充分就业"条件来说明,累积扩张过程的顶点只能是现有资源条件的约束,另一方面又借用哈罗德经济增长的思想,说明当引致投资消失,只剩下自发投资时,经济就会处于累积收缩过程的底点。希克斯还说明,由于引致投资的"滞后"和决定自发投资的外部因素大小,经济可能会在顶点和底点保持一段时间。这样,他就把哈罗德经济周期理论中不单独作为一个阶段的顶点和底点,变成了单独的阶段。另外,希克斯也指出了周期上升与下降阶段、顶点阶段与底点阶段的不对称性。

(4) 对汉森和萨缪尔森经济周期模型的发展

汉森曾批评哈罗德经济周期理论中对乘数和加速数机制发生作用的条件论述得不充分。他认为,在经济扩张中,当消费增长率开始下降时,投资率不一定必然随之下降。这里有时滞的因素。萨缪尔森在此启发下,曾重新建立了一个以数学形式表述的乘数与加速数原理相结合的经济周期模型。萨缪尔森分析证明了经济周期是经济体系本身的一种内在机制作用的结果。经济波动完全是由乘数和加速数的特性决定的。经济周期波动的主要原因就是这种相互作用的机制。萨缪尔森还进一步分析了时滞的作用以及乘数和加速数的大小对经济周期波动类型的影响。

希克斯基本上接受萨缪尔森的观点和研究方法。但他坚持了经济增长与经济波动相结合,坚持了自己提出的自发投资与引致投资的区分,以及对经济波动顶点和底点的说明。这是对萨缪尔森周期模型的重大发展。他不仅比萨缪尔森更好地说明了已有的乘数和加速数周期理论,也进一步说明了其中包含的存货周期的变动,把存货变动与乘数、加速数原理的关系揭示出来了。

(5) 希克斯经济周期理论在方法论上的特点及贡献

这主要表现为:

第一,更强调经济周期的内源性、技术性,而把其他因素(尤其是货币因素)作为外因暂时放到一边。这使他能在经济周期的内生变量的技术关系方面进行更深入的研究。

第二,希克斯采用了一种创造性的综合方法。正如他自己所说:"我在本书中将发展的周期理论,并不是那种引入了一些全新解释的理论,也不是先前从没有人想到,或者先前被忽略的理论。其组成要素完全是人们所熟悉的。但就我所知,它们从未被以我将要提出的这种明确方式放在一起。

有几位作者已经很接近这种方式了，但似乎没有谁迈出了决定性的步骤。一旦采取了这一步骤，我们就会得到比从前任何优越的周期理论都好的周期理论。"①

第三，希克斯强调了动态均衡与变动过程的结合。他不仅在原有的动态均衡方法方面，从微观进入宏观，从短期进入长期，而且把经济波动过程作为动态均衡的具体过程和表现形式。在这方面，希克斯的确把西方经济学的研究方法向前推进了一步。

对经济增长理论的贡献

从特征上来说，希克斯的经济增长理论比起哈罗德—多马模型、库兹涅茨和丹尼森等人的理论和分析也有其独到之处。希克斯的经济增长理论主要通过新古典生产函数理论、稳定状态经济增长理论和新奥地利派经济增长理论加以分析的。其特征是：第一，希克斯的经济增长理论在形成和发展上具有明显的综合性，走过了一条由新古典学派，经凯恩斯学派、瑞典学派、奥地利学派、现代增长分析理论，最后臻于成熟的道路。他按照自己向动态和现实靠拢的方向，综合性地选择和吸收某些理论的长处，形成了自己的独特理论。第二，重视经济增长过程中的技术变化。这是希克斯经济增长理论最重要的特征。他较详细地分析了技术创新和技术进步，区分了纯粹的科技发明和借助于利润、资本的经济上的技术创新；区分了作为"自动发明"的技术创新及其"冲击"，以及由此派生的"引致发明"和技术进步；区分了技术创新和发明的性质：劳动节约型、资本节约型和中性。他也分析了技术创新和发明变动的后果和影响，分析了替代性技术进步的效应，并从更大的范围、从历史的进程中分析技术进步与经济增长的关系及相互作用，甚至局限性。第三，其研究方法的多样性。为了研究经济增长问题，他用过古典和新古典的静态方法、暂时均衡的方法、凯恩斯主义的固定价格方法和增长均衡的方法。后来，他还用过新奥地利学派的动态资本分析法、双重均衡的方法以及结构性的因素分析方法、历史性的因果分析方法等。对这些方法的不断尝试和综合运用，使希克斯在分析工具的把握上更加熟练，更容易借助和挑选适当的工具来构造自己的理论，完成预想的任务。第四，向现实靠拢的基本态度。这既是他思想不断深化和发展的推动力，也是他选择和变换具

---

① 希克斯：《对经济周期理论的贡献》英文版，牛津：克莱伦登出版社1950年版，第3页。

体研究方法的原因。

从希克斯经济增长理论的贡献来看,主要有如下几个方面:

第一,在其《工资理论》(1932)中,他提出了要素替代弹性的概念;对技术创新和技术进步进行了适当的分类;分析了实际工资上升的两种效应:促进要素替代的效应和造成收入转移的效应。这些都对经济增长理论的发展产生了积极的影响。

第二,他提出的"横向过渡"的理论分析,对于说明经济均衡间的过渡过程,说明技术变动引进后经济状态的变化有重要的意义。

第三,他提出创新"冲击"的理论,用以分析创新产生的短期和中期影响。这种理论分析了以自动创新为起点的连续技术变动过程。它包含一项重大技术创新以及它开拓的技术发展。创新越重大,越广,相应的引致创新序列越长,"冲击"持续的时间就越长,从而,经济增长持续的时间也越久。单个创新引起的"冲击"很可能在短期内,至多在中期内归于衰竭。只有多个创新相继出现,或者"创新序列"存在,经济才能保持长期持续增长。

第四,他提出了关于双重均衡的增长观点。双重均衡增长,就是指经济在储蓄与投资和充分就业这两种均衡同时具备条件下的增长。这最早是由约翰·斯图亚特·穆勒首先提到的"古典经济学"的问题。希克斯认为,在经济增长中,双重均衡是无法完全达到的,也就是说,经济有时只能是非均衡的增长。这是因为实际工资在技术进步存在的条件下,不一定能经常保持上升。起码,在一种稳定均衡向另一种稳定均衡过渡期间,最终产量不能立即增加。此外,一旦实际工资提高,就会引出替代效应和储蓄减少的效应。而这要么引致技术进步和要素替代,要么减少利润导致生产缩减。总之,经济不可能在双重均衡下增长。

希克斯这一分析的意义就在于,他彻底摆脱了均衡增长思想的束缚,走向非均衡的增长理论。这种分析对支持非均衡增长理论,作出了一定的贡献。

对经济史理论研究所作的贡献

希克斯的经济史理论,是把当代西方经济学的基本概念原则用于指导并进行经济史的研究,并以经济史对理论加以验证。这在某种程度上反映了希克斯的经济史观,也反映了他的经济哲学思想和方法。希克斯关于经济史理论的主要著作是《经济史理论》(1969)和《经济学展望》(1977)两本书。

希克斯研究经济史理论的主要目的,是通过对市场这种经济组织形式以及商品经济发展的历史考察,来验证他的有关理论假说;同时也以自己的方式建立一种更为普遍的历史理论,弥补马克思历史理论的不足,提供经济学与外界"互相对话的一个论坛"。① 此外,他也想在经济史领域提出一种新的研究范式。这对于20世纪60年代"新经济史学"思潮的兴起,无疑是一种呼应。

希克斯研究经济史理论的方法,着重的是理论与历史的统一,即逻辑进程与历史进程相统一,同时也使用了经济学的模型方法、结构分析的方法。在内容上,希克斯集中研究了市场经济的历史进程,即市场与商业的形成、发展、深化的过程,并对工业主义的未来作出展望。

希克斯的经济史理论,对于西方经济史的研究和发展是有贡献的。他以"经济人"为主体的商品经济和市场经济的发展史,是别出心裁的,也是有别于传统经济史和以"制度变迁主义"为代表的"新经济史学"的经济史的。这对于扩展人们的视野,从不同角度理解市场经济的发展进程,具有特殊的意义。同时,这也是对经济史的一种重要贡献。

当然,希克斯的经济史理论在学术上的贡献和作用,是更为主要的。这主要表现为:

第一,希克斯提出的这种独特的经济史观对于西方经济学理论的研究,以及对于西方经济史的研究,都发生了重要的影响和作用。国外最权威的经济学辞典《新帕尔格雷夫经济学辞典》也认为,希克斯的经济史理论是"远离经济理论主流的最大胆的考察","是对《经济学的因果关系》涉及领域之外的雄心勃勃的出击,然而却是更多地思考和博览群书的产物,但肯定是非常成功的"②。

第二,希克斯的经济史理论是对西方经济史学界研究方法的一种突破。经济史学界长时期都是把思想、知识、社会制度、生活状况等平行地包罗在一起,分类罗列,平铺直叙,份量均分。希克斯打破了这种格局,给市场对于历史发展的导向作用以充分的重视,从而为专题经济通史的研究开拓了道路。同时,对于当时经济史研究和经济学研究相分离的做法而言,希克斯的经济史理论也是一种创新。后来兴起的"新制度主义"经济史,在客观上也证明希克斯的经济史研究方法具有何等先觉的特点,又怎样受到有关学科

---

① 希克斯:《经济史理论》,厉以平译,商务印书馆1987年版,第5页。
② 约翰·伊特韦尔、默里·米尔盖特、彼得·纽曼编:《新帕尔格雷夫经济学大辞典》,陈岱孙主编译,经济科学出版社1992年版,第645页。

的普遍赞同。

第三,希克斯的经济史理论也是对西方经济学研究方法的一种突破。他不仅提供了一种有别于一般经济史的关于商业进化的特殊经济史,而且验证了他本人的市场类型和劳动力结构学说。他的努力受到了西方经济学界的较多赞同和肯定。西方经济学大师熊彼特曾强调,不掌握历史事实,不具备适当的历史感和历史经验,就无法理解任何时代的经济现象。另外,历史也揭示了经济与非经济因素的联系以及各种社会科学间的联系。熊彼特说:"经济分析中所犯的根本性错误,大部分是由于缺乏历史的经验,而经济学家在其他条件方面的欠缺倒是次要的。"[①] 当然,"经济史本身需要理论的帮助"[②]。这可以看作是对希克斯的一种肯定的印证。

对凯恩斯经济理论的阐释、修改和补充

希克斯对凯恩斯经济学自始至终采取了一种完全独立的态度和立场。他既是凯恩斯经济学的主要阐释者之一,也是主要评论者之一,但他不属于凯恩斯的学派。他既批评凯恩斯,但也不是凯恩斯反对派阵营中人。他始终走着一条独立的路线,独树一帜地对凯恩斯经济学进行阐释、评论、批评,但又以自己的理解不断对其加以修正、补充和发展。他在这方面同样对西方经济学产生了相当大的影响。

在这一方面,希克斯的贡献可以从两个时期加以说明。第二次世界大战之前,希克斯对凯恩斯经济思想的理解和阐释包括:

第一,对凯恩斯《货币论》中经济观点的阐释和发展。

在《对于简化货币理论的建议》(1935)中,希克斯把凯恩斯的《货币论》的内容归纳为货币数量论(以储蓄投资理论的形式出现)、维克塞尔的自然利率理论和以资产选择形式出现的相对偏好理论这三种形式。希克斯最欣赏第三种形式的理论,以此作为其"边际效用货币论"的一个论据,从而说明其"简化"货币建议的合理性。该文中,希克斯的资产选择理论实际上比凯恩斯的理论观点更为明确和详细。从这个意义上说,这是希克斯对凯恩斯货币理论的具体阐释、补充说明和进一步发展。凯恩斯本人也致意希克斯,表示赞赏。

---

① 熊彼特:《经济分析史》第1卷,朱泱等译,商务印书馆1991年版,第29页。
② 同上。

第二,对凯恩斯《通论》的阐释和说明。

希克斯在其 1937 年所写的《凯恩斯先生和古典学派》一文,对推动凯恩斯理论的传播产生了巨大的作用,甚至于战后相当长时间里,后凯恩斯主义者同货币主义者就此范围还展开过持续性论战。这篇文章的最大贡献是,以 IS—LM 模型来说明凯恩斯经济学的核心问题。连凯恩斯自己也告诉希克斯:"我觉得你的文章很有趣,实在提不出什么意见。"[1]

在这篇评论文章中,希克斯简明地指出,凯恩斯和古典学派的理论都是特例,但二者又完全可以共存于 IS—LM 模型中。他不仅用均衡分析的方法表明了凯恩斯抛弃古典的货币与实物"两分法"的新理论的核心问题,而且由此提出了一种宏观的同收入一起决定的利率理论。这样,希克斯不仅把货币利率理论推向新的阶段,而且说明,凯恩斯的真正革命实际上是明确承认商品、货币和劳动市场的相互依赖关系。最后,他明确断定凯恩斯的经济学是"萧条经济学"。希克斯当时认为自己仅仅是对凯恩斯与古典学派二者观点的区分和联系作了说明,但客观上,他却无意中把凯恩斯的理论"希克斯化"了。

第二次世界大战以后希克斯对凯恩斯经济思想的阐释和发展包括:

第一,对凯恩斯经济动态和周期波动理论的发展。

希克斯认为,《通论》尽管可以说明经济波动和失衡,但还不足以说明经济周期。他在《对经济周期理论的贡献》(1950)中,补充、修改和发展了凯恩斯的理论,使之能推进到更广阔的范围。首先,希克斯剔除了货币因素,仅从实物方面考察,然后引入时滞进行过程分析。这使凯恩斯的理论有可能考虑物质和技术因素,也使短期比较静态有可能进入长期动态,从而为分析经济周期奠定基础。其次,希克斯详尽探讨了乘数机制,并进一步提出"超级乘数"的概念,引进了加速数机制。他把乘数和加速数两种机制结合起来,说明经济扩张和衰退的累积过程。再次,他以凯恩斯的充分就业作为周期扩张的上限和转折点,以社会基本的最低需求和人口技术进步等外生因素决定的自发投资水平为周期下跌的下限和转折点。希克斯在这里引入长期增长的思想,使凯恩斯的理论与长期动态问题相连结。最后,希克斯以其系统完整的经济周期理论,丰富和扩展了凯恩斯经济学,完成了凯恩斯没有完成的任务,弥补了《通论》的缺陷。

第二,对凯恩斯货币理论的再认识及补充和修改。

---

[1] 见希克斯:《经济学展望》,余皖奇译,商务印书馆 1986 年版,第 148 页。

希克斯认为,《通论》中的货币理论太简单,因为凯恩斯在当时条件下,只能强调财政政策的作用。战后,情况有所改变,货币政策已有可能较前更好地发挥作用。但凯恩斯的理论已远远不够了。"在货币理论中(即使是相当狭义的货币理论),凯恩斯还留下许多工作要做。"[①] 希克斯在《货币理论评论集》(1967)、《凯恩斯经济学的危机》(1947)、《经济学展望》(1977)和《货币的市场理论》(1989)这些著作中,对凯恩斯的货币理论进行了补充和发展,也对自己以前的货币理论加以完善。

在《货币理论评论集》中,希克斯强调了凯恩斯没有重视的 M_2。他认为,"对于 M_2 来说,最重要的是,它是一种对货币的自愿需求。这种自愿对经济刺激是有反应的。而对于 M_1 来说,最重要的是,它是不自愿的,是非常间接方式上的储蓄。它是由于不直接考虑其货币影响的其他原因所作出决策的间接结果。在那种方式上说,它不是货币需求,其背后没有"交易动机"。它只是需要在特定价格水平上计算一定量商品的货币。因此,旧的费雪的 MV=PT 比超过自愿需求量的"剑桥数量方程式"要好一些。

此外,希克斯明确地把货币的三个一般职能同凯恩斯关于对货币需求的三种动机结合起来进行研究,从而深化和发展了凯恩斯的货币理论。在此之前,还没有人如此明确地进行过类似探讨。

另外,希克斯以交易成本说明货币发展演变的历史,也弥补了"通论"忽略的问题。他说:"一种看待货币发展演变的方式,就是把它看成更复杂的减少交易成本的方式的发展。"[②] 货币从产生到发展,货币职能、货币制度、金融制度的产生发展和演变,都可以看作为减少交易成本所做努力的结果。甚至市场的发展演变,也可以用这种观点加以解释。希克斯这方面的论述,既是他自己货币理论的演化,也是对凯恩斯忽略之处的补充。这也是对现代交易费用理论的贡献。

希克斯还进一步分析了凯恩斯的资产选择理论,从而构造了新的资产选择、序列结构理论,对凯恩斯相应的方面进行了修改、补充和发展。

在《凯恩斯经济学的危机》(1974)中,希克斯既进一步说明了《通论》的特殊性,也将有关问题进行了一般化的说明。而在再往后的一些著作中,希克斯则由前面的基础而提出了一套与货币发展相适应的关于市场的理论,对凯恩斯的货币理论作了大的补充和发展。

---

① 希克斯:《经济学展望》,余皖奇译,商务印书馆 1986 年版,第 8 页。
② 希克斯:《货币理论评论集》英文版,牛津:克莱伦登出版社 1967 年版,第 7 页。

第三,对凯恩斯其他理论的补充、修改、完善和发展。

在市场结构方面,希克斯建立了一系列结构性的概念,如固定价格,弹性价格两类市场,其分析是对凯恩斯相应理论的深刻阐释和理解。

在乘数理论方面,希克斯认为,凯恩斯的观点在普遍化方面存在缺陷。他考察了发生存货调整时乘数作用的不同情况,并加以深入的分析,从而对凯恩斯的乘数理论进行了补充。

第四,关于均衡分析中的存量和流量方法,希克斯也对凯恩斯的观点进行了补充分析。

评 论

希克斯的理论著作、研究方法和经济思想均对西方经济学的发展作出了重要的贡献,在西方经济学界获得了普遍的赞誉。

1. 对于希克斯在经济学基本理论方面的贡献,西方经济学界给予了最高的评价,并由此而授予他诺贝尔经济学奖。

瑞典皇家科学院的拉格纳·本策尔教授在1972年诺贝尔经济学奖颁奖典礼上说:"当约翰·希克斯在1939年发表他的《价值和资本》一书时,他给全部均衡理论注入新的生命。他设计了一个完整的均衡模型,比以前这个领域内的努力在大得多的程度上系统地建筑在关于消费者和生产者行为的假设上。这样使系统中包括的方程更有具体性,并且有可能研究由于外界来的冲击而在系统内部产生的影响。"[①] 他还称赞希克斯对消费者剩余概念的重要性说:"希克斯对这个概念的定义,首先在评价公共投资社会报酬率方面有很大重要性。"[②]

在当代西方经济学界权威性的《新帕尔格雷夫经济学大辞典》中,克里斯托弗·布利斯也说:"价值理论这里和福利经济学领域中都有希克斯贡献的著作,即使希克斯另外不再有别的东西,这些著作已经使他成了伟大的经济学家。"[③] 他甚至认为,"《价值与资本》是一部思想如此丰富的著作,以至

---

① 王宏昌、林少宫编译:《诺贝尔经济学奖金获得者讲演集》增订本(1969—1986),中国社会科学出版社1988年版,第115页。
② 同上。
③ 约翰·伊特韦尔、默里·米尔盖特和彼得·纽曼合编:《新帕尔格雷夫经济学大辞典》英文版,伦敦:麦克米伦公司1987年版,第642页。

于决不能指望以一篇短评来对之加以公正的说明。"①

著名经济学家 F.马克卢普甚至说，比起他读过的任何一部经济学著作，"希克斯教授著作的每一页都使我对之花费了更大的努力。但它很值得一读。我相信，这本书肯定会成为一部'经典'"②。

当然，也有人对希克斯这方面提出了一些不同的意见，不过，瑕不掩瑜。多数人对希克斯在这些方面推动西方经济学的进展所作的贡献给予了普遍的认可。希克斯的有关观点和方法被写进了西方教科书，成为理论规范，成为普遍运用的分析工具。直到今天，正统微观经济学的教科书中，仍把希克斯上述理论发展作为必备的内容。

我们说，希克斯这些理论贡献之所以受到异乎寻常的重视，是由于以下几个原因：其一，他的这些理论观点改进了新古典的边际效用价值论的基数观点，把价格与价值的决定统一起来，完全放在交换过程中去研究，以事实上达成交易的双方互换的商品数量关系为出发点，去构造人们之间交换行为和商品数量变化的规律。希克斯实际上是进一步推进了马歇尔以来取消主观效用价值论无法对效用进行衡量的缺陷的努力，使帕累托的有关理论以更精致的形式在英语国家得到推广和传播。其二，希克斯的这些理论和方法在一定程度上，反映了消费者在市场上选择的客观数量规律，也为西方经济学中数理分析方法的发展提供了条件。这在消费者均衡和需求理论方面，表现得更为明显一些。其三，希克斯的有关理论和概念，为新福利经济学的发展提供了新的思路。

不过，我们应该看到，希克斯在上述方面的成就，并非其理论体系的全部，也不是其毕生研究的重心。这只是其早期的贡献，而且也只是从新古典经济学的角度，从传统的微观经济学角度，才被看作最主要的。当然，仅仅这些成就已足够奠定他在西方经济学界作为著名的重要经济学家的地位和威望了。其著作中的缺陷和错误并不能掩盖或抵消上述积极影响。

2. 对于希克斯在经济学中研究方法的特点和它们对别人的启发，西方经济学界也给予了相当的重视和好评。他们认为，希克斯分析方法的"工具箱"中的工具非常丰富，希克斯对这些方法的运用也是得心应手的。

P.R.布拉马南达曾经称赞希克斯为"方法论的大师"。他说："希克斯

---

① 约翰·伊特韦尔、默里·米尔盖特和彼得·纽曼合编：《新帕尔格雷夫经济学大辞典》英文版，伦敦：麦克米伦公司 1987 年版，第 642 页。
② J.C.伍德和 R.N.伍兹合编：《约翰·R.希克斯爵士评论集》第 1 卷英文版，罗特里奇公司 1989 年版，第 25 页。

的思想是方法的麦加。奥地利学派的垂直均衡、洛桑学派的水平均衡、维克塞尔—罗伯逊—弗瑞希的连续过程、凯恩斯主义的短期比较静态、卡塞尔—纽伊曼—哈罗德的比较动态、马歇尔的时间分解、罗宾逊—索洛—萨缪尔森的稳定状态、里昂惕夫的矩阵变换、克拉克—萨缪尔森—索洛的生产函数……所有这些方法在他那里都可以很容易地使用。没有他接触到或正在接触的方法不被他加工润色的。即使是在其发明者那里有弱点的方法,被希克斯接受后,都得到了加强。"[1]

我们说,希克斯的经济理论成就,的确在很大程度上得益于其研究方法的精巧和各种方法搭配组合的运用。凡是比较重要的著作,希克斯都精心选择了其研究和分析方法。不仅如此,他还不断回顾自己从前的著作,审视和改进其研究方法。可以说,希克斯在一生中都在不断地借助其方法的改进,来推动其理论的发展。希克斯的研究和分析方法对其理论的形成与发展的重要作用,表现在这样一些方面:(1)其研究和分析方法已经成为其经济理论和思想的有机组成部分。(2)其研究方法在一定意义上决定了他的理论发展方向。(3)其研究方法在某种程度上反映和表达了希克斯经济思想的某种辩证观和发展观。这既是其经济理论中某些深刻性和独到见解的表现,也是形成其理论强烈个性及独特性的一些原因。(4)其研究方法是综合运用的,宏观和微观问题紧密结合在一起的。

希克斯经济研究方法的优点是其整体的综合性、辩证性和具体运用的精巧性。其缺点在于:(1)其辩证观点仍有很大局限性,这极大地妨碍了他理论的更好发展。(2)其历史分析的局限性,使之忽视了一些更广阔的社会现实经济、制度条件的历史发展。(3)他对别人研究方法的借鉴更多是向后看,而不是向前看。这使得他较多注意对自己以往成果的修正、补充,而较少注意当前理论研究的新热点和新方法。(4)他在经济学分析中,始终从资本主义经济中实际经营者的眼光和立场去看问题,因而过分注重成本与盈利的分析,过分注重人与物的关系的分析,而忽略了人与人之间关系的分析。这个致命的弱点和缺陷,也许正是希克斯研究方法的根本性缺陷。

当然,在西方经济学家中,尽管希克斯的研究方法并非最好,而且有着上述缺点和局限性,但其仍有着值得肯定的独到之处,其不拘一格、兼收并蓄,但又保持自己独立性的原则和特性,对西方经济学界都有着较大的影响。

---

[1] J.C.伍德和R.N.伍兹合编:《约翰·R.希克斯爵士评论集》第2卷英文版,罗特里奇公司1989年版,第229页。

3. 关于希克斯的资本理论的评价。

尽管希克斯为资本理论写作了著名的"三部曲"以及其他一些著作,但其资本理论本身在西方经济学界所产生的影响,似乎没有动态一般均衡理论的影响大,不过仍然在引进新奥地利学派分析方法和推进对经济增长的分析方面产生了一定的反响。

E.马林沃德曾经从经济增长角度对希克斯关于资本理论的三本书进行了分析和评价。他认为,希克斯的"横向过渡是对稳定状态之外经济增长的一种方便的简短表达"①。M.阿曼多拉则认为,"即使从粗略和有限的方面看,'横向过渡'分析也是至今最纯粹的动态分析方法之一,特别是它为处理创新过程提供了最适当的理论结构,通过它,技术进步展现了其真正的动态性质"②。这"是在更好地理解经济变化过程的道路上迈出的逻辑上成功的步骤"③。

我们说,希克斯的资本理论是其全部经济思想中不可分割的部分。资本理论涉及范围极其广泛,研究难度相当大。希克斯是把一般均衡理论与资本理论结合研究的。其成功反映在人们对其一般均衡分析方法的极高赞誉,但也在一定程度上掩盖了他从资本理论角度所取得的成就。希克斯资本理论影响相对逊色的原因还表现在:(1)当代西方经济学对资本理论已不像以前那样重视,特别是第二次世界大战以后,由于经济增长理论、发展经济学、计量经济学、货币金融理论,还有凯恩斯主义宏观经济学的发展,旧传统的资本理论已被分别纳入上述各种理论中,沿旧传统以资本理论为专门对象的研究已经不多。这自然使得大多数西方经济学家难以对深受奥地利学派传统影响的希克斯的资本理论表现出很大的兴趣和注意。(2)希克斯的资本理论本身并未提出多少独立的有影响的内容,因而,人们对它也较少留下深刻的印象。

不过,希克斯的资本理论中,仍然不乏有影响力的见解。其"横向过渡"理论和"冲击"理论对于通向实际的生产的动态分析是有重要启发意义的。他对于科技创新和技术进步作为资本变动最积极和最主动的因素,作为经济增长源泉的观点,显然是正确的。他关于资产选择的理论、资源与要素的替代问题、技术创新及其"冲击"和影响经济的过程等诸多方面的探索,都给

---

① J.C.伍德和 R.N.伍兹合编:《约翰·R.希克斯爵士评论集》第 4 卷英文版,罗特里奇公司 1989 年版,第 274 页。
② 同上书,第 18 页。
③ 同上。

人耳目一新之感,也成为日后人们在实际经济活动中所关心的问题。

对于希克斯的资本理论,需要从广泛的角度,把各方面加以综合,才可能得出比较正确的结论。只就资本问题本身,是难以给出公正评价的。

4. 关于希克斯的货币理论,西方经济学界同样给予了很高的评价。

克里斯多弗·布利斯说:"希克斯从未远离货币理论。《货币理论评论集》(1967)表明他早期货币经济学著作之丰厚,而第二卷论文集中的19篇文章则对其后期著作作了很好的说明。可以大胆地说,即便除货币经济学著作之外,希克斯什么都没写的话,他也是一位重要的经济学家。事实上,他写的货币经济学著作就像他本人一样涉猎广泛。希克斯总是把货币理论置于均衡理论的中心位置。这是他第一篇关于货币问题的论文《关于简化货币理论的建议》(1935)中的明确思想,也是贯穿于他全部后来著作中的主题。"①

W.J.鲍莫尔高度重视希克斯把货币需求同资产选择系列相联系的方法。他说:"这种方法产生两个基本问题:第一,它需要解释人们愿意完全持有货币的原因;第二,它需要分析资产在证券中的适当结合。这两个问题近十年来被详细地讨论着,而复杂的有价证券分析体系则是直接由希克斯分析的线索产生的。"② 现金持有理论"这种观点后来被其他经济学家用作对现金需求的存货理论模型的基础"③。鲍莫尔还提到,"希克斯的有价证券理论方法后来在托宾、马科维茨和希克斯自己以及其他经济学家的著作中得到发展。理论基础是风险和收益的比较。这提供了一种方便实用的公式"④,而"在利率结构理论方面要提到希克斯—卢茨模型。它解释了短期利率"。⑤

布赖恩·摩根认为,希克斯的《关于简化货币理论的建议》(1935)中,有几个特点表明了希克斯的创新性。第一,是"通过把边际效用或价值理论应用于在边界上的货币和债券之间的选择上来洞察货币理论"⑥。第二,"特别

---

① 约翰·伊特韦尔、默里·米尔盖特和彼得·纽曼合编:《新帕尔格雷夫经济学大辞典》英文版,伦敦:麦克米伦公司1987年版,第664页。
② J.C.伍德和R.N.伍兹合编:《约翰·R.希克斯爵士评论集》第2卷英文版,罗特里奇公司1989年版,第196页。
③ 同上。
④ 同上。
⑤ 同上书,第197页。
⑥ J.R.沙克尔顿、G.洛克斯利编著:《当代十二位经济学家》,陶海粟、潘慕平等译,商务印书馆1992年版,第125页。

是他通过阐明由于交易而产生的现金需求和由于躲避风险而产生的现金需求,并确立了永久性收入或财富对货币需求限制的概念,从而在实际上为研究货币需求的一系列理论方法奠定了基础"①。第三,"这篇论文中的另一个新颖的地方是对有关的预算限制问题的论证"②。布赖恩·摩根还说:"很明显,希克斯对货币理论的核心问题的这一透彻分析预示着鲍莫尔(1952)、托宾(1958)和弗里德曼(1956)各自著作的产生[尽管这些著作中没有一个人明确地提到希克斯(1935)——这大概是因为在50年代,希克斯的著作没有得到广泛的阅读或介绍]。"③此外,布赖恩·摩根也提到希克斯以IS—LM体系同时决定收入和利率的方法的新颖性。

对于希克斯后来的货币理论,鲍里斯·P.佩塞克特别推崇《货币理论评论集》。他认为,"这本书是对货币理论的一个重要贡献",④而其中"前80页则是关键性的贡献"。⑤他认为,"希克斯提出并解答了对于当前货币理论和研究绝对是最基本的重要问题:'是什么把作为价值贮藏的货币和不是货币的其他资产相区分呢?'"⑥他还指出:"希克斯反对了从前经济学家们对于实际余额的偏见,即如果价格变动被预见到,它们就是非决定性的,因而不能作为一种有用的分析工具。但是,这种偏见仍然在我们的理论中产生着许多危害,尤其是银行理论中。"⑦

哈姆达认为,希克斯战后的货币理论更注重时间因素,注重货币理论同实际问题的联系。"他避免了其货币理论宏观和微观方面的两分局面。他抛弃了货币理论中的均衡和静态方法。他强调,货币理论应当解决实际和当前的问题。他为货币分析提供了一种动态分析的方法(在描述方法中)。在他的分析中,考虑了制度的、历史的和经济的方面。他比从前更强调时间因素。时间介入了各个方面。首先,在过去和未来之间形成一种差异:一方面,过去意味着希克斯考虑了金融系统的历史发展和经济的以及制度上事物过去的发展。另一方面,看到了不知道的未来,他证明了包含在事前计划

---

① J.R.沙克尔顿、G.洛克斯利编著:《当代十二位经济学家》,陶海粟、潘慕平等译,商务印书馆1992年版,第126页。
② 同上。
③ 同上。
④ J.C.伍德和R.N.伍兹合编:《约翰·R.希克斯爵士评论集》第2卷英文版,罗特里奇公司1989年版,第75页。
⑤ 同上。
⑥ 同上书,第78页。
⑦ 同上书,第76页。

中的不确定性观点和附属于制定决策的风险概念。这里,他认为客观和主观因素都必须加以考虑。其次,存在着时间长度的问题。货币被借贷的条件取决于双方认可的时间长度。最后,经济系统发生结构变化要有起码的时间。经济结构和金融体系是依完全不同于以往的形势下,发生着变化。处理当前和实际问题时,货币理论必须考虑这些变化。正是这些对时间的考虑,使希克斯的理论,不同于他的纯经济理论分析。"[1]

对于希克斯的《凯恩斯经济学的危机》一书的货币理论,哈姆达认为,这是希克斯把纯经济理论同货币理论分开对待的一部代表性著作。布赖恩·摩根则赞赏其中对弹性价格市场和固定价格市场的区分。劳伦斯·R.克莱因则认为,"希克斯爵士整个战后时期著作中表达的许多观点都在这一讲(即"工资和通货膨胀"部分——引者注)中得到了反映。它们达到了现有著作中一贯发展的较高阶段"。"他提出了关于通货膨胀的起源和危害性的许多深刻而富有挑战性的思想,但是我无法找到一种权威性的政策处方,也无法同他的分析展开争论。""无论如何,对理解现实形势至关重要的劳动市场分析和价格决定模型的观点已为世人所知,它把人们思想的基点转向进一步按这种方式去研究问题。"[2]

总的说来,西方经济学界对于希克斯的货币理论相当重视,并给予了相当高的评价。当然,对于希克斯70年代以后的有关著作,有一定程度的忽视。究其原因,恐怕是当时西方国家无法克服经济滞胀问题,而希克斯后期的有关著作也仅仅作了理论分析,并没有提出真正有效的解决办法。

我们说,希克斯的货币理论著述丰富,提出了很多新颖而具有独特启发的观点和方法,对西方货币金融理论的发展起到了一定的推动作用。但是,他的理论优点只是相对而言的,其缺点也是同时存在的,最重要的就是其理论的开拓性并未直接产生现实的有效政策结论,以至于人们对其"纯理论"的兴趣有所减退。当然,全面地加以衡量的话,应该说,希克斯对西方货币金融理论发展的贡献还是主要的。

5. 关于希克斯的经济周期理论,西方经济学家认为它是相当成功的,是现代经济周期理论的代表作之一。

美国经济学家夏皮罗曾说:"在这一方面和那一方面提出批评的经济学

---

[1] J.C.伍德和R.N.伍兹合编:《约翰·R.希克斯爵士评论集》第4卷英文版,罗特里奇公司1989年版,第159—160页。
[2] 劳伦斯·R.克莱因:《对〈凯恩斯经济学的危机〉的书评》,载《挑战》杂志,1975年11—12月号,第66页。

家,都高度评价了希克斯的工作。例如卡尔多提到:在希克斯的理论中有'许多卓越和独创的分析',杜森贝利则把希克斯的理论描述为'天才的工作'和'近年来出现的第一个有条理的周期理论'。"① 诺克斯称希克斯的经济周期理论一书是"一部篇幅不长,但最容易读的书。它提供了使人高度兴奋的经济周期理论"②。阿恩德特称赞希克斯为现代经济周期理论"作了一个漂亮的开头","这本书包含了我们期待于作者的全部说明技巧、洞察力和优雅"③,这种理论把人们带到从长期观点综合经济周期理论和经济发展理论的道路上。④

西方权威的经济周期理论家哈伯勒认为,"以凯恩斯理论为依据的现代经济周期理论,到目前为止写得最好的是希克斯的简短著作《对经济周期论的贡献》。自从《通论》问世以来,关于经济学的著作,再没有像希克斯这部书获得那样热烈的反应的"⑤。"他的独到之处主要是在于说理清楚,善于把已知的一些定理在一个有机体内结合起来,其次是在于凭了新的分析工具丰富了他的理论内容。我们认为在许多同类理论中,希克斯的理论是说理最精当的一个范例。"⑥

夏皮罗甚至在希克斯的经济周期理论提出25年之后还说:"尽管这个模型已经有大约25年的历史,尽管25年来对经济周期进行了其他许多研究,但是在某种意义上说,希克斯的模型保留了经济周期理论的权威性的语言。"⑦

当然,西方经济学家也对希克斯这一理论提出过批评。批评意见主要在于:(1) 希克斯的乘数—加速数的经济周期理论只强调技术和实务方面,显然是不够的,是对解释现实的过分简化;(2) 乘数—加速数原理的适应性和限制条件使之极具特殊性,而无法说明更一般的情况;(3) 关于自发投资增长率不变的假定值得怀疑,而且希克斯没有详细探讨其性质以及它背后的东西;(4) 希克斯对于投资的划分只具有理论的意义,而在实际上是无法

---

① E.夏皮罗:《宏观经济分析》,杨德民等译,中国社会科学出版社1985年版,第543页。
② J.C.伍德和 R.N.伍兹合编:《约翰·R.希克斯爵士评论集》第1卷英文版,罗特里奇公司1989年版,第123页。
③ 同上书,第132页。
④ 同上书,第141页。
⑤ 哈伯勒:《繁荣与萧条》,朱应庚、王锟、袁续藩译,商务印书馆1963年版,第515页。
⑥ 同上书,第515—516页。
⑦ E.夏皮罗:《宏观经济分析》,杨德民等译,第543页。

分清和加以衡量的;(5)缺乏对其他一些必要因素的分析。

我们说,希克斯的经济周期理论代表了经济周期理论发展史上的当时的最新趋势。他的著作有点"集大成"的综合意味,因而奠定了当代资产阶级经济周期理论中公认的"经典"表述。此外,它也是现代增长周期理论的前驱,是对凯恩斯的经济动态和周期思想的一种独特的扩展和补充。同时,他的周期理论也是一种承前启后的理论,为其后有关理论的进一步研究和发展,提供了重要的基础和出发点。

但是,毋庸讳言,希克斯的经济周期理论也有很大的缺陷和错误。这主要是,他没有找到经济周期的根本原因,没有找到私有制下市场经济中造成经济周期性波动的基本矛盾和机制。同时,他把经济周期波动的具体原因和机制的分析又归结为简单的因素。这样,其理论就必然产生不能真正说明有关的实际问题。

6. 关于希克斯的经济增长理论。

希克斯的经济增长理论,特别是其晚年的观点在西方经济学界并未引起很多注意,究其原因,可能有如下三方面的因素:(1)他的经济增长理论在内容上和资本理论密切相连,有时完全浑然一体,不易区分,这也许会造成人们对这一理论的忽略;(2)希克斯的经济增长理论在方法上往往被人们作为其动态均衡的发展,而没有从增长方面加以注意;(3)希克斯的经济增长理论几乎延续了近半个世纪之久,其间不时插入别的研究课题,这就削弱了他这一理论的连续性。此外,当经济增长理论在西方经济学界成为"热点"的年代,希克斯没有投入主要的精力,而当他重新深入研究这方面问题时,"热点"已经降温,而且一些在他之前的增长理论和模型,早已先声夺人地占领了理论"市场"。

尽管如此,还是有人对于希克斯的经济增长理论给予了特殊的注意。布赖恩·摩根认为,希克斯早期关于替代弹性的概念及分析、晚年关于"冲击"和"横向过渡"的增长理论都是对经济增长领域的重要贡献。他对于希克斯对技术进步的分析表示了特殊的兴趣,并注意到希克斯的"冲击"分析对非均衡增长理论研究的重要意义。摩根认为,希克斯的经济思想很深刻,人们很难立即领会其真正含义。他说:"我认为可以肯定的是对大部分经济学家来说要想在三四十年的时间内完全理解希克斯早期著作的意义几乎是不可能的。我斗胆猜测,大约在10年以后,老年希克斯的大部分著作将同样被认为是具有许多中肯的见识的(假设专业的学习曲线变得更陡了)。"①

瑞德和沃尔夫也在《社会科学国际百科全书》中对希克斯的有关理论加以肯定。他们认为,除去早期著作之外,"《资本与时间》更深刻的目的在于要提供一种关于发明创新的效应的理论。这一理论在希克斯的《经济史理论》(1969)中已含蓄涉及,而在希克斯1972年发表的诺贝尔奖获奖演说中又以'冲击'的形式再次讨论了它"②。

此外,另外一些经济学家也不同程度地注意到了希克斯经济增长理论中的独特之处。

我们说,希克斯经济增长理论的最大特点是,在该理论的发展过程中,以经济的现实情况为依据,不断向现实靠拢,力求说明经济增长的实际过程和变动。这一特点也反映在他愿意从多种角度和多种方法去探讨经济增长问题,也愿意博采众长为其所用,综合性地吸取和借用各种派别的理论模型和方法。

从成就上说,希克斯增长理论中,早期提出的若干概念、方法和观点,已被直接吸收到其他经济学家的增长理论之中。其晚年的经济增长理论以技术变动为核心,探讨"创新冲击"所导致的经济增长状态的短期变化和长期增长的动力。这对于西方经济增长理论是一种不同角度的补充和发展。

希克斯经济增长理论的缺陷和弱点在于,他沿用了一些流行的模型分析方法,对经济增长的变动作了许多假设性限制,这就使其分析具有了较大的局限性。

7. 希克斯关于经济史的理论,在西方经济学的有关领域中也是独具特色的。其《经济史理论》一出版,就引起了广泛的关注和评论,一时成为热门话题。

英国经济学家马克·布劳格说:"《经济史理论》显示了希克斯在对几个世纪的历史发展做出总的判断方面的惊人才华。"③ 威廉·鲍莫尔说:"不论如何,我认为,作为一种见解和一种在整体上观察事实的新方法,大多数读者将同意把希克斯的历史观看作为一部最重要的著作。"④ 布莱恩·摩根认

---

① J.R.沙克尔顿、G.洛克斯利编著:《当代十二位经济学家》,陶海粟、潘慕平等译,商务印书馆1992年版,第148页。
② J.C.伍德和R.N.伍兹合编:《约翰·R.希克斯爵士评论集》第3卷英文版,罗特里奇公司1989年版,第220页。
③ 马·布劳格:《现代百名著名经济学家》,毕吉耀译,北京大学出版社1990年版,第104页。
④ J.C.伍德和R.N.伍兹合编:《约翰·R.希克斯爵士评论集》第2卷英文版,罗特里奇公司1989年版,第209页。

为,《经济史理论》提出的市场结构分析,特别是对历史进程的强调,是老年希克斯对经济学的最后贡献的基础。① 克里斯托弗·布利斯甚至说:"即便《经济史理论》受到了批评,那它得到的也是充满敬意的评论。"②

批评意见主要是认为:(1)希克斯的经济史理论中强调了经济理论,却缺少历史史料所表明的经济史;(2)片面夸大了商人和城邦的作用与意义;(3)把城邦国家的移居和开拓新城邦等同于所有的殖民地开发是错误的;(4)他关于商业发展与文艺的关系的观点是错误的;(5)模型太简单;(6)还有一些其他错误。

而赞同意见则认为:(1)希克斯的研究方法及观点都是深刻有力的。"希克斯体系的一个最重要的优势是,它可以容纳某些我们熟悉的模型所不能容纳的经济衰退现象。"③ (2)把商业经济和市场产生及演进作为经济史的主线,认为现代重新回到指令和岁入经济的看法都很有意义。(3)以市场经济转变对政治中心的影响的变动为重要内容,是很新颖的。(4)重新解释了亚当·斯密关于分工和专门化的含义,很有见地。(5)以经济增长模型的要素在不同情况下被打断来说明经济史,可能更为现实。(6)认为希克斯关于财政和货币的弱点的分析"是一种最有启发作用的贡献"。④

格申克龙教授说:"如果思想财富和挑战性与刺激性的解释可以转换为以磅和盎司计量的话,那么这本小书(指《经济史理论》——引者)表示出的重量刻度将比许多大部头著作要多得多。"⑤

我们说,希克斯的经济史理论对西方经济学的贡献和作用在于,它继续和发展了熊彼特所倡导的经济理论、经济史和统计相结合的经济学研究方法。它为西方经济理论中注入了应有的历史观和历史动态的方法,倡导了理论与历史相统一的原则。这使西方经济学中原有的这一认识和方法得到了加强。此外,他从商业专门化和市场发展史来看经济史的观点,是十分新颖独特而又有价值的观点。这对于西方经济史学界也是一种冲击,甚至成为对当时新兴起的"新经济史学"的一种呼应。

---

① 参阅 J.R.沙克尔顿、G.洛克斯利编著:《当代十二位经济学家》,陶海粟、潘慕平等译,商务印书馆1992年版,第129页。
② 约翰·伊特韦尔、默里·米尔盖特和彼得·纽曼合编:《新帕尔格雷夫经济学大辞典》,伦敦:麦克米伦公司1987年版,第645页。
③ J.C.伍德和 R.N.伍兹合编:《约翰·R.希克斯爵士评论集》第2卷英文版,罗特里奇公司1989年版,第150页。
④ 同上书,第178页。
⑤ 同上书,第174页。

当然，我们应该指出，希克斯这一成就的取得，与他在一定程度上在某些方面对马克思唯物史观的借鉴有着密切的关系。

由于经济史理论是经济理论与经济史相结合的一种大胆尝试，所以，对于专门的经济学家和经济史学家来说，都感到了评价该书的难度。这也是希克斯的经济史理论所引起的公开评论远少于其作用和影响的重要原因。

8. 关于希克斯对凯恩斯经济学的阐释、修改和补充，在西方经济学界也是基本得到肯定的。他不是简单地接受或宣传凯恩斯的经济思想。他是抱着一位凯恩斯理论的研究者的观点，从经济现实出发去加以领悟的。当他的观点与凯恩斯的观点不谋而合时，他是凯恩斯理论的阐释者和宣传者。当他与凯恩斯观点不尽相同时，他又会按照自己的理解，对凯恩斯理论的错误和不足加以修改和补充。正是由于他的独立的立场，才真正对凯恩斯的理论起到了宣传、阐释和发展的作用。

可以毫不夸张地说，凯恩斯经济思想在战后西方国家的迅速普及和运用，与希克斯的作用密切相关。

但是，从根本上说来，希克斯以新古典的传统去"改造"凯恩斯的理论，为"新古典综合"理论的出现和发展奠定了条件。同时，他也把这两方面的局限性进行了"综合"。尽管他后来对此有所觉察，但仍然难以摆脱已经形成的局限性。

总之，由希克斯经济理论和观点的贡献不难看出，希克斯不愧为当代西方最有影响的经济学家之一。他经济理论研究的范围之广、论述之深刻、方法之灵活，都是当代西方经济学家中所少见的。

他对一般均衡理论和福利经济学的研究，为其赢得了诺贝尔经济学奖；他对凯恩斯理论的研究和发展，又使他成为了解凯恩斯理论不可或缺的人物；他对金融、货币、周期、市场、资本增长等的研究，也都独具特色，为西方经济学界所称道。

希克斯经济思想的最大特色在于不断综合各家之长，不断探索，发展创新。《新帕尔格雷夫经济学大辞典》中也说："希克斯生命中的每一个 10 年看上去似乎都比他过去的一个 10 年更富有折中和创新精神。"[①] 这一特点使其众多的理论探讨，都具有开创性、启迪性和独特性。特别在宏微观经济学的结合上是自成一家的。希克斯的经济理论已成为当代西方经济学的重要构成部分。

———————
① 见该辞典第 2 卷，经济科学出版社 1992 年版，第 691 页。

希克斯在西方经济学界被称为"方法的大师",其著作,有些被作为"经典"看待。但在看到希克斯经济思想诸多创见的同时,我们也应看到希克斯的理论中存在着某些缺陷和局限性。特别是,他未能彻底摆脱价值论中的主观色彩;未能更深入地分析商品生产者之间的生产关系及其他社会关系;未能更进一步分析经济发展进程中的真正动力和历史性原因。

英国经济学家布赖恩·摩根曾说:"希克斯的早期著作没有引起争论,是因为他的开创性努力几乎立刻被同行们接受了;但他的后期著作也没有引起什么争论,则主要是因为这些著作被人们忽视了。"我们说,希克斯后期著作未被人们重视的主要因素,就在于他的独立研究路线使其偏离了经济学的主流,偏离了理论界争论的热点问题。从这个意义上说,希克斯理论的独创性,既是其成功的因素,也是其受冷落的因素。不过,无论怎样,希克斯在西方经济学界作为最杰出的理论家的重要性和地位,是确定无疑的。

参 考 书 目

一、希克斯的主要著作

1. *The Theory of Wages*, London: Macmillan 1932.
   工资理论,伦敦:麦克米伦公司1932年版。

2. *Value and Capital*, Oxford: Clarendon Press 1939.
   价值与资本,牛津:克莱伦登出版社1939年版。
   (中文译者:薛蕃康,商务印书馆1962年版)

3. *The Social Framework*, Oxford: Clarendon Press 1942.
   社会结构,牛津:克莱伦登出版社1942年版。

4. *A Contribution to the Theory of the Trade Cycle*, Oxford: Clarendon Press 1950.
   对经济周期理论的贡献,牛津:克莱伦登出版社1950年版。

5. *A Revision of Demand Theory*, Oxford:: Clarendon Press 1956.
   需求理论的修正,牛津:克莱伦登出版社1956年版。

6. *Essays in World Economics*, Oxford: Clarendon Press 1959.
   世界经济学论文集,牛津:克莱伦登出版社1959年版。

7. *Capital and Growth*, Oxford: Clarendon Press 1965.
   资本与增长,牛津:克莱伦登出版社1965年版。

8. *Critical Essays in Monetary Theory*, Oxford: Clarendon Press 1967.
   货币理论评论集,牛津:克莱伦登出版社1967年版。

9. *A Theory of Economic History*, Oxford: Clarendon Press 1969.
   经济史理论:牛津:克莱伦登出版社1969年版。

(中文译者:厉以平,商务印书馆 1987 年版)
10. *Capital and Time*, Oxford: Clarendon Press 1973.
资本与时间,牛津:克莱伦登出版社 1973 年版。
11. *The Crisis in Keynesian Economics*, Basil Blackwell 1974.
凯恩斯经济学的危机,巴希尔·布莱克韦尔公司 1974 年版。
(中文译者:杨志信,商务印书馆 1979 年版)
12. *Economic Perspectives*, Oxford: Clarendon Press 1977.
经济学展望:牛津:克莱伦登出版社 1977 年版。
(中文译者:余皖奇,商务印书馆 1986 年版)
13. *Causality in Economics*, Basil Blackwell 1979.
经济学的因果关系,巴希尔·布莱克韦尔公司 1979 年版。
14. *Methods of Dynamic Economics*, Oxford: Clarendon Press 1985.
动态经济学的方法,牛津:克莱伦登出版社 1985 年版。
15. *Market Theory of Money*, Oxford: Clarendon Press 1989.
货币的市场理论,牛津:克莱伦登出版社 1989 年版。
16. Wealth and Welfare, Vol.1 of *Collected Essays on Economic Theory*, Basil Blackwell 1981.
财富和福利,经济理论论文集第一卷,巴希尔·布莱克韦尔公司 1981 年版。
17. Money, Interest and Wages, Vol.2 of *Collected Essays on Economic Theory*, Basil Blackwell 1982.
货币、利息和工资,经济理论论文集第二卷,巴希尔·布莱克韦尔公司 1982 年版。
18. Classics and Moderns, Vol.3 of *Collected Essays on Economic Theory*, Basil Blackwell 1983.
古典和当代,经济理论论文集第三卷,巴希尔·布莱克韦尔公司 1983 年版。
19. *The Status of Economics*, Oxford: Basil Blackwell 1991.
经济学的地位,牛津:巴希尔·布莱克韦尔公司 1991 年版。
20. The assumption of constant return to scale, *Cambridge Journal of Economics*, March, 1989, pp.9—17.
"规模收益不变的假定",载《剑桥经济学杂志》1989 年三月号,第 9—17 页。
21. The unification of macro-economics, *Economic Journal*, June 1990, pp.528—538.
"宏观经济学的一致",载《经济学杂志》1990 年 6 月号,第 528—538 页。

二、其他著作

1. *Sir John R. Hicks Critical Assessment* Vol.1—4., Edited by John Cunningham Wood and Ronald N. Woods. Routledge, 1989.
约翰·坎宁汉·伍德和罗纳德·N.伍兹合编:"约翰·R.希克斯爵士评论集",第 1—4

卷,罗特里奇公司 1989 年版。

2. *Value, Capital, and Growth*, Papers in Honour of Sir John R. Hicks. Edited by J. N. Wolfe. Edinburgh University Press, 1968; Chicago: Aldine Press, 1968.
J.N.沃尔夫编:"价值、资本和增长—约翰·R.希克斯纪念文集"。爱丁堡大学出版社 1968 年版;芝加哥:艾尔代因出版社 1968 年版。

3. *John R. Hicks, The Economist's Economist*, by O.F. Hamouda, Blackwell, 1993.
O.F.哈姆达:"约翰·R.希克斯—经济学家们的经济学家",布莱克韦尔公司 1993 年版。

4. *The Legacy of Hicks, His Contributions to Economic Analysis*, Edited by Harald Hagemann & O.F. Hamouda, Routledge, 1994.
哈洛德·哈格曼和 O.F.哈姆达合编:"希克斯的遗产—他对经济分析的贡献",罗特里奇公司 1994 年版。

5. *The Economics of John Hicks*, Edited by Dieter Helm, Oxford: Basil Blackwell, 1984.
戴维·海尔姆编:"约翰·希克斯的经济学",牛津:巴希尔·布莱克韦尔公司 1984 年版。

6. *Economic Theory and Hicksian Themes*, Edited by David A. Collard et al., Oxford: Clarendon Press, 1984.
戴维·A.柯拉德等人编著:"经济理论和希克斯的主题",牛津:克莱伦登出版社 1984 年版。

7. Mark Blaug: *Economic Theories, True or False?* Edward Elgar Publishing Limited, 1990.
马克·布劳格:"经济理论,正确还是错误?",爱德华·艾尔加出版公司 1990 年版。

8. William Baumol: John R. Hicks' Contribution to Economics, *Swedish Journal of Economics* 74(1972): 503—527.
威廉·鲍莫尔:"约翰·R.希克斯对经济学的贡献",载《瑞典经济学杂志》1972 年,总第 74 期。

9. *The New Palgrave: A Dictionary of Economics*, Edited by John Eatwell, Murray Milgate, Peter Newman, London: Macmillan, 1987.
约翰·伊特韦尔、默里·米尔盖特和彼得·纽曼合编:《新帕尔格雷夫经济学大辞典》,伦敦:麦克米伦公司 1987 年版。
(中文版:经济科学出版社组译及出版 1992 年版)

10. 王志伟:《诺贝尔经济学奖获得者希克斯经济思想研究》,北京大学出版社 1996 年版。

11. 王宏昌、林少宫编译:《诺贝尔经济学奖金获得者讲演集》(增订本)(1969—1986),中国社会科学出版社 1988 年版。

12. 香玲、陈勇编译:《诺贝尔经济学奖获得者传记辞典》,中国财政经济出版社 1991 年版。

13. 马克·布劳格:《现代百名著名经济学家》,北京大学出版社 1990 年版。(中文译者:毕吉耀)
14. 《经济学动态》编辑部:《当代外国著名经济学家》,中国社会科学出版社 1984 年版。
15. 《世界经济》编辑部:《荣获诺贝尔奖经济学家》,四川人民出版社 1985 年版。
16. 侯立朝:《诺贝尔奖经济学家》,台湾枫城出版社 1979 年版。
17. 胡尔钟:《希克斯的经济学说》,经济科学出版社 1988 年版。

20 世纪西方宏观经济学的发展演变论要*

一、20 世纪西方宏观经济学发展演变的概况

在刚刚过去的 20 世纪里,宏观经济学取得了远较过去任何历史时期都要大的进展。20 世纪也是西方经济学发生重大变化的时期。这一时期里,西方经济学的发展演变更多地,或者说主要表现在宏观经济学的发展演变方面。当回顾 20 世纪西方经济学的发展和演变,特别是回顾这一世纪西方宏观经济学的发展和演变时,我们完全可以说,关于国家干预主义和经济自由主义的斗争与争论仍然是观察的主要线索之一。

依据这一线索,我们可以把 20 世纪的西方宏观经济学的发展和演变大致上划分为五个阶段。这就是:(1) 20 世纪 30 年代之前的新古典经济学的自由放任主义时期。(2) 30 年代中期到 40 年代中期第二次世界大战结束的凯恩斯主义产生与现代宏观经济学形成时期。(3) 战后 40 年代中期到 60 年代末期的凯恩斯主义宏观经济学的兴盛时期,也是 20 世纪中国家干预主义最鼎盛的时期。(4) 70—80 年代的宏观经济学大论战时期,这也是凯恩斯主义宏观经济学开始衰落,新自由主义宏观经济学各学派兴起,国家干预主义流派和经济自由主义流派论战和对峙的时期。在该时期内,国家干预主义思想和有关各学派受到了严峻的挑战,而新自由主义各派则轮流登场,势头正盛。(5) 从 80 年代中期到 20 世纪结束,在各流派的论战和对峙中出现了"趋同"与"综合"的倾向,现代宏观经济学开始了重新整合的时期。该时期内,各种新的具体的经济理论开始萌生、发展,原有各派的理论和观点开始了"调整"与"重新站队"。

在 20 世纪西方宏观经济学发展变化的这五个阶段中,政府干预主义与经济自由主义之争这条主线,主要是通过凯恩斯主义宏观经济学与新古典主义宏观经济学这两大主流学派之间的争论和地位消长来体现的。其间,

---

* 原载于《福建论坛·人文社会科学版》2001 年第 4 期。

整个西方宏观经济学的主要倾向经历了两次大的转换,这就是:(1) 从经济自由主义倾向向国家干预主义的转换;(2) 从国家干预主义再向经济自由主义的转换。同时,西方宏观经济学也经历了两次"综合",即:"新古典综合"——"新古典综合派"对凯恩斯宏观经济学理论与新古典微观经济学理论进行的"综合",以及"'新'新古典综合"——"新凯恩斯主义经济学派"对凯恩斯主义经济学和新古典宏观经济学的"综合"。

在20世纪起初的前30多年时间里,是以马歇尔和庇古为主要代表的英国剑桥学派的经济理论体系和政策主张占上风的时期。这也就是凯恩斯的《通论》问世之前的所谓新古典经济学的自由放任主义时期。这一情况以20年代后期到30年代中期的经济大萧条为契机发生了逆转。在经济大萧条的严峻现实面前,新古典自由放任主义的经济学体系既无法解释实际经济现象,也提不出有效的应对之策,因而失去了人们的信任。这是西方宏观经济学发生第一次大逆转的根本原因。

在这次逆转中,以凯恩斯宏观经济学为代表的国家干预主义经济理论体系和政策主张应运而生,开始登上时代的舞台,并逐渐占据宏观经济学中的支配地位。尽管凯恩斯1936年出版的《就业、利息和货币通论》在后来被西方经济学界看作是现代西方宏观经济学的奠基之作和里程碑,但是,在30年代中期到40年代中期第二次世界大战结束这一段时间,它并没有得到真正普遍的传播与发展。其真正的蓬勃与兴盛是在40年代中期以后的事情。所以,这段时间只是以凯恩斯主义理论为代表的现代宏观经济学产生与初步形成时期。这也就是说,该阶段只是20世纪西方经济学中第一次理论倾向大转折的初期阶段。

40年代中期以后,直至60年代末期,是凯恩斯主义宏观经济学的兴盛时期,也是20世纪国家干预主义的宏观经济学最鼎盛的时期。在第二次世界大战以后西方资本主义经济的长期繁荣背景下,宏观经济学界已经几乎是凯恩斯主义经济学的一统天下。这一时期,凯恩斯主义经济学在美国得到了较大的发展和运用,同时其内容也得到了相应的扩充。

在20世纪70—80年代中期,西方宏观经济学又逐渐进入了另一次理论倾向的大逆转时期。这一时期也是宏观经济学的又一次理论和政策大论战时期。在这一时期,以凯恩斯主义宏观经济学为代表的国家干预主义经济学说在长期经济停滞与严重的通货膨胀同时并发的所谓"经济滞胀"面前,一筹莫展,苦无对策。而新自由主义宏观经济学各学派则在对凯恩斯主义宏观经济学发起责难和论战中逐渐兴起。尽管国家干预主义流派在该时期内与经济自由主义流派持续进行了论战和对峙,但其主导地位在并未完全失势的情况下,受到了挑战,开始衰落。轮流登场、势头正盛的新自由主义各经济学派则显得咄咄逼人。在这种情况下,西方宏观经济学在20世纪的第二次理论大转换出现了。

从80年代中期到20世纪结束,在各流派的论战和对峙中,一方面,在一定程度上实现了西方宏观经济学的第二次理论大转换,以凯恩斯主义为代表的国家干预主义学说让位于经济自由主义学说;另一方面,出现了以新古典宏观经济学和新凯恩斯主义经济学为主体的理论"趋同"与"综合"的倾向。凯恩斯主义的国家干预理论开始逐渐吸收一些新古典宏观经济学中相对合理的理论前提和观点;新古典宏观经济学也逐渐改变了自己的一些理论观点。可以说,在这一时期,现代西方宏观经济学开始了重新整合,各种新的具体的经济理论开始萌生、发展,原有各学派的经济理论和政策观点开始了"调整"与"重新站队"。

至此,现代西方宏观经济学在20世纪里大致上走过了一条"由合而分,再由分而合"的道路,也可以说是一条"否定之否定"的道路。不过,要想较好地认识和理解西方宏观经济学在整个20世纪里的发展变动趋势和它所走过的道路,从中了解20世纪西方宏观经济学的发展给21世纪的人们留下了什么样的遗产和有益的启示,还必须从导致西方宏观经济学变化的历史条件,以及各种理论对其所表现出的适应性加以研究,从中寻找原因。

二、20世纪西方宏观经济学发展演变中两大转换的内容及主要特点

现代西方宏观经济学在20世纪的发展,从基本倾向上来说,主要是围绕着国家干预政策的性质和程度展开的。主要的宏观经济学理论流派是凯恩斯主义经济学派和新自由主义经济学派。在方法论上,主要是总量分析、均衡分析、比较静态分析和模型分析,变化趋势是向总量与个量相结合、均衡与非均衡相结合、短期静态与长期静态相结合、静态与动态相结合方向发展。同时,模型化的研究方法、计量分析以及数学手段、电子计算机工具的运用,日益发展起来。研究方向上,基本分为向实用对策发展和向理论专业化发展两个方向,其中又以前者为主。在经济哲学的出发点上,主要是围绕对"经济人"理性假设的态度的变化。从忽视和否定"经济人"理性向重视和肯定这种理性转变。这方面直接关系到对国家干预能力和效果看法的

变化。

曾经作为现代西方宏观经济学正统的凯恩斯主义宏观经济学,其兴起和鼎盛的必然性,一如前述。这里要说明的是,凯恩斯本人的基本经济理想与战后兴盛起来的凯恩斯主义的经济思想之间的区别。诚然,凯恩斯本人和20世纪30年代的经济思潮,适应着当时西方国家经济现实的要求,从理论上批判和打破了新古典学派的一贯信条"萨伊定律",指出,市场供求自动均衡、储蓄和投资自动均衡以及弹性工资下劳动就业的自动均衡,统统都不可能实现。从大萧条的现实出发,凯恩斯提出了国家干预经济的一整套理论和政策。然而,凯恩斯的理论只考虑到短期,只考虑到大萧条的情况。他并没有使自己的理论长期化。但是,战后居支配地位的凯恩斯主义经济学,却有所不同。一方面,他们把凯恩斯学说强烈的短期针对性抛到脑后,力图将其普遍化、长期化和动态化;另一方面,它们从适应"混合经济"制度的立场出发,把被凯恩斯批判的新古典经济学理论重新纳入凯恩斯主义体系,作为其微观基础。这样,以"新古典综合派"面目出现的凯恩斯主义经济学,从其登上正统经济学的宝座开始,其理论体系内部,就种下了矛盾与不祥的种子。

由于这两种原因,"新古典综合派"在运用凯恩斯的理论和政策主张的同时,却忘记了凯恩斯理论赖以立足的20世纪30年代大萧条的具体事实。结果,在片面追求"充分就业"和经济增长的同时,造成了累积性通货膨胀的后果。"新古典综合派"的政策措施,正像菲利普斯曲线所表明的那样,想以温和的通货膨胀换取经济的"充分就业"和持续繁荣。客观上,它只是人为地通过积累矛盾的方式把经济周期缓和下来,而通货膨胀则以前所未有的速度迅速成长起来,最终造就了动摇其自身地位的历史条件。所以,造成凯恩斯主义经济学在20世纪70年代后发生危机和动摇的必然性,不仅存在于客观经济状况的变化之中,而且存在于其自身理论政策体系内部的矛盾和弱点中。有了这样的原因,再加上新自由主义各学派的攻击,其正统地位的动摇就是不可避免的了。

20世纪70年代之后变得咄咄逼人的新自由主义各经济流派有两个主要共同点:其一,以经济停滞和通货膨胀为突破口,向凯恩斯主义宏观经济学大兴讨伐;其二,主张减少国家干预,让市场机制充分发挥自动调节作用。但是,无论哪一派都没有主张绝对的自由放任。

1. 货币主义是新自由主义各派中最早向凯恩斯主义宏观经济学发难的,也是力量最强的一派。他们早就反对过多的国家干预,主张市场机制自动调节。但由于凯恩斯主义的正统地位和影响,只是到 20 世纪 70 年代经济形势发生了根本性变化时,它才得以脱颖而出。货币主义者以通货膨胀问题为突破口,对凯恩斯主义宏观经济学大加批判,认为凯恩斯主义过分的国家干预政策和短期行为造成了"经济滞胀"的恶果。他们反对相机抉择的原则和一系列有关政策工具,主张实行单一货币规则,达到经济长期稳定、控制通货膨胀的目的。

但是,货币主义者在其他方面并没有什么太多令人信服的东西。在实践上,他们还未能拿出有充分说服力的证据来证明其正确性。他们对凯恩斯主义的破坏性攻击是有力的,但建设性措施却是软弱的。况且,西方国家的经济在 20 世纪 50—60 年代的繁荣发展,在他们论战时,仍在一定程度上给人们存留着凯恩斯主义宏观经济学"成功"的印象。再说,以"新古典综合派"面目出现的凯恩斯主义,并非完全排斥经济中市场自动调节的功能。这一方面表现为以新古典一般均衡思想为基础的 IS—LM 分析模型对凯恩斯思想的高度概括;另一方面则表现为它对古典的经济自动调节、自动均衡思想的局部的、有条件的认可,甚至也在宏观经济政策中搞"经济自动稳定器"。这样,货币主义的观点尽管在实际上影响了所有的经济理论,但它也只能以反对派的面目,同凯恩斯主义在某些方面进行争论、对峙,而无法取代之,甚至还不能真正与其平起平坐。

2. 理性预期学派主要从"经济人"对国家干预政策会产生理性的预期,从而使宏观经济政策失效的角度,攻击凯恩斯主义。他们认为,实行充分的自由放任政策,可使"经济人"的理性行为导致良好的经济秩序,克服"经济滞胀"。这种观点在一定程度上客观地反映了经济决策和经济行为变动中预期的作用,从对策角度提出了政府的经济政策与个人对策之间的博弈和相互影响的问题。但理性预期学派主要是从通货膨胀的治理角度入手,来探讨预期对宏观经济政策效果的影响及客观经济政策选择。他们在批评凯恩斯主义国家干预政策的失败和关于菲利普斯曲线的信条的失效方面,的确取得了某种成功。但他们在理论和实践两方面,也存在弱点:在实践上,他们未能取得成功经验的有力支持;在理论上,又没能说明预期的形成机制。其模型虽然在理论上吸引人,预期因素也为人们所普遍首肯,但是,复杂的计算、过分的专业化,使人望而生畏。而且,在信息和知识等方面的限制下,人们的预期很难达到"理性"。这就使其适用范围变得狭小有限,而且不切实际。尤其市场出清和经济调节无时滞的假设,更是完全脱离实际的。

理性预期学派从一个人们忽略的角度发端,对凯恩斯主义展开攻击。

这是其受到人们重视的原因,也是其得以存在和发展的原因。但其理论本身的弱点和较少的实践可能性,必然使其难以取代凯恩斯主义的地位。

3. 供给学派站在凯恩斯主义的对立面,从供给角度,对凯恩斯发动攻击。他们公开主张"萨伊定律"的重要性,指责凯恩斯主义过分强调需求的决定作用,而忽略了供给,造成了严重的经济问题。应该说,供给学派指责凯恩斯主义把暂时性对策长期化,以及完全否认"萨伊定律"是有一定道理的。他们主张减税减支,增加社会供给,降低通货膨胀的观点,也有一定道理。但凯恩斯主义多年造成的问题积重难返,而且社会现实条件已不允许实行彻底的自由放任。因此,供给学派的主张缺乏现实的基础。同时,供给学派未能在理论上建立一套新颖的、有说服力的理论体系,也使之很难与凯恩斯主义相抗衡。

供给学派只是在凯恩斯主义地位动摇之时,借助于政要人物出于某种需要而产生的青睐而得势的。随着时间的推移和其他宏观经济学派力量对比的变化,它便较快地销声匿迹了。

20世纪80年代中期以后,西方宏观经济学的发展趋势是,在长期理论论战的基础上,寻求共识,互相渗透。这时,新凯恩斯主义经济学派和新古典宏观经济学派之间的相互交叉和借鉴已经成为现代西方宏观经济学发展趋势中的一大特点。这一特点同样是当前西方国家市场经济中垄断和竞争并存、矛盾与发展共生的要求和必然结果。从经济理论本身来说,资产阶级的个人主义和自由主义仍然是每个西方经济学理论流派的哲学出发点。亚当·斯密早已阐明的以个人利己主义为目的和动机、以利他主义为形式和手段的资产阶级经济自由主义,仍然有着广泛的社会基础和思想基础。但是,由于时代的发展,自由放任的经济政策已经不能完全保证经济总是能够自动地达到均衡与和谐。因此,凯恩斯主义的国家干预政策也有其存在的合理性。它也是达到普遍的经济利己主义的手段。宏观经济学本身研究的对象、范围和性质是社会经济的总量和总体上的问题。这必然与国家干预问题联系在一起,无论哪个流派在宏观经济学问题上都不能回避它。但是,当国家干预主义政策被推向极端,甚至对利己主义发生妨碍时,人们又会抛弃它。然而,客观条件又不允许彻底抛弃国家干预的手段。这样一来,在二者并存的基础上,将一定程度的自由放任同一定程度的国家干预结合起来,便成为20世纪80年代后期到90年代西方宏观经济学发展的趋势和特征。

20世纪90年代西方宏观经济学发展的事实表明,新凯恩斯主义宏观经济学已经在逐步吸收货币主义、理性预期和新自由主义经济学其他各派的一些有益的观点,也就是说,新凯恩斯主义宏观经济学在向新自由主义经济学的某些理论和观点"趋同"。而新自由主义经济学阵营中也逐渐产生了以理性预期学派为主,也吸收别的经济学派别观点的新古典宏观经济学派,这也是某种"趋同"。新凯恩斯主义宏观经济学派与新古典宏观经济学派之间尽管还存在着一些较大的分歧,比如市场是否出清的假设、工资和价格是否总是弹性的假定、市场是否为完全竞争的假定以及宏观经济政策是否必要和有效的看法等,但是,双方在重视微观基础方面的研究思路上,在研究的数理模型分析方法方面,甚至在某些重要的理论假定方面都出现了明显的"趋同"。

看来,20世纪90年代西方宏观经济学发展变化的这些情况将会延续到21世纪。总的说来,在外部形势方面,西方宏观经济学今后将面临着世界经济一体化的发展趋势。商品、资本和劳务的国际流动将成为经济研究的前沿性问题与核心问题。日益增加的资源和环境压力则会成为经济和社会发展的另一个历史趋势。

在经济理论方面,具体而言,90年代西方宏观经济学的发展也表明,在需求理论方面甚为兴盛的对单个厂商理论的研究、对公司策略的研究,已经逐渐作为微观基础渗入了宏观经济学领域。此外,理性问题似乎已被作为经济学的基石,对宏观经济学产生了改造性的影响。它"也许具有最深远的意义,对这项空白的填补将极大地改变经济学的特征"。在供给理论方面,非线性分析方法也许将更好地描述和模拟现实的经济运动。"这种新的教学研究方法可能极大地推动经济学的发展"。博弈论、计算机技术和方法在宏观经济学中的运用,也将对宏观经济学产生极大的影响。新的经济增长理论将进一步发展,技术进步因素将进一步受到重视。也许在这些条件下,宏观经济学会进一步完善化和"精密化"。当然,经济学中的行为研究和制度研究,也可能成为21世纪宏观经济学研究的新热点。

三、20世纪西方宏观经济学的进展、共识与争议

现代西方宏观经济学在20世纪中的发展,不仅依托于现实和历史条件的变化,而且借助于不同派别的经济学家之间的争论。正是这种经济理论和政策的争论,影响了宏观经济学的教学方式,影响了宏观经济学研究的历史和方法论,而且揭示了诸多富有启发意义的观点。细究起来,现代西方宏观经济学在20世纪中的发展,主要是借助于四次"革命"的推动实现两大转

换和理论深化的。这四次"革命"就是：(1)"凯恩斯革命"；(2)"斯拉法革命"；(3)"货币主义革命"；(4)"理性预期革命"。由于我们对"凯恩斯革命"已经十分熟悉，故毋庸赘述。

"斯拉法革命"是指1960年英国剑桥大学的经济学家皮罗·斯拉法出版的《用商品生产商品》的小册子在经济学界所引起的强烈震动。该书主要探讨商品生产和商品的生产价格决定理论。这对于马歇尔以后，甚至于"凯恩斯革命"以后，西方经济学中基本不再涉及价值的倾向，是一种冲击。英国新剑桥学派对它评价很高，认为这为凯恩斯主义的发展和巩固奠定了微观的理论基础。他们打算在此基础上，对美国的凯恩斯主义进行"第二次凯恩斯革命"。

"斯拉法革命"一方面否定和反对了新古典经济学的边际效用价值论，主张回到李嘉图传统，提倡向劳动价值论方向发展，另一方面被认为是解决了马克思所没有解决的价值向价格转化的问题，甚至有人认为斯拉法的理论可以替代马克思的劳动价值论。

"货币主义革命"是指以美国经济学家米尔顿·弗里德曼提出的与凯恩斯主义宏观经济学相对立的一套学说。其核心是，在承认市场自动调节机制充分有效的前提下，强调了货币在经济生活中的至关重要性，指出货币是支配产量、就业和物价变动的惟一重要因素。他以通货膨胀问题为突破口，极力反对凯恩斯主义宏观经济学所主张的国家干预经济的政策倾向和主张，提倡在单一、规则、稳定的货币政策下，基本恢复自由放任的经济秩序。

弗里德曼被许多西方著名经济学家推崇为凯恩斯之后20世纪西方"最伟大的"、影响了整整一代人的经济学家。弗里德曼的许多观点和主张被后来的西方宏观经济学所吸收和运用。凯恩斯主义宏观经济学主流统治地位在20世纪的逆转，从对立立场方面来说，首先就是由弗里德曼发起和推动的。也可以说，是"货币主义革命"对凯恩斯主义经济学的国家干预主义倾向进行了首次撼动。

"理性预期革命"主要是罗伯特·卢卡斯、托马斯·萨金特、尼尔·华莱士和罗伯特·巴罗等美国经济学家，在20世纪70到80年代发动的。他们从凯恩斯主义宏观经济学的微观基础方面对国家干预主义经济思想和政策主张进行了批评。他们强调人们的理性行为将会抵消政府宏观经济政策的作用和效果，从而强调采用自由放任的经济政策，让市场机制自动发挥调节作用。"理性预期革命"对于20世纪90年代发生的西方宏观经济学分析方法的"微观化"、数学化，对于宏观经济学重视理性和预期因素都起到了重要的作用。此外,"理性预期革命"对于西方宏观经济学两大主流倾向和流派的"趋同",显然也发挥了重要的影响作用。

综观20世纪西方宏观经济学的发展,我们可以发现:现代西方宏观经济学的研究重点曾经先后发生过七个方面的转变:(1)从经济增长转向经济稳定,再由经济稳定转向经济增长;(2)由长期分析转向短期分析,再由短期分析转向长期分析;(3)由"两分法"转向"一体论",再由"一体论"转向"两分法";(4)由强调供给转向强调需求,再由强调需求转向强调供给;(5)由语言表达转向运用数学手段的形式化表达;(6)由宏观经济机制的分析转向微观模型(微观基础)的分析;(7)从完全竞争市场分析转向不完全竞争市场分析过程的两次转变。

20世纪西方宏观经济学的发展,直到目前,基本上达成了六大共识。这就是:(1)认为经济中实际GDP的增长主要由供给方面的因素推动的;(2)认为实际GDP的短期波动主要由需求方面的因素决定或造成的;(3)认为菲利普斯曲线所反映的通货膨胀率与失业率之间的替代关系,在短期内可能存在,而在长期内不存在;(4)认为货币供给在短期内会影响经济中的产出和就业,而在长期内不会影响这些经济方面,只会影响通货膨胀率等名义变量;(5)不赞成对宏观经济学实行美国凯恩斯主义者所曾经主张过的"微调"政策;(6)强调实行宏观经济政策时的制度环境和政策可信度的重要性;(7)同意预期对经济活动和经济分析具有重要作用。

如今西方宏观经济学界在理论上仍然存在的若干重要争议,主要表现在以下方面:(1)什么是增进生产力的最佳手段;(2)政府在推动经济增长中的作用是什么;(3)实际周期模型是否会被整合到主流经济学中;(4)新经济增长理论和模型是否会引起人们的长期持续兴趣;(5)凯恩斯主义是否还会回来;(6)在经济全球化和某种程度的经济自由化浪潮中,宏观经济学将如何应对经济的波动和增长问题。估计在21世纪,西方宏观经济学将随着经济的发展和全球化的进程在这些方面继续探讨和深化。

四、理解20世纪西方宏观经济学发展趋势的几个问题

正确认识20世纪西方宏观经济学的发展和演变,是我们正确学习与借鉴当代西方宏观经济学,更好地为我们社会主义市场经济建设服务的重要前提。本文认为应该从以下几个方面加以注意:

（一）对当代西方宏观经济学基本发展演变趋势的主要线索与历史条件的理解

长期以来，西方宏观经济学发展和演变的一条主要线索与核心问题，是国家干预主义和经济自由主义的地位变化以及相应的理论发展与争论。在过去的 20 世纪里，沿着这条主线发生过两次换位转变，但二者之间的差距却越来越小，甚至产生了互相结合、互相渗透、不断"综合"、达成一些共识的迹象。

一般而言，经济思想与学说的变化首先取决于它们所处时代的经济条件情况。从最直接的意义上来说，不同的经济思想与学说，就是其所处历史时代条件的直接产物。20 世纪西方宏观经济学发展的历史表明，国家干预主义和经济自由主义经济学体系的地位变化和力量消长，首先是在经济条件的变化中发生的，是以经济背景条件下的大变动为契机的。离开了对相应历史条件的深入分析，脱离了宏观经济学理论体系与现实经济条件的联系，就谈不上对其变动趋势的把握。所以，当我们学习西方宏观经济学有关理论的时候，当我们试图借鉴西方宏观经济学的某些理论观点和政策主张时，决不能脱离其相应的历史条件和经济现实背景。

另外，经济自由主义理论体系和国家干预主义理论体系，是在西方资本主义市场经济发展过程中出现的，既有区别，又有联系的两种经济思潮和理论体系。它们既是资本主义经济内在矛盾发展变化和解决矛盾过程中的客观产物，也是资产阶级意识形态在经济理论问题上的表现。至于经济自由主义理论体系和国家干预主义理论体系在主导趋向上的转换，既是资本主义市场经济不同历史发展阶段的要求，也是解决特定历史阶段的特定经济问题的需要。所以，不管这两大宏观经济学主流趋向如何转变，也不管是经济自由主义理论体系还是国家干预主义理论体系，归根结底，都是为解决资本主义经济发展中的现实问题而出现的，也都是为维护资本主义市场经济的秩序和社会阶级与集团的利益而出现的。两大派别的对立和争论只是形式上的和表面上的，其本质是完全相同的。

（二）对当代西方宏观经济学基本发展演变趋势中"趋同"、"渗透"、"综合"与"分化"的理解

综观西方经济学的整个发展历史，我们不难看出西方经济学的发展过程显示出一种不断分化与综合、"趋同"、"渗透"的情况。这也就是经济学理

论界的一种"分久必合，合久必分"的现象。

我们在这里所说的"综合"是对各种理论观点进行整合与系统化，使之成为一个理论体系中的组成部分。"趋同"是指两种鲜明对立的理论观点，在某些方面互相承认和接纳的过程。"趋同"往往是以"综合"的形式出现的。"渗透"是指不同理论体系中的个别观点或方法逐渐进入其他理论体系，并为其所接纳的现象。在西方经济学发展的历史上，"趋同"、"渗透"和"综合"这几种情况通常是与"分化"交替出现的。早期重商主义就是一种"综合"和"趋同"。它是对它以前的各种分散观点甚至对立观点的一种"综合"。这种"综合"起到了统一认识的"趋同"的作用。后来，在此基础上逐渐产生了理论观点的分化。亚当·斯密的经济学体系则是对早期各种古典经济学理论的另一种综合。这种综合同样也引导了对经济学认识的"趋同"。西方经济学界对亚当·斯密的古典经济学体系和基本观点的长期认同，就是这种"趋同"的最好证明。当然，斯密之后的经济学发展又出现了新的分化与综合，比如，李嘉图、马尔萨斯、萨伊、西尼尔的分化与约翰·穆勒的综合、边际主义经济学的分化与马歇尔的综合。"凯恩斯革命"则既是对以前所有国家干预主义理论的一种综合，也是相对于马歇尔体系的一种分化，是宏观经济学和微观经济学的一种分化。20世纪50年代，美国出现了所谓的"新古典综合"，将凯恩斯主义宏观经济学与新古典的微观经济学体系进行了综合。70年代以后，西方宏观经济学在反对凯恩斯主义宏观经济学的同时，出现了新的分化。在所谓"理性预期革命"的推动下，到80年代中期以后，一方面，出现了新古典宏观经济学对各凯恩斯主义反对派的又一次综合，另一方面也出现了新凯恩斯主义经济学对凯恩斯主义理论和新古典宏观经济学加以综合的情况。

(三) 对西方宏观经济学理论和政策时效性的理解

经济理论和政策的时效性在现代西方宏观经济学理论的争论和发展中，是个很重要的问题。一般说来，经济理论主要涉及经济活动的规律，对应于与之相适应的经济条件。经济理论具有一定的普遍性和稳定性。而经济政策则是针对特定的具体经济条件，出于某种目的而采用的手段和措施，因而，经济政策具有较强的针对性和时效性。适当的经济理论是制定具体经济政策的基础，会对经济政策产生支配作用和影响作用。不过，实施经济政策的经验和教训也会促进经济理论的发展和变化。我们应该注意的是，这二者并非总是完全一致的，特别是涉及它们与经济条件变动的关系时，更是如此。

凯恩斯的国家干预主义经济政策的产生,实际上是早于其经济理论的,而且具有极强的针对性。《通论》是1936年才出版的,而相关的针对大萧条的经济政策主张则在此前就出现了。《通论》的理论观点在当时尚不能较快地为传统经济学家们所接受,但与之相一致的经济政策却受到了大多数人的赞同。其实,《通论》不过是想为经济大萧条背景下所采用的那些宏观经济政策提供适当的理论依据和理论说明。所以,从这个意义上说,《通论》并非可以永远适用的"一般理论"。从本质上说,《通论》是短期的,是具体针对性很强的理论。凯恩斯本人就很注意经济生活中关于未来的不确定性问题。所以,他在很多场合都强调过,他关心的是当前的短期的问题。只是由于第二次世界大战的契机,凯恩斯所强调的《通论》的短期性和针对性被人们忽略了。从某种意义上说,正是由于这种忽略,"新古典综合派"把凯恩斯的短期宏观理论同新古典经济学的长期微观理论综合到一起,变成了长期的或者是没有时间概念的(或者说是忽略了时间性的)理论。这种情况既为后来的理论综合、观点的渗透和某些见解的"趋同"创造了条件,也为产生不适当的经济政策创造了条件。将针对特定具体条件的短期经济理论和政策直接地、经常性地运用于长期的各种情况之下,产生问题和矛盾是不可避免的。从本质上说,这是理论的特殊性与普遍性之间矛盾的必然表现。正是这一矛盾,引发了20世纪70年代以后的经济理论和经济政策大论战,使凯恩斯主义的国家干预主义学说受到了广泛攻击,使宏观经济学的主导倾向发生了逆转。

在经济发展的现实面前,在经济理论和经济政策的论战中,凯恩斯主义宏观经济学派逐渐认识到了上述矛盾,开始注意经济理论与政策的长期与短期、普遍性与具体的特殊性的问题。他们吸收了新古典宏观经济学的某些理论假定和前提,也接受了对立学派的某些观点,比如,对货币、预期、供给等因素的强调,并通过"趋同"与"综合"来使自己的理论观点得到较普遍的认可。当然,新古典宏观经济学派的理论中也渗透和吸收了某些凯恩斯主义的主张和观点,力求能够使自己的理论体系也具有现实的政策含义,从而能够解决一些现实经济问题。这从某种角度看,也是一种"综合"。

(四)对西方宏观经济学基本发展演变趋势中研究方法发生变化的理解

在这方面,我们将主要探讨对西方宏观经济学基本发展演变趋势中以下几个研究方法所发生的变化的认识。
1. 宏观经济学研究方法的微观化倾向

20世纪西方宏观经济学的发展虽然经历过研究方法集中于宏观总量分析的时期,但是,当20世纪将近结束的时候,却越来越表现出一种微观化的分析倾向。

其实,在30年代凯恩斯主义宏观经济学产生之前,新古典经济学的研究方法就是微观的分析方法。他们认为,宏观经济总量无非是微观个量的简单加总,只要分析清楚微观的经济变量和行为,就不难知道宏观经济总量和总体经济行为。为此,新古典经济学便将精力完全集中于微观分析方面。即便是瓦尔拉斯的一般均衡分析方法,也只是停止于达到均衡的状态,而没有越出微观分析方法的范围。说到底,微观分析毕竟不能完全代替宏观经济分析,经济学界众所周知的"储蓄悖论"就是这方面的一个有力的证明。也正因为如此,凯恩斯才会在30年代大萧条时,毅然抛弃了新古典学派的微观分析方法,创立了宏观总量的分析方法。当然,30年代发展起来的宏观经济计量方法,以及后来出现的宏观经济计量模型,都为宏观总量分析方法的大量运用,提供了进一步的帮助。

但是,美国的"新古典综合派"在综合凯恩斯主义宏观经济学和新古典经济学(实质上是微观经济学)时,却把微观经济分析的方法引入了凯恩斯主义经济学的体系。这种做法客观上为20世纪末宏观经济学中分析方法的微观化倾向提供了条件。

到20世纪70年代,凯恩斯主义宏观经济学遭受"经济滞胀"的挑战时,新自由主义经济学的各流派同时也从经济学的分析方法方面对凯恩斯主义宏观经济学发起了挑战。他们批评凯恩斯主义宏观经济学缺乏微观基础,所以才无法解释和应对"经济滞胀"。在这方面,理性预期学派更是从"经济人"的理性预期和价格与工资的弹性角度,进行了充分的论证,最终甚至提出关于"宏观经济政策无效性"的假说。理性预期学派对凯恩斯主义缺乏微观基础或者说缺乏适当的微观基础的批评,的确存在着一定的合理性。因而,从那以后,西方宏观经济学家们便开始致力于微观基础的重建,注重微观分析与宏观分析的结合。

到20世纪末,西方宏观经济学所包含的两大主要流派,新古典宏观经济学派和新凯恩斯主义经济学派在研究方法方面也开始出现"趋同",都注意对宏观经济学问题进行微观分析。这样,西方宏观经济学研究方法的微观化便形成了。

2. 实证化倾向和专门化倾向

20世纪西方宏观经济学理论的发展在研究和表述方法方面,越来越呈现出一种实证化和专门化的趋势。所谓实证化的倾向是指,在经济学的研究和表述中,越来越注重对经济现象的因果联系进行宏观的、不带有主观选择意味的研究的情况;同时,这种研究倾向更注重对具体经济问题的研究,而不是一般性经济问题的研究。我们认为,实证化趋势是与西方国家经济生活中解决实际经济问题的要求相联系的。这种趋势和倾向一方面表现为宏观经济学研究目的的实用性,另一方面表现为现实经济问题对经济理论研究的实证要求。国家干预主义的兴衰、新经济自由主义的沉浮,都是由现实的经济问题所引起的,因而西方宏观经济学的研究都具有一定的实证性。经济政策研究先于经济理论研究是这种趋势和倾向的一个特点。此外,凯恩斯主义经济理论体系中对微观经济学的某种"综合",新自由主义经济学各派的理论由微观经济理论基础去结合宏观对策的研究方法,也都是基于经济现实的要求而产生的。与这种研究方法的趋势和倾向相关,在整个西方宏观经济学理论的发展过程中,经济学家们的注意力也已经发生了两次转换,即先是由重视对经济波动、就业和经济增长问题的研究转换到重视对财政赤字、通货膨胀、汇率变动和国际收支逆差问题的研究,后来又由重视对财政赤字、通货膨胀、汇率变动和国际收支逆差问题的研究转换到重视对经济周期、经济增长问题的研究。

所谓专门化倾向是指,在当代西方经济学的研究和表述方法方面,越来越多地使用一些特有的、非经济学家一般不使用的方法、分析工具和专业术语,以至于只有受过专门训练的人才能进行经济学研究和分析,只有受过较深的专门训练的经济学家才能够看懂经济学论文的倾向。这种倾向很像是非常专门的自然科学或技术性研究所具有的情况。专业化倾向是伴随着实证化倾向而产生出来的研究方法和表述方法上的一种倾向。它既是实证化研究深入发展的结果,也是借助日益丰富的分析工具而产生的结果。第二次世界大战之后,西方国家经济发展所经历的稳定增长和经济"滞胀"形势的要求,经济学对一般性问题和常见问题研究的深化,越来越高深的、大型的、复杂的数理分析模型和宏观经济计量模型的编制,数学分析技术、统计分析技术基础上的经济计量模型化和电子计算机技术的运用等,只有靠专门的经济学家和技术人员才有可能进行。同时,这些数学化的宏观经济计量模型的分析与运用,也只有专门化的技术人员才能看懂。从客观上说,20世纪60年代末期以后,美国一些出身于数学、物理学或工程技术专业的大学毕业生,或许是由于就业的出路问题,或许是由于爱好,转到经济学的学习和研究方面来了。他们出于对自己所掌握的分析工具的熟悉,也出于经济学为数学分析所提供的可能性,再加上前人在经济学分析方面运用数学工具所取得的成果,驾轻就熟地更多倾向于采用更加复杂的数学工具。在这些人的推动下,也出于某些学院派经济学家有意或无意地推动,宏观经济学中专门化的研究倾向便日益突出了。宏观经济学研究的专门化倾向对于某些人来说,既可以卖弄其学问的高深,又可以从专业化的加强中提高个人身价。于是,由实证化倾向而来的专业化倾向,通过分析手段的发展和丰富,在加强实证研究技术化倾向的同时,又逐渐脱离着实证化。这一特征从凯恩斯主义宏观计量模型,到货币主义和理性预期的动态模型,表现得越来越明显了。当前,在西方国家,特别是在美国,已经几乎很少能够找到没有数学表达或数学模型的宏观经济学专业论文了。

从长期来看,实证化和专门化的倾向仍然在加强,但是,二者之间的距离却有加大的迹象。像非线性分析这类跨学科分析方法的引进,也许会引起经济学的较大变化。

3. 均衡分析方法与非均衡分析方法

英国经济学家琼·罗宾逊在谈到"凯恩斯革命"的意义时曾经说过:"从理论方面来说,革命在于从均衡观向历史观的转变;在于从理性选择原则到以推测或惯例为基础的决策问题的转变。"在凯恩斯去世之后,当代西方宏观经济学在发展过程中,大部分情况仍然是在均衡观和均衡分析方法中进行的,当然,在这方面也有相当的发展。

应当说,凯恩斯的革命打破的主要是自由放任经济政策下市场均衡的自动实现和自动保持机制,而不是均衡分析方法本身。诚然,凯恩斯的均衡是一种非均衡,但只是非瓦尔拉斯均衡。从本质上看,非瓦尔拉斯均衡也是一种均衡,只不过是一种更广义的均衡和特定的、非理想的均衡。所以,即便凯恩斯一再强调他反对新古典经济学的传统观念,却没有对约翰·希克斯以"IS—LM"模型来概括他的《通论》的主要思想提出批评,只是模棱两可地表示希克斯的做法很有趣。凯恩斯的这种态度实际上形成了对希克斯做法的默认,也形成了对以后出现的在凯恩斯理论体系框架下引入新古典的均衡分析方法的鼓励。正因为如此,"新古典综合派"在召回凯恩斯以前传统的新古典微观经济学的同时,也在宏观分析方面大胆地恢复了均衡分析方法。至于新自由主义各派的经济理论,更是始终坚持了均衡分析的方法。只是在少部分人那里,比如,唐·帕廷金、罗伯特·W.克洛尔、阿·莱荣霍夫德、罗伯特·巴罗和赫·格罗斯曼等人那里,才沿着非均衡分析的道路向前发展。在宏观非均衡分析方面,取得最突出成就的是法国经济学家让·帕斯卡尔·贝纳西、马林沃德、美国的霍瓦德和英国的波茨、温特等人。他们不仅提出了一套和凯恩斯理论体系完全相容的宏观非均衡学说,而且运用这套理论对中央集权决策经济的非均衡问题进行了分析。应该说,正是这些人的努力,使得当代西方宏观经济学的分析方法得到了进一步丰富和发展。尽管宏观非均衡分析方法不如均衡分析方法的影响普遍,但是,它无疑具有旺盛的生命力。其影响也在逐步扩大。

我们认为,从广义上看,均衡分析方法和非均衡分析方法并没有本质上的差别。其不同点仅在于各自所涉及的均衡的条件和水平的差异。其中,值得注意的是,一方面,非均衡分析的研究对象更为现实一些;另一方面,非均衡分析更强调动态。客观上,均衡分析和非均衡分析都是对经济现象某些方面的适当反映。二者是统一的,互相补充的,虽有差别,但不是根本性的相互排斥。正是基于这一方面的原因,20世纪的西方宏观经济学主流在方法论方面差别并不太大。

4. 强调理性、预期和不确定性问题的倾向

凯恩斯曾经在其《通论》中强调过预期和不确定性问题。凯恩斯的目的是要说明,人们既无法对充满不确定性的未来作出理性判断,也无法保证其理性判断不发生意外。当人们的理性判断失效时,就不得不借助于政府干预和调节来恢复经济。但是,凯恩斯没有具体说明预期形成的机制和过程,也没有说明信息的不完全性和不确定性的具体影响。由于人们对凯恩斯强烈的政府干预思想的重视,他关于预期的思想却被冲淡和遗忘了。

20世纪以后,理性预期学派从通货膨胀问题入手,强调了理性和预期的问题,并由此否定政府干预的有效性。这对凯恩斯主义的理论学派形成了较大的冲击。理性预期学派的攻击,在长期通货膨胀条件下有一定的道理。这也引起了凯恩斯主义各派对理性和预期问题的重视。不过,一方面由于理性预期学派的模型复杂难懂,而且其"充分理性"及"完全知识和信息"的假定也脱离实际,因而其说服力不强。另一方面,凯恩斯主义以"粘性工资"说明了理性预期效果的微弱。所以,理性预期学派未能取代凯恩斯主义学派。尽管在理性问题上各派未能取得共识,但关于预期的思想和方法的确渗入了西方宏观经济学各流派之中。

综上所述,现代西方宏观经济学在20世纪的发展说明,随着经济发展过程中一些重要历史事件的出现,宏观经济学的理论和政策主张必然会发

生变化,甚至是可以被称为"革命性"的变化。但是,这些变化并不意味着一些宏观经济学理论和政策主张将由此退出历史舞台。在以后经济发展的过程中,它们也许还会以新的形式再现,或者在某种程度上再现。另外,伴随着研究方法的创新和某些分析工具的突破性发展,宏观经济学的理论观点也在不断地深化,并且既表现出同原有传统的某些分化,也显示出同原来对立面之间的某种"趋同"迹象。从现代西方宏观经济学发展的历史趋势中,不难看出,西方宏观经济学理论一直是随着西方国家经济发展的现实和理论与政策方面的争论而发展深化的。经济不断发展,现实不断对原有经济理论和政策提出问题和挑战,各宏观经济学流派之间围绕经济理论和政策问题不断展开争论,分析方法和分析工具也不断发展与丰富,这些都对西方宏观经济学理论的发展发挥着重要的作用。理论与政策的分歧在不同的问题上不断产生,"趋同"也在不同层次上不断出现。这就是现代西方宏观经济学在争论中发展的道路。

参考书目及文献

1. 〔英〕布赖恩·斯诺登、霍华德·R.文主编:《现代宏观经济学发展的反思》,黄险峰等译,商务印书馆 2000 年版。
2. 〔英〕布赖恩·斯诺登、霍华德·R.文合著:《与经济学大师对话——阐释现代宏观经济学》,王曙光,来有为译,北京大学出版社 2000 年版。
3. 胡代光主编:《西方经济学说的演变及其影响》,北京大学出版社 1998 年版。
4. 特伦斯·W.哈奇森著:《经济学的革命与发展》,李小弥、姜洪章等译,北京大学出版社 1992 年版。
5. 商务印书馆编辑部编:《现代国外经济学论文选》第一辑,商务印书馆 1979 年版。
6. 约翰·希克斯著:《古典和当代》,载《经济理论论文集》第 3 卷(英文版),巴塞尔·布莱克韦尔出版社 1983 年版。
7. 保罗·A.萨缪尔森、威廉·D.诺德豪斯合著:《经济学》第 12 版,上册,高鸿业译,中国发展出版社 1992 年版。
8. 〔英〕《经济学家》主编:《21 世纪的经济学》,徐诺金译,中国金融出版社 1992 年 1 月版。
9. 〔美〕凯温·D.胡佛著:《新古典主义宏观经济学》,郭建青译,中国经济出版社 1991 年版。
10. 王健著:《新凯恩斯主义经济学》,经济科学出版社 1997 年版。

经济全球化下的新自由主义经济学*

20世纪80年代以来,世界经济出现了一些引人瞩目的变化:一方面,市场经济的运行体制成为绝大多数国家(包括原来实行社会主义计划经济体制的国家在内)的选择。这一变化是伴随着经济活动在各国间更加密切地联系和相互渗透,即经济全球化进程同时发生的。另一方面,在经济全球化进程中,在以美国和英国为首的西方经济发达国家推动下,新经济自由主义浪潮迅速发展,成为当今世界大多数国家中的主流经济思潮。这些变化改变了世界经济发展的格局,使各国市场经济的运作方式和调控方式也发生了较大的变化,当然这也直接影响到了大多数国家经济发展的战略安排和民族经济利益。在这种形势下,如何认识经济全球化的发展趋势,如何认识新经济自由主义在其中的作用,对于我国的经济发展显然具有十分重要的意义。

经济自由主义思潮发端于资本主义社会产生初期的古典经济学。那时,古典经济学家为了反对当时对经济活动产生了重要影响的重商主义经济思潮和相关的国家干预主义经济政策,也为了推动社会生产力彻底摆脱残余的封建主义制度的束缚,提出了经济自由主义的思想和主张。在18世纪的英国,伯纳德·曼德维尔、约翰·洛克和大卫·休谟等人对于经济自由主义做出了最初的表述。其后,英国古典经济学体系的奠基人亚当·斯密在其经典性的巨著《国富论》中系统阐述了以"一只看不见的手"著称的市场调节机制和秩序的原理,从而为经济自由主义思想的发展和经济自由主义运动的推进,提供了公认的理论基础。美国开国元勋们的自由主义思想中,也包含了后来为相当多美国人所推崇和向往的经济自由主义的成分。

其后,在整个19世纪和20世纪前20多年,伴随着英国经济在全世界的发展和扩张,经济全球化主要是以英国经济势力的全球扩张(殖民扩张)为主导形式的。从某种意义上说,大不列颠"日不落帝国"的称号便是整个

---

* 原载于《福建论坛·人文社会科学版》2004年第2期。

19世纪经济全球化的某种象征和标志。在这一世纪的资本主义经济发展和经济全球化过程中，英国的大卫·李嘉图、约翰·穆勒、马歇尔等人，法国的萨伊、巴斯夏、瓦尔拉斯等人进一步发展了经济自由主义的思想和理论，使经济自由主义在实际上变成了一个在相当长的历史时期内各国发展市场经济的全部理论和统治思想。

不过，到20世纪前半期，在殃及整个西方世界各国的经济大萧条中，经济自由主义的理论和主张却无奈地丧失了以往的统治地位，而以凯恩斯主义为代表的国家干预主义却在资本主义市场经济发展到一个新的时期的关键时刻，应运而生，逐渐占据了理论和政策方面的主流地位，成为经济全球化进程中一个新的主导形式。(尽管以重商主义形式出现的国家干预主义曾经在资本主义商品经济发展的萌芽时代一度占据主要地位，但那时还谈不上真正的经济全球化发展。) 不过，经济自由主义并未退出舞台。早期的美国芝加哥学派和新奥地利学派，还有英国的伦敦学派，甚至还有德国弗莱堡学派都从不同角度上一直坚持着经济自由主义的理念和方法。

20世纪经济全球化的主要进程是在第二次世界大战后展开的，其突出的特点是以美国经济力量的全球扩张为主要形式。虽然以凯恩斯主义为主导的国家干预主义与美国的国家和民族利益具有更多的一致性，并且实际上是经济全球化的主导理论和表现形式，但是，经济自由主义依然存在，而且在80年代后重新回到了主流地位，直到现在。

在经济全球化进程中，经济自由主义是通过理论和政策两个方面发生作用和影响的。从经济自由主义的理论方面来说，它主要是从思想和理念方面施加影响，使得各种人、各个国家首先在思想上接受并愿意采用经济自由主义的经济运作方式和秩序。

在某种意义上说，经济自由主义的理论具有说明自由主义经济秩序的合理性与经济全球化发展是市场经济内在必然性的含义。以亚当·斯密为代表的古典的经济自由主义理论从"自然秩序"的角度出发(尽管亚当·斯密也表现出一定的功利主义色彩)，认为在利己心(自利动机)驱使下，从人们各行其是的自由的市场经济活动中，可以在客观上"并非有意地"产生出一种利他的结果，使经济秩序达到均衡与和谐一致的机制。如果这种经济运行过程没有受到国家和外来的干预和影响的话，市场经济将"自然而然地"趋向于均衡与和谐状态，保持一种良好的经济秩序。亚当·斯密的著名的"一只看不见的手"的原理就是对这一情况的典型和集中的阐述。他说：在市场经济中自由行事的每一个人"通常既不打算促进公共的利益，也不知道他自己是在什么程度上促进哪种利益。……由于他管理产业的方式目的在于使其生产物的价值能达到最大程度,他所盘算的也只是他自己的利益。在这场合,像在其他许多场合一样,他受着一只看不见的手的指导,去尽力达到一个并非他本意想要达到的目的。也并不因为事非出于本意,就对社会有害。他追求自己的利益,往往使他能比在真正出于本意的情况下更有效地促进社会的利益。"[①] 围绕着这一原理,亚当·斯密还以对分工与交换和市场的相互促进关系的阐述、国际分工和国际贸易的阐述,建立起一个古典经济自由主义的均衡与和谐发展的经济全球化理论框架。在这种理论框架下,不仅每个国家都可以用相同的努力获得比闭关自守时能够得到的更多的廉价商品,而且能够促进各国的劳动和资本最充分和最合理的运用。在这种理论框架下,人们或者国家只对自己的利益负责,均衡与和谐的经济秩序则在"各行其是"的自由发展中,"自然而然地"达到。由此可知,亚当·斯密实际上是最早系统建立古典经济自由主义的经济大师,也是最早系统建立国际市场和经济全球化理论的经济学家。

应该说,古典经济学的大师们的经济理论和政策主张或多或少地都带有功利主义色彩。因为功利主义对人类行为最终结果的强调,恰恰也是古典经济学家在理论上具有说服力的一个重要方面。所以,尽管在反对封建制度对于发展资本主义经济的束缚和反对重商主义国家干预的过程中,亚当·斯密建立起来的古典经济自由主义思想更多地是对于经济"自然秩序"的推崇,但是,他的理论在阐述中仍然表现出了一定的功利主义特点。在亚当·斯密对于"一只看不见的手"的市场运作机制优越性的阐述中,所强调的人们为自己的利益而各行其是地在市场上进行自由竞争和自由选择,自由选择的经济分工和贸易(国际贸易)是必然地和个人与社会所得到的最终结果联系在一起的。这种联系使得亚当·斯密所强调的个人利益、经济自由、市场秩序的和谐与均衡、还有国家利益和社会利益,一起形成了一个不可分割整体和系统,从而极大地增强了亚当·斯密经济理论体系的内在逻辑性和说服力。亚当·斯密的经济理论体系之所以在 200 多年的历史时期仍然历久而不衰,仍然成为今天新自由主义经济学家安身立命之本,其深刻的内在原因恐怕就在这里。

与亚当·斯密主要从"自然主义"或"自然秩序"出发加以阐述的古典经

[①] 〔英〕亚当·斯密:《国民财富的性质和原因的研究》,郭大力、王亚南译,商务印书馆 1972 年版,第 163 页。

济自由主义不同,被经济理论界广泛认为是继承并发展了亚当·斯密古典经济自由主义理论的另一位英国古典经济学家大卫·李嘉图,却主要是从功利主义立场出发来看待经济自由主义的。李嘉图在阐述国际分工和国际贸易理论时,最集中地说明了他关于经济全球化的古典经济自由主义观点。他说:"在商业完全自由的制度下,各国都必然把它的资本和劳动用在最有利于本国的用途上。这种个体利益的追求很好地和整体的普遍幸福结合在一起。由于鼓励勤勉、奖励智巧,并最有效地利用自然所赋予的各种特殊力量,它使劳动得到最有效和最经济的分配;同时,由于增加生产总额,它使人们都得到好处,并以利害关系和互相交往的共同纽带把文明世界各民族结合成一个统一的社会。"① 李嘉图认为,一国国民在寻求有利可图的经济活动时,必然要发生国际联系,比如寻找国外更加便宜的粮食供给和产品市场。由此,李嘉图以"比较优势"的国际分工理论说明,在经济的国际扩展和全球化进程中,各国仍然可以在追求自身经济利益的过程中,达到一种和谐的全球经济秩序。只不过,李嘉图的理论已经包含鲜明的功利主义立场。这种功利主义从表面上看,似乎是考虑各国普遍利益的,其实,李嘉图更看重的是英国自身的利益。

在李嘉图之后,英国经济学家约翰·斯图亚特·穆勒则从哲学的角度进一步说明了实行经济自由主义的好处和范围。穆勒认为,个人的自由发展不仅是人性的本质要求,而且是社会进步的重要因素。他指出,经济上的自由竞争既能使消费者和生产者双方都获得好处,而且客观上也会对双方形成一种自动的制约。穆勒还根据经济的发展情况提出了实行经济自由主义和政府干预经济的范围。他说,有三种情况政府是不应该干预的:第一,那些由个人办比政府办效果更好的事情,比如企业的生产;第二,一些由政府办比个人办的效果也许会好一些,但是更宜于个人去办的事;第三,不必要地增加政府权力的事。②

在几乎整个 19 世纪和 20 世纪 30 年代的长时间内,伴随"大英帝国"全球扩张进程的经济理论,基本上就是李嘉图所阐述的古典经济自由主义,即以"比较优势"为基础的国际分工和贸易理论,以及国际经济秩序的学说。从经济政策方面来说,不论是在国内市场还是在国际市场上,古典经济自由

---

① 〔英〕李嘉图:《政治经济学及赋税原理》,郭大力、王亚南译,商务印书馆 1972 年版,第 113 页。
② 参见密尔:《论自由》,程崇华译,商务印书馆 1979 年版,结尾部分。

主义经济学家都主张采取自由放任的政策。从国内来说,他们的自由放任主张主要是为了彻底清除封建主义在制度上和重商主义的国家干预在政策上对发展资本主义经济的束缚;从国际上说,自由放任的主张主要是为了保证英国在世界市场上可以取得的最大利益。从国内的角度来说,古典经济自由主义的经济政策确实有推动经济发展和社会进步的积极意义。但是,从国际角度来说,尽管别的国家在实行经济自由主义政策过程中也会获得不同程度的经济利益,然而更重要的是,如果各个国家都实行经济自由主义的政策的话,当时世界上经济最发达、最先进的英国就可以通过自由竞争和自由放任的环境取得最大的经济利益。因此,从本质上讲,经济自由主义从古典经济学时代开始就具有对经济最强大、最先进的国家最为有利的性质。正是从这个意义上说,在早期经济全球化过程中,古典经济自由主义主要是由当时经济最发达和最强大的英国所主导的,也主要是为英国的经济利益服务的。

不过,就在古典经济自由主义在早期经济全球化过程中发挥主导作用的同时,也在不同程度上存在着以保护主义形式和其他形式出现的国家干预主义的经济理论和政策主张。早期是重商主义国家干预主张的残余,到后来,是以马尔萨斯、西斯蒙第、弗里德里希·李斯特为代表的国家干预主义的理论和主张,再往后就是约翰·斯图亚特·穆勒所主张的适度国家干预的主张。这些不同形式的国家干预主义理论和政策主张具有一个共同的特点,那就是,它们都代表了当时在经济力量上处于相对弱小的阶级和国家的利益和要求。如果再进一步分析的话,可以看出,马尔萨斯、西斯蒙第和约翰·斯图亚特·穆勒的主张是长期性的,而李斯特的主张却是相对短时期的。李斯特主张在一国经济力量在国际竞争中处于相对弱势的时候,对外需要采取国家干预的保护主义来保护本国经济的成长,而在国内则采用自由竞争的政策推动经济发展;当国家的经济竞争力增强,足以在国际市场上与别国一争高下的时候,就可以采取国内国外相同的和一致的自由竞争政策了。

如果对18世纪直到20世纪30年代古典经济自由主义和早期国家干预主义的理论与政策主张的发展变化进行总结的话,我们可以大致上得出下面的认识,即:在市场经济发展过程中,无论在国内,还是在国外,经济自由主义基本上是对于竞争力较强的经济活动参与者有利的,也是大多数情况下经济的强者所愿意支持和采用的理论和政策;而国家干预主义(保护主义)则基本上是对于竞争力较弱的经济活动参与者有利的,通常情况下是经济的弱者和有特殊利益者所愿意支持和采用的理论和政策。

20世纪20—30年代,西方国家发生了普遍的经济大萧条。经济形势的特殊变化使得古典经济自由主义的支配地位发生了重大的变化。至少在当时,由于古典经济自由主义的理论和政策主张既无法解释,更无法采取有效的对策去克服严重的经济萧条,人们对它产生了怀疑和不信任。正是在这种情况下,人们将目光转向了国家干预主义,经济理论和思潮的主流开始转向各种形式的国家干预主义理论和政策主张。一时间,苏联的社会主义式的国家干预主义、美国的"罗斯福新政"式的国家干预主义、凯恩斯主义的国家干预主义,甚至希特勒的"纳粹主义"的国家干预主义,都成为处于经济危机和困境中的各个国家寻找出路的"希望"和"救世主"。在这种情况下,"新式的"国家干预主义取代古典经济自由主义而成为一种历史的必然趋势。

经过第二次世界大战的"特殊整合",美国取代英国而成为战后世界上经济力量最为强大的国家。美国在自身的"罗斯福新政"式的国家干预主义成功经验推动下,扭转了传统认识,开创了经济强大的国家采用国家干预主义理论和政策主张而不是采用经济自由主义理论和政策主张的先例。其在国际经济事务中的具体表现便是,通过由美国主宰的联合国、世界银行、国际货币基金组织、关税与贸易总协定这样一整套国际机构,实施极度扩大了的国家干预主义,借以保证美国的各种经济和政治利益。这种新的国家干预主义完全突破了旧时代国家干预主义的范围和界限,造就了一种除社会主义国家外,在大多数情况下由美国主导、美国干预、美国管理的世界经济格局与秩序。正是由于这种"新的"国家干预主义能够比旧的古典经济自由主义给美国带来更多的利益和更大的好处,因此从根本上促成了第二次世界大战以后直至20世纪70年代,美国主导的西方国家在经济全球化中经济指导思想和政策主张方面的转变,造成了国家干预主义长时间占据主流地位和凯恩斯主义在大多数西方各国的盛行。

然而,20世纪70年代发生的"经济滞胀"却动摇了在很长时间内被西方国家看作有效的凯恩斯主义的国家干预主义经济理论和政策主张的主导和主流地位。"经济滞胀"是一种新出现的问题,无论是古典经济自由主义的理论,还是凯恩斯主义的理论,都没有遇到过。因此,如何解释和消除经济中的"滞胀",就成为对这一时期各种经济理论和政策的最重要的考验。众所周知,即使在主流的国家干预主义经济理论得势期间,经济自由主义理论也并未销声匿迹,而且在某些方面有所变化和发展,形成了新形式的经济自由主义理论和学说。虽然,它们同样无法迅速解决经济滞胀问题,但是,它们却可以堂而皇之地作为主流经济理论的反对派而对国家干预主义展开有力的攻击。最终,在各种新自由主义经济理论的攻击下,作为主流经济理论的以国家干预主义为特征的凯恩斯主义经济理论在"经济滞胀"的严峻考验中败下阵来。第二次世界大战后长期占据支配地位的国家干预主义开始失去了其主流作用,新经济自由主义经济理论和政策主张开始重新抬头,其地位和作用出现上升的趋势。到20世纪80年代以后,直至今天,新自由主义经济理论已经在历史上再次成为经济思潮和理论的主流,占据了主流地位。这种主流和支配地位,不仅仅是美国国内的,而且也是世界经济格局和世界经济秩序中的。

当然,20世纪80年代后新自由主义经济学在西方世界的重新得势还有其他的原因。第二次世界大战以后,在经济和国际贸易发展过程中,发达国家的大公司愈来愈走向世界市场,变成跨国公司,一些原先封闭的不发达民族经济也由于不可避免的经济和技术联系而逐步走向开放。许多原本立足于本国的经济发达国家的公司和企业纷纷向世界范围发展,不仅是因为它们发现在本国市场有限的情况下,开拓国际市场是维持公司盈利的有效途径,而且发现由于资源、生产、技术,还有关税壁垒、市场进入障碍等方面的原因,变成跨国公司,将组织、设计、生产、销售、资金运作在全球范围统一经营具有巨大的好处和利益。尽管在经济全球化进程中,跨国公司迅速发展,而且在全球竞争中具有相当大的优势,但是,它们仍然要求世界各国在各方面对它们自由开放,要求得到一个更加宽松和自由发展的条件。巴西的新马克思主义经济学家特奥托尼奥·多斯桑托斯对此曾经深刻地指出:"对民族国家体系而言,代表着一种内源性的全球化运动。这些公司急于要摆脱国家的控制与调节,因而代表着一种自由化运动。"① "多国公司也要求在那些它们想发展生产活动或开发新市场的国家或地区实行门户开放政策,往往利用国家和国际权力施加压力。在这种情况下,全球化就被有关方面视为外源性的。不管怎样,公司生产潜力的增加及由此而来的国际化无疑就成为经济全球化的主要因素。"② 因为"以市场为基础的、高度生产性的公司无限制的活动,要求两个领域的政策自由化:其一,这些公司要求一个更加广阔的市场和消除关税与非关税壁垒;其二,要求国家采取非干预性的政策。多国公司总是变为推行自由化政策的媒介。"③ 于是,在全球化的经

---

① 〔巴西〕弗朗西斯科·洛佩斯·塞格雷拉主编:《全球化与世界体系》(上),白凤森等译,社会科学文献出版社2003年版,第325页。
② 同上。
③ 同上。

济进程中,新经济自由主义就成为这些经济发达国家的跨国公司展开活动的现实要求与呼唤。这一点正是新自由主义重新崛起与得势的国际经济基础。

从国内经济基础方面来看,在英国,为了扭转第二次世界大战以后一直处于"走走停停"的"英国病",也为了解决长期困扰英国的公共福利开支过大和国有企业效益不高的问题,属于保守党的玛格丽特·撒切尔首相在新自由主义经济学的一位代表人物弗里德利希·冯·哈耶克鼓吹的更为彻底的自由主义主张鼓舞下,大刀阔斧地推行私有化和新经济自由主义措施。在美国,共和党出身的罗纳德·里根总统则带头推行了以供给学派经济学为代表的新经济自由主义政策。一方面,美英经济政策由于新自由主义经济学作为其理论基础而可以大胆实行;另一方面,新经济自由主义也由于它们经济政策的转向而跃居主流地位。

于是,"在罗纳德·里根和玛格丽特·撒切尔保守政府的庇护之下,在德国得到赫尔穆特·科尔的支持,并且拥有在1989年华盛顿共识中所确定的新自由主义政策经验,在20世纪80年代,保守的自由化政策得以坚持。共同认识将国际货币基金组织、世界银行以及其他一些国际机构联合起来,以强制依附性国家进行'结构调整'。"而新自由主义经济学则成为新自由主义体系中的重要一环。美国作家诺姆·乔姆斯基在其《新自由主义和全球秩序》一书中,从经济全球化角度给新自由主义下了一个定义:"'新自由主义',顾名思义,是在古典自由主义思想的基础上建立起来的一个新的理论体系,亚当·斯密被认为是其创始人,该理论体系也称为'华盛顿共识',包含了一些有关全球秩序方面的内容⋯⋯所谓华盛顿共识指的是以市场为导向的一系列理论,它们由美国政府及其控制的国际组织所制定,并由他们通过各种方式实施——在经济脆弱的国家这些理论经常用作严厉的结构调整方案。其基本原则简单地说就是:贸易自由化、价格市场化和私有化。"①

一般而言,20世纪70年代以后的新自由主义经济学从不同角度上为"华盛顿共识"提供了最重要的理论基础和政策主张的主调。我们不排除新自由主义经济学的推动者当中不乏天真的、充满理论幻想的经济学家。他们从纯粹理想的理论条件出发,推论出纯粹自由竞争市场秩序的高效率和优越性。但是,这种观点,对于他们自己是不能全部实现的,对于别人却是

---

① 诺姆·乔姆斯基:《新自由主义和全球秩序》,徐海铭、季海宏译,江苏人民出版社2000年版,第3页。

可以加以利用的。充其量,他们这种思想只在竞争有助于效率提高和技术进步角度等方面具有积极意义,但不能将其作用无条件夸大。不过,也有一些新自由主义经济学家,坚持最彻底的经济自由主义观点,并将其扩大到社会和政治、文化等各个领域。弗里德利希·冯·哈耶克就是突出的代表。就大多数美国新自由主义经济学家来说,他们的理论主要是批判"给美国经济带来'滞胀'的凯恩斯主义经济理论和政策主张",其主要目的是扭转美国经济的弊病。但在积极参与国际经济事务的新自由主义经济学家中,将新自由主义推行到世界上,也是他们的一种本能倾向。其中,当然也不排除那些认为"美国模式"是现实中最好的经济和社会发展模式,并试图以美国模式来规范世界秩序的新自由主义和"华盛顿共识"的积极推行者。当然,我们也不排除那些抱有狭隘民族主义观念的政客为了"美国的利益"而实行"双重标准":要求其他国家实行彻底的自由主义,而美国却对别国根据自己的需要采取不同程度的保护主义。所以,我们应该认识到,新自由主义经济学中存在着不同的派别,对新自由主义经济学家也不能一概而论,把他们都看作是理论观点和政策主张完全一致的。

从20世纪二三十年代以来,即便在凯恩斯主义的国家干预主义经济学的理论和观点占据主流地位的时候,也始终一直坚持最彻底的经济自由主义观点的,是以路德维希·冯·米塞斯和弗里德利希·冯·哈耶克为代表的新奥地利经济学派的经济学家。他们是自由至上主义者,始终坚持自由市场的经济秩序和相应的法制。米塞斯认为,他对于自由市场经济的研究客观地"分析了最基本的问题,而尽可能不受当今经济和政治斗争的影响"[①]。米塞斯主要活跃于20世纪20—60年代。作为米塞斯的学生,哈耶克则是20世纪中后期兴起的新自由主义的更为重要和更具影响的代表人物。哈耶克主张的是一种立足于真正个人主义的自由主义观点,是一种类似于亚当·斯密的"自然秩序"和"自然主义"观点的自然进化论的经济自由主义。其最重要的和最有影响的著作是《通往奴役的道路》(1944)、《自由宪章》(1960)和一些有关的文章。哈耶克在新自由主义复兴浪潮中的影响十分巨大。"哈耶克的名声传播得最广的国家,是英国,这主要是由于首相玛格丽特·撒切尔公然称哈耶克为她在整个20世纪80年代最重要的哲学导师。……当她

---

① Ludwig von Mises, Socialism (Indianapolis: Liberty Classics, 1981), p12. 转引自:〔英〕阿兰·艾伯斯坦:《哈耶克传》,秋风译,中国社会科学出版社2003年版,第49页。

于1979年当选首相后,他的声望更是急剧攀升。"① 玛格丽特·撒切尔在担任首相不久曾经给哈耶克写信说:"过去这几年,我从您那儿学到了很多东西,对此,我很自豪。我希望,您的一些观念能被我的政府付诸实施。作为您最重视的支持者,我确信,我们一定能够成功。如果我们取得成功,则您对我们取得最后的胜利的贡献将是巨大的。"② 撒切尔夫人将新自由主义广泛运用于英国社会和经济全球化运动中。她在1982年与哈耶克通信讨论智利的变革时谈到:"从阿连德的社会主义发展到80年代的自由企业资本主义经济,这是经济改革的一个杰出典范,我们可以从中学到很多经验教训。"③ 在1989年,哈耶克90岁生日之际,撒切尔夫人在贺信中再次高度评价哈耶克对于英国新自由主义复兴运动的贡献。她说:"您的著作和思考给予我们的指导和启迪,是极端重要的;您对我们居功至伟。"④ 不仅如此,撒切尔夫人还介绍哈耶克结识了美国总统罗纳德·里根。里根则表示,他曾经拜读过哈耶克的一本书,而且"从中受益匪浅"。由此可见,哈耶克自由至上的新自由主义经济学和社会哲学观点对于20世纪80年代以后新自由主义在西方国家的复兴,在经济全球化中的理论基础作用和推动作用是十分重要的。

在新自由主义经济学复兴的大本营——美国,则有更多的新自由主义经济学流派参与了这一过程。其中,芝加哥学派显然是最主要的中坚力量。严格地讲,这一学派并非理论一致、观点统一的一个学术流派。芝加哥学派只是在经济自由主义方面具有基本一致性的一群经济学家。其中包含了许多具体理论和主张不相同的学术派别和分支。无论如何,这些具体的学术流派和分支对于新自由主义经济学的兴盛所起的推动作用,却是方向相同的。

作为现代货币主义经济学的奠基人和代表人物,米尔顿·弗里德曼是美国经济学界较早以新经济自由主义对抗和反对凯恩斯主义的国家干预主义经济学的新自由主义经济学家。其基本理论和政策倾向是自由主义的。从50年代起,弗里德曼就致力于以自由市场经济秩序来反对和替代凯恩斯主义的国家干预主义经济学及其政策主张。弗里德曼的新自由主义经济学,以现代货币主义著称,在本质上却是要回复到亚当·斯密所主张的自由放任

---

① 〔英〕阿兰·艾伯斯坦:《哈耶克传》,秋风译,中国社会科学出版社2003年版,第337页。
② 同上书,第342页。
③ 同上书,第342—343页。
④ 同上书,第343页。

的市场竞争秩序,也是带有一定自然主义色彩的经济自由主义主张。但是,在形式上,弗里德曼似乎改造了古典经济学的"两分法"。针对凯恩斯主义的国家干预主义经济学所引起的弊端,他在强调货币方面在经济活动中的重要性时,既承认了货币因素对经济活动的短期实际影响,也保留了使用货币政策来调节经济的干预主义成分。他不仅主张在美国国内经济活动中实施经济自由主义的政策,而且在国际经济活动方面主张实行浮动汇率制,在全球经济活动中同样实行经济自由主义政策和秩序。弗里德曼的新经济自由主义基本上为20世纪80年代美国新自由主义经济学的兴盛拉开了序幕,并制定了基调。

几乎与弗里德曼同时,乔治·斯蒂格勒从研究政府规制方面入手,推动了新自由主义经济学的发展。稍后,加里·贝克尔则把新自由主义经济学的分析推广到社会生活和私人生活的广泛方面。小罗伯特·卢卡斯等一批被叫做"理性预期学派"(或者现在所说的"新古典宏观经济学派")则从"理性预期"出发,提出宏观经济政策在"理性预期"条件下是无效的观点,从而坚决反对凯恩斯主义的国家干预主义经济学,主张彻底回到市场自动调节的自由主义经济秩序。

除芝加哥学派对新自由主义经济学复兴的主要推动作用外,在20世纪80年代推动新经济自由主义的另一个有影响的重要学派,是供给学派。供给学派形成于70年代中后期,也是在美国出现严重的经济滞胀问题,凯恩斯主义的国家干预主义经济学无能为力的情况下出现的。供给学派认为,美国经济中的滞胀问题主要是由于凯恩斯主义经济学的需求管理政策造成的。长期片面实行扩张总需求的政策造成了总供求的失衡,一方面抬高了物价,造成了通货膨胀,另一方面形成了相对的萧条和经济停滞。所以,解决问题的出路就是反其道而行之,增加供给,恢复总供求的均衡。要使总供求恢复均衡,就应该实行自由竞争的市场经济。激进的供给学派经济学家主要主张通过大规模长期减税来刺激供给,而温和的供给学派主张通过综合的多种手段来增加供给。总的说来,供给学派将目光更多地放在解决当时美国的经济困境方面,而且解决问题的手段却是凯恩斯主义式的国家干预主义的财政政策(减税)。正是由于这个原因,曾任尼克松的总统经济顾问委员会成员的赫伯特·斯坦将供给学派称作"财政主义者"。至于长期中实行新自由主义经济学方面,供给学派的主张却没有什么新意,完全是恢复古典经济学的政策主张。供给学派的经济学家乔治·吉尔德对他们的基本主张作出了概括。他说:"萨伊定律,它的各种变化,是供应学派理论的基本规则。……萨伊定律之所以重要是因为它把注意力集中在供应、集中在刺激的能力或资本的投资方面。它使经济学家们首先关心各个生产者的动机和刺激,使他们从专心于分配和需求转过来,并再次集中于生产手段。"[1] 尽管供给学派的理论贫乏,缺乏新意,而且在政策主张上更类似于凯恩斯主义经济学那样注重短期、注重使用财政政策的手段,尽管供给学派在今天似乎已经销声匿迹,但是,它在当时曾经广泛而有力地影响了从经济学界到新闻舆论界、从总统到国会的整个社会,的确在推动里根的保守主义变革,掀起新自由主义经济学复归的浪潮中,发挥了至关重要的作用。

当然,在今天,我们也不应该忘记公共选择学派对于新经济自由主义兴盛和发展的重要作用。公共选择学派产生于20世纪60年代。该学派的创始人和主要代表人物是詹姆斯·布坎南与戈登·塔洛克。他们在芝加哥学派经济自由主义思想影响下,在社会经济生活中强调个人自由,鼓吹市场机制,推崇古典学派的经济思想,坚持自由放任,反对国家干预。公共选择学派把经济学的研究方法拓展到以往被经济学家视为外部因素而传统上由政治学研究的领域;把人类的经济行为和政治行为作为统一的研究对象,从实证经济分析的角度出发,以"经济人"作为分析问题的基本假定和前提,运用微观经济学的成本—收益分析方法,分析政府这架生产公共产品的"机器"是如何组织和构成的,并分析其行为动机和行为方式等;分析国防、法律、税制以及社会福利等公共产品是怎样生产和分配的。具体地讲,公共选择学派的理论所涉及的主要问题有国家理论、投票规则、投票人行为、政党的政治学、官僚主义等等。简言之,公共选择学派试图通过经济分析的方法来回答现代西方民主政体实际上是如何运行(是不应当如何运行)的,以及与个人选择(通过货币在商品劳务市场上进行)不同的公共选择(通过政治选票在政治市场上进行)是怎样做出的,其后果又如何等问题。一方面,公共选择学派从以亚当·斯密为代表的古典经济学理论体系中寻找适当的分析工具。当然,也从其他经济学家那里寻求支持经济自由主义的理论基础。另一方面,公共选择学派也从那些阐明了公共财政与公共选择问题的经济学家的理论那里寻求支持。

公共选择学派认为,"要确保对一个自由社会的基础做出理性分析,对市场过程的理解是一个必要条件,但不是一个充分条件。事实上,对政治过程的补充理解,能极大地增强对市场过程的理解。我们发现,公共选择理论

---

[1] 〔美〕乔治·吉尔德:《财富与贫困》,储玉坤译,上海译文出版社1985年版,第61页。

总的说来不过是经济分析工具在政治领域的应用和延伸,它却为社会科学家们开拓了一个新的令人兴奋的远景……"①。通过研究,公共选择学派发现了不能实行国家干预主义的重要原因,但也指出了自由市场机制的局限性。总的说来,公共选择学派对国家干预主义持反对态度,而对新自由主义经济学和自由市场经济基本持肯定态度,只是主张要加以适当修正和补充而已。

综上所述,20世纪70—80年代以来的新自由主义经济学,是在凯恩斯主义的国家干预主义经济学发生失灵,同时经济全球化又在不断发展的背景下形成和兴盛起来,成为当前西方国家经济思潮的主流的。不过,这种情况不可能永远持续下去,因为国家干预主义经济学并未消失,而且,新自由主义经济学中仍然在不同程度上存在着国家干预主义经济学的成分。就像历史上曾经发生过的情况那样,当经济条件和形势发生变化时,国家干预主义经济学就会重新抬头,甚至发生相互地位的逆转,就像凯恩斯主义经济学取代古典经济学而成为主流一样。1997年发生亚洲金融危机之后,美国经济学家克鲁格曼不是就写了一本书《萧条经济学的回归》吗?

对于当前的新自由主义经济学和经济全球化,著名的国际"金融大鳄"乔治·索罗斯在2000年写了一本书《开放社会——改革全球资本主义》。他说:"本书的核心思想是,当今的全球资本主义体系是全球开放社会的一个不完善和扭曲了的形式。其主要缺陷是在政治和社会制度方面,而不是在经济方面。"② 在书中,索罗斯专门谈到了新自由主义经济学。他说:"公正地说,赞成市场不受限制的观点很少表现得如此粗糙。弗里德曼等人收集了大量的统计数字;理性预期学派的理论家们则运用我们这些平庸之辈看不懂的古老数学算式来支持他们的观点。他们制作了复杂的模型,把完备条件——即福利最大化的均衡状态——得不到满足归因于信息不完备或不对称。大多数但并非所有这些模型都是为了建立均衡条件。这使我想起了中世纪的神学讨论:到底有几个天使能够同时在一个针尖上跳舞。"③ 索罗斯把新经济自由主义叫做"市场原教旨主义"。他说:"市场原教旨主义在全球资本主义体系中扮演着重要的角色,它提供的意识形态不仅激励着许多成功的参加者,而且还左右着政府的政策。如果没有市场原教旨主义,资本

---

① 〔美〕詹姆斯·布坎南:《自由、市场与国家——80年代的政治经济学》,平新乔、莫扶民译,上海三联书店1989年版,第22页。
② 〔美〕乔治·索罗斯:《开放社会》,王宇译,商务印书馆2000年版,第196页。
③ 同上书,第216页。

主义制度就无从谈起。大约在1980年,即里根总统和撒切尔夫人相继执政后,市场原教旨主义开始对西方国家的经济政策起主导作用。……从此以后,偏见和倾向开始了其强化的过程。"①

我们已经探讨了新自由主义经济学的理论特征。至于其在经济全球化方面的现实表现和特征则主要是:试图以新自由主义模式主宰和同化全球经济秩序,试图在新自由主义模式下主要保证美国的经济利益。

考察一下20世纪70—80年代新自由主义驱动下的经济全球化,我们不难看到上述特征。美国共和党1980年的竞选纲领就强调:"自由世界——实际上就是西方文明——需要一个强有力的美国。这个堡垒要求有一个繁荣的经济……这种活力只能产生于一种自由的氛围、一种鼓励个人积极性和个人聪明才智的氛围之中。"② 美国前总统克林顿在其1997年1月20日的第二任就职演说中也表露了里根式的论调。他说:"美国自身就是世界必不可少的国家。我们的经济再次成为世界最强大的经济……世界最强大的民主将领导一个完整的民主世界……并通过美国自由的杰出作用而扩展到整个世界。"③ 同时,我们还注意到,经济发达国家,尤其是美国,在推行新自由主义全球化经济秩序过程中所表现出来的双重标准和两面性:对自己国家,自由主义有利时,就实行自由主义,保护有利时,就实行保护主义;对别国,一律要求它们实行新自由主义模式。特别是,美国还利用它对联合国、世界银行、国际货币基金组织、世界贸易组织的控制和影响,在规则的制定和执行方面为自己谋求更大的利益,甚至在别国发生经济困难时,强迫那些国家进行新自由主义模式的改革,作为给予国际救援的先决条件。这种新自由主义模式下的经济全球化,或者说是全球化中的新自由主义模式,已经使相当多的国家吃尽了苦头,巴西、阿根廷、墨西哥、智利、乌拉圭、苏丹、摩洛哥、俄罗斯等国都是例子。所以,当前的新自由主义模式的经济全球化必然充满经济强国和弱国之间的利益冲突,在很大程度上必然是机会不对等和不公平的秩序。尽管在经济全球化进程中,建立经济自由主义秩序本身的确存在着一定的提高经济效率的合理性,但是,如果增加了的利益被别人拿走,建立这种经济自由主义的改革对于改革者来说,还有什么意义和必要呢?当然,要求经济发达国家放弃其现有的主张和做法,也不是一

---

① 〔美〕乔治·索罗斯:《开放社会》,王宇译,商务印书馆2000年版,第216页。
② 转引自〔巴西〕弗朗西斯科·洛佩斯·塞格雷拉主编:《全球化与世界体系》(上),白凤森等译,社会科学文献出版社2003年版,第306页。
③ 同上书,第305页。

件容易的事。

诚然,"自由化政策促进市场机制。市场机制进展的效应是双重的。一方面,在经济领域市场机制有利于资源的有效配置,在政治领域则能促进民主或一种垂直型的社会关系:在市场上我们只有卖家和买家,这就排除了所有的等级关系。这就是市场机制的进展成为民主世界最有力的武器的理由所在。不过,市场机制也有它自身的缺陷。这些缺陷包括商业周期、危机、失业、贫富差距、污染、环境恶化、种族解体,等等。这些所谓的市场缺陷就需要国家干预,而国家干预变成了福利国家的基础。"[①] 正是由于这个原因,我们并不绝对地反对经济全球化和经济自由主义。尽管当前经济自由主义主导下的经济全球化主要是对经济强国有利,但从现实情况看,经济全球化毕竟是大势所趋,无可避免,而经济自由主义也并非完全不好。我们所要质疑和反对的只是当前这种由强国主宰的新自由主义模式的经济全球化。我们所要的是各国共同协商的、平等、对等的、公正的、真正有利于各国经济发展的经济全球化和经济自由。

经济全球化过程中的矛盾与斗争在长期内是不可避免的。经济自由主义必将受到挑战,它将和国家保护主义并存与斗争;经济全球化也将受到挑战,它将和经济区域化并存;经济自由的秩序将与经济民主和平等的要求并存。

---

① 〔巴西〕弗朗西斯科·洛佩斯·塞格雷拉主编:《全球化与世界体系》(上),白凤森等译,社会科学文献出版社 2003 年版,第 325—326 页。

新经济自由主义在当前的国际影响及其教训*

20世纪80年代以来,世界经济发生了一些引人瞩目的重大变化:一方面,不同程度的市场经济运行体制已经逐渐成为绝大多数国家(包括原来实行社会主义计划经济体制的国家在内)的实际选择;另一方面,在经济全球化的进程中,新经济自由主义浪潮迅速扩展,已经成为当今世界大多数国家中的主流经济思潮。这些重大变化改变了世界经济发展的格局,直接影响到了大多数国家经济发展的战略安排和民族经济利益。在这种形势下,全面、正确地认识经济全球化发展过程中新经济自由主义的作用,对我国当前和今后进一步深化经济体制改革具有十分重要的理论和现实意义。

一、新经济自由主义的国际影响

从20世纪70年代开始,美国经济在战后陷入了较深的低谷。一方面,在国内,它经受着"经济滞胀"的痛苦,迫切需要摆脱困境;另一方面,在国际上,它受到了欧洲和日本的强烈冲击与挑战。在这种形势下,拉丁美洲市场对美国经济走出困境就具有了特殊的重要性。恰好,由于一些拉美国家当时陷于较为严重的债务危机当中,这为作为债权国的美国介入那些国家的经济改革和调整,进一步控制它们为自己的利益服务提供了机遇。20世纪80年代,在罗纳德·里根当政时期,新经济自由主义思潮在美国迅速得势,成为经济理论和经济政策的指导思想。在新经济自由主义思潮的影响下,到80年代末,国际货币基金组织、世界银行、美国财政部逐步形成了对拉美国家进行"结构调整"的所谓"华盛顿共识":要求拉美国家进行私有化,实行全面的市场化、自由化改革;紧缩银根,控制通货膨胀;削减公共福利开支,控制财政赤字;减少对企业征税,刺激经济增长,实行金融自由化,由市场决定利率;实行统一汇率,贸易自由化;对外资、外企、外国商品和服务业全面

---

* 原载于《当代经济研究》2004年第7期。

开放;取消各种政府管制和限制。

1985年,美国提出了"贝克计划",要求拉丁美洲陷入债务危机的国家采取新经济自由主义的"改革措施":将民族独立和解放过程中形成的国有企业私有化;改革税收体系和劳动市场,纠正价格扭曲现象;进一步对外国开放资本和股票市场;解除投资限制,为国内外投资者创造更好的投资环境;实行贸易自由化和进口管制的合理化;减少政府对经济活动的干预。美国提出,只有拉丁美洲的债务国满足上述条件,才有资格进行债务谈判。"贝克计划"的"试验田"之一,就是陷入经济困境的墨西哥。

墨西哥从1982年起,由于国际贷款利率的上升和石油价格下跌的双重冲击,发生了严重的债务危机,经济从此陷入了十分困难的境地。1988年,有美国留学背景的萨利纳斯上台就任总统,在国际货币基金组织、世界银行和债权国的压力下,开始按照新经济自由主义的要求(即后来被称为"华盛顿共识"的原则)进行改革。在产权私有化方面,从1988年到1994年,在5年的时间内,在政府推动和外国资本参与下,除去墨西哥银行、墨西哥石油公司和国家铁路总局等11家企业继续由国家控制之外,墨西哥的其他国有企业全部被拍卖。在贸易自由化方面,墨西哥单方面降低了贸易壁垒。仅用了1年的时间,到1989年,进口自由化率已经达到98%。实行贸易自由化改革的结果使墨西哥成为拉丁美洲国家中贸易体制最开放的国家之一。在对外直接投资方面,墨西哥颁布了一系列吸引外资的法令,吸引外资进入墨西哥的基础设施建设、公共服务以及石油化工等战略性经济领域。墨西哥在新经济自由主义经济改革中,过分强调经济的私有化和自由化,国家完全放弃了必要的调控和保护,造成了经济结构的失衡。其吸引的外资绝大多数是证券投资,而且多是短期"游资"(热钱),直接投资很少。自由化改革还造成了日益严重的失业率、贫困化和两极分化。到1994年,墨西哥再次爆发了震惊世界的金融危机。资本大量外逃,通货膨胀严重,经济极度萎缩。拉丁美洲的许多报刊发表文章认为,墨西哥1994年这场严重金融危机的根本原因完全在于萨利纳斯政府的新经济自由主义经济改革。墨西哥的教训给别国提供了警示。

1989年,美国进一步提出了"布雷迪计划",同意对拉丁美洲债务国所欠外债的本金给予减免,但条件仍然是必须按照新经济自由主义的"发展模式"进行改革。在无法解脱的债务压力和本金减免的诱惑下,墨西哥、阿根廷等重债国分别与美国就"布雷迪计划"的实施达成了协议,进一步加大了按照新自由主义经济学模式进行结构改革的步伐和力度。

在20世纪90年代,阿根廷的卡洛斯·梅内姆政府开始按照"华盛顿共识"的原则进行经济改革,其主要内容是实行了新经济自由主义的四大经济政策:(1)解除进口限制,推行贸易自由化;(2)实行大规模私有化政策;(3)开放金融和资本市场,实行金融自由化和资本自由化政策;(4)实行将比索同美元挂钩的联系汇率制度。阿根廷实行新经济自由主义改革十多年的结果是:外债达1 300多亿美元,巨额财政赤字造成了财政崩溃,社会贫富差距进一步拉大,失业率达20%以上,全国30%多的人口陷于贫困境地。2001年底,阿根廷爆发了震惊世界的经济危机。阿根廷的教训发人深省。

在其他发展中国家,新经济自由主义同样造成了严重的后果。

苏联解体后,俄罗斯开始进行经济转轨。1992年初,俄罗斯的激进民主派政府在全盘西化的指导思想下采用了"由美国财政部和国际货币基金组织所倡导的"新经济自由主义的"休克疗法"的方案("哈佛方案")。其基本内容包括三方面:市场自由化、企业私有化和经济稳定化。具体而言,就是全面放开各种经济管制和政府调控;大规模转让和出售国有企业产权及其资产,广泛培植私有企业;在放开物价的同时,实行严格的紧缩的货币政策和财政政策,将稳定币值、控制通货膨胀、减少政府赤字放在重要地位。众所周知,俄罗斯经济在按照"休克疗法"转型的10年中,陷入了严重的危机和混乱,产值下降,少数人暴富,而多数群众普遍陷入贫困化。俄罗斯的教训,尤其值得我们深思。

在东亚和南亚,新自由主义经济改革的结果最终导致了1997年爆发的金融危机,造成了有关国家的严重经济衰退并严重影响了经济的健康发展。此次危机的发生和其后的情况表明,发生危机和受危机冲击最大的国家恰好是资本市场最先实行自由化的国家,像泰国、印度尼西亚,而没有实行资本市场自由化的中国则避开了危机。在经济恢复期间,接受国际货币基金组织带有新经济自由主义经济改革色彩的"结构改革"建议的国家,经济迟迟未能恢复,而没有完全按照国际货币基金组织"结构改革"方案行动的国家,像韩国和马来西亚,却恢复较快。对此,美国经济学家斯蒂格利茨直截了当地说:"我相信资本账户自由化是导致危机的惟一最重要的因素。"

当然,我们并不完全否认新经济自由主义主张也含有一些合理的成分,比如,解决好产权问题的重要性、价格主要应该由市场决定、经济中应该有合理的竞争、政府对经济生活的干预要适度等。但是,新经济自由主义的问题并不在于它是否包含这些内容。根本问题在于:当前新经济自由主义在国际上的传播首先是从美国自己私利出发的,是以"美国模式"改造世界的实践,是一种貌似合理、实则不公平的国际经济秩序的"构建"过程。从已有的情况看,新经济自由主义在第三世界主要是产生了负面的影响。

二、新经济自由主义的实质及重要教训

鉴于新经济自由主义在国际上的影响,对以美国为首的西方国家积极推行的以"华盛顿共识"为特征的新经济自由主义,我们应该如何认识它的实质以及它在国际上蔓延所产生的教训呢?搞清楚这些问题,对于正确认识和理解当前的国际经济形势,深化我国的社会主义市场经济体制改革,推进我国的经济发展,都具有十分重要的理论和现实意义。

从理论上来说,新经济自由主义既是18—19世纪曾经出现和活跃过的古典经济自由主义思潮的继承和延续,同时也是20世纪后期以来,特别是20世纪90年代世界政治、经济新发展和新格局下的特殊产物。美国作家诺姆·乔姆斯基在《新自由主义和全球秩序》一书中,给新自由主义下了一个运用于全面的定义。他说:"'新自由主义',顾名思义,是在古典自由主义思想的基础上建立起来的一个新的理论体系,亚当·斯密被认为是其创始人,该理论体系也称为'华盛顿共识',包含了一些有关全球秩序方面的内容……所谓华盛顿共识指的是以市场为导向的一系列理论,它们由美国政府及其控制的国际组织所制定,并由他们通过各种方式实施——在经济脆弱的国家,这些理论经常用作严厉的结构调整方案。其基本原则简单地说就是:贸易自由化,价格市场化和私有化。"而著名的美国经济学家、诺贝尔经济学奖获得者、克林顿总统经济顾问委员会主席、前世界银行高级副行长、首席经济学家约瑟夫·斯蒂格利茨则从经济政策方面,更加明确而具体地指出:最初的"'华盛顿共识'政策是为了对拉丁美洲的具体现实难题做出反应而设计的"。后来,这一整套政策被广泛运用于发展中国家和经济转型国家。"财政节俭、私有化和市场自由化是贯穿20世纪80年代到90年代'华盛顿共识'的三个支柱"。

著名的国际"金融大鳄"乔治·索罗斯把新经济自由主义叫做"市场原教旨主义"。他说:"我相信,市场原教旨主义的复活只能用人们对一种魔法的迷信来解释,这种魔法甚至比科学中的碱更加厉害。"索罗斯认为,"市场原教旨主义者已经将一个公理化的、价值中性的理论变成了一种意识形态,并以强有力的和危险的方式影响着政治和商业活动"。"市场原教旨主义在全球资本主义体系中扮演着重要的角色,它提供的意识形态不仅激励着许多

成功的参加者,而且还左右着政府的政策。如果没有市场原教旨主义,资本主义制度就无从谈起。大约在1980年,即里根总统和撒切尔夫人相继执政后,市场原教旨主义开始对西方国家的经济政策起主导作用。……从此以后,偏见和倾向开始了其强化的过程。"

应该说,20世纪80年代后新自由主义经济学在西方世界的重新得势,是新经济自由主义在经济全球化进程中得以推行的一个重要理论原因。而跨国公司的迅速发展以及它的利益要求,则是新经济自由主义得以在全球范围推行的现实条件。发展中国家所面临的发展难题则是新经济自由主义在发展中国家得以推行的另一个现实条件。当然,在意识形态上,美国当权者试图按照"美国模式"改造世界的战略安排,也是新经济自由主义得以在全球蔓延的强大推动力。

在经济全球化进程中,新经济自由主义是通过理论和政策两个方面发生作用和影响的。在理论方面,新经济自由主义的核心是市场原教旨主义的极端思想和观念。在政策方面,新经济自由主义的核心是实现全面自由化。从新经济自由主义理论的作用方面来说,它主要是从思想和理念方面施加影响,使得各种人、各个国家首先在思想上接受并愿意采用新经济自由主义的经济运作方式和秩序。从新经济自由主义政策方面的实施来说,不论是在国内市场还是在国际市场上,新经济自由主义经济学家都是根据特定利益集团的要求,或者是本国的利益来采取不同程度自由放任的政策的。从国内来说,新经济自由主义者是为了反对"带来经济滞胀的"凯恩斯主义的国家干预政策;从国际上说,新经济自由主义者则是为了保证美国在国际上的最大经济利益。从国内的角度来说,新经济自由主义的政策更多地有利于大企业、大公司,而不利于小企业、小公司和广大劳动者。从国际角度来说,尽管别的国家在实行经济自由主义政策过程中也会获得不同程度的经济利益,然而更重要的是,如果各个国家都实行新经济自由主义政策的话,世界上经济最发达、最先进的美国可以获得最大的好处。因此,从本质上讲,新经济自由主义具有对经济最强大、最先进的国家最为有利的性质。事实上,我们完全可以说,当前经济全球化进程中的新经济自由主义是由美国主导的,主要是为美国的经济利益服务的。考察一下20世纪70—80年代新自由主义驱动下的经济全球化实践,我们不难看到上述特征。

此外,我们还应注意到,经济发达国家,尤其是美国,在推行新经济自由主义全球化过程中所表现出来的双重标准和两面性:对自己国家,自由主义有利时,就实行自由主义,保护主义有利时,就实行保护主义;对别国,一律要求它们实行新经济自由主义模式。特别是，美国还利用它对联合国、世界银行、国际货币基金组织、世界贸易组织的控制和影响，在规则的制定和执行方面为自己谋求更大的利益，甚至在别国发生经济困难时，强迫那些国家进行新自由主义模式的改革，作为给予国际救援的先决条件。这种新经济自由主义模式下的经济全球化，或者说是全球化中的新自由主义模式，已经使相当多的国家吃尽了苦头，巴西、阿根廷、墨西哥、智利、乌拉圭、苏丹、摩洛哥、俄罗斯等国都是例子。所以，当前的新自由主义模式的经济全球化必然充满经济强国和弱国之间的利益冲突，在很大程度上必然是机会不对等和不公平的秩序。尽管在经济全球化进程中，建立新经济自由主义秩序本身的确存在着一定的提高经济效率的合理性，但是，至少各国间的开放应该是平等和对等的。否则，增加的利益被别人拿走，实行新经济自由主义还有什么意义和必要呢？

尽管"自由化政策促进市场机制。市场机制进展的效应是双重的。一方面，在经济领域，市场机制有利于资源的有效配置，在政治领域则能促进民主或一种垂直型的社会关系：在市场上我们只有卖家和买家，这就排除了所有的等级关系。这就是市场机制的进展成为民主世界最有力的武器的理由所在。不过，市场机制也有它自身的缺陷。这些缺陷包括商业周期、危机、失业、贫富差距、污染、环境恶化、种族解体，等等。这些所谓的市场缺陷就需要国家干预，而国家干预变成了福利国家的基础"。正是由于这个原因，我们并不绝对地反对经济全球化和新经济自由主义。尽管当前新经济自由主义主导下的经济全球化主要是对经济强国有利，但从现实情况看，经济全球化毕竟是大势所趋，无可避免。我们所要质疑和反对的只是当前这种由强国主宰的新自由主义模式的经济全球化。我们所要的是各国共同协商的、平等、对等的、公正的、真正有利于各国经济发展的经济全球化和经济自由。

通过考察新自由主义在国际上蔓延的实践，特别是它在发展中国家里被强行推进的实践，我们可以得到许多宝贵的教训和启发。我们认识到，发展中国家和经济转型国家在引入和转向市场经济体制过程中，首先应该区分开几个基本认识：

第一，要将市场化与市场自由化区分开。市场化不等于市场自由化。市场化是从市场经济体制和市场经济运行角度来看问题。而市场自由化则是从市场要不要管理和管制角度看待问题。前者承认并且愿意以市场经济的观点和经营规律看待和对待社会的经济问题，其目的是提高经济的效率，提高社会生产力，提高社会的福利水平。它承认，市场经济活动需要自由的空间和自由选择的余地，但是，这并不意味着市场机制毫无缺点，也不意味着政府完全不应该插手经济事务。后者则强调，市场机制是相对最好的经济机制，因而它不需要政府对之插手和调剂控制，只要给予市场活动的参与者充分的、毫无限制的选择自由，经济就会达到最好的状况，发挥出最高的效率。从国际经济的实践来看，市场自由化就是无条件对外国全面开放本国市场。这种情况只能对竞争力最强的经济发达国家和国际化大公司有利，而对力量弱小的发展中国家和他们的中小企业不利。资本市场的自由化则意味着国际资本的进出自由。这对于缺乏资本独立性的国家，对于资本市场发育欠规范、不健全的国家具有极大的风险。所以，发展中国家一定要吸取已有的教训，对于市场自由化进程必须慎重对待，有所控制，绝不能轻率放开和快速放开。

第二，要将对外开放与对外自由开放区分开。市场经济的发展要求对外开放，但这不是对外完全彻底地自由开放。对外自由开放是不设防，任由外资、外商在本国一切领域自由经营、自由往来。对外开放要遵从对等原则和主权原则进行。这要求本国与外国的一切经济活动要对等进行，不能一方单方面要求另一方对自己完全开放，给予自由，而自己却向对方加以限制，也不能只允许本国采取贸易保护，不允许对方实行贸易保护。此外，对外开放首先要体现本国的利益和需要，本国要控制对外开放的速度、进程、范围和对象，要体现以我为主，对等开放。绝不能不管本国利益和主权，盲目开放，更不能片面迎合外国的要求，单方自由开放。这方面，也应吸取已有的教训。

第三，要将市场化与私有化区分开。市场化和私有化是不同的。有人认为，市场化的前提和基础就是私有化，没有私有化，就不能实现市场化。这是大多数西方经济学家的观点。这些人从西方市场经济的角度出发，认为市场经济条件下，私有化是理所当然的事。但是，赞成混合经济的西方经济学家的看法也许略有不同。社会主义市场经济的一个重要区别就是，市场化可以允许多种所有制成分存在，而不仅仅是单一的私有制。在多种所有制存在前提下，同样可以有市场运作。私有制的存在只应是多种所有制中的一种。此外，即便从私有化角度看，也不是任何国家都实现了完全的私有化。国家控制适当的国有部门或企业将有利于国家经济安全，有利于社会公共利益。

第四，要将市场化与快速市场化和快速自由化区分开。转型国家需要市场化,需要向市场经济体制转变,但是,这并不意味着需要急剧的转变速度,更不意味着快速自由化。拉美国家的经济自由化实践证明,快速自由化在发展中国家里是失败的,而俄罗斯实行"休克疗法"的实践也证明,转型国家实行快速市场化和快速自由化也是不成功的,其代价远比"渐进式"转变大得多。向市场经济转变是一套十分复杂的、牵涉社会方方面面的大系统工程,任何一个环节跟不上都会产生问题。所以,"快速市场化"和"快速自由化"不符合事物发展进程的客与观规律,在根本上是错误的。充其量,它只是一些人的愿望和幻想。

在区分上述基本观念的基础上,我们可以从拉美发展中国家和转型国家的实践中吸取一些教训。

(1) 在开放经济环境下,注意坚持和保护自己的民族利益经济。全球化是世界经济中不可避免的趋势,我们必须以积极的心态、积极的行为加以应对,但是,决不能危害自己本国的民族利益。拉美国家实行经济自由主义的改革和开放政策教训就是,改革要服从于本国长远利益的内在需求,从本国实际条件出发,不能片面迎合某些国际组织和发达国家的要求,为眼前利益牺牲长远利益。

(2) 俄罗斯实行"休克疗法"的教训是,向市场经济转轨不能急于求成,一蹴而就。经济转轨和转型是涉及社会方方面面的长远大事,包含许多过去未曾遇到、也未曾预料到的新问题,谁也无法事前给出一个稳妥的行动计划和周密的方案。因此,采取"渐进主义"的战略、"摸着石头过河"的策略是可取的。

(3) 拉美国家被迫实行新自由主义改革的一个客观因素就是所欠外债太多,经济发展中过分依赖外债,从而丧失了发展经济的主导权。由此,我们应该注意,在经济发展中力求将外债控制在适当规模,避免由此引起受制于人、无法摆脱的被动局面。

(4) 经济全球化过程中的矛盾与斗争在长期内是不可避免的。经济自由主义必将受到挑战,它将和国家保护主义并存与斗争;经济全球化也将受到挑战,它将和经济区域化并存;经济自由的秩序将与经济民主和平等的要求并存。

我们相信,通过对新自由主义在国际上传播和影响的认真反思,我们一定能够正确对待新自由主义的国际冲击,在社会主义市场经济建设过程中,以健康的开放姿态,融入经济全球化。

参考文献

1. [美]约瑟夫·E.斯蒂格利茨著,夏业良译:全球化及其不满 [M]. 北京:机械工业出版社,2004.
2. [美]诺姆·乔姆斯基著,徐海铭、季海宏译:新自由主义和全球秩序 [M]. 南京:江苏人民出版社,2000.
3. [美]乔治·索罗斯著,王宇译:开放社会 [M]. 北京:商务印书馆,2002.
4. [美]理查德·布隆克著,林季红译:质疑自由市场经济 [M]. 南京:江苏人民出版社,2001.
5. [美]约翰·格雷著,张敦敏译:伪黎明:全球资本主义幻象 [M]. 北京:中国社会科学出版社,2002.
6. [美]斯蒂芬·D.克莱斯勒著,李小华译:结构冲突:第三世界对抗全球自由主义 [M]. 杭州:浙江人民出版社,2001.
7. [美]罗纳德·奇尔科特、江时学主编,江心学译:替代拉美的新自由主义 [M]. 北京:社会科学文献出版社,2004.
8. [英]阿兰·艾伯斯坦著,秋风译:哈耶克传 [M]. 北京:中国社会科学出版社,2003.
9. [巴西]弗朗西斯科·洛佩斯·塞格雷拉主编,白凤森等译:全球化与世界体系(上)[M]. 北京:社会科学文献出版社,2003.
10. 李其庆主编. 全球化与新自由主义 [M]. 南宁:广西师范大学出版社,2003.
11. 中国社会科学院"新自由主义研究"课题组. 新自由主义研究 [J]. 马克思主义研究,2003,(6).
12. 李其庆. 全球化背景下的新自由主义 [J]. 马克思主义与现实,2003,(5).
13. 任勤. 拉美经济——新自由主义的结局及其对入世后中国的启示 [J]. 经济学动态,2003,(6).

经济周期波动

參考問題校勘

李嘉图和马尔萨斯
关于经济危机论战的意义、后果及影响[*]

英国古典经济学家大卫·李嘉图和庸俗经济学家托马斯·罗伯特·马尔萨斯在19世纪初发生了一场关于普遍生产过剩经济危机可能性的论战。这是经济学说史上关于普遍生产过剩经济危机问题最早的理论阐述。该次论战正值资产阶级同土地贵族阶级残余势力激烈斗争时期，因而在很大程度上反映了这种斗争的性质。

这场关于危机问题的理论论战发生在1820—1821年间。1817年，李嘉图出版了《政治经济学及赋税原理》，主张实行经济自由，扫除资本主义生产发展的一切障碍，迅速发展生产力，同时，也否认了资本主义经济有普遍生产过剩危机的可能性。1820年，马尔萨斯出版了《政治经济学原理》，首先向李嘉图展开全面公开的挑战。在该书中，马尔萨斯批判了李嘉图否认危机的观点，提出了普遍生产过剩危机可能性的理论，为土地贵族的社会作用和利益辩护。同年年底，李嘉图写了《马尔萨斯〈政治经济学原理〉评注》，对马尔萨斯的危机理论展开直接的反批判；再次申明自己的积累理论和无危机观点。此外，两人还在会见和通信中多次进行了争论。

（一）

李嘉图是古典学派中否认普遍商品生产过剩危机可能性的典型和集中代表。他一方面用偶然性的原因来解释他所看到的几次较大的局部性生产过剩经济危机，另一方面又否认这些危机进一步发展为普遍生产过剩危机的可能性。

李嘉图除吸取了"产品以产品来购买"的传统观念以外，也接受了詹姆斯·穆勒和法国庸俗经济学家萨伊的无危机观点，并且把这种观点加以发

---

[*] 原载于《经济科学》1985年第2期。

挥。李嘉图否认危机的理论主要在于以下几点：

第一，从"产品以产品来购买"的传统偏见出发，否认货币在商品流通中的性质和作用，认为买等于卖，买大于卖是不可能的。他说："产品总是要用产品或劳务购买的，货币只是实现交换的媒介。某一种商品可能生产过多，在市场上过剩的程度可以使其不能偿还所用资本；但就全部商品来说，这种情形是不可能有的。"[1]

第二，在詹姆斯·穆勒的形而上学观点和"萨伊定律"的基础上，李嘉图认为，生产可以为自己开辟市场，供给可以为本身创造需求。生产与消费，供给与需求总会相等，因此，资本主义社会决不会发生普遍生产过剩的危机。

第三，李嘉图认为，储蓄总是等于投资，因此，积累和扩大再生产就没有后顾之忧，也决不会出现生产过剩的经济危机。他认为，所有的生产费用一定是用于直接或间接的产品购买；而储蓄就是为了积累，即把原来用于非生产消费的劳动和商品，投入生产消费。这样，"所积累的资本无论多少，都不会得不到有利的运用"[2]。这种储蓄和投资总是一致的观点，后来在相当长的时期内，成为资产阶级经济学家否认危机普遍性和必然性的一个依据和传统信条。

第四，李嘉图认为，资本主义生产的目的是为了满足需求，"任何人从事生产都是为了消费或销售；销售则都是为了购买对于他直接有用或是有益于未来生产的某种其他商品"[3]。因此，总不会发生盲目生产和供求失衡的问题。

第五，李嘉图的经济自由主义思想使他相信，资本主义自由竞争的制度具有一种自动调节的机制，这种机制可以避免和克服资本主义的任何矛盾和经济危机，使资本主义处于一种理想的完美和谐状态。

马尔萨斯是主张存在普遍生产过剩经济危机可能性的经济学家之一。他的危机论受到了哲曼·加尼尔、劳德代尔、威廉·斯彭茨等关于生产过剩可能性观点的影响，也受到了西斯蒙第消费不足危机论的影响，但主要是在他的价值论的基础上产生的。他认为，商品价值决定于其所能购买到的劳动量，这种购买劳动量总是大于生产时耗费的劳动量，其差额就是利润。这个

---

[1] 李嘉图：《政治经济学及赋税原理》，郭大力、王亚南译，商务印书馆1962年版，第248页。
[2] 同上书，第247页。
[3] 同上。

利润部分是资本主义生产和再生产的推动力。没有它,资本主义生产就不能进行。既然利润来源于流通,那么产品的实现问题就十分重要,一旦利润不能实现,生产就会停止。而利润能否实现,又取决于买者有效需求的大小。马尔萨斯认为,在资本主义条件下,仅有工人和资本家的购买,有效需求就不充足,因而,在这种情况下生产过剩的经济危机是不可避免的。这是资本主义的内在缺陷,仅靠资本主义经济制度自身是难以解决的。只有求助于工人和资本家之外的"第三种消费者",才有可能解决这个问题。而这就是说,地主贵族等人在资本主义社会仍然具有巨大的积极的社会作用。

马尔萨斯全力反驳了李嘉图的无危机论,鼓吹自己的危机理论,力图证明地主等人在资本主义经济发展中是有积极作用的。但马尔萨斯并没有真正找到李嘉图无危机论错误的全部原因。他只是站在地主残余一方来看待资本主义的积累和生产发展,他不理解资本主义的基本矛盾,因而也不能真正驳倒李嘉图的错误。

李嘉图则站在工业资产阶级立场上,代表生产力发展的方向,要求迅速克服一切障碍,扩大积累,发展生产。但他形而上学的资产阶级世界观使他夸大了资本主义生产方式的优越性而无视其根本矛盾。他直接感受到马尔萨斯所代表的地主残余势力造成的阻力,因而,他呼吁克服这种阻力,大胆发展生产力。他明确地把地主等人的消费作用比喻为火灾地震一样的性质,主张扫除寄生性消费,扩大生产积累。

李嘉图和马尔萨斯间的这场论战一直持续到李嘉图去世前,双方始终各持己见。尽管他们彼此抓住了对方一些弱点,但也都忽略了对方的一些有启发性的因素。由于李嘉图的观点适应了工业资产阶级当时的需要,资本家不愿看到危机的必然性,再加上无危机论思想有着广泛的传统,这就是经济自由主义思想坚信资本主义自动调节机制的作用,因而这次论战之后,李嘉图坚持的资本主义经济自动调节机制和"萨伊定律"基础上的无危机论就受到资产阶级的普遍接受和赞赏,成为其后一百多年的传统思想,而马尔萨斯的危机观点则不再为人注意和提起。

(二)

李嘉图和马尔萨斯间的这场论战在学说史上有其特殊的意义和地位。首先,这是学说史上首次公开的危机论战和探讨。这场论战持续时间较长、理论性较强,既承续了以前的一些传统萌芽观点,又为其后经济危机理论的发展提供了最初的基础和出发点。其次,它是工业资产阶级和土地贵族矛盾冲突的重要理论表现,它反映了历史上阶级斗争的一个侧面。

李嘉图和马尔萨斯间的危机论战有其历史必然性。一方面,普遍生产过剩的危机正在逐渐逼近,要求资产阶级经济学家作出理论解释和估计;另一方面,资产阶级反对土地贵族残余的阶级斗争正处于决战阶段,土地贵族的代言人企图抓住危机问题向资产阶级进行反击,以确保本阶级的地位和利益。

危机理论在李嘉图的理论体系中,地位并不十分重要,只是一种从属性理论。但这又是李嘉图回避不了的。他必须对资本主义经济中已发生的和即将发生的危机,从理论上向资产阶级作出满意的解释,必须回击马尔萨斯的挑战。但由于其形而上学的资产阶级世界观,他把资本主义生产方式绝对化、理想化了,因而看不到资本主义生产的内在矛盾,以致完全否认普遍生产过剩经济危机的可能性。这充分反映了李嘉图经济理论的阶级局限性和历史局限性。

危机理论在马尔萨斯的经济理论中却占据特殊重要的地位。甚至可以说,作为土地贵族代言人的马尔萨斯,其全部经济理论就归结为危机问题,只有说明了危机的必然性和普遍性,才能为土地贵族的社会作用辩护。马尔萨斯研究经济问题的重要动机之一,也正在这里。由于阶级利益的不同,因此,马尔萨斯的危机理论一开始就受到资产阶级的反对,是不足为奇的。

总之,马尔萨斯和李嘉图关于普遍生产过剩经济危机的理论都是错误和庸俗的。尽管表现形式不同,但都是为各自所代表的阶级利益辩护,都缺乏对资本主义内在矛盾的实事求是的分析。但李嘉图的辩护是本能的、下意识的。马尔萨斯则是蓄意辩护。他出于没落阶级的敏感,积极寻找资本主义经济中一切可以利用的矛盾和裂痕。只要土地贵族的利益获得保证,他就不再认为存在生产过剩经济危机的可能性。这从他主张依靠土地贵族等"第三者消费阶级"的消费来防治危机的"药方"都可以看出。他仅仅在这个限度之内,才"大胆地"承认了危机的普遍可能性和必然性。这样,马尔萨斯就不可能在理论上达到李嘉图的高度。

(三)

李嘉图的无危机理论在其后一百多年中成为一种传统,不断被资产阶级经济学家所引用。但到当代,资本主义经济已发生重大变化,经济危机已成为人尽皆知的现实,当然也不再有人像李嘉图那样矢口否认危机了。相反,一直默默无闻的马尔萨斯的危机理论却成了当代凯恩斯主义思想的先驱。

1929—1933年,资本主义世界发生了空前的世界性经济危机,造成了巨大的损失和灾难。资产阶级传统的无危机论在这次危机中崩溃了。凯恩斯主义应运而生。凯恩斯深受马尔萨斯危机理论的启发,他继承和发展了马尔萨斯的有效需求理论。他认为,1929—1933年的大危机,就是有效需求普遍不足和资本主义经济自动调节机制失灵的结果。他还认为,"萨伊定律"、李嘉图的储蓄与投资一致性原理、经济自动调节机制统统都是特殊情况下的产物,用这些特定条件下的论断去解释一般的、普遍的情况则是错误的,不能对资本主义经济问题作出令人满意的解释,更不能找出可行的措施来。当初马尔萨斯没能战胜李嘉图而取得理论上的支配地位,是"因为马尔萨斯没有能够解释清楚(除了诉诸日常观察中所得来的事实以外),如何,以及为何,有效需求不足或过多。他不能提出一个另外的解释"[①]。于是,凯恩斯一方面摒弃了李嘉图、萨伊无危机论的教条,一方面在马尔萨斯有效需求论的启发下,建立起自己的有效需求学说和反危机措施。凯恩斯认为,有效需求就是总需求,即商品总供给价格与总需求价格达到均衡时的需求。凯恩斯认为,"心理上的消费倾向"、"对资产未来收益的预期"和"心理上的灵活偏好"三大心理规律,尤其是"对资产未来收益的预期"造成了有效需求不足,而有效需求不足则造成了供给相对过剩,形成普遍危机。但资本主义制度内的经济机制本身无力解决这个问题。经济自动调节机制已经失灵,必须借助国家的力量,才能克服危机。这里,凯恩斯继承和发展了马尔萨斯的观点。马尔萨斯主要从消费方向着眼。他认为,要增加有效需求可以扩大非生产性的奢侈消费,在特殊情况下,还可举办公共工程,增加开支,或在通货增加的情况下扩大政府支出,扩大国家干预。凯恩斯把这些办法作为经常性的主要办法,认为防止和拯救危机,主要靠政府干预经济,扩大政府投资,调节和管理有效需求。他甚至不惜奉行用赤字财政扩大政府开支的办法来弥补私人消费和投资减少所造成的有效需求总额不足。他认为,只要政府抓住需求管理,长期干预经济,危机是可以避免和减轻的。凯恩斯主义虽然在一个时期内发生重大影响,成为一些国家的经济主导思想,但它不能,也不可能真正解决和根除资本主义经济危机。70年代以后,供给学派

[①] 北京大学经济系编译:《马尔萨斯反动言论选辑》,商务印书馆1964年版,第227页。

应运而生。

供给学派是在凯恩斯主义"需求管理"和国家干预政策越来越不灵的情况下在美国出现的。凯恩斯主义政策多年实行的结果,使经济陷入难以解脱的"停滞膨胀"局面。在走投无路的情况下,一些资产阶级经济学家和政府官员,重新转向李嘉图和萨伊传统,企图反凯恩斯主义之道而行之,从"供给管理"方面寻求出路,去解决"滞胀"的难题。供给学派的主张实际上在资产阶级经济学界流传很久了,它本质上是"萨伊定律"的引申和李嘉图教条的翻版。供给学派把"萨伊定律"作为理论和政策的基础,认为经济学应当研究如何促进生产,而不应着重分配和需求。供给学派的代表人物乔治·吉尔德说:"就全部经济看,购买力会永远等于生产力。经济具有足够的能力来购买它的全部产品,不可能由于总需求不足而发生产品过剩。从整体看,生产者在生产过程中会创造出对他们的产品的需求。"[①] 而拉弗则认为"萨伊定律不仅概括了古典学派的理论,而且确认供给是实际需求得以维持的惟一源泉"[②]。于是,供给学派针对凯恩斯主义"需求管理"的政策造成的"滞胀"提出,只有提高生产、增加供给才能解决通货膨胀和物价上涨问题,也就是,只有放开手脚刺激私人投资,活跃经济才是解决问题的根本途径。供给学派反对政府对经济的干预,主张市场自动调节。他们认为,企业家的创业精神和自由经营活动是生产增长的关键因素,而市场调节的资本主义是使企业家施展技能的最佳制度。他们主张,经济政策应重点放在刺激企业生产积极性上去,以微观来带动宏观克服当前的困难。次序上,最先解决的应是通货膨胀问题。具体措施上,他们主张通过降低税率和减税的办法来加速企业固定资本折旧,刺激私人储蓄和投资,从而扩大供给活跃经济;同时要适当减少政府开支和公共开支,逐渐消灭财政赤字,控制通货膨胀;此外,还要减少和限制政府对经济的干预,减少或取消不适当的规章法令,鼓励企业经营的创造性,让市场自动调节的机制充分发挥作用,最终就会实现"无为而治"。

其实,不论马尔萨斯还是凯恩斯,不论李嘉图还是供给学派,都不能真正医治资本主义经济危机的痼疾。尽管凯恩斯和供给学派比起马尔萨斯和李嘉图来在理论上有所发展,但其庸俗性和辩护性依然存在,仍然相似。阐明了它们之间的继承关系,就会了解李嘉图和马尔萨斯关于危机的最初论

---

① 刘二染、谭崇台主编:《当代西方经济学说》,武汉大学出版社1983年版,第473—474页。
② 同上。

战在理论上的现实意义。作为资产阶级经济学家,充其量只能提出某些缓和危机影响或延迟危机到来的措施。这就是资产阶级危机理论发展的局限性。只有在这个限度上,才能认清各类资产阶级危机理论的本质。但对于他们的各种手法,则应具体加以研究。通过研究弄清其思想渊源,找出其发展变化的原因,对更好地认识当今资产阶级各派危机理论的本质,无疑具有重要意义。

试论马克思经济周期波动理论的现实意义[*]

马克思的经济周期波动理论,是其整个经济理论体系的有机组成部分之一。它对于深刻分析和揭示资本主义经济运动规律及其表现形式,说明社会主义经济制度产生的内在必然性,是十分重要的。

重新认识马克思经济周期波动理论,重点应该搞清下面几个问题:(1)该理论是否只对资本主义具有意义? (2)它对于社会主义经济实践有无指导或借鉴意义? 如果有,表现在哪些方面? (3)怎样认识该理论的有效性和局限性? 应该怎样补充和发展它? 怎样运用它来指导我们的经济建设?

一

马克思的经济周期波动理论,是否只对资本主义具有意义?

答案显然是否定的。因为,该理论的提出,是与资本主义的发展趋势以及社会主义的产生密切相关的。这一理论是马克思关于资本主义历史过渡性和社会主义历史必然性的核心理论之一。相当一个阶段的历史事实充分证明了这一理论的深刻性及正确性。

这一理论不仅教育了一大批社会主义者和工人群众,而且直接提供了社会主义革命的理论条件,还为社会主义经济的发展提供了理论上的参照物。甚至连从中受到启发和教益的资产阶级经济学家,都看到了该理论对社会主义的重要意义。比如,美国已故的制度学派著名经济学家米契尔(W.C. Mitchell)曾在其1927年出版的《商业循环问题及其调整》一书中说:"在许多这一类的推论中,马克思的推论是特别重要的,因为马克思是把商业危机的日益频繁和日益严重列入导致社会主义国家制度的长期趋向之内的。"[①]

可见,马克思的经济周期波动理论,虽然其研究对象是资本主义经济,

---

[*] 原载于《经济科学》1989年第2期。
[①] 米契尔:《商业循环问题及其调整》,陈福生、陈振骅译,商务印书馆1962年版,第251页。

但其意义远不限于资本主义。

那么,马克思的经济周期波动理论对社会主义经济发展有何意义呢?

我们说,马克思这一理论对于社会主义经济,同样有着重要的意义。因为,马克思的分析始终是把资本主义经济同商品经济结合在一起的。他把商品看作社会财富的元素形式,从而由商品所反映的经济关系着手分析,并进而扩大到纵深方面。他研究的资本主义经济周期波动问题,始终是以商品经济波动的形式表现的。尽管这种商品经济的形式紧密地与资本主义这个特殊历史阶段相联系,但它毕竟存在着超越特定社会历史形态的一般性质。因此,资本主义商品经济运动的规律,必然包含其他社会形态下商品经济运动规律的若干共同点。这种共同的一般的性质,使之对于社会主义商品经济同样发生作用。因此,马克思对于资本主义商品经济周期波动的研究,对于社会主义商品经济同样具有重要的意义。

当然,这种意义只是理论上原则性的对照及参考,并非直接的理论现实意义(就绝大多数情况而言),马克思的有关结论和看法不能直接用于社会主义现实。因为,马克思设想的社会主义是共产主义的第一阶段。他认为,在资本主义发达经济顶点上建立的社会主义,生产力基础十分雄厚。另外,社会主义下没有个人私有制,也就没有经济关系异化的基础,于是,社会的经济关系便坦然表现为其本来面目,表现为产品经济形式,而不用采取商品经济形式了。

不过,马克思只是在当时资本主义发展的条件下,从本质上分析资本主义经济关系和形式的变动的。资本主义经济在马克思之后的发展,很大程度上显示了其多样性和复杂性。后来的许多事实是马克思当时所始料不及或未曾作为重点加以研究的。这当然不能完全归咎于马克思而苛求他。可是,马克思研究的重心,毕竟造成在某种程度上对其他一些问题的轻视。事实上,后来正是这些方面发展起来了。因此,我们对这些方面必须进行新的认真研究,纠正马克思的结论对今天的不当之处,从而补充、丰富和发展马克思主义。

实践表明,今天的社会主义,还没有哪一种形式完全出自马克思描述的模式。今天的社会主义,是在马克思理论指导和启发下,在资本主义不够发达、或很不发达的条件下,经过革命的暴力手段产生的。这种社会主义,在基本方向上,与马克思的看法是一致的,但在许多具体问题上,则大不相同。这些社会主义产生的实践本身就有力地证明了,马克思主义是指南,而非教条。世界各社会主义国家的多年实践,都证实了现在的社会主义还远不能废除或取消商品经济,在许多具体问题上,是不能完全按照马克思的设想模式办的。要发展和巩固社会主义,就要大力发展社会主义的生产力,使之表现出相对于资本主义的优越性,而这又必须借助于商品经济的形式和许多在资本主义条件下对发展社会生产力行之有效的形式和办法。这不是否定社会主义,恰恰是尊重社会主义与其"母体"——资本主义的内在联系,是真正把社会主义的"母体"中富有生命活力的因素继承吸收或借鉴过来。

这样,我们为发展社会主义经济而研究资本主义经济,重新认识马克思对资本主义商品经济周期波动的理论,当然具有十分重要和迫切的现实意义。

二

马克思关于商品经济周期波动的理论中,究竟有哪些对我们更具有实际的意义?这个问题可以从两个方面看:其一,马克思在以资本主义商品经济周期波动形式为直接表现的研究中,间接地从商品经济本身的共性来看,而对社会主义经济波动具有实际意义的方面。其二,马克思直接从社会化大生产的共性,从与资本主义经济对比的意义上提出的,直接涉及社会主义经济波动的探讨方面。就数量而言,前一方面远比后一方面多。

(一) 间接有意义的方面

1. 关于商品经济中危机可能性的分析。马克思指出,商品经济中买卖过程的时空分离,是商业危机的一般可能性。它导因于商品内在价值与使用价值的对立,而必须通过商品与货币这种发展了的形态表现出来。这种商业上的危机可能性会因其与生产的必然联系,而扩展为整个社会再生产过程的危机。这一点在生产直接与市场相联系的条件下,十分重要。从本质上说,资本主义经济周期波动就是这种危机作用的结果。

社会主义经济同样是商品经济,也不能离开市场。因此,马克思所揭示的这种商品经济危机的内在动因依然存在。在经济关系的本质上,仍然存在发生这种危机的现实条件。不同的只是,商品经济和市场的发育成熟程度,会导致商业波动对生产波动的影响不同,在发生危机时表现为供求对比的差异。所以,马克思这方面的分析对我们具有现实意义。

2. 关于货币作为支付手段包含着危机的另一种可能性的分析。马克思指出,货币作为支付手段的职能本身,即在两个不同的时刻分别起价值尺度和价值实现作用,就已经在时间的分离中包含了危机的可能性。这种可能性往往会在一系列的相互交易和债务连锁支付中同时发生,出现货币危机。由于货币信用关系与整个商品经济的内在联系,这种危机也会导致整个经济在投资、分配、销售、购买、生产等各个环节上的停顿、下降、上升、波动。纵观资本主义经济的发展历史,不难发现其货币危机对整个经济波动所起的直接推动作用。特别是当货币信用关系与现代的股票市场相结合时,其威力更大,甚至直接由此引发深重的经济危机。资本主义在30年代初大危机中的情况,至今仍然使许多人将金融市场的较大波动视为畏途。

社会主义商品经济当然也离不开货币信用关系。尽管我们的货币金融关系不如资本主义发达,但在危机问题上,也不能掉以轻心。货币信用关系内在地引起经济波动和危机的可能性,同样存在,甚至会以更发展的形式,如证券市场波动的形式出现。货币金融波动冲击经济、清偿危机和通货膨胀危害的情况,正现实地发生着。因此,马克思这方面的有关分析,对我们同样具有重要的现实意义。

3. 关于经济危机从一般可能性变为现实性的论述。马克思认为,只要有了居支配地位的发达商品经济关系,危机的一般可能性就会变为现实性。由于这时商品流通已普遍与社会生产的各方面结成了密切相关的、相互依存的社会经济整体。商品流通已成为整个社会再生产密不可分的必要的环节和组成部分。因此,在简单商品流通下的危机可能性,由于商品流通的地位、作用和重要性的变化,而被加强和放大了许多倍,从而,成为直接影响社会再生产进程的现实问题。由于流通与整个再生产的现实的复杂的联系,以及再生产过程中各部分的并存和继起关系,这种现实的危机和波动就会引起整体的经济波动。资本主义经济的周期性危机和波动,正是这种关系变动和作用的结果。

我们今天的社会主义商品经济,已不是简单商品生产和流通。尽管程度不发达,但和马克思分析的情况相比,差别并不很大。在我们现实的条件下,危机、停滞、波动显然已经不是抽象可能性的问题,它已经具有直接的现实性。这必须引起我们足够的注意。因此,马克思在这方面的分析,对我们也同样具有重要的现实意义。

4. 关于商品经济中,经济失衡与波动必然性和经济平衡的偶然性的分析。马克思曾明确说到:"商品生产是资本主义生产的一般形式这个事实,已经包含着在资本主义生产中货币不仅起流通手段的作用,而且也起货币资本的作用,同时又会产生这种方式所特有的、使交换从而也使再生产(或者是简单再生产、或者是扩大再生产)得以正常进行的某些条件,而这些条件转变为同样多的造成过程失常的条件,转变为同样多的危机的可能性;因为在这种生产的自发形式中,平衡本身就是一种偶然现象。"[1]

我们社会主义生产的一般形式也是商品生产。货币除流通手段外,也发挥资本的功能,也会引起生产和交换得以进行的一些必要条件。而这些必要条件也会变为造成失常的和波动的可能性的条件。尽管我们有宏观计划协调,但计划毕竟不是万能的,不能包揽一切。因此,我们的经济也只能在波动中发展。如果注意到即使我们处于完全的计划统制经济时,经济发展也会波动,那么,就会理解,商品经济的失衡和波动对我们也绝不是偶然的。马克思的有关分析无疑会启发我们的思路,帮助我们正确认识和把握经济的波动。

5. 关于经济波动周期性的分析。马克思指出,社会生产一经进入交替产生膨胀和收缩的运动,也会不断重复这种运动,而且,结果又会成为原因。这样,不断地再生产出自身条件的整个过程的阶段变换,就采取周期性的形式。这种周期的起点和终点又往往是互相重合的。马克思还说明,周期的物质基础一方面是机器设备的平均更新时间,这种更新时间会在竞争中,在危机发生时强制地社会地一致;另一方面,社会上若干相互联系的周转组成的包括若干年的周期(资本被它的固定组成部分束缚在这种周期之内),也构成了周期性危机的物质基础。

马克思这种分析,对我们社会主义经济运行,同样具有重要意义。因为:(1) 社会主义经济也存在固定资产大规模更新的问题。这种更新的期限,会由于最终的一致而导致以后的一致。(2) 资本周转的周期性(一定期限性)是客观现实。(3) 经济调整过程中的惯性(或称调节时滞)也会产生马克思所说的那种波动。这些富有启发性的问题,值得我们认真研究。

6. 关于部门危机和局部波动对整个经济波动的影响问题。马克思对此亦有相当深刻的分析。他认为,在危机形成过程中,一旦某些主要消费品生产过剩,就必然会引起普遍的生产过剩而造成危机。其实,普遍过剩,在一些领域中也只是局部的和相对的。马克思看到了社会化大生产各部门之间的有机联系,看到了整体结构的某部分对其余部分的影响,并意识到局部或部门的危机或波动对整个经济的重要作用。当然也注意到随着经济发展,某些部门或系统危机的独立性质。

---

[1] 《马克思恩格斯全集》第24卷,人民出版社1972年版,第558页。

我们研究社会主义商品经济时,应从马克思的分析得到启发,处理好部门危机的问题,既不把独立的局部(部门)危机和波动当作整个经济危机和波动来看,也不把有可能影响整个经济的危机波动孤立起来,必须认真处理好部门波动,控制其影响。

7. 关于社会再生产两大部类平衡的理论。马克思深刻地阐明了,商品生产条件下社会再生产过程正常进行所要求的两大部类的平衡问题。这种平衡既有使用价值的,即物质的方面,又有价值的,即社会关系方面;既有相对稳定相对静态的简单再生产分析,又有比较复杂的动态的扩大再生产分析。马克思这些分析对社会主义商品经济无疑具有较大的现实性。如果在社会再生产过程中,不能对两大部类的比例关系实行有效的调控,社会生产就会因结构比例和发展速度差异而导致失衡,出现大的波动或危机。因此,马克思在这方面的分析,对研究社会主义商品经济的运行和经济周期波动尤为重要,具有特别明显的现实意义。

8. 关于商品经济下宏观调控的困难问题。马克思谈到,资本主义经济的根本性质决定了微观经济异常活跃和宏观调控的困难,并由此引起经济的波动和危机。这对我们社会主义商品经济同样具有借鉴意义。怎样使宏观调控更有效,而又不影响和削弱微观经济的活跃和效率?怎样通过宏微观的作用而把波动控制在"适度"范围内,都是具有深远的理论和现实意义的问题。

(二) 直接分析社会主义经济波动方面

马克思在社会主义产品经济前提下,谈到了对波动的控制问题。他说:"再生产的资本主义形式一旦废除,问题就归结如下:寿命已经完结因而要用实物补偿的那部分固定资本(这里是指在消费资料生产中执行职能的固定资本)的数量大小,是逐年不同的。如果在某一年数量很大(像人一样,超过平均死亡率),那在下一年就一定会很小。假定其他条件不变,消费资料年生产所需的原料、半成品和辅助材料的数量不会因此减少;因此,生产资料的生产总额在一个场合必须增加,在另一个场合必须减少。这种情况,只有用不断的相对的生产过剩来补救:一方面要生产超出直接需要的一定量固定资本;另一方面,特别是原料等等的储备也要超过每年的直接需要(这一点特别适用于生活资料)。这种生产过剩等于社会对它本身的再生产所必需的各种物质资料的控制。但是,在资本主义社会内部,这种生产过剩却是无政府状态的一个要素。"①

马克思这段话说明,社会主义产品经济下,尽管有宏观的计划,但生产的波动(甚至生产过剩)依然是不可避免的,这是再生产本身的特点决定的。即使没有社会关系对经济的作用,其他条件也不变,就固定资本的更新而言,也会产生经济波动。马克思这里指出了保持波动的"适度"的办法是有计划的、不断的相对生产过剩,即增加库存量,保持社会对它本身再生产所必需的各种物质资料的控制。当然,在马克思看来,这种波动的"适度",在社会主义宏观计划调节下,是较为容易控制的,因为社会主义不是商品经济,没有自由竞争,因而也不会出现无政府状态。(关于马克思在这里的不足之处,下文将集中分析。)事实上,我们的社会主义商品经济并未消除资本主义商品经济下的某些失控或无政府因素,我们的宏观计划调控也不那么灵敏有效。因此,马克思这里的论述,对我们社会主义商品经济,除具有直接指导意义之外,还暗含着退一步的暗示(这当然不是马克思的本意,而是我们今天的理解),即社会主义的经济波动同样是不可避免的,同样要认真对待。

综上所述,我们可以看出马克思关于经济周期波动和危机的理论,无论从哪方面讲,对我们社会主义经济都具有重要的意义。因此,应当从这个意义上给以总的肯定。但这决不意味着马克思的话可以照搬,完全照办。我们必须依照自己的情况领会马克思思想上的含义,并运用于自己的实践。

三

我们应该怎样认识马克思经济周期波动理论的有效性和局限性呢?应该在哪方面补充、发展和完善它呢?

我们认为,马克思该理论的有效性和局限性主要是由于时代的、历史的局限性造成的。这种历史的局限性,看来任何人都无可避免,即便是马克思这样的伟大人物,也终归要受到其约束。当然,除此之外,还有马克思研究时指导思想及研究方法方面的影响,但那是第二位的。马克思正处于资本主义刚刚发展的时代,从今天的观点来看,还远未达到资本主义的顶点。那时的许多经济生活条件不同于我们今天的情况。马克思所设想的社会主义模式也不同于我们今天实践着的社会主义模式。所以,即使马克思的经济

---

① 《马克思恩格斯全集》第24卷,人民出版社1972年版,第526—527页。

周期波动和危机的理论对我们今天具有重大的现实意义,也不可避免地带有那个时代的历史条件的局限性。这使得马克思这些理论,不足以完全充分地指导我们的社会主义实践。我们必须对之加以突破、发展和创新,从而丰富和发展马克思主义经济理论,指导我们的实践。

具体说来,局限性主要表现在如下方面:

1. 马克思直接分析内容的绝大部分是资本主义商品经济的情况,尽管其中涉及带有普遍性的一般商品经济的状况,但没有详细展开。马克思从历史唯物主义立场看待资本主义与商品经济发达状况的联系,并在谈到商品经济发展的趋势时,把商品经济的消亡与资本主义的灭亡联系在一起。但马克思没有很好分析商品经济的一般状况,即不依从于资本主义、不与资本主义共消亡的性质,也没有估计到社会主义下仍然会有商品经济的情况。尽管马克思在无法对社会主义进行实证研究的情况下,没有过多地预言未来社会的具体状况,但在商品经济这个大问题上,其规范性预见还是具有较大的历史局限性。

他认为社会主义只能产生于大生产的充分发达和资本主义的充分成熟。社会主义已经完全消灭私有制,因而也消灭了商品经济产生和存在的条件,消灭了商品经济在资本主义下所具有的一切特征。所以,从马克思的本意来看,社会主义制度下不存在商品经济的那种经济周期波动。这也就排除了深入探讨和分析一般商品经济波动和社会主义商品经济波动问题的必要性。这种不足,一方面是时代发展的现实造成的,另一方面是由于马克思认为商品经济发展的一般规律,已寓于资本主义商品经济发展的特殊运动规律之中,因而没有必要再单独分析商品运动的一般规律了。同时,他认为资本主义已是商品经济发展的最高阶段,当然,到社会主义就不应再有商品经济。不言而喻,这也与他过于规范化地看待社会主义产生的规律与途径有关。

2. 马克思对社会主义产品经济中宏观的集中计划调节的作用估计偏高,因而没有可能对社会主义经济失调和波动问题加以重视。这除去时代的局限性之外,主要是他把社会主义的优点与资本主义的缺点截然对立起来,使其对社会主义的优点过分理想化,比如,把社会主义经济的微观上充分的高效率作为假定前提,把微观对宏观的反应看成是充分有效和灵敏的,最后,把宏观计划的作用看作几乎是没有缺点的。当然,这也与他对未来社会经济模式认识的简单化,与他不过多探讨同资本主义制度灭亡无关的运行机制有关系。

3. 马克思始终把危机形式的资本主义经济周期波动，作为资本主义内在对抗性基本矛盾的表现，从而服从于革命形势和任务的需要。这一方面导致研究重心侧重于政治上最终的结果和含义，而不注意具体运行机制的描述和分析；另一方面，在强烈对比的角度上，夸大了社会主义经济的和谐性和协调性，从而否认了社会主义条件下类似情况的发生，堵塞了有关方面的研究之路。

4. 由于马克思研究目的的缘故，他没有更多地研究资本主义经济周期波动的具体机制，从而使我们感到其对资本主义经济周期波动的说明显得不足。也许这与他把危机和周期研究放到全部经济理论体系的最后一部分"世界市场"中去有关。但他毕竟没有(或者说没有来得及)做到这一点。因此，不足之处是显而易见的。只不过我们不必苛求马克思就是了。

总之，马克思的经济周期波动理论中的这些不足之处和缺点是客观的。对于我们今天的建设来说，当然应当克服这种局限和不足。我们的时代已同马克思的时代有很大不同，社会条件和状况发生了异常复杂而丰富的变化。马克思无法准确分析的东西，我们已有了更好的条件来研究。沿着马克思的道路，在今天的条件下，切切实实地从实践出发，以自己的努力来补充、丰富和发展马克思的理论，正是我们的历史任务。

E. 曼德尔对经济危机和周期理论的探讨[*]

比利时学者厄尔奈斯特·曼德尔(Ernest Mandel)1972年发表了一部颇具影响的著作:《晚期资本主义》。[①] 在这部著作中,曼德尔力图以马克思主义的观点来说明第二次世界大战以后西方资本主义的发展及变化,并进而解释战后国际资本主义长期迅速发展的原因,指出其固有的局限性。全书提出的某些假设和推论,特别是运用关于资本主义发展的"长波"理论来探讨晚期资本主义的经济危机和周期问题,具有一定的启发意义。本文仅就曼德尔对晚期资本主义经济危机和经济周期理论的探讨谈谈自己的看法。

曼德尔在20世纪60年代出版的《论马克思主义经济学》中,以自己的方式阐述了马克思主义关于资本主义经济危机的理论。

他通过与前期资本主义的经济危机作对比的形式,叙述了资本主义周期性经济危机。他认为,经济危机就是社会正常再生产过程的中断,是交换价值生产过剩,它起因于有支付能力的消费不足。他描绘了危机的扩展过程,指出:"窖藏收入和非生产的储蓄都可以造成收入的剩余,从而引起某些商品相等的生产过剩。于是就形成就业第一次缩减。就业缩减可以使生产过剩遍及各经济部门。于是又使就业第二次缩减,如此循环不息。"[②]

10年之后,曼德尔的《晚期资本主义》出版了。他在这部著作中,进一步深入研究了资本主义经济危机和周期理论。

曼德尔认为,尽管马克思没有遗留下来关于工业循环和生产过剩危机的完整理论,但从他那些最重要的著作中还是可以推导出这种理论的轮廓的。马克思曾经说过:"世界市场危机必须看作资产阶级经济一切矛盾的现实综合和强制平衡。因此,在这些危机中综合起来的各个因素,必然在资产阶级的每一个领域中出现并得到阐明。我们越是深入地研究这种经济,一

---

[*] 原载于《经济科学》1986年第4期。
[①] 《晚期资本主义》1972年以德文出版,后由 Joris De Bres 译为英文,1978年,Verso 英文版于伦敦出版,书名为 *Late Capitalism*,1981年10月由马清文转译为中文,由黑龙江人民出版社于1983年6月出版。
[②] 曼德尔:《论马克思主义经济学》(上卷),廉佩直译,商务印书馆1964年版,第361页。

方面,这个矛盾的越来越新的规定就必然被阐明,另一方面,这个矛盾的比较抽象的形式会再现并包含在它的比较具体的形式中这一点,也必然被说明。"① 对于这段话,曼德尔认为,它表明马克思明确地否认了对危机所作的任何单一理由的解释,坚持认为危机是资本主义生产方式各种矛盾的结合。曼德尔认为:"在这个意义上,平均利润率的循环运动毫无疑问地是资本主义生产循环运动最清楚的表现形式,它最终总结了生产过程和再生产过程各个阶段的矛盾发展。"② 从资本的本性和资本主义生产的动力来看,经济高涨只有在利润率增长的情况下才是可能的,而增长的利润率也反过来为市场的新扩大和这种高涨的加强创造各种条件。但是,当这种过程达到一定点的时候,已经增加了的资本有机构成和对可以销售给"最终消费者"的商品数量的限制,都必然会降低利润率并使市场发生一种生产过剩的危机。利润率的下降导致投资的缩减,这又使经济进入衰退。衰退中,资本的贬值和渐趋合理化以及越来越多的失业现象,又会使利润率再次提高。而产量下降和存货枯竭又使市场能有新的扩大,这种市场重新扩大与利润率的恢复相结合,又重新刺激投资活动,从而掀起下一个生产高涨。

但曼德尔并不满足于这点,他进而对比了马克思和马克思之后的一些学者的理论。他认为,除马克思外的那些人的理论,都比较片面地强调了造成危机的个别人的、单一因素的作用,"都患有一种基本失调症,即都没有从这个体系中的一个单一的变量来推断资本主义生产方式的整个动力"③。而马克思尽管注意了各因素的相互作用和综合,并把所有其他规律或多或少自动地作为利润率变量的功能在发挥作用的结果,但他缺乏系统的正面阐述。曼德尔认为,资本主义生产方式中的所有基本变量都可以在某种程度上部分地和周期地起到自主变量的作用。这些变量应包括:总的资本有机构成、永久资本在固定资本与流动资本之间的分配情况、剩余价值率的发展、积累率的发展、资本周转时间的发展和两大部类之间的交换关系。曼德尔的新探讨主要就是对这六个基本变量的发展及其相互关系的研究。他说:"我们的命题就是,资本主义的历史以及资本主义的内在规律性和已经表露出来的种种矛盾的历史,只能作为这六个变量相互影响的一种功能来加以阐明和理解。利润率的波动是这一历史的地震仪,因为,这种波动明白

---

① 马克思:《剩余价值理论》Ⅱ,人民出版社 1976 年版,第 582 页。
② 曼德尔:《晚期资本主义》,马清文译,黑龙江人民出版社 1983 年版,第 519 页。
③ 同上书,第 30 页。

无误地表明,这种相互影响的结果与以利润为基础,换言之,以资本的增殖为基础的生产方式的那种逻辑,是相符合的。但是,这种波动只不过是结果,这个结果本身还必须用这些变量的相互影响来加以解释。"①

在较为具体的探讨方法上,曼德尔同时把资本主义生产方式的所有基本比例都作为部分独立的变量来处置,以便能够为这一生产方式制订出长期的发展规律。他认为,关键的任务将是对这些部分独立的变量在具体历史环境中所具有的影响进行分析,以便能够解释资本主义发展史中那些连续的情况。他还预言,这些不同的变量和发展规律的相互影响,可以在各种各样生产领域的趋势中和在发展不平衡的资本价值的各种各样的组成部分的趋势中,加以总结。在这方面,曼德尔认为:"虽然马克思所发现的资本主义发展的规律揭露了长期的最终结果(增长的资本有机构成、增长的剩余价值率、降低的利润率),但是,这些规律并没有揭露这些发展趋势之间的任何确切的、有规律的比例。因此把上面列出的那些变量视为部分独立的功能和部分互相依赖的功能,这不但是合法的,而且是完全必要的。"② 他认为,这种变量的独立并不是任意的,而是存在于这种特殊生产方式及其一般长期发展趋势的内在逻辑结构之中的。恰恰是这种一般的长期发展趋势与这些变量短期和中期的波动的结合,使抽象的总资本与具体的多种资本之间的一致性成为可能。

曼德尔认为,由竞争造成的资本主义生产方式的循环过程,其表现形式为商品生产因而也是剩余价值生产的连续扩大和收缩。和它相适应的还有另一个循环运动,即剩余价值的实现和资本的积累方面的扩大和收缩运动。在时间、总量及相互比例方面,它们既不相互完全一致,也不与剩余价值生产本身完全一致。恰恰是剩余价值的生产与实现之间的差异和剩余价值的实现与资本的积累之间的差异,才能说明资本主义生产过剩的经济危机。

他认为,既然资本主义的生产目的是获取剩余价值,而资本主义经济的活动又是为追逐利润和剩余价值而竞争,那么,在工业的周期循环中,生产和资本积累就必然是围绕着平均利润率的波动而波动。在经济上升时期,利润量和利润率都增长了,积累量也会增加,积累速度就会加快;反之,在经济不景气时期,利润量和利润率都会衰减,积累量也会缩减,积累速度就会放慢。这样,资本积累过剩或投资不足当然都与平均利润率的波动密切相

---

① 曼德尔:《晚期资本主义》,马清文译,黑龙江人民出版社1983年版,第31页。
② 同上书,第35页。

关。从工业循环的周期来说，影响它的根本因素是利润率，但关键因素则是固定资本的周转及更新，正是它们决定了周期的长度和扩大再生产的基础。

马克思曾经用现有固定资本建设所需周转期的持续时间，来确定工业循环周期的长度，并说明奠定整个扩大再生产基础的那种决定性因素，即资本积累的增长和加速。曼德尔强调了这点，并且认为，马克思在提出这一关键性论点时，预见到了全部现代的经院式周期理论，即认为企业家的投资活动是周期运动向上发展的主要的刺激因素的理论。

曼德尔认为，资本主义生产方式的一个特殊因素是这样一个事实：扩大再生产的每个新的周期，都是从与以前不同的机器开始的。因为在竞争和追求剩余价值的压力鞭策下，资本家力图持续不断地努力借助技术进步来降低生产成本并使商品价值低廉。曼德尔认为，固定资本的更新本身就暗示着从一个更高的技术水平上的更新。这种更新有三重意义：第一，新机器的价值将会占投资总额中的较大比例，从而提高资本有机构成；第二，新机器只有在下面情况下才能购买：当机器的价值与这种机器给现有生产所创造的价值同资本家的赢利不矛盾时，或者说，雇用活劳动的节约，超过了固定资本的额外费用时；第三，这些机器只能在这种情况下才能购买——它们不但能节省劳动力，而且还能把总生产成本降低到社会平均水平以下，从而获得新机器带来的超额利润。这里第一个意义就是扩大再生产的物质条件，第二和第三个意义则是扩大再生产的现实条件。

曼德尔指出，固定资本扩大再生产一般有两种形式：其一是没有发生技术革新或技术革命条件下，资本有机构成的提高、生产规模的扩大和资本总额的增长；其二是已发生技术革新或技术革命条件下的变化。由于资本有机构成本身已包含了技术因素在内，即一定数量的某种机器，必定要求有一定比例的某种其他辅助机器，某种特定质量和数量的原料、辅助材料，以及具有一定知识、经验和技能的特殊工人与之相配合，才能进行生产。因此，在技术革新和技术革命条件下，固定资本更新和有机构成提高就具有了一种促使资本积累和投资加速扩张的作用。曼德尔认为，这一点对于解释周期的延长和扩张规模的膨胀，具有极其重要的意义。从这方面来说，"每一个重要的技术发明时期，都似乎是一个资本积累突然加速的时期"[①]。

根据曼德尔叙述过的观点，资本积累的波动必定依存于平均利润率的波动，而平均利润率的波动又必然同资本有机构成的变动密切相关，因而，

[①] 曼德尔：《晚期资本主义》，马清文译，黑龙江人民出版社1983年版，第126页。

对资本积累突然加速或周期延长的解释,就一定要有技术发明或其他因素引起的平均利润率的突然变化。从资本积累的能力来看,在周期性循环中的投资不足具有双重作用,它既反映平均利润较低,并且制止平均利润率继续下跌;也创造出一种有历史意义的储备资金,从而为以后新技术条件下的扩大再生产提供出额外的积累能力来。他认为,在资本主义生产的"正常的"条件下,在一次七年或十年周期的结尾所释放出来的那些价值,肯定是足够用来取得比本次周期开始时所使用的更贵的机器,但却不足以取得生产技术的基本的更新,第一部类尤其如此,因为那里的更新,通常是和彻头彻尾的新生产设备的创造联系在一起。只有在几个连续的周期中为购买额外固定资本而释放出来的价值,才能够使积累过程发生这类质的变化。这样,投资不足时期的周期性复发,就完成了一种客观功能,也就是释放出了为新的技术革命所必需的资本。从资本积累的现实必要条件来看,则是平均利润率的突然增长,只有这点才能解释多年停滞的剩余资本的突然大批投资行为。

曼德尔认为,造成平均利润率突然增长的原因不外乎下面几点:(1)资本有机构成的突然降低;(2)剩余价值率的突然变化(增长);(3)不变资本因素的价格,特别是原料价格的暴跌;(4)由于交通运输新体系的完备、分配方法的改进、股份的加速循环等原因而发生的流动资本周转期的突然缩短。把这几个原因仔细分析一下,就会发现,它们都与技术革命的发展有密切的关系。

对于技术革命,曼德尔在马克思有关论述的基础上继续进行了探讨。他认为,动力机械的生产,也就是机械方面的能量生产机,利用机械而不是利用手工操作,是"有组织的机械体系"形成的有决定意义的一个运动。用其他机器来生产机器的这种机器生产,首先是动力机械的生产,是技术发生根本变化的有历史意义的先决条件,也似乎是整个技术革命的决定性因素。他指出:"从一八四八年以来的蒸汽机机械生产;十九世纪九十年代以来电动机和内燃机的机械生产;二十世纪四十年代以来的电子仪器的机械生产——这是十八世纪后期'最初的'产业革命以来产生于资本主义生产方式的技术上的三大革命。"[1] 这三大基本革命的每一次,都逐渐使整个经济中的全部生产技术发生了变化,其中包括交通运输体系的技术在内;也导致了过剩资本的一种新的增值,这种过剩资本在资本主义生产方式内部一个接一

---

[1] 曼德尔:《晚期资本主义》,马清文译,黑龙江人民出版社1983年版,第130页。

个的周期中不断地堆积。也恰恰是由于这同一过程,新能源及动力机器的逐渐普遍化,必然会在一种较长久的加速积累状态之后,导致一种较长久的减速积累状态,也就是导致一种更新的投资不足和呆滞资本的重新出现。这样一来,曼德尔就从技术革命的角度说明了资本积累周期延长的可能性:新动力机械制造由其应用的垄断到普及的过程会使新积累资本扩大具有长期的可能性,但随着应用的普及和一般化,制造这些机械的工业的增长率就会逐步降低,于是,在第一次增长状态中大大积累的那些资本,要想继续增值,就会越来越困难,因而使资本呆滞也具有了长期的可能性。

此外,生产技术的总变化也会使资本有机构成产生一个显著的提高,在具体条件下,这迟早会导致平均利润率下降,使下次技术革命增加困难,从而导致越来越多的投资不足并产生越来越多的呆滞资本。只有在一些特殊条件共同使平均利润率产生一个突然增长的情况下,在几十年中逐渐积聚起来的呆滞资本才能大规模地投入新的生产领域,那时也许就进入了下一次技术革命。

根据以上分析,曼德尔得出了他关于经济周期波动的结论:"资本主义历史之出现于国际舞台上,不仅仅是作为每隔 7 年或 10 年一次的一系列周期性运动,而且也是作为一系列较长的时期,每个时期大约是 50 年,这种较长的时期我们直到现在已经经历了四次了:

——从 18 世纪的结尾一直到 1847 年的危机的一个长时期。这一时期的基本特征是,手工制造或机器制造的蒸汽机逐步向最重要的工业领域和工业国家扩散。这是工业革命本身的长波。

——从 1847 年的危机持续到 19 世纪 90 年代这一个长时期。这一时期的特征是,作为主要动力机械的机器制造的蒸汽机的普遍化。这是第一次技术革命的长波。

——从 19 世纪 90 年代持续到第二次世界大战这一个长时期。这一时期的特征是在各个工业领域中普遍应用了电力机械和内燃机。这是第二次技术革命的长波。

——1840 年从北美开始,一直到 1945—1948 年扩展到其他帝国主义国家的这一个长时期。这一时期的特征是,普遍采用电子仪器的手段来控制机器(同时也引进了核子能)。这是第三次技术革命的长波。"[①]

曼德尔还把每次长波分为两个阶段:一个是初始阶段,该阶段中,技术

[①] 曼德尔:《晚期资本主义》,马清文译,黑龙江人民出版社 1983 年版,第 132 页。

确实在经历一次革命,其特点是利润率增长、加速积累、加速发展、以前呆滞资本的加速自我扩张以及原来投资于第一部类而现在已从技术上废弃的资本的加速增值。另外就是第二阶段,这时,生产技术的实际变化已经发生了,只是进一步改进和增加。该阶段的特点是:利润退缩,积累逐渐减速,经济发展减速,在整个已积累资本尤其是新的额外积累的资本在增值方面日渐加多的困难,以及把自我再生产而慢慢增加的资本变为呆滞资本。这样,曼德尔又具体把几次技术革命的长波周期各自分为加速增长和减速增长的阶段,并且指出,今天应该进入始于第二次世界大战时期的这一长波的第二阶段,该阶段的特征是资本的减速积累。

曼德尔虽然深入地考察和划分了资本主义经济发展的长波及其阶段,但他并未以机械的方式来说明,也没有把长波周期与"古典周期"① 相对立。他认为,长波是通过那些"古典的周期"的连接而起作用的。长波只有作为这些周期性波动的结果才是可信的,它绝不能作为加在这些波动之上的某种形而上学的附加物。他指出,一旦确定了长波的上升曲线和下降曲线都取决于各种不同因素的交叉作用,并且还强调了这些长波并不是像资本主义生产方式中那些古典的周期那样,具有同样的固有周期,那么,就没有任何理由来否认这些长波与主要机制的紧密关系。这种关系就其本性而言是一切变化的综合性的表达,而资本永远要受这些变化的影响,结果是利润率的种种波动。此外,曼德尔也看到了利润率的波动,特别是引起从长期衰退到长期繁荣的转变的那种平均利润率的突然上升,绝不仅仅是资本主义经济周期运动本身造成的,他充分注意到了"外生因素(战争、革命、反革命、尖锐的阶级斗争、大金矿的突然发现,等等)对于从衰退长波到扩张长波转折的巨大的决定性作用"②。他认为:"一场长期衰退本身是不会释放出引起一场新繁荣的那些力量的。这些力量的出现只是对资本积累过程系统冲击的结果,即外生因素作用于资本积累的总环境的结果。"③ 这些外生因素通过对平均利润率波动的影响,主要采取两种方式突然引起资本主义发展的扩张长波:其一是造成"世界市场的突然扩大",其二是造成剩余价值率"突发式的猛升"。他认为,这两种方式并非是纯理论意义的,1848 年资产阶级革

---

① 曼德尔把资本主义工业化之后比较规则的 7—10 年左右一次的经济周期,叫做"古典周期"。
② E.曼德尔:《论资本主义发展的长波》,载《世界经济中的长波(论文集)》,伦敦:弗朗斯平特公司(Frances Pinter)1983 年英文版,第 198 页。
③ 同上书,第 201 页。

命、加利福尼亚(1848年)和德兰士瓦(1893年)大金矿的发现就是前者的实例,而法西斯主义、第二次世界大战和冷战则是后者的典型。

最后,曼德尔认为,资本主义的长波与"古典周期"一起,不仅是包含资本主义生产关系的危机,而且必须被看作是一个整个的社会危机。"这种危机不仅是资本主义占有条件、增值和积累的危机,而且还是商品生产、资本主义企业结构、资产阶级民族国家和劳动归类等在作为一个整体的资本之下的危机。所有这些多种多样的危机,都只不过是一个单一现实、一个社会经济总体的不同的方面:即资本主义生产方式。"① 他认为,在晚期资本主义时代,在第三次技术革命的过程中,生产力的迅速发展,已经有历史意义地开始动摇资本主义生产方式的最根本的基础,即商品生产的普遍化。它与生产关系之间的矛盾已经使经济危机和政治危机充满了爆炸性,并直接威胁着整个资本主义生产方式。但是,只要资本主义制度存在,经济就会继续按照其周期循环的方式发展下去。

了解了曼德尔关于资本主义经济危机和周期理论的新探讨之后,我们不难看出,曼德尔的经济危机和周期理论,有许多独到的见解。

首先,曼德尔认为,马克思对经济危机和周期问题并没有专著加以论述,但并不妨碍他从马克思若干主要经济学著作中概括出了一个大致上准确的马克思的危机和周期理论。这比起西方诸多仅从形式上否认马克思该方面理论的经济学家来,要高明得多。

其次,在基本方法上,曼德尔是正确的。他始终坚持反对"单因素"的因果解释,而一再强调对许多自生变量的相互联系及作用。从这点出发,他坚决主张把平均利润率的变化和波动作为整个经济周期波动的主要原因和"地震仪",把利润作为资本主义体系所有各方面再好不过的综合指数。当然,他也没有忘记牢牢抓住资本主义生产方式的基本矛盾及其表现。这比起西方许多经济学家来是又胜一筹之处。

第三,曼德尔认为,虽然马克思揭示了资本主义发展的长期最终结果,比如,增长的有机构成、增长的剩余价值率、降低的利润率方面的趋势,但没有进一步揭示这些趋势之间的确切的、有规律性的比例。他对资本主义长波的探讨就正是弥补这一不足的。我们说,就这方面而言,曼德尔的认识和努力还是值得赞许的,也是不容忽视的。他对长波的解释基本上是在马克思主义方面的。像康德拉季耶夫(Nikolai Kondratieff)、熊彼特(Joseph

---

① E.曼德尔:《晚期资本主义》,马清文译,黑龙江人民出版社1983年版,第672页。

Schumpeter)、杜普利茨(Dupriez, Leon)那些人,与曼德尔相比,则肤浅得多。

第四,曼德尔深入分析了固定资本周转加快及技术革命对"长波"的作用,并通过平均利润率的变动加以说明,较有说服力。

第五,曼德尔把"古典周期"与长波在资本主义生产关系方面统一起来,并说明其根本的原因所在,指出其与资本主义生产方式相始终的性质。他还力求把理论阐述与历史的经验例证统一起来。这也是较为科学的态度和方法。

简言之,曼德尔对长波周期理论的贡献诚如其所言,主要是"关系到各种各样结合,即可能对利润率发生影响的各种因素(如原料成本的根本降低;资本投资世界市场或新领域的突然扩大;剩余价值率的迅速增长或衰减;战争和革命),与资本的长期积累过程和增值过程内在逻辑的结合,其基础是基本生产技术根本更新或再生产的突然爆发"[①]。他关于长波的某些预言已被历史经验所证实。曼德尔的理论探讨对研究当代资本主义具有较大的现实意义。它对于我们学习、继承和发展马克思主义经济理论、解决社会主义经济问题都有着一定的借鉴意义和直接的理论启发。

曼德尔对经济危机和周期问题探讨的不足之处在于:他对引起长波两个阶段交替的决定性因素分析还不够充分,虽然他的抽象分析方向正确,但缺乏更深入的具体分析。这是他该理论的最大弱点。另外,他对于传统所讨论的消费不足、比例失调、投资过度等危机原因在新形势下的表现的分析也嫌不足。还有对长波与短周期的结合的具体机制,对"古典周期"在新阶段的变化缺乏探讨。对于西方经济学家的有关理论的评论也较简单。

[①] 曼德尔:《晚期资本主义》,马清文译,黑龙江人民出版社1983年版,第154页。

二元体制下中国经济周期波动理论*

经济周期波动是经济发展过程中的普遍现象。二元体制下的中国经济周期波动可以分为四个阶段：收缩、低潮、复苏和扩张。经济发展周期波动的一般原因是经济运动本身的不平衡性以及调整过程的时滞。社会主义经济也存在着周期性的波动，这种周期波动直接表现为各级政府的过度组织和干预经济活动与微观经济单位低效率之间的矛盾。二元体制下经济波动机制的最大特点是中央集权体制和商品经济条件下的经济波动机制并存。

近年来，我国经济学界开始研究中国经济发展的周期波动问题，特别是近几年改革过程中的经济周期波动问题，并且取得了初步进展。我国当前经济的波动有其特殊性，但从理论分析角度看，又有一般波动的规律。因此，要透彻分析中国经济周期波动问题，必须对一般的波动规律有所认识。

经济周期波动的普遍性

一般说来，经济发展都不是绝对平稳的，都是在波动中实现的。所谓经济波动，即经济的发展状况时好时差，发展速度时快时慢。有波动，就有周期变化，这里的周期变化，并非指按严格时间间隔出现的经济状况的重复，而是指相类似的经济状况的重复，这种重现在时间间隔上可以是不完全相同的。

社会经济发展的历史曾向人们展示出经济周期变化的典型现象——资本主义经济周期。对此，人们是熟知和肯定的。但对社会主义经济发展是否也呈周期波动形式，人们的答案在相当长时间里是否定的。人们认为，社会主义不存在经济的周期波动，这是社会主义经济与资本主义经济的重大区别之一，也是社会主义制度优越性的主要体现之一。然而，社会主义几十

---

* 原载于《经济学家》1989年第4期。

年发展的历史却向人们表明:我国社会主义经济以及苏联、东欧等其他社会主义国家的经济,都与马克思设想的社会主义存在较大差别,都存在着经济的周期波动。当然,社会主义的经济周期波动和资本主义经济周期波动有着根本不同的特点,但毕竟都存在经济的周期波动。就这一点来看,经济的周期波动具有普遍性。我们的研究,首先要注意到这种普遍性。同时,也要认真研究两者的差异和特点,尤其要注重我们自己经济波动的特征和规律性的研究。

通过对资本主义和社会主义经济发展过程的比较,我们可以得出这样的结论:

1. 经济波动是正常的,有波动就有周期。无论社会主义还是资本主义,概莫能外。

2. 有社会化大生产,就有经济的周期变化,这是生产力发展过程的客观必然性,是不依人的意志为转移的。人们只能影响其波动的幅度、范围和周期"时滞"的长短,但无法彻底克服它。

3. 在商品经济条件下,社会化大生产的周期波动将表现得更明显、更复杂、更深刻。这在资本主义国家已经得到证明,在社会主义国家也已经部分得到验证。

4. 经济的周期波动,会通过各种经济机制和渠道在社会经济中传递。这种传递是不分国界的,在日益开放的世界经济范围内,表现得最为明显。

经济周期波动的类型、时期和周期阶段

我国经济发展已有40年历史,从已有情况来看,我国的经济周期波动主要可以分为三种类型和三个大的时期。这三种类型是:(1) 传统中央集权条件下的经济周期波动;(2) 多种经济成分并存的市场机制调节下的经济周期波动;(3) 经济体制改革时期,二元经济体制下的经济周期波动。第三类又可分为两种情况:其一,改革前期,行政和计划调控为主的条件下的经济周期波动;其二,改革后期,以市场机制为主的经济周期波动。这里第一种情况与前面第一类相似,但它已向商品经济转变,因而出现了部分或局部的市场机制的作用。第二种情况则与第二类相似,但第二类在我国历史上并没有典型的表现形式。

以上三种经济周期波动类型,在时间上大致可以划分为与之相应的三个大的时期:(1) 1949—1956年为第一个时期,该时期的经济波动属于第二

种类型,但未充分展开。这个时期的经济特征是多种经济成分并存下的市场经济。因为该时期具有较多的经济恢复和建立计划经济体制的因素,所以,在周期波动的表现上不够典型,也不够明显。(2) 1957—1981 年为第二个时期,该时期的经济波动属第一种类型。其特征是中央集权的指令性计划经济,政企不分,党政不分,行政干预经济较多,政治运动冲击较多,这是我国到目前为止最主要的经济波动类型。这也是社会主义传统经济体制下,经济波动最充分的表现。我国经济学界在关于经济周期波动问题的研究中,往往有人以对该类型的研究代替对全部类型的研究。应该说,这是很不够的。(3) 1982 年起至今为第三个时期,属于第三种波动类型。这个时期的主要经济特征是:经济体制改革时期二元经济体制并存,即计划调控机制与不完全的市场调控机制并存。进一步说,这一时期的经济波动,应当属于第三种类型中的第一种情况,即以计划调控为主的经济周期波动。我们所要研究的重点是这一时期。

要透彻分析二元体制下的经济波动特点及其规律,没有普遍认识和具体认识的结合是不行的。下面,我们将遵循由一般到特殊的次序来加以分析。

关于经济周期的阶段。

资本主义经济周期一般分四个阶段:危机、萧条、复苏、高涨。尽管资本主义经济学家很少使用"危机"这个提法,但他们并不否认"危机"一词所指的含义。经济周期波动的意义包含一定程度的经济危机。

社会主义的经济周期也可以分为四个阶段:收缩、低潮、复苏、扩张。当繁荣发展的经济由于某些原因,不能继续扩张或维持原有状态而发生跌落时,经济就进入收缩阶段。这时,主要经济部门以及整个经济呈现出规模缩小、发展困难、重大比例失调的不景气状况。有时则会发生危机。社会主义经济的危机多为严重短缺型,同时伴生着通货膨胀(显性或隐蔽的)、失业(多为隐蔽的),生产严重下跌,局部也会出现短暂过剩。不过,危机毕竟是极偶然的特殊情况。多数情况下,由于国家调节的机制,经济只会发生不同程度的收缩,收缩就是经济发生较大失调的阶段。

收缩阶段之后,是低潮阶段。这时,经济活跃程度较低,几乎没有增长和发展。这个阶段也是经济的调整阶段。此时,整个经济仍未摆脱不景气的阴影,只能在"瓶颈"部门制约下,缓慢运转。

低潮之后是复苏阶段。该阶段,失调的比例已经得到调整或正在调整,逐步达到协调,整个经济开始全面起飞,逐步达到正常运转,只是速度还不够快。该阶段,一些部门已具备了扩张的条件,开始缓慢扩张,其他部门也基本恢复正常,准备扩张。整个经济形势看好,企业信心增长,大的比例基本趋于协调。

复苏之后是扩张阶段,该阶段各种比例已经协调,增长和扩张速度加快,市场繁荣,经济全面发展,社会一片景气现象。到扩张阶段后期,一旦经济发展过热,部门间生产率差距拉大,就会内在地产生许多不协调的因素,为进一步发展设置了障碍,甚至演变为迫使经济全面下跌的内在动因。

社会主义经济周期波动的这四个阶段,实际上又可看作失调、调整、协调三个基本过程。失调过程与扩张阶段后期和收缩阶段相对应;调整过程与低潮阶段和复苏阶段前期相对应;协调过程与复苏阶段后期和扩张阶段前期(或大部分)相对应。

经济周期的性质和发生的原因

中国经济周期波动的性质,是社会化大生产中各种因素和矛盾相互作用的综合表现和结果。它与资本主义经济周期既有区别,也有共同点。区别在于:(1) 两者基本矛盾的内容不同;(2) 波动的侧重面、范围和深度不同;(3) 对波动的干预形式及结果不同;(4) 资本主义的经济周期往往是根本性对抗性矛盾的集中表现,而社会主义经济周期波动则不具有这种根本对抗性。共同之处在于:(1) 两者都是社会基本经济矛盾作用的表现和结果;(2) 都是社会化生产(商品生产)内在规律的表现;(3) 都是经济发展的一种运动形式。

从经济周期波动的直接表现来说,资本主义的经济波动与社会主义的经济波动不同,甚至恰好相反。例如:资本主义经济周期波动往往表现为需求不足,供给相对过剩;而社会主义经济周期波动则常常表现为需求过度和供给相对不足。资本主义经济周期直接导源于个别企业的有组织和整个社会的无政府状态间的矛盾,以及较高的生产效率与同它不相适应的、特定分配结构下产生的社会消费能力有限性之间的矛盾;而社会主义的经济周期波动直接导源于中央及各级政府的过度组织(强制性命令和指令性计划)和各企业的低效率之间的矛盾,低水平的社会供给与无法再压低的平均主义分配制下的社会需求总量之间的矛盾。资本主义的宏观决策无法对微观经济直接产生较大作用,因而很难收效;社会主义宏观决策则往往代替了微观决策,使决策难以完全符合具体情况,从而产生较大副作用。

经济周期波动的一般原因是:经济运动本身的不平衡性以及调整过程的时滞。这又需要从多方面加以考察。首先,经济发展的不平衡性是客观规律。社会主义和资本主义无一例外,世界上还从未有过绝对均衡的经济发展。一国内,总有些企业、行业、部门发展得快一些,发达一些,同时,也总有些企业、行业、部门发展较慢。这种发展上的差距达到一定程度,就会产生失衡。我国经济波动一般表现为总量失衡、结构失衡、决策调整的失衡以及主要部门内部的失衡。其次,出现大的失衡,就要加以调整解决,调整则必定有一个过程。这样,失衡—调整—平衡—再失衡—再调整—再平衡……必然构成周期波动。第三,调整的性质、种类不同,调整过程也不同。比如:计划调整、政策调整、自然调整,意外干扰的强制性调整,都是不同性质和种类的调整。调整不同,其过程必然不同,因而,就会影响到周期及其各阶段的长短,以及波动的幅度。第四,经济发展不平衡是生产力发展规律的反映,各种调整的时滞以生产本身的固有周期为基础。比如:农业只能以作物生长周期为基础发生调整时滞,工业也以产品生命周期或生产工艺周期为基础发生调整时滞。马克思所说的周期的物质基础,即固定资本的更新周期,其实就是设备自然物质生命周期和设备在资本主义条件下的社会生命周期两者的统一,这也是技术条件的生命周期和生产关系要求的社会周期界限互相作用的结果。它引起实际的经济运动,即周期波动。正是在这里,社会基本矛盾的作用再次介入周期波动的原因之中。

商品经济周期波动的一般原因或抽象可能性,随商品经济的发展和普遍化而日益显示出来。马克思曾经较深刻地探讨过货币信用以及商品价值与使用价值的矛盾统一关系,说明了它们在资本主义经济周期和危机中的作用。这些看法在很大程度上,同样适用于社会主义商品经济。因为商品生产和交换的一般规律仍然在发生作用。商品流通中,货币和信用的中介和支付作用,使交换与实现产生了危机和波动的可能性,货币信用关系的深入广泛发展,则使这种可能性在资本主义条件下进一步变为现实,并在资本主义生产关系和一定经济机制下,必然顽强地发生作用,表现为对社会再生产有巨大影响的商业危机和生产过剩危机。社会主义存在着商品经济,存在着货币信用关系,这也会使本来就有的社会化大生产的波动变得更加深刻、更为复杂。商品价值与使用价值的矛盾运动,在追逐价值指标的宏微观经济行为的作用下,有时也变得更难统一,这也会导致经济的波动起伏。总之,商品经济下货币信用关系的作用,商品价值和使用价值矛盾运动的影响,都是经济周期波动的一般原因中较为重要的。这方面还有待于我们深入研究。

从社会主义经济发展史来看,社会主义经济周期波动的直接原因,在于各级政府的过度组织和干预经济活动与微观经济单位的低效率之间的矛盾。资本主义由于生产关系的私有性质,决定了经济的决策和调控权只能在微观的资本家个人或其代理人手中。直接地说,就是一切以资本家个人的赢利为根本目的,至于兼顾社会利益,协调经济关系,那只是第二位的。马克思正是从资本家个人与社会的内在冲突出发,揭示了其外在的巨大经济波动和危机。基于这点,马克思设想脱胎于资本主义的社会主义,应该不存在经济波动和危机。不过,我们的社会主义,并非直接脱胎于马克思考察的发展成熟的资本主义,这就造成了我国的经济机制,在本质上还不能和马克思所设想的那种社会主义经济模式相一致。我们一直不顾这种现实的基础和条件,硬要把自己当成马克思设想的那种情况,形成迄今为止我国经济波动最重要、最直接的基本原因,即体制原因。长期以来,我国体制上一直是高度集中统一的条条结构,对经济实行垂直领导、指令性计划和行政干预,完全忽视了微观的积极性,把企业和个人的积极性当作是毫无疑问的、永不衰竭的和完全理想化的。实际上,这种体制造成了微观经济效率不高,也造成了宏观上没有能力完全把握整个经济的各个方面。再加上主观意志及行政干预中的长官命令,就使得在不断地以新的调整来纠正旧的失调和波动的同时,不断产生新的失调,这种失调的起落幅度是相当大的。

社会主义经济周期波动的根本原因,同样在于社会主义社会中社会生产力与生产关系之间的矛盾,以及社会生产力发展的内在不平衡性。上面所谈体制原因,正是这种基本经济矛盾的具体表现。这种基本矛盾如果从社会供求角度看,则可表述为:落后的社会生产力同广大人民群众不断增长的物质和文化需要之间的矛盾。下面,我们从三方面分析。

1. 我们继承的生产力基础并不是发达资本主义提供的先进社会生产力,而是半殖民地半封建社会的落后生产力。这种生产力内部发展状况极不平衡。这种生产力落后状况不能在短时期获得根本扭转。因此,在这种生产力基础上的社会供给,必然十分有限,远远不能满足社会需要。社会总供给和结构性供给的有限性,始终是对经济扩张力量的最根本约束。此外,这种生产力内部结构的不平衡,也是造成经济波动的最一般的原因。从社会需求角度来说,改革之前,消费需求受到较大压抑,生产需求相对较高。在总量上,仍是需求大于供给。这种状况从根本上对经济施加压力,迫使经济扩张的力量久盛不衰。改革开始以后,这种矛盾依然存在,并且变得更公开化。经济体制改革还不能立即把落后的社会生产力提高到世界先进水平,也不能迅速扭转社会生产结构上的不平衡。这样,从供给方面来说,短期内改善不大。而从需求方面看,改革后,消费需求减轻压力后迅速膨胀,这种膨胀在货币参与下,变成了一股汹涌的浪潮。而投资需求也在企业等微观单位要求发展的情况下,有增无减。于是,宏观上总需求大于总供给的状况更为突出。就整个社会来说,相对于需求远为低下的生产力水平和庞大的社会需求压力间的矛盾,必然造成经济扩张的冲动和对这种冲动的约束两方面的运动,从而产生经济的周期波动。

2. 从基本矛盾的微观方面来看。社会主义公有制的建立和按劳分配原则的实行,在本质上有助于劳动者积极性和创造性的充分发挥。如果除去投资和宏观方面的问题之外,就劳动者个人而言,其劳动的数量、质量与个人消费品分配直接相联系,无疑会鼓励生产效率的提高,从而,在微观的角度上增加供给。但长期以来,我们并没有真正实行按劳分配。这样,分配关系反过来影响到生产者的劳动效率,使生产者的动机与他作为消费者的动机产生了无法协调的矛盾:作为消费者,他要求多劳多得;而作为生产者,他多劳却不能多得。于是,消费受压抑时,其生产积极性也必然受压抑,微观的经济效率必然是低下的。这必然内在地抑制供给,抑制社会生产力的发展。在新经济体制尚未真正建立的情况下,生产积累与消费的职能是分离的。消费归个人,生产归企业。在外界约束不大的情况下,消费扩张刺激了总需求的增长,内在地要求生产扩张。但发展生产、扩大总供给则依靠国家、部门和企业。由于公有制产权不明确,大家公有等于大家没有,群众只能催促企业决策者扩张企业,以便取得更多的个人收入。企业管理者、决策人也希望通过企业的扩张和职工收益的增加,来获取个人的实绩和晋升资本以及职工的拥戴。于是,企业投资需求的扩张,加大了宏观总需求的扩张,从而推动了经济的扩张。一旦供给不能满足这种扩张的需求时,通货膨胀和供给紧张就发生了,随着经济下跌出现,经济周期就形成了。

3. 从宏观上说,社会主义现阶段还不具备完备的信息控制系统和灵敏有效的经济调控系统,还不具备宏微观相互协调的有效机制,因此,在微观和宏观扩张机制发生作用时,只能由经济自身的机制进行调整,比如:由资源约束、供给约束和比例失调等来发生强制性的波动,以使整个经济继续运转。

除去上述原因之外,造成经济波动幅度、范围和程度变化的,还有一些重要的外在因素。这些外在因素往往助长了波动的形成和发展。对此,我们称之为"协同因素"。这些协同因素主要有：政治运动、长官意志、非经济活动的价值判断、准军事化的动员方式等等。这些协同因素对经济的波动产生了重大推动作用，但它们本身是非经济的。它们在社会主义初级阶段难以完全避免。

中国经济的周期波动机制

对此问题，可以从两种主要波动类型的作用机制入手加以分析。因为这两种类型的波动机制，正是构成二元体制下经济周期波动机制的主要因素，说明了这两类机制，就可以更有效地说明二元体制下的波动机制。

第一种类型是传统中央集权下的产品经济波动机制。

这种波动类型赖以存在的经济体制是中央集权型体制，在此体制下，经济发展中的几乎所有问题，都要由中央政府或各级主管部门来解决。中央政府则在主观意志支配下，抱有盲目的社会主义优越感，一味追求高速度、高指标，实行经济的强制扩张。

在这种体制下，经济扩张和收缩的主要动力来自上级或中央。自上而下的强有力的垂直领导和横向分离，使得指令性计划或直接行政命令成为调节经济的主要杠杆。这种杠杆的作用效果完全取决于领导人的知识和经验、民主作风及信息的灵敏和准确程度。作为宏观经济基础的微观部分，事实上是低效率的，企业和个人只是一种机械式的齿轮和螺钉，惟一能使这些齿轮和螺钉固定在其位置上发挥作用的，是毫无选择的社会分工、政治热情和思想觉悟。在这种经济体制下，根本无微观作用可言，于是，经济的扩张与冲动、收缩与调整取决于政府投资计划的涨落。

当上级或中央为实现"赶超"战略而提出高速度、高指标时，投资上升，经济转热。整个经济处于为完成既定指标而努力的紧张运转之中。但生产力整体水平的落后和生产力结构的不合适，以及微观的低效率，使经济发展到一定程度时，必然遇到资源供给的约束或"瓶颈"部门的约束。在整体的经济计划和协调不能解决这些积累起来的矛盾时，经济只得减速或停顿下来，以便调整和适应，重新起步。这种过程会因投资的乘数作用和经济对投资增长的加速作用，变得起伏波动较大。这种波动表现为总需求大于总供给的矛盾，主要是投资需求大于投资供给的矛盾。

在这种经济波动中，政治运动和长官意志大大地影响和加剧了波动的幅度、深度和周期阶段的长度。

在生产社会化的水平还没有达到全社会能以计划来很好协调的条件时,主观上却要这样做,而决策者既缺乏必要的、充分的信息,也缺乏有效的调控机制,更缺乏必要的管理和协调水平,从而,大起大落的波动和失调必然是经常性的。

第二种类型是商品经济条件下的经济波动机制。

在商品经济条件下,市场波动是整个经济波动的外在表现。市场波动与整个经济波动的关系极为密切,以至于许多资产阶级经济学家把市场波动直接作为整体经济波动来分析。当然,这里的市场波动是狭义的,广义的市场波动就是经济波动。

商品经济条件下的周期波动特征主要是:

1. 经济各部门各方面之间的关系最终通过市场,以供求形式表现出来。因此,经济景气与否通过市场供求关系的稳定、协调、绝对量的发展来表现。

2. 经济增长和发展的刺激动因,始于市场交易中的收益大小。在较高收益刺激下,产生投资扩张,技术更新、创新,并在全部经济体系的一系列错综复杂的关系中,使整个经济出现增长或发展。

3. 货币信贷是整个商品经济运转的纽带,货币信贷量一方面随着经济的发展和停滞而扩张和收缩,另一方面,其本身的涨缩又有力地作用于经济,推动着经济的涨缩。

商品经济周期波动的机制主要在于市场供求力量的自动制衡。通过价格、成本、收益,经济各方面的涨缩程度会有差异,到一定程度,则会引起市场供求的失衡。当失衡发生时,市场的自动调节机制就发生作用,经过一定时期,失衡的趋势得到制止,再经一段时期,失衡恢复为均衡。这样,经济就表现出具有不同阶段特征的周期波动。

改革的目标是要建立社会主义商品经济。就市场调节经济来说,其周期波动机制将如上所述。不过,我国目前远未达到由市场调节经济的程度。

第三种类型是我们分析的中心,即经济体制改革期间,二元经济体制下经济波动机制。

二元经济体制下经济波动的最大特点就是前两类体制下波动的特征并存,并混合起来构成独特的性质。

二元经济体制是体制转换不可避免的阶段。该体制下的经济波动有以下特点:一方面,它并非简单重复传统体制下的波动。人们认识到旧体制的弊病,力图克服它,可是,又不可能一下子全部改变,旧有的弊端在一定程度上仍存在。另一方面,改革时期的经济波动,又反映出社会主义商品经济下市场机制起作用的经济波动的特性。不过,这不是完全市场机制调节下商品经济波动的情况。

下面主要分析二元经济体制下的经济周期波动机制。

1. 意在调动微观活力、提高微观效率的经济体制改革,实施了扩大企业自主权的种种措施——承包责任制、租赁、股份和私营,因而,旧体制下中央计划机构的扩张冲动部分变成了企业决策者的扩张冲动。企业自身需要扩张、发展,以便在竞争环境中扩大自身的利益。这种扩张冲动,不仅受企业领导人个人利益的驱使,也受到企业职工要求增加福利的压力。只有企业扩张并盈利了,才能扩大留利份额,实现上述目标。对国家来说,企业的发展也是受到鼓励的。改革不就是把微观搞活吗?这样,企业的直接扩张机制部分取代了旧体制下中央计划的扩张机制。

2. 企业的扩张机制在消费扩张的压力下,发生功能放大,从而产生了总需求进一步扩大的倾向。消费和积累在国民收入中存在着矛盾,在改革期间,却存在着消费与投资双扩张的情况。这种似乎不合规律的现象,是以下述条件为背景的:企业收益主要用于增加职工收益,积累投资的缺口由国家来弥补。这样,就产生了双扩张机制。

3. 旧体制下的部分宏观扩张机制依然存在。国家不得不重点扩大能源、交通、基础原材料等部门的投资。因为,无论体制改变与否,对这些短线部门来说,投资需求的扩张都是必须的。旧体制下的这部分宏观扩张机制,在新体制确立过程中依然存在。

4. 生产效率低下,使总供给相对短缺。改革初期的个人收益增大,并未完全与生产效率的提高直接挂钩。这时个人收益的增加,主要是依靠政府让利、企业相对垄断优势地位,以及较多的其他非经营性盈利机会。这些对于生产效率的提高和供给的增加,并没有起到多大积极作用。再加上投资向个人消费的渗漏造成的实际投资下跌、在建项目增加、建设周期拉长等,都加剧了总供给的短缺。

5. 宏微观需求双扩张机制和投资与消费双扩张机制造成了总需求大于总供给的状况。这里的关键是各级政府或银行通过财政拨款和贷款支持了企业的双扩张机制。虽然出于扩大供给考虑,近期的若干投资需求是必需的,但过量的投资需求扩张毕竟是危险的。尽管宏观上中央政府一再呼吁压缩总需求,压缩基建投资,实际上却压缩不动。地方本位主义在相当程度上抵制宏观的要求。于是,政府或举债,或增发钞票,或扩大信贷,使总需求变为有货币支持的有效需求,从而有效需求远远大于实际供给。

6. 旧体制下的问题,本来希望在新的市场机制作用下得到解决。但由于通货膨胀和供给短缺的双向扩大,由于市场机制的不完善,价格机制伴随的利益机制的作用方式变了。企业不再靠提高经济效益来增加收入,而靠涨价、多留利或免税来增收。另一方面,膨胀的价格本身已无法在市场机制下发生调节生产和资源配置的作用,从而使"瓶颈"问题无从缓解。这样,微观的失常行为普遍化为宏观的扩张行为,宏观的货币信贷和财政政策又在非经济因素的参与下助长了这种过程。

7. 在体制过渡期,计划内外的两套价格体系造成了利用价格差的黑市合法化和公开化。这一方面加剧价格上涨,另一方面无助于资源短缺的缓解,反而在一定程度上加剧了这种局面。国家扩大信贷,增发钞票,也同样加剧了这种矛盾的程度。

8. 当短缺的资源和结构上的"瓶颈"使经济被迫冷下来时,整个经济便从扩张转为收缩,一轮新的波动周期便来到了。

改革时期,在二元经济体制交织作用下,经济波动的机制也是二元的。这两套机制互相牵制,共同发生作用。当然,改革的目标是市场经济为主要调节机制,宏观协调机制作为其辅助和补充,周期波动将显示出市场经济下的特征,即由市场调节企业的行为和经营方向,一般是局部结构性失衡的波动,但波动幅度会小得多,平缓得多。不过,这种情况还是比较远期的,此处不做过多估计。

西方经济学者对马克思的经济危机和周期理论的研究

一、概　　述

从马克思的《资本论》问世以来，西方经济学界对于马克思的经济危机和周期理论就一直存在各种不同的看法和评论。

由于马克思没有在《资本论》中以专门的篇幅对资本主义经济危机和周期进行论述，而且对这个问题的论点散见于《资本论》和《剩余价值理论》的有关章节中，西方一些经济学者便认为，马克思没有创立一种完整连贯的经济危机理论。例如，熊彼特(J. A. Schumpeter)、琼·罗宾逊(J. Robinson)、盖顿(H. Guitton)就都持这种看法，只是略有不同。熊彼特认为："马克思在商业循环领域里的成就是最难以估价的。"① 他认为，马克思尽管对商业循环现象看得比较清楚，并理解它的大部分结构，正确地涉及了历来涉及商业循环分析的一切因素，甚至因此而"足以确保他在现代循环研究创始人中的崇高地位"②。但是，"事实上他没有一个简单的商业循环理论。从他的资本主义过程的'法则'也不能顺理成章地搞出这个理论来"③。熊彼特甚至认为，即使接受马克思关于剩余价值出现的解释，同意积累、机械化和剩余人口等等能联系成为逻辑的锁链，而以资本主义制度的大难临头告终，但找不到必然使资本主义发生周期性变动，并足以说明繁荣与萧条必然交替发生的因素。琼·罗宾逊则认为，"马克思没有建立关于商业循环或资本主义的长期运动的完整的学说，但他指出了可以建立这种学说的方向。"④ 盖顿一方面

---

* 原载于胡代光、魏埙、宋承先、刘诗白主编：《评当代西方学者对马克思〈资本论〉的研究》，中国经济出版社1990年版。

① 熊彼特：《从马克思到凯恩斯十大经济学家》，宁嘉风译，商务印书馆1965年中文版，第51页。

② 同上书，第54页。

③ 同上书，第52页。

④ 琼·罗宾逊：《论马克思主义经济学》，纪明译，商务印书馆1962年中文版，第43页。

认为,马克思仅仅提出了一系列可在其基础上发展起各种危机理论的零碎论述;另一方面,他又认为,商业周期理论和概念仅仅是马克思关于资本主义整体进化的理论中的一种要素,是对"萨伊定律"批判的结果和产物。① 卢兹(F.A.Lutz)则认为,马克思的这种危机理论非常零散,论述缺乏一致性,也不详尽,但本质上给出了大量内部互相矛盾的线索。此外,也有人把马克思的经济危机和周期理论限定在《资本论》的某卷某章节。

固然,马克思的经济危机和周期理论在表述上没有集中在一定篇幅内,也没有采用完整系统的专著形式。但是,这不等于说,马克思没有成熟的系统的经济危机和周期理论。上面提到的西方经济学家,显然不懂得马克思在《资本论》中所要研究的"是资本主义生产方式以及和它相适应的生产关系和交换关系",而"本书的最终目的就是揭示现代社会的经济运动规律"。② 按照马克思的原写作计划,对经济危机的系统阐述,应在第六分册"世界市场"中进行。在那里,经济危机是作为资本主义经济各种规律和矛盾运动的具体综合及现实表现。而在《资本论》中,马克思只是从更抽象的层次和若干不同的角度对此有所涉及。即便如此,马克思的经济危机和周期理论依然是分析资本主义社会经济运动规律的重要组成部分,它同关于资本主义生产方式的总理论始终结合在一起。如果我们把《资本论》和《剩余价值理论》以及有关信件中,马克思为揭示资本主义经济运动规律及其各方面表现而提出来的经济危机理论的各个重要论点及思想加以综合,就不难看出,马克思的经济危机理论是完整而且自成系统的,它不仅包含经济危机形成的原因、表现、结果、趋势,而且包括危机形成的抽象可能性、现实可能性、必然性、周期性、实质、意义,还包括对各种错误的经济危机理论的批判。

诚然,马克思的经济危机理论在一些地方没有充分展开,但它无疑为后人在某些方面的深入探讨打开了大门,指明了途径。这对《资本论》来说,已经够了。任何一本书都有其主要目的和内容。要求一本著作在它所涉及的一切方面都给以详尽阐释,是不可能的,也是没有必要的。

从西方经济学界的研究和评论来看,1910年以前,除去个别人物(如俄国资产阶级经济学家杜冈—巴拉诺夫斯基*)之外,他们对马克思的经济危

---

① 参见卡尔·屈内(Karl Kühne):《经济学和马克思主义》第2卷,麦克米伦公司1979年英译本,第133页。
② 《马克思恩格斯全集》第23卷,人民出版社1976年版,第8、11页。
* 杜冈—巴拉诺夫斯基·米哈依尔·伊万诺维奇(ТУГан-Ђагано Вский, Михаил Ибанобич, 1865—1919):俄国"合法马克思主义"的主要代表人物之一。

机和周期理论并没有广泛地予以注意和研究。1927年,美国制度经济学派的代表人物米契尔(W. C. Mitchell)在其著作《商业循环问题及其调整》中特别指出:"在许多这一类的推论中,马克思的理论是特别重要的,因为马克思是把商业危机的日益频繁和日益严重列入导致社会主义国家制度的长期趋向之内的。"① 作为制度经济学家的米契尔,主张从"制度"角度看待资本主义的经济问题。他既认为资本主义经济危机是"制度"缺陷所造成,又企图否认这是资本主义的根本性经济制度的产物。对"制度"问题的敏感和重视,使他对马克思的经济危机理论发生了兴趣。米契尔是重视和研究马克思经济危机理论的资产阶级经济学家中较早的一位。此后,从20世纪20年代开始直至今天,为了维护资本主义制度,为了解决日益严重的迫切的危机困难,西方许多资产阶级经济学者都致力于资本主义经济周期和经济危机理论的研究,他们不能不注意到马克思的经济危机和周期学说。

根据西方经济学文献记载,最先对马克思的经济危机理论作出全面描述的,是一位居住在西方的非马克思主义者,俄国学者鲍尼阿蒂安(Bouniatian),在第一次世界大战之前不久进行的。他发现在马克思著作中的关于经济危机的理论,主要包括以下五个方面的内容:(1) 生产力猛烈扩张的趋势;(2) 净投资过多或过度资本化的趋势;(3) 按比例生产的困难;(4) "由分配的对抗状态引起的社会消费力的限制";(5) 利润率趋向下降的理论。②

20世纪40年代,琼·罗宾逊提出:从马克思的危机理论中可以发现三条清楚的思想线索。第一是失业劳动后备军理论,它表明失业如何倾向于随着对劳动提供就业机会的资本量和可使用劳动的供给量之间的关系而变动。第二是利润率下降理论,它表明资本家的积累贪欲如何由于资本的平均报酬率减低而陷于自相矛盾。第三是资本货物工业与消费品工业的关系论,它表明不断增长的社会生产力如何冲击着劳动者的贫困所规定的消费力的界限。她认为,这三种理论线索在马克思那里是没有区别地融合在一起的。③

第二次世界大战后,在50年代有两位经济学家对马克思的经济危机的看法值得注意。

---

① W. C. 米契尔:《商业循环问题及其调整》,陈福生、陈振骅译,商务印书馆1962年版,第251页。
② 参见卡尔·屈内(Karl Kühne):《经济学和马克思主义》第2卷,麦克米伦公司1979年英译本,第186页。
③ 参见琼·罗宾逊:《论马克思主义经济学》,纪明译,商务印书馆1962年版,第7页。

一位是杜普利茨(Dupriez)。他认为,马克思确立了"资本主义制度注定崩溃灭亡的论点",看到了"在资本主义制度本身内部,有着不稳定的内在原因……他把资本主义制度看成是根本上不稳定的。"①

杜普利茨引证了马克思所概括的如下原因:由于分配不均等而引起的均衡的失调;在积累过程中技术的进步;由于消费不足而造成有效需求的缺乏;因为投资盲目追随储蓄而又不管利润和风险,所以在再生产图式内就存在着经济增长的扰乱;最后,消费品部门和生产资料部门之间的均衡的失调。

杜普利茨著作的第一版于1951年问世不久,有位名叫维托(vito)的经济学家曾著文断言说,至少有三种经济危机理论要归功于马克思:消费不足论、重置投资论和投资过度论。

另一位是盖顿。他发现马克思的著作中有三种最重要的经济危机理论:第一,投资过度论,他认为,马克思是现代的过度资本化理论(即投资过剩论)的共同祖先;第二是消费不足论;第三是利润率趋向下降的理论。他也提到了重置投资论,把它称作"回声原理"(Echo principle)。② 盖顿的看法与杜普利茨的看法,都和40年代琼·罗宾逊的看法相接近。

现在,西方经济学界较普遍认为,马克思的经济危机理论的主要组成部分,是围绕着失业后备军对工资和利润的影响,资本家完全实现他们所生产的或可能生产的全部利润的能力,以及利润本身的产生来论证问题的。因此,这些危机一般被认为是,由失业后备军的用尽而产生的危机,由消费不足而引起的危机(或叫实现危机)和由利润率趋向下降而引起的危机。③

此外,戴维·哈维(David Harvey)不久前则提出了最新的观点。他把马克思的经济危机理论分成三个逐步递进的层次来研究:第一个层次(First-cut theory of crisis)是指马克思本人着重表述的经济危机理论;第二个层次(Second-cut theory of crisis)则从货币信用制度和金融与生产的周期相互作用角度研究危机和波动理论;第三个层次(Third-cut theory pfcrisis)即从生产地理布局和资源配置方面来看的危机理论。他认为,现代经济危机理论的任务,就是建立第三个层次的理论。

---

① 参见卡尔·屈内:《经济学和马克思主义》第二卷,麦克米伦公司1979年英译本,第187页。
② 同上书,第185—188页。
③ 参见罗哲·阿尔卡利(Roger Alcaly):《马克思的经济危机理论的适用性》,载于戴维·默米尔斯泰因(David Mermelstein)编:《经济学:主流派解释和激进派批评》,纽约:兰德豪斯公司(Random House)1970年英文版,第295、296页。

综上所述，可以看出，西方一些经济学者对马克思的经济危机理论的解说，虽然在某些方面是符合实际的，但在多数场合是曲解了的。他们有个共同的错误，就是都不敢正视这样一个事实：马克思所分析的经济危机，是资本主义生产方式的必然产物，它发生的根源在于资本主义的基本矛盾，即生产的社会性与生产资料的资本主义私人占有之间的矛盾。这个基本矛盾表现为：(1) 无产阶级和资产阶级的尖锐对立；(2) 社会生产力和社会消费力之间的冲突；(3) 再生产中的两大部类生产的比例失调和再生产过程中资本家消费与资本积累的比例失调(资本主义整个社会生产的无政府状态所必然造成的)；(4) 资本主义生产扩大和价值增殖之间的冲突(利润率趋向下降规律造成的)。马克思从资本主义基本矛盾所决定的这些现象对经济危机的原因进行了深刻的全面的说明，其中无论哪方面的论证都是马克思经济危机理论的必要组成部分。因此，绝不能孤立地把马克思对其经济危机理论中的某一个方面的论证看成是马克思的经济危机学说的惟一的或最主要的内容；更不能把某些现代资产阶级的经济周期理论(如消费不足论、重置投资论、投资过度论)，如上面所说的维托、盖顿等人的看法，说成是渊源于马克思的经济周期和危机理论。否则，将不仅会对马克思的经济危机理论造成以偏概全的误解，而且还会使它庸俗化。

马克思经济危机理论的核心就在于：把造成经济危机的一切直接原因，都看作资本主义基本矛盾在各种层次上的具体表现，而基本矛盾则与资本主义社会的生存相始终，于是，资本主义的经济危机就是必然的、不可避免的。资产阶级经济学家则往往忽略或回避这一点，以至于把经济危机的新形式看作危机的根本消失，从而只承认经济波动的周期而不承认经济危机。这就是现代西方经济学家看待经济危机问题的主要特征。

当然，也有少数经济学家，像 E. 曼德尔(E. Mandel)等，毕竟要比其他西方经济学家高明些。他们基本上较正确地表述和把握了马克思的经济危机理论，并试图对危机和周期问题的新变化做出马克思主义的解释。不过这些人数目不多，还不足以与其余人相抗衡。

二、马克思经济危机理论同资产阶级学者有关论点的比较观

20 世纪 40 年代，琼·罗宾逊已对马克思与经济危机的有关理论提出了自己的看法，并把马克思的理论与资产阶级经济学家的有关理论进行了对比研究。

琼·罗宾逊认为：马克思的经济危机理论包含三条线索或三种成分：第一是失业劳动后备军理论；第二是利润率下降理论；第三是与比例失调相结合的消费不足论。这三种理论在马克思那里作为一个整体融合在对资本主义制度历史命运的看法中，证明"这个制度为其本身固有的矛盾所折磨，产生了其本身崩溃的条件"[①]。

首先，琼·罗宾逊认为，马克思是把劳动后备军的变动与危机看作一致的。在她看来，马克思的失业劳动后备军理论表明了，失业会随着能提供就业机会的资本量与劳动供给量之间的关系而变动。简言之，即就业取决于劳动的供求。但实际上，她解释说："在任何时候，就业量决定于现存的资本量和生产技术。由于时间的推移，资本积累起来，就业量就有增加的趋势。随着人口的自然增长，随着资本主义的进入新领域，可用的劳动也增加了。通常存在着一个失业劳动者的边缘——劳动后备军——而生产量的限度是由资本设备的全部能力决定，不是由劳动的充分就业决定的。"[②] 但资本积累和技术进步也不必然使人均资本增加。另外，工资高低也是影响就业水平的一个因素。从短期看，工资取决于劳资谈判地位，即劳动的供求力量对比，主要是对劳动的需求；从长期看，工资受劳动后备军数量变化的调节，即主要是劳动的供给的变化。不过，当劳动后备军减少时，工资的提高迟早会再度促进节约劳动的资本的积累加快，而维持现有技术水平或增加劳动的资本积累放慢，在其后的人口增长时，使劳动后备军和工资回到原来的水平。她还认为，马克思没有注意到资本主义情况下实际工资会因劳动生产率的提高而提高的趋势，而在这种情况下，就业水平可能不变或提高，而实际工资又不降低，这样，危机就不一定是必然的。

其次，关于马克思的利润率下降趋势理论方面，琼·罗宾逊认为，该理论是要说明资本主义积累的自相矛盾，即资本家为获利而积累，但积累的结果却是资本平均报酬率减少。她认为，马克思是用资本有机构成的提高来说明这种情况的。但技术发明的结果往往"会像减少劳动成本那样减少每单位产量的资本成本，因为发明可以改进制造机器的劳动效率，像它改进操作机器的劳动效率那样。马克思是承认这种可能性的"[③]。这就使利润率下降趋势理论产生了裂痕。但是，马克思仍坚持了资本有机构成提高的看法，于

---

① 琼·罗宾逊：《论马克思主义经济学》，纪明译，商务印书馆1962年版，第7页。
② 同上书，第28页。
③ 同上书，第33页。

是，其利润率下降趋势的法则，就只能"存在于同义反复之中，如果剥削率不变，利润率必随每人资本的增加而下降。假定周转期不变，则 $C+V$ 就计量着资本量；在 $\frac{S}{V}$ 不变和 $\frac{C}{V}$ 提高时，$\frac{S}{C+V}$ 就会下降"。"这一命题显得与马克思的其余论点惊人地矛盾。"① 因为如果剥削率不变，实际工资就会随劳动生产率提高而上升，但马克思坚持实际工资不变，他似乎没看到这种矛盾。

琼·罗宾逊认为："如实际工资不变，当每人资本增加时，利润率将随着产品的相应的增加对资本的相应的增加之比超过或低于利润对产量之比而上升或下降。"② 她认为，要是以此为基础，即在一定的知识状态下，资本的边际生产率必须被假定为超过了某一点就会非常急剧地下降，就可以试图把马克思从他的前后矛盾中解救出来。罗宾逊夫人认为，她能同意的至多是：当人均资本相对于技术知识的发展速度而言，增加很快时，可能会发生利润率下降的时期。但马克思似乎并不把技术知识作为一个独立因素来考虑。而且，当积累迅速增加时，往往会强烈刺激节约劳动的发明创造。因此，"无论我们怎样解释，马克思的理论总不能建立一种推论，即如果不考虑需求问题，利润率会下降"③。琼·罗宾逊认为马克思似乎是根据一条假线索出发的，这样，他对利润率下降趋势的说明，却没有说明什么。要真正说明危机就不能不考虑有效需求问题。这就涉及关于消费不足的问题。

再次，关于同比例失调相结合的消费不足论方面，琼·罗宾逊认为马克思虽然否定了他那个时代流行的浅薄的消费不足论，但他自己的分析清楚地导致这种见解，即，消费力的错误分配是麻烦的根源。在她看来，马克思关于再生产的方程式及关于消费需求的论述，"暗示着马克思要从这几方面来构成这样的学说：劳动者的消费受到他们贫困的限制，同时，资本家的消费受到使他们宁愿积累财富而不去享受奢侈的对资本的贪欲的限制。因此，对消费品的需求就受到了约束。但是，如果消费品工业的产量受到市场的限制，对资本货物的需求又会受到限制，因为消费品工业的不变资本，不会迅速扩大到足以吸收资本货物工业的可能产量的地步。这样，在工业和剩余之间的收入分配，就产生了一种在两大部类工业之间缺乏均衡的长期

---

① 琼·罗宾逊：《论马克思主义经济学》，纪明译，商务印书馆1962年版，第33、34页。
② 同上书，第34、35页。
③ 同上书，第37页。

趋势"①。于是,"危机的原因就可以在缺乏均衡中找到,这种均衡的缺乏对于这个制度的稳定是始终存在着的威胁"②。

琼·罗宾逊认为,要根据马克思提到的这些方面提出一种学说,必须处理投资引诱问题。具体说来,就是要证明,投资决定于利润率,而利润率归根到底又决定于消费力。"简单来说,必须提供一种建立在有效需求原理上的利润率论。"③ 但是,马克思没有做到这一点,因为他已经同时提出了其建立在资本有机构成日益提高的原理上的利润率日益下降理论了。琼·罗宾逊说,在《资本论》第三卷中,马克思的这一学说同消费不足论难分难解地混合在一起,不过,他没有把这两方面想法的相互关系搞清楚。利润率下降理论只是一个为了使人的注意力离开本题而提出来的离奇问题,并且它也使马克思不能搞清楚有效需求论。可见,"缺乏对于投资引诱的清楚的论述,是他(马克思——引者)关于危机的论述的一个弱点"④。

关于经济周期的长度,琼·罗宾逊认为:"马克思提示,商业循环以十年为期这一事实,可以表明设备寿命的平均长度是十年。这种见解不能成立,因为各种类型设备的寿命长短不一,一定会抑制更新的周期,同时净投资的变动使它完全陷于困境,但是这个概念是饶有趣味的,因为它表明马克思已得到了下面这个概念的线索,即投资的变动是商业循环的关键。"⑤

琼·罗宾逊还认为,马克思不理解资产阶级经济学正统派与萨伊法则一致到什么程度,就为自己规定了发现一种可以适用于萨伊法则成立和被驳倒两种情况下的危机理论的任务。这种二元论的观点在马克思本人的理论中埋下了混乱的种子,而且在其继承者的理论中也是混乱的根源。在马克思的体系中,因技术变化形成的失业是关键性的结构之一,它节制了生产诸要素的相对所得。琼·罗宾逊认为,当劳动后备军减少,而工人的谈判地位增强时所造成的工资上升,是实际的工资上升。这种工资上升会减少剩余,并使积累率放慢。但这样,劳动后备军就有时间增长,同时节约劳动的新发明也会减少一定资本量所提供的就业量。于是,失业增加,工资再度下降。这与马克思所坚持的劳动后备军周期性收缩和扩张趋势的看法是一致的。不过,马克思把劳动后备军的这种变动循环和商业循环看成是完全相同的

---

① 琼·罗宾逊:《论马克思主义经济学》,纪明译,商务印书馆1962年版,第44页。
② 同上书,第43页。
③ 同上书,第45页。
④ 同上书,第54页。
⑤ 同上书,第42页。

东西,那是错误的。商业循环的危机以总产量的下降为标志,然而,在马克思的循环中并没有生产量的下降点。在马克思的模式中,总产量由资本量决定,实现剩余的问题没有发生,也没有有效需求不足的问题。琼·罗宾逊认为,"在马克思的这部分理论中,萨伊的法则占有无可争辩的支配地位"①。但是,"这种理论同工资上升促成危机的学说是不一致的"②。因为当实际工资上升时,资本积累率会因剩余减少而放慢,但总产量、工资品和资本品全都没有下降。如果技术不变,虽然发生了可用劳动的相对增加,就业总额也会保持不变,同时,随着新发明的出现,就业总额就会因需用较少劳动的机器的使用而降低,这是与商业循环完全不同的一回事。这种不同的产生,是因为在马克思的计划中,积累率的下降是由于储蓄资金的下降,而不是由于投资引诱的减少。

总之,琼·罗宾逊认为,把这种在受萨伊法则支配的世界中可能被找到的长期循环和有效需求的短期循环混为一谈,说明马克思对消费不足问题的态度是暧昧的。有时他接受萨伊法则,有时又否认它。吸收萨伊法则的说法,有效需求就占优势了,劳动者的贫困就成了一切真正危机的最后原因。而排斥了萨伊法则,答案就是否定的。在总产量不变的情况下,增加实际工资就意味着降低利润,而降低利润就意味着危机。

琼·罗宾逊总的看法是否认马克思经济周期和危机理论的完整性。作为马克思这一理论的上述三条线索,在琼·罗宾逊看来,现代西方经济学理论也会涉及,但有所不同。"现代的危机论,在很多论点上接近于上文指出的马克思在论述这个题目时的第三条议论,且与第一条议论也略有近似之处。只有第二条议论——利润率的下降显得混乱而重复。"③

琼·罗宾逊认为马克思过分强调了有机构成提高造成的劳动后备军的增长和利润率下降趋向,而没有重视节约劳动发明的相反方面——节约资本、提高生产效率的发明,会减少失业,防止和克服利润率下降。此外,马克思也没有重视因劳动生产率提高而产生的实际工资上升。琼·罗宾逊认为,马克思在这些问题上存在着矛盾:即,在剥削率和实际工资不变时提出的利润率下降趋势与剥削率不变时,实际工资的提高之间的矛盾。琼·罗宾逊认为,正统派经济学说中,利润率取决于资本边际生产率,但又随人均资本的

---

① 琼·罗宾逊:《论马克思主义经济学》,纪明译,商务印书馆1962年版,第72页。
② 同上书,第74页。
③ 同上书,第7、8页。

增加而下降。由于资本家之间的竞争使实际工资与劳动边际生产率相均衡，而劳动边际生产率又随人均资本增加而提高。因此，利润率下降趋势必然引起工资的上升趋势。反过来看，工资如不上升，利润率就不会下降。这样，正统派的观点没有矛盾，而且"可以试图把马克思从他的前后矛盾中救出来"[①]。

我们认为，资本家究竟采用哪种类型的发明，完全取决于各种发明对于他获利的影响。当劳动工资较高，使用设备比较合算时，他会倾向于采用节约劳动的设备。当劳动工资低下，添置设备不够经济时，他又倾向于多使用劳动力，少使用节省人力的设备。但无论如何，劳动后备军都是资本主义赖以生存的条件，而这支后备军也确实随着经济周期的波动而增减。

人均资本提高，会提高劳动生产率，从而在名义工资不变时，提高实际工资；但这时资本家获取的名义剩余价值即净收益量也未变，其实际剩余价值也因劳动生产率的提高而增加了，因为劳动生产率使产品便宜的好处是同样的。这时，以资本计算的利润率则可能上升，也可能不变或下降，这主要取决于剩余价值增量与资本增量是否同步增长：如同步，则利润率不变；如前者大于后者，则利润率上升；如前者小于后者，则利润率下降。琼·罗宾逊的说法一方面忽略了实际利润也会同等地因生产率提高而提高，另一方面，在收益递减规律基础上说明的资本边际效率递减，是一种错误的概念和计算方法。因为资本本身不会独立地具有生产力，它只是一种生产要素，利润率的计算完全没有必要与它联系在一起。再说，劳动工资在资本家的竞争中上涨只是很少数的个别情况，多数情况是工资下降。而且工资决不会等于劳动边际生产率，否则，利润的来源都成问题（这当然是在否定资本生产力的前提下而言）。可见，琼·罗宾逊的看法是错误的、有问题的。琼·罗宾逊赞成的是以收入分配不均为基础的"有效需求论"或消费不足论。但她力图把这种观点纳入凯恩斯"有效需求论"的轨道。她先把马克思关于两大部类比例失调会产生危机的说法归为有效需求问题，然后批评马克思缺乏像凯恩斯那样的"投资引诱"问题的论述，并认为马克思没有与此相联系的"利润论"，是其危机理论的一大弱点，正是这个弱点导致他不能清楚地说明"有效需求论"。

其实，这是对马克思的曲解，马克思确实在一些地方谈到了收入分配和消费不足问题，但也谈到了其他问题。马克思是把这些可能导致危机的各

---

① 琼·罗宾逊：《论马克思主义经济学》，纪明译，商务印书馆1962年版，第35页。

方面矛盾和问题,作为资本主义基本矛盾的具体表现而展开讨论的。把马克思的看法简单归结为比例失调和消费不足,或利润率下降的个别方面,反映了琼·罗宾逊对马克思思想实质根本不了解。她把"有效需求"归结为马克思所谈的消费不足,并说这是基本矛盾。这是极其错误的。

琼·罗宾逊非常重视资本主义下的收入分配问题,她把收入分配的不均等看作危机的基本原因。其实,她的这种看法仍是比较表面的,只不过是比"消费不足论"略进了一步,即便如此,这种看法也仍然是比较肤浅的,它只不过是西斯蒙第"消费不足论"的再版。我们说,收入分配是个重要问题,但不是根本问题,因为收入分配不均等是一切阶级社会、剥削社会的共同现象。为什么危机没有发生在其他社会条件下,而只能发生在资本主义条件下呢?这是用收入分配不均等无法说明的。实际上,决定资本主义收入分配不均等的应该是其更基本的矛盾。资本主义的基本矛盾就在于,它必须以广大工人群众的贫困为其生存和发展的条件,即剩余价值产生和扩大的条件;但这种条件又反过来限制了它的生存和发展,即动态的剩余价值生产与实现的条件与过程之间的矛盾。具体说来,资本家一方面作为劳动力的买者,要求尽可能地对工人加强和扩大剥削,使工人的所得越少越好;另一方面,他作为商品的出售者,又要求工人尽可能有更多的购买力,以便能够实现其剥削的全部剩余价值。这种基本矛盾还反映在:资本家要千方百计提高社会生产力,以扩大资本积累,可是,提高生产力的各种手段的运用,又反过来对这种生产力本身的提高造成了约束和限制。比如,一方面,资本家拼命增加提高劳动生产力的资本,减少雇用工人以提高利润率;另一方面,这却导致利润率下降的趋势,从而减少投资。一方面要求各部门比例协调地发展,另一方面激烈的竞争却不断破坏这种协调。收入分配的不均等,正是资本主义基本矛盾所派生的现象。只有抓住资本主义的基本矛盾,才能抓住危机的根本原因,也只有如此,才能正确估价资本主义收入分配不均等的作用。然而琼·罗宾逊却无视了这个根本点。

琼·罗宾逊断言马克思企图建立同时适用于萨伊定律成立和不成立两种情况的危机理论是二元论的混乱,这反映了她对马克思的又一错误看法。她企图把"有效需求论"作为危机的根本解释,因而在看待马克思的理论时,就认为,马克思不把消费不足或需求问题作为危机的根本原因是承认萨伊定律而不谈需求。

当然,琼·罗宾逊的一些看法还是对的。她承认了资本主义的一些弊病,承认了资产阶级经济学家与马克思根本立场和看法的不同,甚至也肯定了马克思的一些提法。但她总是力图沟通资产阶级经济学与马克思主义经济学,力图说明凯恩斯就业理论是马克思危机理论的证明和发展,企图使资产阶级经济学吸收一点马克思的东西,来更好地维持资本主义的运转。不幸,她的这种努力是完全徒劳的。凯恩斯对资本主义经济危机和周期的看法,不过是在资产阶级限度内,不得不对现实有所让步的反映。在根本问题上,凯恩斯与马克思之间仍然存在着连琼·罗宾逊自己也承认的根本性原则区别。

三、所谓的"资本过剩论"和"商品过剩论"

现代一些西方经济学者,在看待马克思的经济危机理论时,几乎沿袭了50年代杜普利茨和盖顿的看法,但也有些变化。这方面的代表人物主要有日本的伊藤诚(Makoto Iton)和美国的谢尔曼(H. Sherman)。

伊藤诚把马克思的经济危机理论按引起危机的原因分为两种主要类型;即"资本过剩论"(这表现为"劳动力短缺型"和"有机构成提高型")与"商品过剩论"(这又具体表现为"消费不足型"和"比例失调型"),并认为这两种类型主要反映在马克思不同时期的代表性著作中。

伊藤诚认为,在《政治经济学批判大纲》中,马克思是以"消费不足型"的商品过剩论为基础的。只要生产超过适于消费者需求的比例,最终就会导致经济危机。而各种危机的反复将导致资本主义的崩溃。但是,马克思在这里所阐述的消费不足类型的危机理论与价值规律的作用缺乏联系。在《剩余价值理论》中,马克思是从资本的基本形式得出危机的结论的。在那里,马克思主要强调的是商品过剩危机的形式,但他在坚持以消费不足论观点解释危机必然性的同时,更强调比例失调类型的危机理论。伊藤诚认为,马克思在《剩余价值理论》中把两种类型的危机理论结合起来了。但只承认资本主义生产的无政府性,还很难解释严重的比例失调以及主要商品生产过剩的必然性和周期性,这就必须从资本过剩角度进行解释,然而《剩余价值理论》却没有这样做,原因在于马克思缺乏两方面的基础:第一,缺乏从理论上对信用制度的作用加以阐释;第二,是没有建立正确的资本主义人口规律。伊藤诚说,这第二点对于说明资本主义生产过剩与劳动人口的相互关系尤为重要。《剩余价值理论》第十八章虽然对此有所涉及,但强调的是资本有机构成的变化。

伊藤诚认为,《资本论》实际上创立了一个完全特有的、崭新的经济危机理论,但不够完善。他认为,《资本论》中的危机理论是马克思对古典经济学系统批判的焦点,是从基本原理的角度来证明周期性危机的不可避免性,经验根据是十九世纪中期的典型周期性危机。但是,《资本论》中仍有商品过剩论,但这不过是从《政治经济学批判大纲》和《剩余价值理论》中批判古典经济学派的局限性,以及发展西斯蒙第与马尔萨斯的危机论所做的尝试的一种延伸。商品过剩论的根本缺点导源于它主要不在生产过程中而是在流通中去寻找资本的种种困难。如果马克思能够解决好这些问题,从而使《资本论》通过积累论、利润论、信用制度论和资本过剩论来提出危机,那么,原则上,危机理论就应当被完成。言外之意,伊藤诚认为马克思没有做到这些,其危机理论的不完善性自不待言。

伊藤诚倾向于认为,马克思的成熟的经济危机理论是资本过剩论型的。他认为,资本过剩的危机理论表明,"资本主义生产的真正障碍是资本本身",即通过生产和流通过程运动的资本本身。只有通过资本过剩的危机理论,才使周期性危机的逻辑必然性的阐释得到完善。伊藤诚比较赞成从劳动力稀缺方面去说明资本过剩的危机理论。这种观点认为,当马克思在《资本论》第一卷第二十五章中描绘的"伴随着积累而来的对劳动需求的增长,资本有机构成保持不变"成为再生产顺利扩大的主要特征时,当现有固定资本一般不进行更新时,资本的绝对生产过剩就可以说必然会产生。资本积累实际上是较高的有机构成变化,而这种广泛扩张的社会生产力遇到了工人人口规模的限制,这种生产力的变化不能靠一种顺利的技术选择来发生。这样,当资本积累过多时,工资的提高就推动了利润率的降低,同时信用制度的机制必然产生一种利息率的提高和借贷资本的短缺。没有对信用制度作用的分析,周期性危机的剧烈和普遍性就不能被充分说明。因此,伊藤诚认为,马克思信用制度的理论在此恰恰证明了剧烈的普遍危机的逻辑必然性。但马克思的理论是不完善的,这主要表现在以下六个方面:(1)马克思关于资本主义人口规律的定义过分强调了过剩人口的递增形成,《资本论》第一卷第二十三章第一段话也未完全说明其理论上的必要性和含义。(2)劳动后备军的形式不仅包含资本主义生产内部所产生的相对过剩人口,而且包括来自小商品生产者和农民解体过程中的过剩人口。(3)考察生产方法在积累下的变化及其对劳动阶级的影响时,未考虑固定资本的特殊限制,这在理论上是不合适的。伊藤诚认为:"资本主义生产必须把人类劳动力这样一种不能当作商品生产的东西当作一种商品来看待,它的这一根本缺点,在这里变得对资本积累至关紧要。"① (4) 马克思的信用机制在理论上的系统化远未完成。(5) 信用理论中强调"货币资本家"的倾向不仅来自于理论概括的不足,而且来自《政治经济学批判大纲》中"资本一般"这一格局内的利息理论。(6) 马克思没弄清投机交易为什么在繁荣结束时那样普遍,也没有试图阐明资本产生过剩和大规模投机高潮之间的相互联系。伊藤诚认为,如果要从现代立场来完善这一理论,就要从马克思时代典型周期性危机的帝国主义基础上进行;同时,也要对近年来西方学者在研究中强调阶级斗争作用,而不是对强调因工资上升引起的资本积累过程中劳动市场的变化,加以注意,要注重现实而不是危机的周期特征。

伊藤诚觉得,资本过剩论就是把马克思的利润率下降倾向规律归于作为危机基本原因的资本有机构成提高。但从马克思的利润率倾向下降规律推断周期性危机的必然性,显然具有极大的困难:第一,这个规律不能运用到短期周期运动,而只能运用到利润率的长期倾向;第二,这种下降倾向也许伴随着剩余价值绝对数量的增加和继续进行的资本积累,尽管是放慢了速度的。伊藤诚认为,即使利润率趋向下降的过程包括了偶然的、突然的和急剧的引起周期性危机的利润下降,我们能搞清楚的也只是它们必定发生的原因。而对于在哪一点上资本积累的明确界限就使它本身感到是"绝对的生产过剩"则很难说明。因此,马克思这种理论是应当舍弃的。

我们认为,伊藤诚的见解在某种程度上概括或代表了第二次世界大战以来西方经济学者对马克思经济危机理论的主要看法。事实上,一些在西方颇具影响的马克思主义经济学者,也往往会把自己的看法局限于一种类型之中,像莫里斯·多布(Maurice Dobb)、保罗·马蒂克(Paul Mattick)、保罗·斯威齐(Paul Sweezy)、E. 普雷瑟(E. Preiser)、亨里克·格罗斯曼(Henryk Grossman)、戴维·耶菲(David Yaffe)、安沃尔·谢克(Anwar Shaikh)等人。

伊藤诚的见解实际上曲解了马克思的经济危机理论。诚然,马克思的经济危机理论正如其他理论一样,有其形成和发展的过程。伊藤诚注意到这点,是正确的,但他把马克思的经济危机理论看作资本过剩论中的劳动力稀缺类型,则是片面的。对于资本过剩和劳动力过剩的关系,马克思曾经说过:"所谓的资本过剩,实质上总是指那种利润率的下降不会由利润量的增加得到补偿的资本——新形成的资本嫩芽总是这样——的过剩,或者是指

---

① 伊藤诚:《马克思的危机理论的形成》,载外国经济学说研究会编:《现代国外经济学论文选》第三辑,商务印书馆1982年版,第175页。

那种自己不能独立行动而以信用形式并给大产业部门的指挥人去支配的资本过剩。资本的这种过剩是由引起相对过剩人口的同一些情况产生的,因而是相对过剩人口的补充现象,虽然二者处在对立的两极上:一方面是失业的资本,另一方面是失业的工人人口。"① (关于劳动力稀缺类型,本文将在后面加以评论。)伊藤诚批评别人陷入了对马克思的经济危机理论的不正确的片面理解中,其实,他自己也犯了同样的错误。

伊藤诚认为,马克思的危机理论带有反古典经济学派的某种痕迹,从而把危机的中间因素或结果当成了原因。我们说,马克思在当时历史条件下针对古典学派的局限性来提出问题是有着重大意义的。因为,资产阶级古典经济学派作为以科学态度研究经济学的资产阶级代表,达到了当时的最高水平,但它有着严重的缺陷和局限性,其突出表现之一,就是否认周期性的普遍性的经济危机。马克思对它们的批判,恰恰是突破资产阶级局限性的表现。马克思始终清楚地看到,资本主义再生产过程的全部矛盾和冲突,都植根于它的基本矛盾。从基本矛盾出发,指出具体矛盾对危机的作用,恰恰是深刻分析的需要,这完全不是什么把危机的中间因素或结果当成原因。这里,伊藤诚错误地理解了马克思的分析。

伊藤诚还认为,马克思危机理论不能解决问题的根本困难在于,无法以价值规律去解释危机的必然性。我们认为,伊藤诚在此暴露出他对于《资本论》体系和理论的无知。资本主义经济危机,实质是作为资本主义生存基础的剩余价值不能全部顺利实现。而剩余价值的生产和实际问题上的矛盾,恰好包含于商品价值的生产和实现之中,也恰好是在价值规律基础上产生的问题。伊藤诚没有看到这些关系,因而不能理解马克思危机理论与价值规律的关系,倒是奥斯卡·兰格(Oskar Lange)的看法更深入和具体些。兰格认为劳动价值论仅仅在均衡基础上解释价格,而把由此产生的偏差看作偶然的,而实际上恰恰是这些偏差成为商业周期理论的核心。② 其实,马克思的价值理论是贯穿《资本论》始终的。但价值规律在表现形态上,却有所变化。马克思说明的是价值规律在资本主义下以平均利润和生产价格规律出现的情况。而价值规律则是作为资本主义表现规律的一般和历史的、逻辑的基础表述的。正是在资本主义平均利润及生产价格规律作用下,经济发展过程才在资本主义基本矛盾的基础上,产生了一系列无法克服的困难,最

---

① 马克思:《资本论》第三卷,人民出版社 1975 年版,第 279、280 页。
② 参见卡尔·屈内:《经济学和马克思主义》第二卷,麦克米伦公司 1979 年英文版,第 218 页。

终以周期性生产过剩的经济危机形式来克服这些困难。伊藤诚没有看到马克思所叙述的价值规律与资本主义经济现实表现之间发生作用的一系列中间环节，以及与之相适应的，基本矛盾在各方面的发展，就企图断言马克思经济危机理论存在根本困难，这显然是不对的。兰格也没有看到马克思危机理论在《资本论》中所解决的恰好包含了他所说的问题。此外，伊藤诚也不清楚，作为一般商品经济范畴的价值规律，并不能直接充分说明资本主义周期性经济危机产生的必然性，因为资本主义下周期性经济危机只能在资本主义条件下发生，而决不会在简单商品生产下产生。对此，马克思在《剩余价值理论》中已经充分说明了，简单商品生产下潜伏的危机萌芽和抽象可能性，只有在资本主义现实条件下，才能发展为现实的经济危机。他指出：“有些经济学家（例如约·斯·穆勒）想用这种简单的、商品形态变化中所包含的危机可能性——如买和卖的分离——来说明危机，他们的情况并不更妙些。……这种买和卖的分离在危机中也表现出来；这是危机的元素形式。用危机的这个元素形式说明危机，就是通过以危机的最抽象的形式叙述危机存在的办法来说明危机的存在。也就是用危机来说明危机。"[①] 伊藤诚要以价值规律解释危机的想法，与马克思所批评的约·斯·穆勒的方法，实质上并没有什么两样。

对于伊藤诚所说的马克思危机理论的不完善性，我们认为：第一，马克思关于资本主义人口规律的叙述，并没有过分强调人口递增的意思。马克思说明的是两个方面：其一，资本主义生产力发展的规律和剩余价值通过资本有机构成提高，使相对过剩人口有增长的趋势；其二，资本主义经济发展的周期运动造成了相对过剩人口的周期性增减。这与马尔萨斯所说的人口自然发生的绝对过剩趋势完全不同。伊藤诚这里显然错误理解了马克思的人口理论。第二，马克思并没有把劳动后备军仅限于资本主义生产本身所造成的相对过剩人口。在论述资本原始积累时，马克思已经把小商品生产者和农民解体过程产生的过剩人口作为资本主义发展的必要前提提出来了，以后马克思要谈的是资本主义本身特有的人口规律，因而，就没有必要再从资本主义本身的人口规律去说明前一种过剩人口了。再说，破产农民及小生产者一旦加入失业的无产者大军，就会作为这支大军的组成部分而受资本周期性扩张和收缩运动的支配了。第三，伊藤诚责备马克思考察生产方法在积累下的变化及其对劳动阶级的影响时，不考虑固定资本的特殊

---

① 《马克思恩格斯全集》第26卷Ⅲ，人民出版社1973年版，第572、573页。

限制,并因而认为《资本论》中的资本积累理论,应该放在《资本论》第二卷的"资本周转"后面,而不应放在第一卷末尾。这主要在于他没有注意到马克思《资本论》的各分册写作范围和内容,是按生产、流通、分配来安排的。尽管第一卷和第二卷都涉及积累的问题,但侧重角度及反映意图都不相同。第一卷是从生产领域揭示资本积累的实质、规律及历史趋势,而第二卷则从流通角度说明积累和扩大再生产的顺利进行,主要流通中社会商品怎样按其所分配的比例,全部顺利实现的问题。第二卷的积累和扩大再生产是第一卷所谈积累的具体化及展开。此外,伊藤诚也没有注意马克思关于机器的资本主义使用的论述,从而无视了马克思关于把工人劳动力在资本主义下完全当作与机器一样的商品对待的论述。当然,伊藤诚也不了解马克思在分析研究层次上,从抽象到具体的逻辑顺序,企图让马克思把《资本论》的顺序服从于资本积累和危机理论。这显然不行。

在这方面,哈耶克(Friedrich von Hayek)提出所谓"李嘉图效应"(Ricardo-effect),说明实际工资上涨比机器价格上涨更多时将缩减劳动密集工业的利润,并推动这些工业以机器更替劳动力。屈内(Karl Kühne)认为,这实际上与马克思的某些论述相似。[①] 这样一来,屈内的看法就从其他角度证明了伊藤诚对马克思责难的错误。

第四,伊藤诚说《资本论》中的信用理论不系统,危机理论论述不充分,这当然有一定道理。但他没注意到,《资本论》的主旨并不在于研究经济危机,而只是涉及危机。此外,信用制度对经济危机的作用也只是其作用的一个方面。马克思曾多次说明货币信用制度只造成危机的一般可能性,只是危机的催化剂,而并非真正的原因。如果说危机的原因在于货币信用制度,那么银行系统的制度改革理论应消除资本主义经济危机。"但是,任何银行立法也不能消除危机。"[②] 马克思说:"在再生产过程的全部联系都是以信用为基础的生产制度中,只要信用突然停止,只有现金支付才有效,危机显然就会发生,对支付手段的激烈追求必然会出现。所以乍看起来,好像整个危机只表现为信用危机和货币危机。"[③] 其实这种危机只是商品生产危机的一种反映,货币信用制度危机的背后是商品实现,即买卖的危机。"而这种现实买卖的扩大远远超过社会需要的限度这一事实,归根到底是整个危机的

---

① 参见卡尔·屈内:《经济学和马克思主义》第二卷,麦克米伦公司1979年英文版,第226页。
② 马克思:《资本论》第三卷,人民出版社1975年版,第554页。
③ 同上书,第555页。

基础。"① 因此，马克思认为，信用和投机对危机只起加剧或延缓的作用，而伊藤诚则认为这是说明马克思危机理论的关键，其实伊藤诚在这一点上走到霍特里(R.G.Hawtrey)的货币和投机造成危机的方面去了。②

当然，伊藤诚的评论也有某些值得肯定之处。例如，他能从马克思理论本身的发展过程来看待马克思危机理论的形成；能看到资本主义的根本缺点是劳动力的商品化；也能看到马克思的经济危机理论在今天有待于从现实的历史条件下去发展和丰富。这些都应加以肯定。但这决不能成为以今天的问题去苛求前人的理由。

对于伊藤诚所说的马克思的经济危机理论中的消费不足论，一些西方学者是赞成的。米契尔(W.C.Mitchell)就认为马克思的消费不足论是对洛贝尔图斯(Johann Karl Rodbertus)理论的发展；而沙特(Leon Saftre)、都留重人(Shigeto Tsuru)、斯威齐、伊顿(Eaton)和莱德勒(Lederer)等人还企图建立和发展一种有根据的消费不足论。其实，马克思和恩格斯早就明确宣布他们是反对消费不足论的。这在马克思对蒲鲁东的类似观点的批判中看得清楚。马克思是批判了洛贝尔图斯的消费不足论的。他和恩格斯都认为，群众消费不足是一切剥削社会的必要条件和普遍情况，但只是资本主义生产方式才导致了经济危机。消费不足在危机中的作用是早已为人们所承认的，但它既没有说明过去不存在危机的原因，也没有说明现实存在危机的原因。因此，消费不足只能作为危机的条件之一或前提之一，而不能成为危机的根本原因。屈内对此表示赞同，他甚至认为，消费不足论甚至都没有揭示今天实际危机存在的任何原因。屈内认为，马克思被当成消费不足论者的名声，是由于他的一些追随者从这个角度去看他，或要从这个角度去看他。这是很有道理的。因为直至现在，无论一些资产阶级学者，还是某些马克思主义的拥护者，仍然把历史上最早出现的消费不足经济危机理论，看成是马克思经济危机学说最重要的理论内容。伊藤诚和维托竟然认为马克思是一个劳德戴尔(James Lauderdale)、马尔萨斯(T.R.Malthus)和西斯蒙第(J.C.Sismondi)的继承者。他们这种看法的依据无非是指马克思曾经说过的："一切真正的危机的最根本的原因，总不外乎群众的贫困和他们的有限的消费，资本主义生产却不顾这种情况而力图发展生产力，好像只有社会的绝对的

---

① 马克思：《资本论》第三卷，人民出版社 1975 年版，第 555 页。
② 关于霍特里这方面的观点，可参见 G.哈伯勒：《繁荣与萧条》，朱应庚、王锟、袁续藩译，商务印书馆 1963 年版，第 30—32 页。

消费能力才是生产力发展的界限。"① 很显然，仅用这句话来断定马克思主张消费不足论，未免有些武断。马克思曾断然反对消费不足的危机理论。在驳斥洛贝尔图斯等人的消费不足论时，他明确指出："认为危机是由于缺少有支付能力的消费或缺少有支付能力的消费者引起的，这纯粹是同义反复。……但是，如果有人想使这个同义反复具有更深刻的论据的假象，说什么工人阶级从他们自己的产品中得到的那一部分太小了，只要他们从中得到较大的部分，即提高他们的工资，弊端就可以消除。那么，我们只需指出，危机每一次都恰好有这样一个时期做准备，在这个时期，工资会普遍提高，工人阶级实际上也会从供消费用的那部分产品中得到较大的一部分。……因此，看起来，资本主义生产包含着各种与善意或恶意无关的条件，这些条件只不过让工人阶级暂时享受一下相对的繁荣，而这种繁荣往往只是危机风暴的预兆。"②

这时回过头来再细读马克思所说的"一切真正的危机的最根本的原因，总不外乎群众的贫困和他们的有限的消费"的那段话，就不难明白其真实含义是马克思所指的由于资本为追求利润而无限扩大生产力的趋势和工人工资要受到至少保证资本家获得平均利润的限制，因而产生资本主义条件下的生产与消费之间的矛盾，而正因为这个矛盾的激化，才导致经济危机的爆发，所以，是作为资本主义基本矛盾表现形式的生产与消费的矛盾引起经济危机，而绝不单是在狭小范围内受到限制的消费本身直接造成经济危机。

美国激进经济学家霍华德·谢尔曼（Howard J. Sherman）与伊藤诚相似，也认为，"马克思讨论的商业周期的两个主题，可能是按照消费不足和投资过剩的方法描述的"③。在他看来，马克思的注意力是集中在投资行为上的，尽管萧条的"最终原因"是消费的限制，但投资的下降是萧条的直接原因。他认为，虽然马克思在某种程度上发展了这两种理论，但马克思本人从没有充分地阐述他对这两种理论相互联系的看法。

谢尔曼还认为，马克思似乎把消费不足和投资过多看作是扩张和衰退的周期过程中的不同方面。这两方面的分析方法在马克思的追随者中间造成了两种互相冲突的观点，而马克思的继承者则应该把这两方面统一起来，建立一种一贯的统一的危机理论。斯威齐其实也赞同这种意见，并已着手

---

① 马克思：《资本论》第三卷，人民出版社1975年版，第548页。
② 马克思：《资本论》第二卷，人民出版社1975年版，第456、457页。
③ H.J.谢尔曼："马克思和商业周期"，载〔美〕《科学与社会》1967年第3卷，第四期，第489页。

进行这种统一。不过谢尔曼认为,斯威齐没有克服矛盾。

我们认为,谢尔曼的分析仅在一定角度上指出了马克思经济危机理论的研究重点不在消费不足论方面,这是对的,但马克思也未如谢尔曼所说的那样,只把注意力集中在投资行为上。谢尔曼的分析,在基本出发点上,仍然认为马克思没有完整的经济危机理论。他认为正因为马克思只提出了零散见解和分析,其继承者自然要各取所需,按各自的见解去"完成"马克思的经济危机理论体系。前边对此已有评论,这里不必赘言。谢尔曼还有一个与伊藤诚一样的错误,即认为马克思没有把危机理论与价值理论统一起来。只是谢尔曼比伊藤诚走到问题更远的另一端。他认为,理解周期就不能运用价值概念,而只能运用价格和供求的概念。这样,他的分析就把价值规律与价格、供求完全对立起来了。这为谢尔曼后来"建立"和"完成"马克思的经济危机理论体系的模型铺平了道路。

当然,谢尔曼还是充分注意和强调了马克思所强调的一些主要问题,他指出,马克思提出了资本主义的三种主要制度结构:第一,资本主义不是为一个孤立的单位生产,而是为了市场进行生产。没有市场需求就没有生产。第二,资本主义是为了利润,而不是为了使用而生产的,没有利润就没有生产。第三,资本主义使用广泛的货币和信贷体系,而不是以物易物。货币不仅是商品之间的交换媒介;货币也可以被储蓄和贮藏。谢尔曼说,这三个方面被萨伊完全忽略了,因此,萨伊才完全否认任何经济危机。实际上,"正是这些结构使过分或不充足的需求、过分或不充足的投资以及暴涨和暴跌的经济周期具有可能性"[①]。谢尔曼这些见解还是比较符合实际的。

四、对马克思经济危机理论的综合研究

20世纪70年代以来,西方资本主义国家在对马克思一些重大经济理论进行重新研究和评价过程中,展开了关于马克思经济危机问题的讨论。一些进步经济学家或马克思主义者,一方面试图再次把关于马克思经济危机理论的不同流派的观点加以综合,另一方面则联系当代资本主义社会的现实问题,或联系美国经济中的利润率变动情况,对马克思经济周期理论和经济危机学说进行论证。在这方面,比利时的厄尔奈斯特·曼德尔(Ernest

---

① H.J.谢尔曼:《马克思主义的经济周期理论》,原载美国《激进政治经济学评论》1979年春季号,见外国经济学说研究会编:《现代国外经济学论文选》第六辑,商务印书馆1984年版,第125页。

Mandel)的综合与探讨是较为出色的；美国的进步经济学家托马斯·韦斯科普夫(Thomas E. Weisskopf)等人的综合模型检验，也被认为是理论上最成功的突破。

在《论马克思主义经济学》(1962)一书中，比利时学者厄尔奈斯特·曼德尔以新的材料和其他学科学者的见解重新阐述了马克思主义的基本经济理论，其中包括经济危机理论。他认为，资本主义经济危机是起源于有支付能力的消费不足的交换价值生产过剩的经济危机。由于资本主义经济危机是以商品生产普遍化为前提的，所以，它从定义上来说，就是普遍的。商品固有的使用价值与价值的矛盾体现在商品与货币的分离上，这就创造了危机的一般可能性，而商业信用制度则在一定时期内掩盖和加剧了这种危机的一般可能性。如果现实中，大批商品找不到其等价物，大量债务无法支付，一场危机就会发生。

曼德尔这样描绘了危机的扩展过程，他说："窖藏收入和非生产的储蓄都可以造成收入的剩余，从而引起某些商品相等的生产过剩。于是，就形成就业第一次缩减。就业缩减可以使生产过剩遍及各经济部门，于是，又使就业第二次缩减，如此循环不息。"① 他把生产与销售之间的"间歇"看成周期波动的原因，其间资本有机构成提高以及由此而引起的平均利润率下降趋势在发生作用。因为资本主义生产是追求利润的，平均利润率的波动就是资本主义经济具体状况的决定性标准。只有抓住平均利润率的波动，才能揭露经济周期的内部机制。

在曼德尔看来，决定周期性规律的因素，一方面是固定资本定期更新的作用，另一方面，是资本主义经济基础在每次复苏初期扩大，使周期进程具备了特别狂热的性质。经济基础的扩大是由于新市场的出现，包括资本主义生产的地理扩张（打开非资本主义地区）、新生产部门出现（技术进步）、竞争者失败、军事订货等等。

最后，他指明了危机的根本原因在于生产社会化与私人占有形式间的矛盾，并指出经济周期波动的两个并列条件是：利润率的升降与实际市场的伸缩。

我们认为，曼德尔的上述阐释，从和其他西方学者的比较角度来说，基本上较接近马克思经济周期和经济危机理论的原意。这种系统化的阐述也是可取的。它证明马克思阐述的经济周期和经济危机理论。尽管比较分

---

① 厄·曼德尔：《论马克思主义经济学》上卷，廉佩直译，商务印书馆1979年版，第361、362页。

散,也不够完整,但内在逻辑上还是可以形成一个体系轮廓的。其主要问题在于,他对资本主义危机现实必然性的阐述还不够充分,也比较笼统。

其后,曼德尔又在其《晚期资本主义》一书中进行了完善和扩充马克思经济周期和危机理论的尝试。

曼德尔认为,许多研究马克思经济危机和周期理论的人,往往比较片面地强调造成经济危机的个别和单一因素的作用,他们不能从整个资本主义经济体系中的单一变量来推断资本主义生产方式的整个动力,而马克思虽然注意了各个因素的相互作用和综合,并把所有其他规律或多或少自动地作为利润率变量的功能在发挥作用的结果,但他缺乏系统的正面阐述。

曼德尔认为,资本主义生产方式中的全部基本变量都可以在某种程度上部分地和周期地起到自主变量的作用。这些变量应包括:总的资本有机构成;永久资本在固定资本与流动资本之间的分配情况;剩余价值率的发展;积累率的发展;资本周转时间的发展;两大部类之间的交换关系。他对马克思主义经济危机理论的新探讨就主要是对这六个基本变量的发展及其相互关系的研究。他说:"我们的命题就是:资本主义的历史以及资本主义的内在规律性和已经表露出来的种种矛盾的历史,只能作为这六个变量相互影响的一种功能来加以阐明和理解。利润率的波动是这一历史的地震仪,因为这种波动明白无误地表明,这种相互影响的结果与以利润为基础,即以资本的增殖为基础的生产方式的那种逻辑,是相符合的。但是,这种波动只不过是结果,这个结果本身还必须用这些变量的相互影响来加以解释。"①

他认为,从各因素相互作用的综合结果来看,应该紧紧抓住平均利润率这个最清楚的表现形式。因为资本有机构成提高和销售困难归根结底是通过平均利润率下降引起投资缩减、经济衰退甚至市场发生生产过剩的经济危机,而市场的重新扩大与平均利润率恢复,又会重新刺激投资,从而促进经济的高涨。

曼德尔说:"虽然马克思所发现的资本主义发展的规律揭露了长期的最终结果(增长的资本有机构成、增长的剩余价值率、降低的利润率),但是,这些规律并没有揭露这些发展趋势之间的任何确切的、有规律的比例。因此,把上面列出的那些变量视为部分独立的功能和部分互相依赖的功能,这不

---

① E.曼德尔:《晚期资本主义》,马清文译,黑龙江人民出版社 1983 年版,第 31 页。

但是合法的,而且是完全必要的。"① 他认为,在工业的周期循环中,生产和资本积累就必然围绕着平均利润率的波动而波动。然而,从工业循环的周期来说,影响它的根本因素是利润率,关键因素则是固定资本的周转及更新,正是它们决定了周期的长度和扩大再生产的基础。他说,马克思提出了这些论点,并预见到了全部现代经院式的周期理论,即认为企业家的投资活动是周期运动向上发展的主要的刺激因素的理论。

曼德尔认为,每次固定资本的更新,本身就意味着从一个更高的技术水平上的更新。这种更新有三重意义:第一,新机器的价值将会占投资总额中的较大比例,从而提高资本有机构成;第二,新机器只有当其价值与这些机器给现有生产所创造的价值同资本家的赢利不矛盾时;或者,雇用活劳动的节约超过了固定资本的额外费用时,才能被购买;第三,这些机器只能在如下情况才能购买:它们不但节省劳动力,而且还能把总生产成本降低到社会平均水平之下,从而获取新机器带来的超额利润。其中,第一点就是扩大再生产的物质条件,第二、第三点则是扩大再生产的现实条件。

曼德尔考察了技术革命已发生和未发生两种情况下的固定资本扩大再生产,指出在技术革命发生条件下,固定资本更新和有机构成提高,具有一种促使资本积累和投资加速扩张的作用,而这一点对于解释周期的延长和扩张规模的膨胀,具有极其重要的意义。从这方面说,"每一个重要的技术发明时期都似乎是一个资本积累突然加速的时期"②。

对于周期循环中的投资不足,曼德尔认为具有双重作用:反映平均利润率较低,并制止平均利润率继续下跌;也创造出一种有历史意义的储备资金,为以后新技术条件下的扩大再生产提供额外的积累能力。在他看来,在正常条件下,在一次7年或10年周期结尾所释放的那些价值,足以用来取得比本周期开始时所使用的更贵的机器,但不足以取得生产技术的基本更新,第一部类的情况尤其如此。只有几个连续周期释放出的价值,才能使积累过程发生质的变化。曼德尔认为,投资不足时期的周期出现,完成了一种客观功能,即释放为新技术革命所必需的资本。从资本积累的现实必要条件看,则只有平均利润率的突然增长才能解释多年停滞的剩余资本的突然大批投资行为。而造成平均利润率突然增长的原因是:(1)资本有机构成突然降低;(2)剩余价值率突然增长;(3)不变资本的价格(尤其是原材料)

---

① E.曼德尔:《晚期资本主义》,马清文译,黑龙江人民出版社1983年版,第35页。
② 同上书,第126页。

暴跌;(4) 交通运输新体系的完备、分配方法的改进、股份加速循环等造成的流动资金周转期突然缩短。而这些都与技术革命的发展有密切的关系。

曼德尔在马克思的论述基础上,又对技术革命进行了探讨,考察了三次大的技术革命期间技术变化对固定资本更新、扩大和资本积累的影响,指出资本积累周期延长的可能性,从而得出结论说:资本主义不仅是7—10年的一系列周期运动,而且也是一系列50年左右的长周期运动。这样,曼德尔就在经济周期和危机理论中肯定了"长波周期"的存在,并认为它是通过"古典周期"的连接而起作用的。只有作为"古典周期"波动的结果才是可信的。它绝非加在"古典周期"之上的形而上学的附加物。

曼德尔把"长波周期"也看作资本受平均利润率波动而变动的结果,同时也指出了经济的外生因素对"长波周期"的衰退和扩张两阶段的转化的"巨大的决定性作用"。他说:"一场长期衰退本身是不会释放出引起一场新繁荣的那些力量的。这些力量的出现只是对资本过程系统冲击的结果,即外生因素作用于资本积累的总环境的结果。"[①] 外生因素的冲击是通过对世界市场及剩余价值率的作用而引起的平均利润率的波动,并进而影响经济波动的。

曼德尔还认为,"长波周期"与"古典周期"一起构成了包含生产关系危机在内的整个社会危机,并充满了爆炸性,直接威胁整个资本主义生产方式。只要资本主义制度存在,其经济就会按周期循环的方式进行下去。

综上所述,我们不难看出,曼德尔对马克思经济危机和经济周期理论的探讨比别的西方学者更多地符合马克思的原意,其中也不乏独到之处:(1) 曼德尔认为马克思对经济危机和经济周期问题并没有专著论述,但这不妨碍他从马克思主要经济学著作中概括出一个大致准确的马克思的经济危机和经济周期理论。这比起西方许多仅从形式上否认马克思经济危机理论的经济学者要高明。(2) 曼德尔的研究方法基本上也是正确的。他始终坚持反对"单因素"的因果解释,一再强调许多自主变量的相互联系及作用。由此出发,他坚决主张把平均利润的变化和波动作为整个经济周期波动的主要原因和"地震仪",把利润率作为资本主义体系所有各方面再好不过的综合指数。当然,他也没有忘记牢牢抓住资本主义生产方式的基本矛盾及其表现。比起其他西方学者,这又是曼德尔较为正确的地方。(3) 曼德尔认

[①] E.曼德尔:《论资本主义发展的长波》,载《世界经济中的长波(论文集)》,伦敦:弗朗斯平特公司(Frances Pinter)1983年英文版,第201页。

为,马克思虽然揭示了资本主义发展的长期最终结果,比如,增长的资本有机构成、增长的剩余价值率、降低的利润率方面的趋势,但没有进一步揭示这些趋势之间的确切的、有规律性的比例。他自己对资本主义经济发展"长波周期"的探讨,就正是弥补这种不足的。我们认为,曼德尔在这方面的认识和努力是难能可贵的,也是不容忽视的。他对"长波周期"的解释,基本上是站在马克思主义方面的。相比之下,康德拉季耶夫、熊彼特、杜普利茨等人则肤浅得多。(4)曼德尔对固定资本周期加快和技术革命对"长波周期"的作用进行了深入分析,并通过平均利润率的变动来加以说明。这也比较有说服力。(5)曼德尔把"古典周期"与"长波周期"在资本主义生产关系方面统一起来,并说明其根本的原因所在,指出其与资本主义相始终的性质。他还力求把理论阐述与历史的经验例证统一起来,这也是较为科学的态度和方法。

总之,曼德尔对马克思经济危机和经济周期理论,尤其是"长波周期"理论的贡献,诚如其言,主要是"关系到各种各样结合:即可能对利润率发生影响的各种因素(如原料成本的根本降低;资本投资世界市场或新领域的突然扩大;剩余价值率的迅速增长或衰减;战争和革命),与资本的长期积累过程和增殖过程内在逻辑的结合,其基础是基本生产技术根本更新或再生产的突然爆发"①。他关于长波周期的某些预言已被历史经验所证实。他的理论探讨对研究当代资本主义具有较大的现实意义,对我们学习、继承和发展马克思主义经济理论,解决社会主义经济问题都有一定的借鉴参考意义和理论启发性。

曼德尔与以下将要涉及的韦斯科普夫都重视平均利润率倾向,但韦斯科普夫只是把其他西方学者的看法纳入这一格局,并加以分类探讨,从理论模型上加以说明。而曼德尔则比他更深入。曼德尔不仅系统地理解了马克思的经济危机理论,而且对一些方面作出了自己的探讨和发展。

自然,曼德尔的探讨仍有不足之处:他对资本主义基本矛盾与周期的关系还缺乏现实的深入分析。他对引起长波周期两阶段交替的决定性因素分析还不够充分,缺乏更深入的具体分析。这是他在这方面理论阐述的最大弱点。还有,曼德尔在分析一般利润率下降规律的作用时,没有深入分析利润量的增减对经济危机的重要作用。其实,无论长短周期,资本家都是通过对利润量和利润率二者的预期,决定投资增加或减少的。而每次危机发生

---

① E.曼德尔:《晚期资本主义》,马清文译,黑龙江人民出版社1983年版,第154页。

的直接重要因素，也同样是这二者，甚至更着重利润量。此外，他对传统的消费不足、比例失调、投资过度等危机原因在新形势下的表现，也分析得不够。对于长波周期与短波周期的结合的具体机制，对古典周期在新阶段的变化的探讨同样缺乏。此外，他对其他西方经济学家的有关理论的评价也比较简单。

五、利润率下降趋势下的三类经济危机论

美国经济学家托马斯·韦斯科普夫总结并分析了当代西方多数经济学家对马克思经济危机理论的看法后，提出了自己的见解。他认为，许多不同类型的马克思主义经济危机理论，都把利润率作为宏观经济活动的重要决定因素而予以最大关注，因为可以把利润率下降作为危机起源去研究，作为一种鉴别马克思主义经济危机理论的特征。于是，韦斯科普夫便试图把用马克思主义观点解释资本主义经济危机的激进经济学家的看法，依平均利润率下降的不同根源而概括划分为三种不同的论点：(1) 资本有机构成提高论，主要从技术变革和资本有机构成的作用去论证；(2) 劳工实力增强论，主要从阶级斗争和劳工与资本家之间的收入分配去论证；(3) 实现失败论，主要从生产出的商品的全部价值的实现问题来论证。

韦斯科普夫认为，根据对这三种论点强调程度的不同，又分别形成三派主要观点：

1. 资本有机构成提高论

资本有机构成提高论又称"ROC 流派"（Rising Organic Composition of Capital）。这派主要代表人物是多布、耶菲、谢克等。他们根据《资本论》第三卷第三篇第十三章至第十五章的叙述，以资本有机构成提高的理论为基础。假设资本主义积累过程迟早会发生资本有机构成的提高，并进一步假定剥削率（剩余价值率）没有明显的变动。这样，就可以推论出，在剥削率不变的情况下，资本有机构成的提高将导致利润率下降。而利润率的下降迟早将导致投资率下降，进而，投资率的下降又反过来导致生产能力利用率的下降。韦斯科普夫认为，马克思本人最充分地发展了这种理论。这种理论主要被用来解释利润率下降的长期趋势的，但也适合于解释利润率的短期的周期波动。据说，约翰·斯特拉彻（John Strachey）尤其认为资本有机构成的提高是一种短期现象，而危机则是"利润率的崩溃"。

这派理论实际上已受到经济上和理论上两方面理由的非议。谢尔曼认

为,就长期趋势而言,这派理论可能对,也可能不对。但无论如何,它不适合于对短期的资本主义经济萧条的理解。这是因为:第一,短期经济萧条是由于在短时期内利润率变动较大引起的,绝非由几十年的利润率的极小变动而引起的。第二,经济周期必须按价格而不能按价值来加以理解,因为价值假定供求是处于均衡的,但在经济周期的收缩阶段,需求往往低于供给,所以市场价格就通常低于长期价值。这样,利润率的周期变动就更经常地受到短期的价格波动的影响。而价值只能通过长期平均状态或近似均衡状态来反映。伊藤诚也批评说,有机构成提高引起利润率下降过一定点时就会带来危机的理论存在两个问题:第一,因为它只是长期运动的规律,所以难以直接根据利润率下降去解释危机的周期性;第二,利润率下降趋势未必是资本积累的严重障碍,因为利润量增加仍会刺激积累。

2. 劳工实力增强论

劳工实力增强论又称"RSL 流派(Rising Stength of Labors)。这派的代表人物主要是博迪(Boddy)、克罗蒂(Crotty)、格林(Glyn)和萨特克利菲(Sutcliffe)等。他们根据马克思在《资本论》第一卷第二十三章关于"资本主义积累的一般规律"的阐述中所提到的因资本积累而可能引起工资提高的情况,提出了如下的主要假设:资本主义的积累过程势必改变劳资之间的政治经济力量的对比,使工人阶级能增加在国民收入中的工资份额,从而降低国民收入中的利润份额。因此,这派着重把国民收入中利润份额的下降作为最初根源。这派提出了下面三个关键性命题:[①]

(1) 工人阶级力量的增强能使工人们为争取较高的工资而更成功地进行谈判,从而增加货币工资增长率。

(2) 工人阶级力量的增强能使工人们更成功地抵制资本家竭力提高劳动强度的企图,因而降低了劳动生产率的增长率。

(3) 由于工资增长的加速和劳动生产率增长的减速,这就迟早会导致单位劳动成本的增加,而劳动成本的增加不会被相应的产品价格的上涨抵消,因此,工资份额将上升,从而导致利润率下降,最后引起经济危机。

韦斯科普夫认为,该流派的理论是以劳动后备军的周期耗尽观点为依据来说明因劳动力求大于供,所以劳动者政治经济力量加强,与资本家谈判的地位也提高了。他认为这种见解有牢固的理论基础,因而比较有说服力。但韦斯科普夫也指出,这个流派本身也认为,长期中,劳动后备军可能被周

---

① 参见《剑桥经济学杂志》1979 年 12 月号,第 346 页。

期性地经济下降、被节省劳动的技术变化所补充,或被新的劳动供给来源所补充。一些人只好避开这点而从工会力量增强和工人阶级对政府政策的影响去谈论劳工实力的增强,但是那样就缺乏较充分的理论基础了。韦斯科普夫所提到的这点,正是这派理论的弱点。据屈内介绍说,冯·哈耶克曾经提出所谓"李嘉图效应",假定实际工资上涨将缩减劳动密集企业的利润,从而会推动这些工业企业以机器去更替劳动力。屈内认为这种观点与马克思的某些论述相类似,但在特定情况下,人们可以称马克思的原理为"李嘉图效应"的对立面。在这两种情形下,利息率也许被提高,而阻碍长期投资,而且也会诱发经济衰退。

不过,另一方面,屈内也认为,在原料和投资品特定供应条件下的价格上升太慢,使劳动力价格不合比例地上升仅仅发生在繁荣的初期阶段。这时,投资品也许比消费品相对便宜,因为有大量过剩能力在这些部门。这意味着价格上升阶段初期,不变资本相对于可变资本来说尚未发生扩大。鉴于劳动力相对昂贵,经济一旦接近充分就业,"李嘉图效应"就将通过更明显的替代过程表现出来。于是屈内指出,只要经济一达到充分就业,劳动节约的倾向在技术进步条件下就会占支配地位,从而利润率也会倾向下降。对于劳动后备军耗竭理论来说,其前提正是充分就业,而作为劳工力量增强的结果,则是工资上升趋势。这样,屈内就实际上把韦斯科普夫所划分的前两种流派观点,在平均利润率下降的基础上统一起来。这种做法回避了"李嘉图效应"对劳动后备军耗竭观点的抵消与缓和。

我们认为,"RSL 流派"的看法是错误的,它既曲解了马克思所论述的因资本积累而引起的劳动力价格提高这种罕见情况,又忽视了资本主义生产具有代表性的特征是生产剩余价值或赚取利润。马克思明确指出:"资本主义积累的本能,绝不允许劳动剥削程度的任何降低或劳动价格的任何提高有可能严重地危及资本关系的不断再生产和它的规模不断扩大的再生产。"[①] 资本主义积累的一般规律已表明,由于相对过剩人口或产业后备军的累进生产,因对工人被雇佣人数需求的增加而引起的工资上升通常出现不多,即使目前资本主义国家的工人和工会组织通过斗争而使工资有所增加,但无数事实已证明,工资上升幅度往往赶不上物价上涨速度,而且工资的提高总是低于劳动生产率的实际增长(尽管韦斯科普夫也注意到了这方面的争议),所以,利润率的下降,绝非由工资上升而造成。马克思曾指出,

---

① 马克思:《资本论》第一卷,人民出版社 1975 年版,第 681 页。

用工资率的上升来解释利润率的下降,这是再荒谬不过的。工资上升和经济周期有规律的运动并无直接联系,如果把经济危机归因于工资上升和利润被压缩,那么岂非工人应对经济危机负责,资本主义制度与经济危机反而倒毫不相干了。事实上,资本家决不会允许提高工资去压低利润。如果工资提高,利润也可能更高。近年内,资本主义国家的物价工资轮番上涨加剧了通货膨胀这一事实,这是对工资上涨引起利润率下降倾向的有力驳斥。这派理论的渊源是李嘉图关于工资利润对立关系的简单运用,其依据是资本主义现实中并不普遍、也不经常的所谓"充分就业"。谢尔曼看到了这点,因而他在解释这派理论时认为,劳动后备军耗竭理论有一定道理,因为扩张后半期接近充分就业时,工人收入在国民收入中的份额就会提高。但如果价格同等上升或生产力充分提高,则较高的货币工资率可以不引起每单位利润的下降。因为高工资引起较多消费需求,这又会引起价格的相应提高。高工资对成本和需求两方面都有影响,只集中注意成本而不考虑需求是经济分析中的一种错误。

3. 实现失败论

实现失败论又称为"RF 流派"(Realization Failure)。这派的论点不同于前两派,它更注重流通领域,而不像前两派论点集中注意于生产领域。赢利力之所以受到威胁,在第一派看来,是由于资本成本的提高(因而生产能力对资本的比率降低);在第二派看来,是由于劳动成本的提高(因而利润在国民收入中的份额降低);而在第三派看来,则是由于按有利可图的价格(包括成本和预期利润幅度的价格)出售所生产出来的商品发生了困难,即,因需求条件而阻止资本家实现所生产出的商品的全部价值(因而生产能力利用率降低)。所以,这派是以实现失败论为基础。

这派的主要代表人物是保罗·斯威齐。他在 1942 年出版的《资本主义发展理论》第十章中就讨论过两种重要类型的实现危机。一种是由消费不足引起的,另一种是由比例失调引起的。斯威齐根据消费不足发展了实现失败论的观点。后来,他和保罗·巴兰(Paul Baran)一起又把实现失败论加以修改而发展成为长期的经济停滞论。

这派的基本假设是:资本主义积累过程势必导致商品需求落后于商品生产能力的失衡。这样造成的需求不足就迫使资本家不是抑制他们的生产水平,就是抑制他们的产品价格,以避免增加难以出售的产品的存货量。在现代资本主义条件下,由于普遍存在着限制降价制度,所以,资本家能够主要靠减少生产,降低整个经济中的平均生产能力利用率来对付消费不足和需求不足。因此,这派认为生产能力利用率的下降是利润率下降的最初根源。

这派人大多数认为,造成需求不足的原因要从总的消费不足或投资不足的基础上去论证。韦斯科普夫认为,RF 流派的中心论点是需求不足,大多数实现失败论者都把他们的论证建立在总体消费不足和总体投资不足上。他认为,不论长期还是短期,消费不足论的逻辑都是从工资份额的下降到消费需求减少,再到相对于生产能力的总需求下降。这个论点的长期说法是把工资份额的长期下降归咎于资本主义经济中垄断力量增长的程度。短期说法把工资份额的周期下降归咎于利润与工资比较的相对易变性。他认为,造成这种机制的原因是,工资收入中的消费倾向高于利润收入中的消费倾向。消费需求的降低又意味着限制总需求的增长,因为支出(即投资需求)的另一个主要源泉实质上是一种派生的需求,最终取决于消费的增长。于是,韦斯科普夫说,应该指出,使消费下降的工资份额减少本身将导致利润份额上升;因此,必须设想,生产能力利用率出现的最终下降对于利润率的影响大于利润份额的任何持续上升的影响。这样才有出现利润率下降的趋势。

另一方面,各种总需求理论都强调投资不足并考虑了消费需求增长的可能降低趋势,它们对长期和周期的阐述则是不同的。一般说来,长期意义上的投资不足是由于竞争的资本主义企业占统治地位向垄断的资本主义企业占统治地位过渡所引起的。周期意义上的投资不足总被看成是投资易变性的一种表现,由此产生投资率特别高和特别低的各个时期。一般是用加速机制来解释这种局面,即,投资率是产量增长率的正函数,又是资本总量水平的负函数。韦斯科普夫于是断言,马克思危机理论中的周期实现失败论的这种阐述,显然与萨缪尔森(Paul Samuelson)第一次阐述的这种类型的常用的乘数——加速数模型很相似。韦斯科普夫这种看法还是比较符合实际的。

韦斯科普夫最终把实现失败论的实质归结为比例失调论,即需求与生产能力之间的部门不平衡,而不是总需求不足。这是不对的。他认为,该论证的前提是资本主义经济分散决策的无政府状态,而无政府状态就会导致新资本形成和生产能力增长的部门失调格局,即某些产业将出现过剩的生产能力,而另一些产业则出现相对于需求结构的生产能力不足。当价格的灵活性有限时,这种过剩和短缺的结合将同时导致总生产能力利用率下降并引起通货膨胀率上升。对于韦斯科普夫的这种概括性结论,我们认为,其理由是不充分的,因为消费需求与生产供给的不平衡会由于资本主义的生产与消费的关系而发展为总需求与总生产供给的失衡,而不仅限于部门间的不平衡。这点在前提、推理过程和结果上,都与他前边的论证有矛盾。

据谢尔曼的分析和概括,消费不足论者的论点是:第一,在每次经济扩张中,阶级斗争引起剥削率的提高,反映在工资在国民收入中的份额下降中。第二,工人比资本家有着更高的边际消费倾向(增加的消费对增加的收入之间的比率)。因此,第三,工资份额的下降引起整个国家的平均消费倾向(消费与收入之比)的下降,生产的能力超过需求,这是受到资本主义生产关系限制的。于是,第四,投资下降。因为投资仅仅是消费需求增加的函数,如果消费需求增长更加缓慢,那么投资就将下降。投资的降低便导致全部生产和就业的减少,因而产生经济危机。

我们认为,建立在消费不足或投资不足论的基础上的"实现失败论",实质上并不是马克思主义的危机理论,而是宣扬凯恩斯主义的有效需求(消费需求和投资需求)不足说的经济危机理论。这种观点是十分肤浅的。它只在供求的直接现象上做文章,而否认这种现象与资本主义基本矛盾的联系。实现失败论者提出的"由于按有利可图的价格(包括成本和预期利润幅度的价格)出售所生产出来的商品发生了困难,即因需求条件而阻止资本家实现所生产出的商品的全部价值"这些观点,说穿了,不就是凯恩斯的总需求价格小于总供给价格时,资本家必然要缩减生产,从而增加失业这样的论调吗?实现失败论是把资本主义条件下生产和消费之间的联系看成是直接的,认为生产是跟着消费走的,因而实现的困难就在于生产出来的产品过剩,卖不出去,于是出现生产与消费之间的矛盾。然而,马克思主义者认为,资本主义生产和消费之间的联系只是间接的,消费归根到底必须跟着生产方式的既定条件走,因此,由于资本主义追求利润的生产要求无限增长,而消费又由于人民群众的无产阶级状况而缩减,这样就一定会产生矛盾。资本主义经济危机正是这种矛盾暴力的、暂时的解决。

总的说来,韦斯科普夫把这三种流派的理论都归结到利润率下降上,他认为,"可以把集中研究作为危机起源的利润率下降,用作鉴别一种资本主义经济危机的马克思主义理论的限定特征"[①]。因为平均利润率是资本家利润预期的主要决定因素,故可把它的性质作为解释经济危机的关键。他断

---

① 托马斯·韦斯科普夫:"马克思主义的危机理论和战后美国经济中的利润率",载于外国经济学说研究会编:《现代国外经济学论文选》第六辑,商务印书馆1984年版,第159页。

定,完全有理由认为利润率下降将通过利润预期和投资率最终导致一次经济危机,使产量、就业水平和增长率都降低。他认为上述三个流派的危机理论都可推广为一种利润率短期周期下降的理论(用以解释资本主义经济周期),或者推广为一种利润率长期下降的理论(用以解释下降的"长波"时期或者永久性停滞)。而这三种理论又是能动地互相关联的:利润率的下降的一个过程可望以一种辩证的方式导致一种渐近反应,从而引起另一个下降过程。这样,三种理论中有可能不止一种同时发生着作用,而且相继地压低利润率。于是,他以美国第二次世界大战后的连续五次经济周期的经验数据为依据,对上述理论进行了验证和分析。最终,他认为劳工实力增强论得到的经验支持最大,它完全说明了利润率的长期下降,部分地说明其周期下降,并大体上说明周期扩张后期的下降。而有机构成提高和实现失败对利润率下降的作用就不大。

我们认为,抓住平均利润率的变化去说明经济危机是对的,力图从经验数据上加以证实也是可取的,但这都需要进一步发展和深化,如果仅限于这些,则是非常不够的。马克思本人就指出:"利润率的下降和积累的加速,就二者都表示对生产力的发展来说,只是同一个过程的不同表现。"[①] "造成一般利润率趋向下降的同一些原因,又会引起资本的加速积累,从而引起资本所占有的剩余劳动(剩余价值、利润)绝对量或总量的增加。"[②] 这样,仅靠利润率下降就不一定能充分说明经济危机的根本原因。韦斯科普夫以及上述三个流派的错误在于,没有进一步把平均利润率的变化与资本主义特定的生产方式及其生产关系的内在前提相联系。资本主义基本经济规律的矛盾是通过社会再生产各个环节反映出来的。而他们仅仅局限于这个角度,就必然曲解马克思的经济危机理论。再者,他们的经验数据方面的论证,是有一定积极意义的,缺点是它没有能进一步说明和补充理论上的不足之处。韦斯科普夫自己也承认对劳工实力增强论之外的考察不够充分。甚至在考虑实现失败论时,没有注意政府购买的作用。这样,韦斯科普夫在实际上仍然滑到了与前边讨论过的伊藤诚所主张的劳动力耗竭理论相似的观点上去了。

---

① 马克思:《资本论》第三卷,人民出版社 1975 年版,第 269 页。
② 同上书,第 250 页。

六、对马克思经济危机理论区分出三个层次的看法

近年来,在西方学者对马克思经济危机理论的评论中,有一种较为新颖别致的看法,这就是戴维·哈维(David Harvey)在《资本论的限度》(1982年)一书中表述的观点。

哈维认为,可以从三个层次来看待和发展马克思的经济危机理论。他并不像有的人那样认为马克思没有经济周期理论。相反,他认为,马克思在积累、工业后备军和工资率的关系上描述了周期的冲动;为分析各生产部门间产量和交换方面的爆发性波动奠定了基础;建立了关于积累过度和贬值的一般短期节奏的动态模型;此外,马克思对固定资本循环的研究还揭示了创新、扩张、恢复和贬值的周期。哈维认为,"问题在于把这些各部分的见解组织成一个统一的当代的动态表述"[①]。这样,他就试图来完成这项工作。他的办法是建立一个多层次的统一体系的马克思主义经济危机理论。

哈维提出的三个层次的理论是这样的:

"第一层次的危机理论"(First-cut theory of Crisis)就是马克思本人所表述的危机理论。它回顾和论述了资本主义内部矛盾的基本来源,指出危机的根源在于生产关系内部,一旦给定生产和交换之间必然存在的矛盾统一,危机就必然地在交换中得到表现。同时,资本主义的利润率下降规律也由此得到表现。

哈维认为,马克思在《资本论》前两卷中的见解与第三卷中对资本主义内在矛盾的分析不能统一起来,这是因为他对许多重要问题没有加以考虑,这些问题包括:(1)特定的生产方式、流通和固定资本的实现以及由流通时间不同而产生的困难;(2)影响资本集中和分散程度的组织和结构变化过程;(3)信用制度的作用,利息产生和货币资本(所有这些都需要分析资本流通的货币方面);(4)资本流通中的国家干预;(5)商品流通(商品的空间运动)和对外贸易的物质方面,"世界市场"的形成和整个资本主义的地理布局结构;(6)社会形式内部与社会形式之间的阶级关系的复杂结构(如资本家阶级内部的派系差别和建立在不同国家劳动力价值基础上的无产阶级内部的差别)。

于是,哈维认为,从马克思把商品生产和交换的固有矛盾作为理解资本

---

① 戴维·哈维:《资本论的限度》,芝加哥大学出版社1982年英文版,第300页。

主义经济危机形成的基础的意义上说,"第一层次的危机理论"就首先只是一种方法。它表明的只是作为经济和社会组织模式的资本主义的非常明显的不稳定原理被确定了。这种"第一层次的危机理论"所涉及的阶级关系结构本不难系统化,但马克思没有做这个工作。因而,"第一层次的危机理论"只是一种敏锐的观察力、混乱的解释和直觉判断同马克思的未来幸福观念的混合体。不过哈维承认,马克思这种论述尽管没有完成,但从以后关于资本贬值的社会后果来看,却有着强制性的说服力。

我们认为,哈维在这方面的看法是错误的,因为,马克思在《资本论》中关于经济危机的阐述,是作为资本主义经济内在本质矛盾发展的必然结果表现出来的,它既是各种经济矛盾的集中表现,又是各种经济矛盾发展的周期性冲突和解决。对于危机的理解,只有在明白了资本主义经济的内在机制之后才能达到,因此,按照马克思的理论逻辑,它应在全部理论的最后部分,才能给以系统的理论说明。而在前面的各部分理论中,只能从与之相联系的某些侧面所反映。哈维所列举的问题,马克思完全看到了,在马克思的六册结构写作计划中,每个分册都涉及了这些问题,并把其中之一作为中心。而在最后一册"世界市场"中,谈到危机,这时已有了前边对各个问题的论述基础。但这个工作量是极其巨大的。如果马克思全部进行研究,就很可能一个也完不成。因而,马克思毅然决定,集中力量写作《资本论》,并在涉及的地方,对有关问题作一些必要的叙述,但不一定完全展开。哈维说马克思是"混乱的解释和直觉判断"等的混合,正说明他自己对马克思理论的内在逻辑毫无所知。哈维指责马克思《资本论》前两卷与第三卷的见解不能统一,也是因为哈维并不明白《资本论》的内在逻辑与研究方法。他不明白马克思从抽象上升到具体和理论与历史统一的方法,而直接从外在直观表象上就要求前后在理论上完全等同。此外,他也没有明白马克思所阐述的是在商品经济基础上的资本主义经济危机,因而首先要阐明在商品经济内就已经潜伏着的抽象的危机可能性及萌芽。

哈维提出的"第二层次危机理论"(Second-cut theory of crisis),则"力求把问题的金融和货币方面同对造成生产失衡的力量的最初分析结合起来",从而检验通过金融和货币安排而形成和调整的短期动态。其重点是要讲信用制度和投机的作用,通过信用把资本作为阶级整体的资本去考虑,而通过信用周期与生产周期的交互作用来看待整个周期波动的问题。

哈维认为,由于货币是一种依价值特点而存在的独立形式,于是"危机就一定有一种货币解释"①。所以,要进一步从货币和信用方面来看。他认为,马克思恰恰很少注意造成资产阶级激烈的派系斗争和权力运用场所的信用制度,而仅仅把它们看成资本主义社会表面十分明显的冲突。而这种冲突却是在作为资本的生息货币和剩余价值生产过程之间的相互关系深处所隐藏的冲突。

在哈维看来,信用制度起码具有抵消造成生产失衡最初源泉的个别资本家错误行为的潜在可能性,甚至是十分充分的力量。但这种力量不能被直接运用,必须借助价格和交换阶段的其他工具去传递。虽然马克思注意到了并驳斥了信用投机造成的危机理论,但只是把信用投机作为"造成失衡的深处潜流的表面泡沫",而未予深究。

哈维认为,在这方面,马克思所谈的中心矛盾只是金融制度(信用)及其货币基础之间的问题,尽管这种矛盾造成对积累的最终灾难性动摇,但马克思不是没有考虑因信用制度而积累过剩的倾向可以被转变为通货膨胀的可能性,就是没有检验其影响。因为在马克思的一般理论结构上无法做到这一点。哈维认为,金融体系和它的货币基础之间的矛盾,最终可以归结为货币形式的资本与商品形式的资本之间的矛盾。在资本过度积累的情况下,资本家阶级就在货币或商品之间的贬值、通货膨胀或衰退之间选择。即使货币政策注意到了避免这两者,也只能以最终引起的这两方面的问题而告终。这样,把《资本论》第一卷所表明的基本货币理论与上述这点相联系,就能理解,为积累而积累和资本循环怎样分裂了作为流通手段的货币的作用和作为价值尺度的货币的作用,并在此基础上建立起作为社会劳动的价值手段的货币世界与在信用基础上运转的错综复杂的金融世界之间的深刻的对立关系。但马克思没有充分分析形成这种对立的各种可能性,即通过通货膨胀或把这种对立表现为帝国主义对手间或国际竞争间的方式来贬值的可能性。

当然,哈维也清楚,金融资本的力量毕竟也是有限的。他说希法亭因错误地理解了马克思的货币理论而没有认识到这点。列宁认识到了这点,但没有纠正希法亭的错误,而直接把希法亭的定义作为表明资本主义内在矛盾在世界范围内怎样表现的工具。哈维认为,马克思已经指出,对生息资本供求力量的体验,能看到资本主义的内在逻辑是如何破坏利息率的均衡,并导致经济偏离稳定的平衡增长,走到形成危机的道路上去。哈维认为,"第

---

① 戴维·哈维:《资本论的限度》,芝加哥大学出版社 1982 年英文版,第 335 页。

二层次的危机理论"就是要解释这种思想,而具体的办法则是他所重建的所谓马克思关于积累周期的论述,从而表明利息率的运动如何在把积累的矛盾动态转变为货币和金融危机的特殊形式中发挥了决定性的作用。

我们认为,哈维所说的"第二层次的危机理论"的主要错误在于:他把货币金融危机看作是资本积累造成的矛盾的转变形式,从而企图以它代替对经济危机的分析。当然,货币金融危机由于信用货币与经济的密切联系,必然会成为经济状况的重要标志,也会对经济危机的形成发生促进和推动的作用,但它毕竟又具有相对的独立性,不能完全等同于经济危机。哈维的看法实际上并没有谈到资本主义基本矛盾对形成危机的作用,他只是在前面口头上承认这一作用,而在具体分析时,又把基本矛盾抛到了一边,只注重货币金融体系的作用,而忘记了金融货币体系的作用也是派生的。

诚然,哈维认为经济危机中的货币贬值可能在一定条件下转变为通货膨胀,这是正确的。但他认为,资本家可以在商品或货币的贬值、通货膨胀或衰退之间选择的观点则是错误的。且不说资本家出于个人的考虑无法在经济浪潮中,独立改变潮流,而只能为潮流所席卷。即便退一步说,资本家能够作为"经济人"而采取选择,在自由竞争时期,由于金本位制的作用以及资本家尚难左右中央银行的货币政策,因而实际上不存在选择的可能性。在垄断资本主义时期,宏观货币政策虽可实行,但对于遏止衰退的作用不大,结果反而有可能造成"停滞膨胀"的局面。哈维自己也承认,货币政策最终还会引起这两方面的问题,并由此认为"第二层次的危机理论"存在着障碍。

其实,哈维的目的是要说明帝国主义时代的经济危机。他企图直接从列宁关于金融资本的垄断地位的论述出发,说明帝国主义时代,经济危机已转变为货币金融危机,或者是由货币金融危机所引起。但这只是问题的一个方面,另一方面,对于经济危机本身发生的机制,以及经济危机表现形式的变化的内在过程,哈维则没有重视。事实上他所看到的危机正是以凯恩斯主义的国家干预经济的情形为背景的。从实际的效果来看,凯恩斯主义政策恰恰造成了"停滞膨胀"的恶果,而现代货币主义的办法也未能真正解决问题。

"第三层次的危机理论"(Third-cut theory of crisis)是指把地理上不均衡发展的生产布局和资源配置问题引入经济危机理论。"它明确地从定义上承认资本主义生产和交换条件下社会空间的物质性质。"①

哈维认为,从封闭经济体系考虑危机形式的国际方面时,"第二层次的危机理论"所涉及的转变,就具有了明显的含义。"世界货币的强制力量和不同货币体系间的复杂的关系,成了世界范围资本和劳动流动的背景。不同货币体系的竞争对手相互承担贬值的负担,危机就会加以解决。这时,为输出通货膨胀、失业、闲置生产能力、过剩商品等等的斗争成为国家政策的要点,而战争成了对资本主义经济危机的潜在解决(通过毁灭来贬值的直接手段)。帝国主义和新殖民主义以及金融统治成为全世界资本主义的中心问题。"

在哈维看来,马克思的理论是一种封闭经济体系的理论,它并不能解决资本主义世界的全面稳定、帝国主义、殖民主义的地理扩张和统治问题。哈维自己要做的,就是补充和发展马克思所没有涉及的这个方面。他认为,马克思的危机理论,打破了"萨伊定律",考虑到了买与卖在时间和空间上的分离造成的可能性,而在开放经济区域中,"一个地区积累过度的程度,可由另一地区依赖于部门内各种不同的方法和冲突力量的进一步发展或贬值得到减轻"②。这样,剩余资本和劳动从一个地区向另一个地区的顺利转移,就创造了一种在整体内遇到强大障碍的补偿性摆动模式。按哈维的观点,注意的焦点应放在形成空间地域结构和资本的流动机制上。其具体条件应该是:(1)外部市场和消费不足;(2)生产资本可以输出;(3)无产阶级发展壮大与原始积累的形成;(4)贬值的向外输出。

哈维认为,资本的地域布局和资源配置的扩展可以为持久积累提供一个强大的基础。这样,危机就被减少并变为次要的转换危机,并且历史已经证明许多资本主义国家都是如此转嫁危机的。他说,马克思已意识到这种情况的存在,并举英国的例子说明利用资本借贷输出来为自己过剩的资本和商品创造市场,但马克思否认这会最终克服危机。卢森堡和列宁直接求助于"空间布局"的思想,但是却把马克思对该问题的过分简单化解释为过去的历史情况造成的。再说,他们的方法也不能令人满意。只有通过他的描述,以马克思、列宁没有包含的长期"空间布局"才能拓宽和加深马克思和列宁的危机形成的基础。只有"第三个层次的危机理论"才能把帝国主义之间的战争解释为动态积累中的基本运动,而不是偶然事件或过分贪婪的简

---

① 戴维·哈维:《资本论的限度》,芝加哥大学出版社1982年英文版,第425页。
② 同上书,第427页。

单产物。

哈维认为,如果通过空间转移,可以使全世界的经济均衡发展,那么局部危机就不会演变为普遍危机,反之,如转移受阻,空间调整被否定,全世界的危机就是不可避免的了。

最后,哈维得出结论说:按照"第三层次的危机理论",只有依靠生产的布局和资源配置的地理扩张,才能吸收过剩的资本和劳动力,从而调整经济的不平衡;如果不能做到这点,不均衡的发展就会引起恶化而不能解决问题,于是,一场全面的危机就无法防止了。他说,对经济危机的惟一解决办法,是资本主义生产模式(包括等级调整的关系)的全面重新形成。

诚然,哈维也注意到了"第三层次的危机理论"中所谈问题的弱点,即,资本主义经济发展的布局是一种依赖于特定时空结构中生产力和社会关系发展的社会历史过程,人为地调整它是不容易的。此外,一方面,资本主义发展本身必然打破空间界限,造成布局的变化;另一方面,新的布局又会成为生产力进一步发展、不均衡进一步调整的新障碍。从总的方面来说,资本主义的内在矛盾不可能靠不平衡的地理扩张和发展来消除,因此,经济危机决不能消失,而只能变为地区间的"转换危机"。

我们认为,哈维的"第三层次的危机理论",实际上就是讲资本主义发展到今天,能否通过国际间错综复杂的经济联系,利用资本主义经济发展的不平衡把主要资本主义国家发生的经济危机转嫁到国外去,从而避免或缓和危机。

当然,哈维并没有完全否认资本主义经济危机,但他认为在不均衡发展条件下,通过资本主义经济在地理布局上的扩张,可以把普遍的经济危机变为"转换危机"。这种看法,不能说没有道理,因为资本主义越发展,资本国际化的倾向就越强烈;资本的扩张不仅在质上,而且在量上,不仅在内涵上,而且在外延上、在空间上都是必然的。就资本的本性来说,总是力图渗透到一切领域、地域去实现其扩张。这样,经济危机就会从一国转嫁到别国。关于这点,并不是哈维的新发现。马克思已有所涉及,列宁也在《帝国主义是资本主义的最高阶段》中把有关问题作为帝国主义的基本特征加以论述,但列宁并没有因此而否认危机。列宁指出的帝国主义对世界的瓜分和争夺"势力范围"的战争,其实就是危机的一种变化,也就是危机的空间布局调整。

哈维的错误在于,认为资本主义一旦可能建立均衡的生产布局,实现顺利的空间转换,就能够避免危机。其实,这是一种幻想。资本主义的不平衡发展是必然的,扩张和转嫁危机只能使危机更普遍更深刻。这一点只要看看今天资本主义世界一旦发生经济危机就是国际性的这一事实,就可以明白了。

哈维认为,马克思没有论述到这个问题,这是事实。但从两方面说,我们对马克思是可以理解的:其一,马克思时代,资本主义还没有发展到像今天这样的发达程度,因而资本主义国家只向其本身的殖民地或附属国转嫁危机就够了;其二,马克思的写作计划中,这一部分是放在最后部分,因而尚未来得及做这项工作。也许是精力和体力不允许他完成,也许是危机新情况的不断出现,客观上使他不能更好地得到这一动态的变化情况,从而无法来完成。但马克思在《资本论》的写作中,没有把危机问题作为重点,确系事实。问题恰恰在于,哈维并不真正了解马克思的经济危机理论,没有看到危机是资本主义根本经济条件下的必然结果,因而不明白,即便实现了世界性的均衡布局(这其实是根本不可能实现的,因为不均衡正是资本发展的国际条件),只要不改变资本主义经济条件的根本关系,问题就不会得到彻底解决。

总之,哈维把马克思主义经济危机理论的研究分为三个层次,毕竟具有一定的理论启发性,这与列宁对马克思主义理论的发展有一定联系。从这方面说,应予肯定。但他对马克思的评论,却包含着错误的理解和认识。

论经济波动与调控*
——对我国经济形势的深层思考

我国经济于1990年第四季度走出低谷,1991年第一季度已转入上升,各项经济指标普遍增长。但应该看到,这只是浅层次经济矛盾的克服和缓解,并且付出了相当代价,而且经济形势的好转在很大程度上同1990年的农业丰收密切相关。深入思索就会发现,深层次的经济矛盾还远未真正得到解决:经济效益普遍较差;结构失调尚未改善;经济循环淤塞不畅;经济体制尚未理顺;整个经济持续、稳定、协调发展的基础条件尚不充分。这些都是根本性的问题。加之1990年新增2000多亿元贷款的滞后效应、1990年的150.43亿元财政赤字和1991年的123.46亿元预算财政赤字,都有造成1991年后半年经济重新过热和通货膨胀的可能性。如果条件适当,7000多亿储蓄存款出笼,也将会进一步加剧这种危险性。那时,经济将很可能陷入"过热——紧缩——衰退——松动——扩张——过热"的循环波动。

要真正解决我国经济大起大落的波动和循环,就需对上述深层次问题有所认识,从而为制定和执行正确的战略决策提供必要条件。

一、对经济波动形势的思考与分析

(一) 我国经济波动与调整的关系特征

1. 我国经济波动的特征

我国的经济波动,属需求内在扩张与资源供给约束相互作用基础上的宏观调节型波动。波动节奏与宏观调控节奏基本一致。这种特征可以从我国历次经济波动与宏观调控的关系中看出。如1958年、1970年、1978年、1984—1985年、1988年的经济过热及其随后的下跌,都与宏观调节相伴随。

---

* 原载于《社会科学辑刊》1991年第6期。

当然,波动与调节,谁在前谁在后总有个主次;谁是内因,谁是条件,总有所区别。我们说,波动是在前的、主动的、内因性的和不可避免的,调节是在后的、被动的、条件性的。但在动态中,上次宏观调节直接影响下次波动,整个调控体制、机制、战略方针也都影响波动的形式特征。这里所指的波动特征,就是从这种动态作用及其表现形式上说的。

2. 波动中经济调整的任务

治理整顿、紧缩调整,固然先要控制总需求量,但仅止于此是浅层次的。深入一步,一方面要解决对总需求不正常扩张机制的约束,另一方面要认真解决总供给问题,尤其是结构和效率问题。供给和需求的关系是相对的,可以互相转让的。从发展角度看,立足于供给是经常性的。强调供给,就是强调生产对经济的基本决定作用。从某种意义上说,社会主义经济改革的根本出发点,就是解决以效率为核心的供给问题。社会主义经济改革的基本问题,应以供给为主要矛盾,总需求的扩张只是一个方面。促进经济发展的根本方面在供给,而解决经济波动的关键是需求,二者不能互相脱离。

3. 波动与调控的共同矛盾

这是指计划体制与市场体制的矛盾。它是两对矛盾系列,既反映产品经济与商品经济的矛盾,也反映传统调控体制与商品经济调控体制的矛盾,更反映出现行二元体制内(或者说一元体制内的二元结构)两种经济机制的多种矛盾和冲突。解决好这种矛盾,正是我们经济体制改革下一步的艰巨任务。当前,对经济波动中总供求双方关系的变动机制和总量控制,也必须从这两个基本的体制性矛盾为主的矛盾系列中去认识,才能把握其本质。

(二) 我国经济波动的内在原因机制

这可以从总需求的扩张机制和约束机制来看。

1. 总需求的扩张机制

总需求的过度扩张,始终是传统体制下各环节、各层次扩张机制同步扩张的结果。现行体制不过是对传统体制的变型。它加入了相应的市场机制,但在主体上仍没有根本改变。现行体制下,在表面的多元决策中,传统决策体制和机制在宏观上仍居支配地位,决定基本动向。

(1) 政府的扩张机制

各级政府的经济指导思想往往有扩张总需求的倾向。社会主义的本质要求人民共同富裕,而这就要扩大供给。但供给扩大的前提首先是生产的投资需求扩张。社会主义基本经济规律正是这一要求的体现。社会主义与资本主义的竞争,急于改变长期贫困面貌的心理,都促使社会主义实行赶超战略,这就导致高数量指标,高速度要求,扩大需求规模,这是客观的要求。主观上,各级领导急于求成的心理,急于显示社会主义优越性和成就的心理,都推动需求的扩张。此外,评价领导人成绩的数量标准以及领导唯恐无能的虚荣心、"运动式"的领导方式,也都会推动需求扩张的"齐步走"和"跑步前进"。还有领导人的攀比意识对"提前翻番"、"提前达标"造成一场层层加码、争先恐后的扩张热潮。这样,总需求的扩张的力量和机制,就会在各级政府变得相当强大。

在传统体制下,经济波动往往是由上述机制通过计划和运动实现的。改革以来,这种机制并未消失,只是表现为与集中化决策有所区别的多元化决策,所以,造成总需求扩张的上述有关机制仍在发生作用。

(2) 财政银行体制中的扩张机制

改革前,财政和银行的扩张是通过中央计划实现的。改革后,各级财政和银行"分灶吃饭",谁扩张在前,谁扩张得快,谁就能争到更多的投资和贷款机会,谁就能扩大财政或放贷收入。这样,原来中央财政扩张的一极积极性,现在变成了多极财政和银行扩张的积极性。与各级政府利益相关的需求扩张,既有内在吸引力,又有外在压力,因而在宏观上比过去更强大。

(3) 企业的扩张机制

微观层次上,企业在传统体制下,缺乏自身的利益追求,只有上级的计划和任务压力,以及各级领导的晋升压力。那时,企业的扩张是从属于上级的。现行体制下,企业有了自己的相对利益,但运行机制并未完全改变,因而,需求扩张机制因利益引力而增大了。当外部环境不正常时,承包制企业便会出现不正常的短期行为。外部竞争机制和市场调节机制的不完善,同企业约束机制不完善一起,使企业不是努力挖掘自身潜力去获利,而是靠扩大投资贷款,挤压折旧基金等办法,甚至靠提价来获取好处。再者,企业的投资需求扩张往往会与各级政府的扩张愿望相一致,从而得到从精神到物质的支持。

(4) 个人消费需求的扩张机制

改革前,个人消费需求在外部条件限制下是个常量。改革以来,外部的限制条件有所放松,个人收入有所增加,特别是近些年来,提高幅度更大一些,这便引发了个人消费需求的扩张。消费的扩张对生产的扩张无疑也是一个重要的刺激因素。

这样,总需求的扩张冲动在各个环节上都很强,一旦同步化、集中化表现出来,整个经济就会过热,甚至出现通货膨胀。

2. 总需求扩张的结构特征

从历史上看,中国经济波动多由需求过度扩张引起。在总需求扩张中,投资需求的扩张具有重要意义,甚至具有决定性意义。我国历史上的经济波动主要是由它引起的。在传统体制下,消费需求和公共需求较低,基本上是常数。只有大规模的投资需求扩张,才会造成总需求的扩大。改革开放后,消费需求和公共需求有所上升,特别是几次工资大调整,都提高了居民的消费需求,大规模的城乡建设又扩大了公共需求。这些不仅直接扩大了需求总量,而且推动投资需求进一步扩大。而且,因投资效率与规模在一定程度上的替代关系存在,当效率低下时,只能靠扩大投资规模来取得经济的增长。当国内机器设备大规模更新、重置时,也会增加一种同质性、同构性、同步性和集中性的投资需求。这样,总需求扩张的力量和规模将更为强大。

3. 需求扩张的约束机制和约束条件

总需求扩张的条件首先是其约束机制,然后才是其他各种条件。

(1) 我国各级需求扩张都缺乏有力的约束机制

首先是中央决策层缺乏有力的约束机制。一方面,中央的扩张政策出于对人民利益和国家长远利益的关心,谁又会对此加以约束呢?另一方面,改革以来,政府计划和行政调控部分大为缩小。中央对计划外部分无法形成约束。其次,地方和企业的需求扩张,会因预算约束太软而不起作用。企业在改革后,有了自身利益要求的扩张,却没有正常市场机制的约束(风险机制、价格机制都不健全)。再次,个人消费需求则因利益刚性而难以压缩和约束。当然,可压缩的通常是弹性较大的发展需求和享受需求,但我国居民这方面的比重不大。多数人仍处于生存需求为主的层次上,这样,对于低水平的消费需求,既压缩不了,也缺乏约束机制。

(2) 现有体制下需求扩张的条件

这主要是指财政支出和金融信贷的条件。当国家要支持扩张性投资需求时,财政就要扩大支出,有时还会采取举债、赤字、透支、增发货币等手段;而银行则放松银根、低息贷款。当国家要紧缩时,财政紧缩要受政治目标的影响,受现状的牵制而不能收缩太多。银行贷款一方面不能马上收回,另一方面还必须维持相当水平的运转贷款,如流动资金贷款、流通资金贷款,以解决债务连锁及库存积压问题。这样,财政和银行对需求扩张的约束作用远小于支持作用。

从需求扩张的物质条件看,企业自主权和市场调节范围的扩大,使能源等主要生产资料在计划外议购议销。这就可以在企业利益导向下,通过市场自行调节总需求。当对企业有利时,它的需求扩张是可以找到实现条件的。由于市场的不确定性,企业扩张往往会较多地趋向盲目性过热。

(3) 对需求扩张的最终约束条件

这就是供给的约束。它是真正有效的,但不是先期约束,而是滞后约束,只在需求过热时才表现出来。这样,其约束效力明显之时,经济波动早已发生,且开始由过热转入衰退和停滞了。供给的约束表现为多方面,主要有生产要素供给缺口的约束,经济结构失调的约束,生产效率低下的约束,利益刚性的约束,行为扭曲的约束,以及体制、机制的约束等。

① 生产要素供给缺口的约束。主要指过度扩张的总需求(尤其是投资需求),使供给出现较大差距和缺口。这会造成对投资扩张和消费扩张的最终约束。这种约束首先在短期内,将推动结构性物价上涨;有时在结构格局未改变,同时信贷松弛,货币投放增加,投资需求较旺时,会推进全面通货膨胀。在长期中,它将使经济由热转冷,进入停滞和衰退。不管该过程是自然发生的,抑或是人为调节的,它总是供给对过度需求的有效制约和调节。该过程也总以经济波动表现出来,有时是自发波动,有时是自觉调节的波动。

当然,要素供给缺口也会通过对投资需求的约束,在动态发展中转化为对自身的限制。那样就会在动态中对经济发展发生更大的制约作用。

② 经济结构失调的约束。它首先通过重要部门要素和产品的供给不足表现出来,进而影响全局。比如:基础工业设施落后,能源、交通、重要原材料和产品无法满足相应部门的需求增长,从而拖住整个经济的进展。结构性产业失调和部门失调,既是过去经济波动的结果,也是经济体制不合理、机制不健全以及政策调控失当的结果。当经济不能自动通过市场对小的波动及早做出调整时,政府就必须认真加以调节,否则,结构的失调就会导致供给的"瓶颈",将经济拖入大起大落之中。

③ 生产效率低下的约束。这是双重的。经济结构失调是资源配置失调和宏观经济效率低下的表现。宏观效率低,一方面是需求扩张的制约因素,另一方面又成为需求扩张的原因。因为要增加相同数量的产出,在效率低下时,必须扩大其总规模才行,这就要求扩大投资。产品结构失调和组织结构失调,会从微观上降低生产效率,减少供给,从而对宏观需求产生约束作用。但它同样也有扩大投资需求的作用。最后是劳动者的效率低下,不管由何种原因造成,也都会发生上述同样的作用。

④ 利益约束。一切经济约束,最终都是利益约束。利益容易表现为刚

性。利益刚性同样具有对需求扩张的约束和推动双重作用。当外在其他条件正常发挥作用时,它会约束需求的过度扩张。当体制不顺,市场环境不完善,地方政府和企业自我调控机制不能完全与利益相结合时,利益刚性就会使企业把对内的挖潜变为对外扩张和钻空子谋利。这也是涉及效率改善的大问题。

⑤ 行为约束、体制约束和机制约束。前者往往包含于后二者之中,通过后二者的条件表现出来。传统体制为主时,计划机制也是主要的,它要求的预算约束和非经济约束,或者紧紧约束住企业的需求,连同其积极性、主动性一起捆住;或者软弱得无法约束下面的需求扩张。现有的双重体制下,一方面预算约束太软,另一方面市场机制、企业自我调控机制不健全。这样,企业既无预算的约束力,也无市场压力和自身的约束力,而且环境会造就出一系列短期行为和非正常行为。这样,就不会有效地约束需求扩张。于是,现有体制下对需求扩张的约束总不及对它的鼓励那么大。这方面问题是较突出的。在这些对需求扩张的约束因素中,只有供给约束(尽管不是所有供给因素)具有较大的作用。但供给也都因同需求的相互促进关系而在动态中发生双重作用。一般说来,供给对需求扩张的促进作用是暂时的、动态中的,而其约束作用则是根本的。因为它对需求扩张的促进仍会加剧它对需求的矛盾和制约,最终不能避免较大波动的出现。所以,对总需求扩张的最大约束,还是供给的限度。但供给方面机制的不完善以及供给约束以经济的较大波动为代价,使得这种约束是不理想的。我们必须在对经济波动进行经常性密切监测的基础上,通过改革,找到并实现适当的约束和控制方式。

二、对经济波动形势的调控

(一) 调控经济波动的基本思路

保证我国经济在今后 10 年持续稳定发展,关键要有协调作为条件和基本保证。稳定就需要协调,协调就要对大的经济波动进行调控。从直接对象看,一是经济结构要协调合理,二是经济效率要提高。而达到这个目的,还需深化经济体制改革,协调经济体制和机制的内在矛盾,使经济具有自组织和自觉自动协调的功能。

经济波动是普遍的必然现象,波动并非失常。只有幅度过大、频率太大的波动,才是失常。对失常的波动,应取疏导式的适应性调控,而不宜采用堵塞式的对抗性"反周期"行动,即采取与经济波动方向相反的对策,去直接抵消和扼制经济波动及其周期性变化。这种办法暂时也许可以缓解波动或推迟周期到来。但它不能真正解决波动失常的内在矛盾机制,有时甚至会把矛盾掩盖和积累起来,造成以后的更大波动。

(二) 对经济波动的调控方式

经济波动总是供求总量不平衡的表现。缓解波动,首先要协调好总供求,这是毫无疑义的。调控方式一般有三种:

1. 市场机制的自动调控。该方式要求市场信息灵敏、准确、迅速、全面,要求企业自我调控机制正常,反应迅速有效。该方式是通过信息和利益导向,由企业和个人在微观层次上进行,在宏观层次上产生总体综合效应的。该方式的缺点是,信息难以全面、准确、迅速地得到。因而,它总带有宏观上的盲目性,再加上调控的时滞,往往会为下次波动埋下伏笔。它一般对小范围波动、短期波动效果较好;对大的波动则力不从心。资本主义经济在 30 年代之前,曾采用该种调控方式,其缺陷明显暴露后,就不再成为适用方式了。

2. 单一政府宏观调控的方式。这是社会主义国家传统的调控方式,主要是政府计划和行政调控。它要求国家对经济的绝对控制权和政府对经济集中的指令性计划管理体制。其必要条件是微观单位对宏观指令的充分灵敏和有效的反应,以及政府管理机构具有理想性的调控水平,即绝对准确、全面、及时地把握宏微观信息,能及时发出正确的指令。它不需要微观单位的自我调控机制。它只要求微观单位像士兵、像齿轮和螺丝钉一样发挥作用。其缺点是政府管理机构不具备高度的调控水平时,难免出现大的决策失误。因为宏微观都无法达到该方式本身要求的程度。一旦发生宏观调控失误,将导致严重的波动。这种调控方式正是需要加以改革的。

3. 政府和市场相结合的调控方式。这是对前二者的综合与改造。它又可分为两类:(1) 市场为主,政府补充;(2) 政府为主,市场补充。资本主义国家 30 年代后曾采用第二类方式,近年又向第一类发展。我们现在采用的调控方式属于第二类。这是我们有计划的商品经济这一根本体制与计划和市场相结合的管理体制所决定的。另外,经济波动本身就是宏观现象,当然需要以宏观的调节为主。我们的问题是,这种调控方式尚未在体制和机制上得到完善和改进。

(三) 调控方式在体制内的基本矛盾

要完善当前调控机制的作用条件,在微观上,要通过改革,完善竞争和市场条件,健全企业自我调控能力,以积极适应市场的变动;宏观上,国家应通过指导性计划和政策调控去影响市场,而不是直接调控企业。政府应通过市场信息对企业的盲目性加以引导。在当前的调控方式与改革后的体制和调控方式中都有一种基本性矛盾,即政府调控对企业机制的要求和市场调节对企业机制要求的矛盾。前者要求微观上要服从命令,不得以自我调控的机制和能力去抵制政府调控。后者则要求企业在利益导向下,根据市场变化的信息,灵活发挥自我调控的机制和能力,而不必首先考虑政府的调控。前者要求政府具有对微观调控的强制性和替代性,后者则要求政府调控的帮助性和指导性。现实经济波动表明,在短期的治理上,紧急情况下,需要前者;在长期调整中,则需要后者。二者怎样在体制、机制上实现规范性的统一,的确是个难题。但从根本上说,该矛盾的辩证统一要求政府不直接调控企业,而是有效地调控市场,以经济手段影响市场,再让市场去影响企业;一般波动由市场和企业两级调节,大的波动由政府调控影响市场的宏观因素,再通过市场导向调节企业。要做到这点只能通过深化改革实现。但这是个长期过程,不能企求立即实现。

(四) 对总需求的调控

一般说来,短期波动属结构性波动,以调整库存为主,运用市场调节可以缓解。这里主要谈中期波动,它主要取决于对总需求的调控。

1. 对总需求量的调控,主要是抑制其过度扩张。办法是把阶段性周期性的紧缩,尽量变为经常性的调节。把集中性紧缩尽量变为分散的调控。宏观上,应在经济波动监测和预测基础上,严格控制计划投资指标,不使其过高和在执行中超额;严格控制财政支出和信贷投放规模,不使其过大;还要严格防止国民收入超分配现象的发生。当前,相应地要解决各级领导长期以来指导思想上急于求成,贪大求快的"速度型"倾向。此外,应通过改革从体制、机制上对各级政府局部利益驱动的需求过度扩张行为进行约束。

2. 结合需求结构调整,调控需求量。这就要调整需求在投资与消费两方面的总量。我们的消费需求主要是控制住收入超分配,并控制住储蓄存款的稳定性。投资需求是需要重点解决的方面。从投资需求结构看,要在维持最低限新增投资(尤其是固定资本投资)条件下,重点保证更新改造投资需求。这既能缩小总投资需求规模,又可提高投资效率。在投资规模与效益,资金投放规模与效益可以替代的条件下,效率的提高,最终会变为规模的缩小,另外,在投资需求结构既定条件下,要注意缓解固定资产更新的同质性、同步性和集中化倾向。今后的工资制度调整和改革,也应尽量减少收入增长的同步化、集中化倾向。储蓄方面应引导多样化、分散化。总之,要从结构上尽量减少需求同向集中化扩张的压力。

3. 对需求扩张机制的调控。由于需求扩张的根本原因在于以利益为核心的体制、机制和行为的非合理化、非正常化,对总需求扩张机制的约束应通过深化改革进行。宏观上,逐步完善计划与市场调控相结合的体制、机制,协调好各调控的层次、范围和界限,调整好各级政府的权限和任务关系,真正实行政企分离。微观主要是完善市场及企业的自动调控机制。

(五) 对总供给的调控

这方面难度更大,费时更长。如果说总需求的调控直接关系经济的稳定和协调,那么总供给的调控则直接关系经济的协调和持续发展。对总供给主要应从总供给量、供给结构和生产效率几方面进行调控。

1. 供给量的调控。它直接涉及经济效率、规模,亦即供给能力。而这又与需求扩张有关。因此,我们主要从供给结构和效率上去把握。

2. 产业结构的调控,既涉及增量,也涉及存量。增量相对容易解决,可在宏观产业政策和信息引导下,通过市场调节改变企业投资方向解决。存量调整相对困难。资本主义下,产业和部门的结构调整,主要通过周期性衰退,在市场压力和利益导向下完成。长线企业破产、改组、被兼并;短线企业扩股、增设、兼并。其社会代价是在福利政策支持下保持一支失业大军,以供经常调整之需。我们当然不能像资本主义那样。我们要维持社会安定和政治稳定,又面临人口众多、经济实力弱的现实矛盾。我们有企业破产法,但难以实行。由于种种原因,我们的结构调整往往只在增量上做文章,而难以解决存量问题。这对于宏观经济波动的缓解是难以奏效的。该问题如不能很好解决,就很有可能陷入"扩张—膨胀—紧缩—衰退—扩张"的反复循环而无法解脱。

我们说,存量的结构调整还是可以解决的,这需要深化改革。一方面,国家要从宏观上给以信息指导;另一方面,要从政策上鼓励企业兼并、破产、转产,鼓励转向短线企业,特别是可以转向投资需求小、赢利快、社会需要的第三产业部门。对于结构性待业职工,国家仍可参照原工资水平,在一定时期内发放救济性个人消费贷款。这比起不调整存量,只调整增量的办法来,国家并不多负担什么。产品结构和组织结构的调整,关键在于建立企业自我控制机制。若能如此,产品结构和组织结构的调整,就可在利益机制和市场导向下,顺利实现。这样就会把某些大的调整变为经常性的小调整,从而缓解波动。

3. 从微观效率上看,一是要深入抓企业改革、劳动工资制度改革;二是要提高劳动者的素质、技术水平和管理水平,并且真正调动起企业和个人的积极性,使二者主动从各个环节上提高生产效率。

经济波动与经济调整[*]

经济波动与经济调整涉及的问题,都是有关经济发展的稳定性与协调性的问题。

从理论上说,经济波动是经济发展稳定程度的反映,也是经济发展稳定性的绝对表现。从实践上看,经济波动是经济发展的一种必然现象,也是经济发展的一种必然形式。自从社会经济发展到近代以大工业为基础的商品经济,经济波动就更加频繁地以周期性的形式表现出来。资本主义经济发展的历史已充分表明了这点。社会主义经济发展的有限历史也逐渐表现出波动的特征。尽管在波动的性质、机制和原因上并不完全和资本主义经济的周期波动相同。但就波动对经济发展产生的影响而言,无疑是相当重要的。

经济波动是经济发展速度较慢的轨迹变化,其直接原因总是包含着经济总量、结构和比例方面不协调的问题。经济波动对经济发展的直接约束,必然要求对经济实行调整。波动太大,不利于经济的增长和发展,也不利于社会的稳定。这里,一方面经济波动本身是由经济结构的不协调性和经济发展的不平衡性造成的。这主要表现为结构失衡造成的发展滞缓和总量失衡引起的发展波动。另一方面,经济波动和经济失衡又在相互作用和影响,共同造成发展的滞缓。因此,经济波动和经济失衡都需要调整。

事实上,经济的发展总是在协调性和稳定性的不断变化中实现的。经济调整就是解决经济发展的协调性和稳定性问题。一方面,经济发展的协调性是以不断的经济调整为前提。此即协调和稳定的相对性。另一方面,经济调整的效果只能在经济波动中检验。客观上,任何经济调整都不可能彻底消除经济波动,而只能改变经济发展的协调性和稳定性的程度。此即波动和调整的绝对性。

资本主义的经济调整,主要是在经济周期波动中自发地和被动地进行

---

[*] 原载于《北京大学学报(哲学社会科学版)》1992年第2期。

的。当经济处于周期波动的萧条和衰退期,产品滞销,价格下跌,市场供大于求,企业减产、甚至破产时,在竞争的压力下,为了生存和发展,各企业不得不对自己的产品、生产结构、技术设备、组织管理等各个方面进行调整。资本主义早期直至20世纪30年代,其经济调整基本上都是在市场机制作用下,通过企业进行的微观调整。如果说那时的资本主义经济有宏观调整,那只是微观调整的总体效应。资本主义经济调整的最大弊病,就是以宏观上的盲目性和社会的巨大浪费为代价,同时伴随着经济的周期波动。这种市场调节作用下的自动调整机制,并不能保证完全有效地使经济处于均衡状态。30年代的资本主义经济大危机就是证明。也正是针对这种缺陷,才产生了所谓"凯恩斯革命"。第二次世界大战以后,凯恩斯主义的国家干预思潮支配了西方,各资本主义国家纷纷实行了所谓"混合经济"。这时,在微观上,个别企业无法调整的一些问题,有了一定程度的政府调节和干预。政府一方面用财政和货币政策手段调节总需求,以解决总供求的失衡,借以"熨平"周期波动;另一方面则用产业政策支持经济波动中的产业调整和企业调整,帮助企业尽快改组重建,度过难关。战后资本主义经济调整手段和方式的变化,在一定程度上反映了其经济矛盾发展的必然要求。但是,它们的经济调整仍然是以微观市场的自发调整为基础和主体。宏观调整的作用不仅是微观调节的补充,而且必须通过微观调整才能实现。资本主义经济的产业结构调整往往是在一个相当长的时期内,在波动中自发地逐渐调整的。每次经济衰退和萧条,都迫使部分企业破产、改组和兼并。凯恩斯主义的国家干预政策只是把特大的波动和危机中的剧烈调整变为经常的较平缓的波动和衰退中的调整。而且随着产业结构的调整,那些最容易在波动中遭受冲击和损失的行业,正不断被转移到其本国之外,这就相对减少了其本国在波动中调整的损失。

社会主义经济也有波动,也需要调整。从宏观上说,社会主义生产资料公有制及计划经济体制,有其更直接的现实性。如果信息比较准确、全面,调控机制比较健全,社会主义自觉的宏观调整,会比资本主义经济的自发调整更容易见效。但是由于信息系统及调控机制并不那么理想,还有其他一些因素,使社会主义经济在实际上还未能发挥出它本应具备的经济调整的能力和效果。经济不能适度调整往往反过来造成调整的波动和周期。[①] 这样,在社会主义计划经济体制下,一方面经济波动是经济调整的原因,经济

---

① 王志伟:《二元体制下中国经济周期波动理论》,《经济学家》,1989年第4期。

波动要求调整;另一方面,经济波动又是经济调整的实现形式和过程,经济调整机制本身的不完善性又产生出波动。一方面调整是在缓和波动,另一方面调整又必须借助波动。这是经济波动与经济调整一致性的矛盾。在社会主义初级阶段,由于经济发达程度、经济体制和机制健全程度、调控系统完善程度以及人的素质等众多原因,这个矛盾仅仅在计划调节体制内是不容易解决的。经济的计划调整不可能包括从宏观到微观的全部问题。

在有计划的商品经济条件下,经济波动的性质和原因中既包含计划经济的成分和机制,也包含商品经济的成分和机制。这时的经济周期波动兼有计划经济体制的调整周期和市场经济体制的经济周期的性质。在中国目前的情况下,计划机制仍是主体和基本的。但是它又和市场机制在结合的过程中互相作用。这种计划与市场结合的商品经济,其作用所发挥的积极性和消极性,包含四种可能:(1) 计划机制和市场机制都发挥积极性,两者实现了理想的结合,相互间是积极作用的互相促进;(2) 计划机制和市场机制都发挥了消极作用,它们的积极性因某些原因被抑制了,表现出消极因素的相互助长;(3) 计划经济机制仍发挥着积极作用,但市场机制与之协调不好,或者不能抵消其消极作用,甚至削弱了计划机制的积极作用,或者发挥出了市场机制的消极作用;(4) 市场机制作用很强,积极因素得到了发挥,但其消极作用也有所表现,而计划经济却未能较好地发挥自己的积极作用,也未能有效地克服和抵消市场机制的消极作用。这里,当两种机制真正都起作用时,第一种和第二种可能性不大容易出现,而第三种和第四种可能性则比较现实。但是,由于这后两种可能性又取决于计划机制和市场机制的多种具体情况。所以,有计划的商品经济,在解决波动的调整过程中,具有复杂得多的因素。

按照计划机制与市场机制结合的设想,或者上述最理想的可能性,计划调节的优点与市场调节的优点应该是互补的和协调的。那就是,市场信息在宏观和全局上,可以准确地反映到计划中,计划的要求与市场的要求在宏观上是一致的。如果市场在微观上的要求,企业的利益要求,都与宏观计划一致,则计划与市场机制的结合就可以发挥出最大的作用来,其体现的就会是两种优点的结合与互补。但是,当宏观计划与微观市场要求不一致时,企业该怎么办?如果以计划调节为主,那么,企业就必须通过计划指出方向、程度、范围的调整,去间接实现市场调节。这里,有计划的商品经济,是反映了市场的计划经济。如果以市场调节为主,那么,企业就必须自行依据市场情况自动自觉地实行调整,而计划只不过是一种宏观信息和指导性建议。

从现实来看,我们目前仍处于计划机制和成分居基本的和主要的地位的状况。这种情况下,经济调整中的问题在于,宏观调整计划是否能够准确反映市场状况并保证计划落实。由于计划要把握调整方向,就必须把握全局的信息。由于计划要实施调整,就必须贯彻到微观单位,必须具有灵敏有效的传递和操作机制。但计划的调整,在信息上,是间接的,存在失真的可能;在操作机制上,也是间接的,必须由企业来贯彻。受计划要求进行调整的企业,现实中又存在受市场调节的条件和利益机制的约束。这样,企业有时就不能决定究竟是直接依据市场信息进行调整,还是依据计划进行调整。当二者要求不同时,就更是这样。当然,完全受市场调节的企业,其自身调整是迅速的、直接的,也是有效的。但其调整的盲目性和风险也大。由于体制的因素,市场发育程度、企业机制、计划机制的完善性,以及我们现有的经济调整机制并不理想。能在经济波动中自行调整的企业,是少数,而且盲目性和风险也大。主要由计划调节的企业,其调整动作缓慢,效果不大,在很多情况下,仍是依靠强硬的行政命令和"政治要求"去完成的。

二

经济调整的内容主要是总量调整和结构调整。总量调整主要解决经济发展的速度和波动问题。结构调整则主要解决经济各层次失衡的问题。经济长期失衡也会制约其发展。总量调整和结构调整既有联系,又有区别。只调整总量充其量只能解决暂时的宏观失衡和波动。只调整结构不能解决经济波动。作为经济调整的内容,必须同时兼顾二者。

(一) 总量调整

总量调整主要是调整失衡的总供求关系以及总供求的规模。在商品经济条件下,调整总供求关系,既要调整存量,也要调整增量,既要调整价值量,也要调整实物量。

资本主义商品经济一般是在经济周期性波动中,通过市场价格对微观产品供求进行调节,而在客观上形成对总供求的调整。当这种微观调整总和形成的宏观调整仍不理想时,政府就会直接出面,采取各种措施,一方面影响微观调整,另一方面直接调整宏观需求总量,最终求得总供求的均衡和规模的适度。资本主义经济总量的调整,微观上伴随着企业破产、兼并与重组,宏观上伴随着政府信贷和财政收支的变动。整个经济的下跌既是经济总量调整的原因，又是经济总量调整的起点。

社会主义有计划商品经济的总量调整，则在经济波动中，以政府宏观计划机制为主，从上到下直到微观，实现计划调整。这种调整不像资本主义商品经济那样单纯调整价值量，更重要的还要调整实物量。一般情况下，主要调整实物量或者反映实物量的价值量；在通货膨胀与经济过热时，则主要调整金融、信贷和货币流通量。这种调整方式在宏观上，盲目性不大，但微观上不够理想。这主要与体现商品经济条件下企业利益机制的体制问题有关。体制的不适应与机制不协调，妨碍了微观调整的主动性和积极性。这就不得不加强行政的强制性。而且，一旦宏观计划不准确或失误，待调整的波动就不会受到有效的抑制。所以，社会主义有计划商品经济中，经济调整仍可能付出发展停滞和波动的风险代价。

（二）结构调整

经济结构的调整，主要是调整各层次的不平衡关系，以求得经济在较长时期内的协调发展。总供求失衡也是一种总量结构问题。但结构调整主要是指部门、产业、行业、生产、产品供求等结构。

资本主义经济的结构调整，是在经济的长期波动中逐步实现的。随着市场需求的变动，利益导向首先吸引着产品结构的不断调整，随后，由于行业间和部门间的技术关联和社会化分工的关联，其他行业和部门的调整便与产品结构变动相适应，在长期内逐级逐步加以实现。但是，在资本主义经济中，除去部门结构和产业结构的调整在一定条件下，可以得到政府的某些支持性政策和措施的帮助外，整个经济结构仍然是在经济波动中，在市场机制作用下，以微观调整为核心来实现的。经济衰退和萧条时期，往往是微观结构调整的最佳时期。这时，不适应市场需求的企业、产品往往被淘汰，多数有实力的企业则力求在萧条期实行固定资本的改造、更新、扩大，企业重组和兼并。这种调整既是竞争压力下企业生存的必须，也是利益导向扩张和发展的需要。因而，资本主义经济的微观结构调整，是异常灵活有效的，也是不顾任何社会代价的。从这点说来，资本主义经济结构调整总是处于一种以微观调整为中心的长期波动式渐进过程的。其最大缺陷，一是调整完全服从于利润原则，在市场短期利益导向驱使下，这种调整以一定的盲目性和社会浪费为代价；二是宏观经济结构的合理性只是一种盲目的、自然的结果和趋势，三是自觉进行宏观经济调整的困难。

社会主义的经济结构调整则与资本主义经济不同。在有计划的商品经济中,并不存在资本主义那种以微观经济调整为核心的宏观经济调整机制。完全由市场机制支配的微观经济调整,在我们社会只是很少一部分。大部分企业的结构调整仍需服从于宏观经济结构调整的要求。计划调节机制是公有制基础上社会化大生产的要求,也是克服和避免资本主义经济结构调整那种社会风险和代价的要求。这从根本上说是有利于克服市场短期利益导向下的短期行为的。而且这种一开始就以明确的宏观目标为方向的经济结构调整,更便于国家从政策、财力、物力各方面加以支持,从而收到更直接更快的效果。尤其在资产增量结构的调整方面,宏观计划指导和支持下的微观结构重建,见效更快。

(三) 现存的问题

我们的问题在于,第一,怎样保证宏观经济调整决策的正确性?第二,怎样保证微观企业能够积极地、主动地进行符合宏观结构要求的微观调整?第三,怎样通过经济体制改革,建立或改造出适合有计划的商品经济进行结构调整的体制?第四,怎样通过经济体制改革来实施牵涉全社会的部门和行业改革政策?

1. 从经济结构调整来看,主要的困难在于对原有结构的调整,即对经济存量实行调整。我们颁布了企业破产法,但实行起来有很多社会问题的牵扯。从本质上说,社会主义经济调整,可以避免资本主义那种盲目性和社会浪费,可以在全社会的统一组织和调动下,合理安排资源和劳动力,促进其合理流动,尽快使经济结构达到适当的均衡。但在实际调整时,由于微观的被动性和体制的弊端,结果并不理想。企业破产、重组的过程难以进行。不适应经济发展要求的企业成为社会经济发展的极大负担,也成为经济结构优化的最大赘瘤。

2. 社会主义有计划的商品经济在贯彻计划调整时,同样需要企业作为基本单位和立足点。结构调整中的微观调整,主要是调整产品结构、生产结构,而在商品经济条件下,经验证明,市场调节机制在这方面是最直接和最有效的。而经济计划调节恰好在这方面比较薄弱。此外,计划调节具有明显优点的产业结构及行业、部门结构的调整,往往对增量调整,有较好效果,而对存量调整,则较困难。我们的现状是,既缺乏完善的市场和健全的市场机制,又缺乏具有自动调整功能的独立经营的企业。这样,一方面是企业受不完善市场信息的影响,难以进行适当的产品结构和生产结构调整,另一方面是缺乏独立调整的功能和机制。于是,在经济波动中,大部分国有制企业无法主动调整其产品结构和生产结构,宏观的计划调整又不能真正解决存量的调整。这就形成长期积累的结构问题难以逐步解决。

3. 还有,若干体制问题也影响了经济结构调整的顺利进行,比如,承包制在经济结构调整方面,很难使企业做出长期规划,也很难列入短期合同。破产法的实施又缺乏一系列相应配套的社会条件。这样,该破产、改组的企业不能破产、改组,该调整的产品结构和生产结构,又无力调整。此外,粗放经营、不讲效益、不讲技术进步的企业结构,在计划与市场机制约束都不强的空档中重复增大,就更增加了结构调整的困难程度。

三

中国经济现状表明,经济的结构失衡和总体波动,已经带来了效益低下和发展缓慢停滞的严重后果。要使中国经济能够持续协调稳定地发展,认真进行经济调整已成为十分重要的问题。

对于上述诸问题,我们可以从以下方面加以考虑。

第一,要学会利用经济波动不同阶段的特点,确定经济调整的重点。实践中,从各方面看,经济波动会造成对经济调整的压力,但也会提供经济调整的有利时机。比如,在经济处于波动的低谷时期,在市场供给相对充裕、供大于求、销售不畅的情况下,抓紧企业产品和结构的存量调整是有利时机。因为这时外部压力要求产品改向换代,要求固定资产更新、重置,而这时进行调整的成本和代价又最低。当经济处于上升、高涨时期,则实行经济结构的增量调整和宏观的部门、行业、产业调整,是有利的时机。因为这时新增资产投向明确、获利机会大、投入阻力小。

当前,我们进行经济调整的重点和难点,已经由于经济形势的复苏而开始由总量调整转向结构调整问题。但我们的经济结构却没有在最有利的时机,有效地实行调整。这样,在目前形势下,就给经济结构的存量调整增加了困难。从实际出发,当经济已经开始复苏后,结构调整重点,显然应该放在增量上。但应注意原有结构的不协调作用。它一方面会减缓经济回升,另一方面可能在下次经济向下波动时显露出来。

第二,在有计划商品经济的条件下,要把经济调整的机制协调好。经验表明,经济结构的调整必须紧紧抓住微观调整机制的基础作用和宏观调整机制的主导作用,始终通过企业调整去实现经济结构调整,同时依靠宏观计划调整去把握企业调整的方向和程度。对于宏观的结构调整,如金融货币、财政税收等,则始终按宏观调整方向加以把握,不能过分迁就微观的局部要求。

第三,明确经济结构调整机制的相互关系,确定不同机制的调整对象和范围。在计划机制与市场机制相结合的条件下,产品结构、生产结构和微观管理结构调整,特别是存量调整,主要靠市场机制下的企业调整。这样,可以充分发挥市场对微观调节机制的优势,充分发挥企业的效率和灵活性。企业可以根据市场的状况,形成若干种产品的生产能力,来保证产品的迅速转换和调整。也可以根据产品的生命周期和市场销售周期安排生产,畅销期可多上产量,稳定销售期搞好配套服务、产后服务和零配件的供应,滞销期则迅速根据市场需求更新换代。此外,企业也可以根据产品生命周期,及时安排和调整换代产品问世。但为防止局部市场调节造成的宏观盲目性,计划调节应提供充分的宏观信息和生产资金增量限度,以保证微观调整的宏观有效性。行业、部门结构以及总就业量、货币信贷发行、财政税收方向等宏观结构的调整,主要由计划机制下的政府调整实现。计划调整的重点主要是总量和方向,除直接以约束性计划进行调整外,还要以不同方式影响市场导向,以确保宏观调整与微观调整的一致性。

第四,要配合经济结构调整,兼顾改革与发展的关系。由于我们当前所处的特殊国际国内条件,经济的稳定和发展都是必需的,而稳定又是发展的前提。但没有协调,就没有稳定,也不会发展。从本质上说,经济结构调整并不能彻底克服波动,它只能降低波动的幅度,提高稳定程度。而要搞好经济结构调整,除上述问题外,现行体制和运行中的若干弊病(比如与破产法的实施有关的一系列体制;企业完善的经济机制的建立;正常价格机制的运行;经济中的"三角债";积压产品继续生产、饱和企业重复建设等问题),也是必须解决的。这就要在经济波动的不同阶段,配合经济调整的不同步骤,推出某些改革方案,实行某些改革措施。比如:在经济波动处于谷底时,可以进行有关价格和减税方面的改革,以减轻可能产生的通货膨胀的压力;在经济波动处于上升和高涨时,则可以进行有关就业、破产和增税等方面的改革,以减轻这些改革可能遇到的阻力和社会压力。当然,经济政策方面也应根据经济波动的特点和经济结构调整的要求,作长期配合,增加弹性,防止僵硬。

总之,目前,我国经济正处于复苏和上升阶段。从经济波动的总量调节看,大体已接近适应,这也是经济复苏和上升的原因之一。对此,下一步是控制速度,防止过热问题。从经济结构的调整看,存量调整进展不大,增量调整有所改进,下一阶段仍然要在这方面加强宏观把握。当然,我们也应当抓紧关于存量调整方面的准备工作,逐步提出相应改革方案,以便在以后适当时候推出实施。这里我们既要注意中国国情,又要认真借鉴国际上经济结构调整的经验,以便抓住和利用最有利的时机和条件搞好经济结构调整。但对此要谨慎从事,不可操之过急,企求一次到位。否则,带有调整性质的中国经济周期波动,将难以平缓。从现在起到 2000 年左右,如能在适应社会整体承受能力条件下,对经济结构实行长期逐步调整,使经济波动渐趋收敛,就会基本达到持续、协调、稳定增长的要求,完成既定的战略任务。

我国社会主义市场经济增长中的
波动理论问题*

随着我国改革开放的深入发展和经济实力的增长,今天,人们已经从实践中和理论上肯定了伴随经济增长同时出现的经济波动及其规律性。这是一个不小的进步。

但仅仅承认经济增长中波动不可避免和波动有规律性,还不等于真正认识了经济波动的规律,更不等于能够采取有效的措施去预防和调控它。要做到这点,保证我国经济持续协调稳定地增长,就要对我国经济体制转变后,经济增长波动的各种原因和机制,进行深入的了解和研究,尤其是要对我国经济体制改革后,经济增长波动的根本性特点有所研究。

我们知道,在改革开放以前,尽管在理论上,我们不承认社会主义计划经济下存在着经济的周期性波动,但实际上我们的经济发展中始终存在着周期性波动,而且还是较为剧烈的周期性波动。据统计分析,建国后到70年代末80年代初,我国经济曾发生过六次大的周期性波动,其中60年代初、60年代末和70年代中后期甚至出现了负增长,经济波动的高峰和低谷之间的落差最大时甚至达到51.7个百分点。① 这些波动曾严重影响了我国经济的顺利发展。

一般说来,改革开放前我国经济增长的周期性波动,是明显带有负增长特征的"古典经济周期"。它是一种以中央集权的垂直计划体制为背景的产品经济的波动形式。改革开放以来,这种经济波动的形式已经发生了变化,而且还在继续发生变化。变化的根本原因在于产品经济向商品经济的转变,以及计划经济体制向市场经济体制的转变。随着两种因素此消彼长的变动,"古典的产品经济周期波动"逐步转变为"增长的商品经济周期波动"。

"古典的产品经济周期波动"和"增长的商品经济周期波动"一样,尽管

---

* 原载于《生产力研究》1994年第4期。

① 商德文主编:《中国社会主义市场经济体系》,山东人民出版社1993年版,第314—315页。

是相应经济形式和体制下经济增长中所不可避免的现象,但其作为经济增长的代价却可以有程度的不同。关键在于认识和掌握其作用的原因、机制和规律,对之进行适当的调控与适应。

"古典的产品经济周期波动"的原因在于计划驱动的全面经济扩张与有限的资源约束之间的矛盾运动,其机制是垂直领导体制下的各种扩张行为自上而下的传递与放大。这种经济扩张不必经过市场和消费者的环节,因而可以盲目放大积累,直至最后的约束发生,才会停顿下来。一旦停止扩张,其行为又是以整齐划一、自下而上的形式同时出现。这种经济的周期波动,其振幅较大是必然的。

改革开放以来,产品经济向商品经济转变使生产的环节与结果必须不断地借助市场加以连结,这就大大减少了原有过程的盲目扩张积累的机会,从而使生产的扩张不断受到市场的制约与调节。中央计划的垂直领导的体制向分权独立的市场体制的转变,则把企业扩张的动力从上级命令转为自身利益,把外在无约束的扩张(除最终的资源约束外)转为受市场需求约束的扩张。这些转变虽然降低了经济波动的幅度,但增加了经济波动的频率(次数),同时也增加了经济波动结构与组成的多样性。存货变动周期,投资变动周期,"创新"活动周期以及"制度变革性周期"都开始出现了。这些使得"增长的商品经济周期"比原有的"古典的产品经济周期"变得更为复杂。

具体说来,这种变化了的经济周期波动,表现在这样几个方面:

1. 存货变动周期逐渐成为我国经济增长中短期波动的主要形式

由于产品经济变为商品经济,计划调节体制变为市场调节体制,企业和生产经营者成为独立经营决策,自我对利益负责的法人。一切生产经营都必须面对市场,以市场变动为转移。为防止市场中供求的波动和不测,企业必须保持合理的存货(既有生产存货,也有商业存货)水平。从动态上来说,这种存货水平也要随市场变动而相应调整,即,使实际存货水平尽可能靠近目标存货水平,否则就会造成不必要的浪费或影响生产的正常进程。

市场的变动会影响存货的调整,而存货的状态也会反过来影响市场的供求和价格。二者间的相互作用必然引起存货调整的经济波动。

当然,存货调整的波动首先是以市场变动为前提的。当市场上某种商品供不应求或价格上涨时,生产与销售该商品就会有利可图,由此,商店会扩大进货,增加库存。如销售商预期该状态会持续或加剧,库存将会增加很多,而惜售等待更高的价格的行为则会加剧该商品的短缺程度和价格上涨。当这种信号传递到生产厂家时,企业也会因利润增加而扩大生产,相应地,企业也会增加生产库存及销售库存。在生产的投入产出联系环节内,库存扩张会由消费品延伸到生产资料,形成一个更加扩大的扩张序列和一种扩张形势。这种扩张如果同时发生和起因于几种商品,最终就会形成更大范围的市场经济扩张。

当市场的扩张形成后,商品的供给增大了,而需求则会在此前价格上涨中下降。这样,当供求矛盾缓解时,价格会下降,当供过于求时,价格则下跌更多。一旦价格下跌造成利润降到一般水平以下,销售商就会进行存货削减,当预期形势会持续时,商店存货会下降更多。当它传递到生产企业时,一种收缩的序列和形势便会形成。于是,一轮缩减的存货变动和调整便发生了,在几种商品同时出现削减存货的形势下,一场商业衰退也许就会出现。这种状况也要持续一段时间,直至积压的商品全部消失,库存水平远低于正常的存货目标水平,缩减才会重新逐步转入扩张。

这种存货调整的周期波动取决于商品种类和性质。调整中的商品种类越多,越是基本必需品,影响就越大,其波动就越有普遍性。另外,生产环节越多,库存调整的波动持续时间也越长。

当然,这种波动在最终结果上还是具有不确定性的。特别是几种商品库存调整方向相反,总会缓解经济的整体波动水平。调整时间上的不一致也有同样作用。

一般说来,存货变动周期的长度,取决于全部存货调整系列的时间之和,同步同向调整会缩短持续时间,相继同向调整会延长持续时间,同步异向调整会缓解波动幅度。西方国家一般的存货变动周期会持续3—5年,我国因尚未完全进入充分作用的市场经济体系,故尚未有明显规律性。

存货变动的经济波动在我国原有体制下也曾存在于局部范围,但那是产品经济下的问题,不受市场影响而只受计划支配,故不能成为经济中短期波动的基本形式。

2. 投资周期波动以新的形式出现

投资波动在任何经济中都是经济波动的重要原因之一。在我国改革开放前的原有经济体制下,中央计划推动的投资扩张和资源约束的矛盾运动,成为"古典的产品经济周期波动"的基本原因。其主要表现是固定资产投资的起落波动,其形式是高指标推动的实际投资(基建)扩张。

改革开放以来,投资波动的机制和形式开始发生了变化。就投资波动的内容来看,仍然涉及固定资产投资的扩张与收缩,即资本设备的更新和新扩建。

一般地，固定资产投资扩张是经济扩张的最基本和最重要的因素，反之，固定资产投资收缩则是经济收缩的最基本和最重要因素。这是因为，它不仅涉及自身的涨缩，而且包含存货调整的物质基础。

我国固定资产投资波动的周期性变动，其依据在于：我国从 50 年代奠定的初步工业化基础设施是按系统、成建制进行的，因而其更新改造必然会相对集中于某一段时间，从而扩大市场的需求。改革开放前，我国基本上没有进行固定资产更新改造，而是拖到改革开放以后。另外，我国经济尚不发达，许多方面仍是"百业待兴"，故发展经济必然要相对集中地扩大新增固定资产的投资，这也会大大扩大市场需求。这些新建的企业（设备、厂房）、住宅、设施都有技术上的更新年限和经济上的周转年限。这些都会为以后固定资产投资的批量性周期变动奠定基础。当固定资产更新期同步时，就会产生较大的跳跃式固定资产投资扩张，当更新期相继发生时则会发生持续性投资扩张。新建项目投资的变动形式也取决于新建项目间的同步性或相继性。

此外，跳跃式投资扩张和渐进累积式投资扩张的进程，总会受资源约束条件的限制，一旦资源的总量供给和结构性供给产生问题，投资扩张就会受到抑制，停顿下来。当资源供给经过喘息修整，逐步积累较大能力时，扩张才可能重新开始。

当然，这种经济波动的物质性和技术性基础还要通过市场经济下的现实性形式才能表现出来。当市场上某方面的需求增大，生产有利可图时，企业才会大量生产，扩大固定资产投资，更新设备。改革开放后，消费品市场有效需求的扩大，推动原有企业更新固定资产，也吸引新企业兴建固定资产，因而，投资的整体扩张异常强劲。当资金约束在一段时间后才能起作用时，投资就会发生最初的波动。当资金约束可以解决或绕过时，资源约束将会引起最后的阶段性大波动。具体波动的时间长度和强度就取决于资金约束和资源约束的具体状况。

改革开放前的原有体制下，资金约束往往被计划命令的调拨所解决，因此，只剩下资源约束起作用的投资波动（除政治性投资波动以外）。市场经济体制下，资金的约束力越来越重要。投资项目的赢利前景、风险预期以及企业的偿债能力，还有银行放贷条件、宏观经济形势都成为资金的约束力大小的有力影响因素。资金约束力的变动与投资变动一起形成了投资周期性（间歇性）波动的重要原因。当然，资源的最终约束力仍起作用，只是它要通过市场供给短缺，价格大幅上涨来影响企业赢利前景，从而约束投资扩张的实现。在新的经济体制下，投资波动的主要作用形式逐渐转向资金约束方面,这也就是新体制下资本市场波动频繁的原因之一。

3. 创新周期的出现

在市场经济条件下,受利益动力的驱使,创新活动将会增加起来。创新赢利的企业具有极大的示范作用,这会引起模仿的浪潮。当竞争使创新利润被平均化后,一次创新就衰落了。创新涉及的技术环节和经济联系越多,越广泛,其影响越大。当几项大的创新同时出现时,就会引起经济的普遍扩张。如果创新是此起彼伏相继接连发生的,经济中将出现持续扩张;当创新同步发生时,将扩大经济的扩张程度,当创新发生间断时,则可能引起经济向下的波动。

总之,创新活动是不规律的,它的出现将必定影响经济活动水平,甚至可能引起经济的波动。从现有趋势看,创新活动正日趋频繁地产生着。

4. 制度变革周期

这主要是指我国经济体制改革过程中,带有整体性影响的政策、制度、规定的改变所引起的经济波动。这种制度变革往往造成全国范围内经济的相对同步行为,它不可避免地会推动经济扩张或收缩。像改革开放以来,我们的家庭联产承包制、价格改革方案的出台,利税改革方案和规定的实施,贷款办法的改变等等,都在一定程度上对经济波动产生了影响,有的甚至产生周期性影响。当然,这种制度变动必须和上述其他因素结合起来,否则,很难独立成为周期性波动的原因。

综上所述,我国经济增长在改革开放后,正在向一种新的综合性的周期性波动的形式转变,其原因是多方面的。这些原因的不同形式、不同程度的结合,最终会影响我国经济出现波动。我们对经济实施宏观调控时,务必真正了解这些变化。

一般说来,我们现在已能初步从宏观上通过景气监测和预测了解一般动态。但这并不等于我们就能够较好地调节控制经济波动。要做到这点,就要真正深入分析把握上述变化,寻求真正有效的调控手段。对此,我们既要注意到经济周期波动原因和机制的内在变化,也要注意这种变化尚未真正完成,更要注意人们对经济体制改革过程中暂时利益追求所引发的问题。综合运用各种手段,但主要倾向于金融手段、财政手段和产业结构政策,对经济波动进行调控,将可能是比较有效的。

总之,"增长的商品经济周期波动"的形式也许是比过去"古典的产品经济周期波动"更为复杂的形式,调控起来或许更为困难。对此,我们应力戒简单化的做法,而且要继续加强对它的深入研究。

经济长周期理论的演变及其近期发展[*]

经济长周期理论(又称"长波理论")是西方经济学中一种较为特殊的经济理论。其特殊性表现为:第一,它是研究经济的周期波动现象及其规律、性质和原因的理论,但它又明显区别于流行的西方经济学中的经济周期理论。它既没有如同短周期(基钦周期)和中周期(朱拉尔周期)那样受到充分的研究和重视,也没有较为统一的理论阐释。第二,长波理论并不像其他经济理论那样,有较长的形成、发展和演变的历史。经过一个世纪的发展,长波理论仍处于尚未成熟的幼稚阶段。第三,作为资产阶级经济学范畴的长波理论的提出,并不主要肇始于资产阶级经济学家,而是发端于马克思主义学者,但是,长波理论毕竟是资产阶级经济学的一个重要方面,其重要性到 20 世纪 70—80 年代,更日益突出,成为当代资产阶级经济学界寻求新的理论突破的一个重要方面。

西方经济学家对长波理论的研究大体可分为三个阶段。第一阶段是从长波理论的发端和正式提出,到 20 世纪 40 年代的第二次世界大战。这是长波理论的初始活跃期。这与该阶段资本主义经济危机频繁、大萧条发生有着密切的关系。该阶段中,长波理论研究的重点大多是对长波存在的统计证明和对长波成因的定性分析。第二阶段是从第二次世界大战以后到 70 年代初。这是长波研究的相对沉寂阶段。该阶段中,长波的否定论者在很大程度上占据了上风。这与战后资本主义经济进入顺利发展的"黄金时代"有着密切的关系。第三阶段是从 70 年代初直至今天。这是长波理论的再次活跃时期。这与该时期资本主义经济的"停滞膨胀"形势密切相关。该时期中,长波理论比第一阶段有了较大的发展与分化。其间还掺杂少数全新的长波理论。

总之,70 年代以后,西方经济学界对长波理论研究的兴趣骤增,无非是当经济发生较长时间的衰退和萧条,而传统的和主流的各种经济周期理论

---

[*] 原载于胡代光主编:《西方经济学说的演变及其影响》,北京大学出版社 1998 年版。

及其他理论又无法解释和提出摆脱经济停滞和通货膨胀交织发生的困境的对策情况下,力求从困境中解脱的一种反映。可以说长波理论在西方经济学中的地位和命运,总是同经济周期性衰退和萧条联系在一起的。当我们了解长波理论的演变时,这是要加以注意的。

从概念上说,长波的含义包含两种意思:其一,是指经济发展过程中,产量、收入、价格等重要经济指标的长期波动或循环升降。这是早期长波概念提出时的含义。后来,由于资本主义经济的持续增长,由于对经济周期的研究重点转入增长期,长波的概念也相应转为研究经济增长率的长期波动和涨落的再现,这是其二。

从广义的角度说,长周期理论的提出,最早可以追溯到 19 世纪末。1896 年,俄国的马克思主义者帕尔乌斯(Parvus)(又名亚历山大·海尔方德,Alexander Helphand)在一篇讨论农业危机的论文中,认为资本主义的历史上存在着"长波"。后来,他又在 1901 年再次提到长波的存在,认为资本主义发展中存在着大约 50—60 年一次的长期变动。与此前后,J. G. K. 维克塞尔(Johan Gustaf Knut Wicksell)、杜冈—巴拉诺夫斯基、V. 帕累托(Vilfredo Pareto)、A. 阿弗塔利翁(Albert Aftalion)以及欧文·费雪(Irving Fisher)等人也都独立地发现了不同系列指标中的长周期波动现象。1913 年,荷兰马克思主义者范·盖尔德伦(J. Van Gelderen)撰文提出了长波状态的设想。1924 年,荷兰经济学家 S. 沃尔夫(S. de Wolff)在《繁荣与萧条时期》一文中,用统计分析证实了范·盖尔德伦的研究结果。不过上述这些人毕竟只是发现和提出了长波现象,还没有提出系统的长波理论。

系统的长波理论最先是由苏联经济学家康德拉季耶夫(N. D. Kondratieff)于 1925 年提出的。到 30 年代,美籍奥国经济学家熊彼特(J. A. Schumpeter)在其著作中,肯定了康德拉季耶夫提出的长波理论。他把长波作为他提出的资本主义经济周期三种类型中的一种,并正式把长周期命名为康德拉季耶夫周期或康德拉季耶夫波。这样,从熊彼特开始,长波理论才正式跻身于西方经济学,并占据相应的位置。

由于资本主义经济当时所处的历史条件,第二次世界大战后相当长的一段时间内,长波理论在西方经济学界并未受到重视,甚至受到了怀疑和否定。1943 年,乔治·加维(George Garvy)发表了《康德拉季耶夫的长周期理论》一文。他在文中介绍了苏联的长波争论,并通过验证康德拉季耶夫的统计证明,否定了康德拉季耶夫关于经济长波的假设。此后,库兹涅茨(Simon Kuznets)、W. 费尔纳、R. A. 戈登等人怀疑或否定长波理论的著作也相继发表了。当然,对经济长波理论系统些的论述和倾向于肯定性的讨论也有一些,像加斯东·安贝《论康德拉季耶夫长波》、L. H. 杜普里兹(L. H. Dupriez)的《总的经济运动》、《经济运动的哲学》和罗斯托(W. W. Rostow)的《经济成长阶段》等。总的说来,50—60年代的经济繁荣时期,对经济长波理论的研究处于沉寂状态,多数经济学者对此不以为然。直到70年代前期,研究和提倡长波的人依然寥若晨星。

20世纪70年代中期以后,资本主义世界经济形势恶化,严重的通货膨胀和经济停滞交织在一起,形成了资本主义历史上首次遇到的奇特现象。凯恩斯主义经济学已很难对此做出可以接受的解释。其余各派别资产阶级经济学也纷纷登场,力图证明凯恩斯主义的失误,但传统的经济周期理论同样也无法解释和解决经济"滞胀"问题。在这种局面下,相当一部分人转而研究经济长波问题,期望从中找到一条出路。于是,美国、英国、荷兰、比利时、联邦德国、法国、日本等国家掀起了一股研究经济长波理论的热潮,由此造成了康德拉季耶夫长波理论的复兴。到80年代,对经济长波理论的研究又与新技术革命论相结合,二者相得益彰,影响更为扩大。70—80年代热心于此的经济学家则形成了一个颇为壮观的长波学派。像G.门斯、J.杜因、E.曼斯菲尔德、J.克拉克、N.罗森堡、C.弗里希塔克、C.弗里曼、L.索埃特、G.雷、J.W.福雷斯特、E.曼德尔、筱原三代平等,都从各自不同的角度提出新的解释。

长波学派的理论家们,一方面以长波理论解释第二次世界大战后西方资本主义经济的发展,把50—60年代的繁荣归结为经济长波的上升波,把70—80年代的长期缓慢增长归结为下降波;另一方面,他们又用长波理论预测世界经济70年代以后的发展趋势,提出种种长期政策建议和主张。这时的长波理论已远非昔日可比,它不仅开始成为日趋重要的经济学内容,而且开始影响政府经济政策。

当前,长波理论的讨论虽渐趋平缓,但争论仍在继续,甚至还有人提出新的长波理论。

下面,我们将按照长波理论的演变过程,逐一加以介绍。

一、早期阶段的经济长波理论

早期阶段的经济长波论主要是指第二次世界大战以前的经济长波理论。这一阶段,最有代表性的观点,也是对后来长波理论发展影响最大的观点,当推康德拉季耶夫和熊彼特的经济长波论。

(一)康德拉季耶夫的经济长周期理论

尼古拉·康德拉季耶夫(1892—1938),俄国经济学家和统计学家。他曾在十月革命前担任过克伦斯基临时政府的粮食部副部长,是社会革命党党员。十月革命后,他从事经济研究工作,任季米里亚捷夫农业大学教授。1920年,他筹建了该大学内的商情研究所(该所于1923年后直属财务人民委员部,1928年后直属中央统计局),任所长。此后,他在该所领导了对苏联农业问题和资本主义经济长周期问题的研究。1930年,他因被指控为反对"农业集体化"的"劳动农民党"领袖而被捕入狱,1938年死于狱中。

康德拉季耶夫对经济长周期问题的研究素有兴致。其主要著作基本上都属于这一方面,包括:《战时和战后时期的世界经济和经济波动》(1922)、《有关世界经济及经济危机若干问题的争论》(1923)、《长波周期》(1925)、《对国民经济发展计划的评论》(1927)、《大经济循环》(1928)以及《工业品和农产品的价格动态》(1928)。其中最重要的,也是其代表作为《长波周期》。

康德拉季耶夫在1919—1922年首先提出了经济长波的假设。其后,他于1925年以俄文在《经济状况问题》杂志第1卷第1期上,发表了《长波周期》的专论。1926年又把补充修改后的该文在商情研究所宣读,并由该所收入《经济波动问题》论文集出版。不久后,该文被国外陆续翻译为德文和英文出版,其内容也就广为人知了。

《长波周期》的大部分篇幅是实证统计数据以及相应的数据分析,其理论解释较少。康德拉季耶夫主要研究了140年间的主要资本主义国家的经济统计资料。其研究目的是想找出资本主义经济发展的长期趋势和进程中的规律性经验现象。他声明:(1)其长波理论仅适用于资本主义经济,而不适用于其他经济制度;(2)他无意奠定长期波动的理论基础,因为他认为,"虽然,我所研究的时期长达140年,但是这一时期仍显太短,以至于不允许我作出最后的结论……"。①

康德拉季耶夫通过对36种价格、价值额和产品产量指标序列的研究,得出了如下结论:

1. 资本主义经济发展进程中存在着50年左右的长周期波动。他指明

---

① 〔苏〕尼古拉·康德拉季耶夫:《长波周期》,纽约1984年版,第103页,转引自赵涛:《经济长波论》,中国人民大学出版社1988年版,第8—9页。

了周期长度的大致范围以及不精确性和国际性,还具体划分了长波周期,把自己研究的时期划分为两个半周期:

第一个长周期:1789年到1844—1851年;

第二个长周期:1844—1851年到1890—1896年;

第三个长周期:1890—1896年到1920年(即康德拉季耶夫研究长波的时候)。

康德拉季耶夫还进一步把长周期划分出上升波和下降波。第一个长周期中,1789年到1810—1817年为上升波;1810—1817年到1844—1857年为下降波。第二个长周期中,1844—1851年到1870—1875年为上升波;1870—1875年到1890—1896年为下降波。第三个长周期中,1890—1896年到1914—1920年为上升波,1914—1920年开始转为下降波。

2. 根据他对资本主义经济从18世纪末以来的长波情况的研究,他预见到从20世纪20年代开始,资本主义经济进入长期下降,即进入下降波。这种预见,已经被后来资本主义经济发展的事实所完全证实。30年代的大萧条则成为这次长周期下降波的谷底。

3. 初步说明了长波的一些经验性特点。康德拉季耶夫认为,第一,长波包含了中间周期(即10年左右一次的周期)。"长期波动实际上属于一种复杂的运动过程,资本主义中间周期高涨和萧条的主要阶段的演变也在这同一运动过程中进行。"① 他还指出,由于长波的存在,使中间周期具有了一定特征,即"在长期波动的上升期繁荣年份较多,而在下降期则以萧条年份为主"②。"在长期波动的衰退期间,农业通常出现特别显著的和长期的萧条。"第二,经验证明,长波与一些经济现象密切相关。"在长期波动的衰退期间,生产和交通运输中有特别多的重要发现和发明完成,但这些通常只是在下一个长期高涨开始时才能得到大规模的应用。"③ 而在长期波动的高涨期开始时,通常黄金产量会增长,世界市场会有所扩大。在上升波时,一般会发生灾难性的和广泛的战争与革命。第三,长波的出现是规则的,但不是严格的周期。康德拉季耶夫认为,长期波动在有规则的时间间隔后重复,即是其规则性。这种规则性是与中间波的规则性一样的,甚至比中间波动还要规则。但规则不等同于严格的时间周期间隔。第四,长期波动的原因在

---

① 康德拉季耶夫:《经济生活中的长波》,载外国经济学说研究会编:《现代国外经济学论文选》第十辑,商务印书馆1986年版,第13页。

② 同上。

③ 同上。

于资本主义制度的内部因素。他反对以外部偶然的、超经济的环境和事件影响的结果去解释长期波动的那类观点。第五,技术发展本身是长期波动节奏的一部分。他认为,技术发展对资本主义的发展进程有非常重大的影响,这种影响是经济内部的。"但是,科技发明本身并不足以给生产技术带来真正的变化。只要有利于采用它们的经济条件还不具备,它们就没有用。"[①] 第六,对经济长波的作用给以估价。他认为,长期波动是经济发展中一种极其重要的基本因素,社会和经济生活的全部主要领域,都会受到这种因素的影响。因而,有必要对之进行认真深入的研究。

康德拉季耶夫经济长波理论的意义主要在于,它第一次较系统地、以比较令人信服的实证分析提出了这一理论,并对之进行了初步的说明。对此,日本经济学家中村文夫说:"不管怎么说,康德拉季耶夫早在半个世纪以前就能够从长期波动来把握资本主义的变化趋势,这不能不说明他的确具有敏锐的洞察能力。"[②] "不能仅仅把这一理论当作经济学说史上的一个插曲来看待。"[③]

康德拉季耶夫的长波理论在方法论上为后人深刻认识资本主义的发展及其经济运动,提供了新的启示,并把这一认识提高到新的高度和新的层次。

康德拉季耶夫的长波理论扩展了经济周期理论的范围,开辟了研究的新方向。他强调了长波周期与中、短波周期的统一关系;强调了要注意研究长波周期的内在原因;注意了科技发明和应用的作用。这些都是值得肯定的地方。

但康德拉季耶夫长波理论的缺陷也是比较明显的。客观上,两个半周期对于长波规律的说明显然不够。康德拉季耶夫本人也深知这一点。另外,他并没有真正奠定长波的理论基础,而仅作了统计分析基础上的经验说明。他曾提出主要固定资本品更新换代在经济生活中起了长期内平衡周期的作用,但对此却又缺乏实证的统计分析。当然,对一位开创者来说,这种粗糙性也是可以理解的。他毕竟为后来的长波研究者提供了前进的路标。

---

① 康德拉季耶夫:《经济生活中的长波》,载外国经济学说研究会编:《现代国外经济学论文选》第十辑,商务印书馆1986年版,第15页。

② 外国经济学说研究会编:《现代国外经济学论文选》第十辑,商务印书馆1986年版,第397页。

③ 同上书,第402页。

(二) 熊彼特的经济长周期理论

约瑟夫·阿洛依斯·熊彼特(Joseph Alois Schumpeter)是继康德拉季耶夫之后研究经济长周期,并把康德拉季耶夫长波理论观点正式纳入西方经济学的著名经济学家。

熊彼特是西方颇负盛誉的经济学家,有着广博的知识和受人尊崇的学术地位。他一生的主要著作中,对于经济周期的研究占有十分重要的地位和相当的篇幅。1912年,他出版了《经济发展理论》一书,其中提出了独树一帜的"创新理论",用以解释资本主义的经济发展、经济周期和企业家的职能和作用等。后来,在1939年出版的《经济周期》这一巨著中,他融理论、历史和统计分析的方法为一炉,充分论证了他以"创新"为基本推动力的资本主义经济各种周期性波动的理论。在1942年出版的《资本主义、社会主义和民主主义》一书中,他又从"创新"运动的兴衰去解释资本主义的灭亡及向社会主义的过渡。这样,熊彼特就把"创新活动"作为他研究和解释经济周期波动的基石,从而把各种经济周期波动统一起来,以"创新活动"去加以说明,创造了西方经济学中统一研究各种经济周期波动的理论体系,开创了研究经济周期波动的一大流派。

在对经济长周期理论的研究上,熊彼特既承继康德拉季耶夫的观点和方法,又区别于康德拉季耶夫。其特点是:第一,他没有像康德拉季耶夫那样集中致力于经济长波的研究;第二,他是在统一的理论基础上,综合研究各类经济周期,从而也包括了对经济长周期的研究;第三,他提出了一贯的独树一帜的"创新"理论,作为各种经济周期波动研究的理论基础。所以,理解熊彼特的经济长周期波动理论和理解他的其余经济周期波动理论和经济发展理论一样,必须理解其"创新"理论。

熊彼特经济理论体系的特征是,以一般均衡为出发点,把经济体系内在因素的发展作为推动体系本身变化的动力源,以"创新"概念为中心,把历史的、统计的和理论的分析紧密结合起来。

熊彼特认为,经济总是静态和动态并存,即处于一种均衡向另一种均衡变动的状态中。这种变动,或旧的均衡的打破,是由经济的内在因素,而不是外在因素造成的。因此,经济周期的理论其实就是以内在因素来说明这种一般均衡状态的变动和推移。正如熊彼特本人所说的,他"深信在经济体系内部存在一种能源,正是这个东西本身使得将要达到的均衡遭到破坏,假如事情果真如此,那末在这种情况下,就必须有一种理论,一种能阐明并非由于经济以外的因素而使经济体系发生一个均衡推向另一个均衡的变化的纯经济理论。我打算创立的就是这样的理论"①。他认为,外部因素和力量就是自然及社会环境、战争等突发事件,还有国家的社会经济及工商业政策。而内部因素和力量则是社会的消费时尚和爱好、生产要素数量和质量的变化、生产方法的变革。熊彼特认为,内部因素和力量中,最具有重要意义的,是生产方法的变革这一类,而"创新"就恰恰是这种因素和力量。

熊彼特所说的"创新",就是指"建立一种新的生产函数",即把一种从未有过的关于生产要素和生产条件的"新组合"引入生产体系。他的"创新"包括下列五种情况:(1) 引进新产品;(2) 引进新的生产方法;(3) 开辟新市场;(4) 控制原材料的新供应来源;(5) 实现企业的新组织。"创新"与科学发明不同,它以科学发明为前提。"创新"的实现还要由特定的人——"企业家"来进行。"企业家"是"创新"的倡导者。他与普通经理的区分在于,后者只是按习惯和传统方式来管理企业,而企业家则是富有冒险精神的创造革新者。实现"创新"是企业家的天职。当然,"创新"会给企业家带来好处。这样,在企业家对"创新"的倡导和推动下,资本主义经济就不断向前发展。

对于经济周期过程,熊彼特从两个方面加以说明:

第一,他首先假定了静态经济的"循环流转"(circular flow)状态。这是一种既定的不受干扰的均衡状态。在这种状态下,没有企业家,也没有"创新",没有发展。企业总收入等于总支出,生产管理者只能得到管理工资,因而,社会经济活动中不产生利润、也没有资本和利息。这是一种简单再生产状态。如果经济的这种状态周而复始,那就不会有波动和周期。这里的关键是没有"创新"的引入。熊彼特把这种并不存在的假设状况提出来,就是为了与周期波动的情况相对比的。

第二,一旦"创新"活动引入经济中,就产生了繁荣和萧条交替的经济周期波动。熊彼特认为,"创新"活动往往是成批发生的。这不仅是由于一定的时期有利于"创新",而且还因为前面的"创新"为其他人开通了道路,带来众多厂商的仿效行为。一旦"创新"兴起,众多企业家和创新模仿者纷纷投资时,就会刺激经济的高涨。当新产品或技术对旧厂商和部门引起压制和收缩,或市场相继饱和,"创新"已经普遍化时,经济又会出现因"创新"投资机会消失而产生的经济衰退和萧条。这就是"创新"引起的经济周期波动。

---

① 熊彼特1937年为《经济发展理论》日文版所写的序言。转引自〔日本〕伊达邦春:《瓦尔拉与熊彼特》,载《经济学译丛》1981年第9期。

"创新"的性质、持续时间、规模都影响着经济周期波动的状况。

在熊彼特看来,"创新"活动的不连续和不平稳是经济波动内在的原因。他据此把资本主义经济波动的周期划分为三种形式:(1)短周期,平均40个月,因英国的约瑟夫·基钦于1923年首先提出该种周期,故短周期又称为"基钦周期"(Kitchin Cycles)。这种周期同三年左右一次的财产更替相联系。熊彼特认为,这有时是较小的"创新"所导致的。(2)中周期,平均8—11年。因法国莱芒特·朱拉尔于1860年首先提出,故又称为"朱拉尔周期"(Juglar Cycles)。熊彼特把这种周期与零星的"创新"相联系。(3)长周期,平均50—60年,又称"康德拉季耶夫周期"。熊彼特往往把它与重大"创新"相联系。

熊彼特认为,尽管这三种形式的经济周期是由于大、中、小三种不同程度的"创新"所决定,但三种"创新"可以相互在时间上并存,因而,三种经济周期也可以相互并存和交织。熊彼特认为,每个"康德拉季耶夫长波"大约包含6个"朱拉尔波"。而每个"朱拉尔波"则大约包含3个"基钦短波"。这"在绝大多数情况下是如此,在美国已得到检验"[①]。资本主义经济的现实运动,就是以这三种相互交织并存的周期形式、波动地不断向前发展着,直到"创新"消失,自动进入"社会主义"。

我们认为,熊彼特的经济长周期理论在西方经济长波论中的最突出贡献,就是上述以"创新"活动来解释长波,并把长、中、短周期结合起来。他所强调的"创新",主要是技术创新,更成为当代经济长波论者津津乐道的传统。

熊彼特把产业革命作为技术创新活动的大规模集中的浪潮。他认为,每个长周期总与一次大的产业革命阶段相联系,总与该阶段的较大技术创新浪潮及其消化吸收过程相一致。第一个长周期的上升波以瓦特蒸汽机和冶炼技术的创新活动为基础;第二个长周期的上升波以钢铁和铁路技术创新活动为基础;第三个长周期的上升波以电力、化学、汽车技术的创新活动为基础。这些重要技术的发明及其普遍应用,均会出现大的创新浪潮,从而引起利润上升,经济繁荣,推动长周期走向上升波。新技术普及和推广后,产量增加,价格逐渐下降,利润逐渐降低,企业无利可图,甚至破产,这就引起经济的停滞和萧条,推动长周期走向下降波。对于资本主义经济的发展

---

① 熊彼特:《经济变化分析》,载外国经济学说研究会编:《现代国外经济学论文选》第十辑,商务印书馆1986年版,第34页。

历史,熊彼特把它划分为三个长波周期:第一个周期,从 1780 年到 1840 年,波峰在 1800 年左右;第二个周期,从 1842 年到 1897 年,波峰在 1857 年左右;第三个周期,从 1898 年到 1946 年,波峰在 1911 年左右。

总的说来,在经济长波论的发展过程中,熊波特的理论有着特殊的重要作用:

第一,熊彼特最早系统地充分肯定了康德拉季耶夫长波周期理论,并通过自己的研究,说明长、中、短三种周期波动的相互关系,从而使康德拉季耶夫长波在经济周期理论中占据了一定地位。所以,熊彼特的长波周期理论,对于长波理论的传播起了重大的推动作用。

第二,熊彼特对经济周期波动问题的研究方法,为这一领域的研究方向奠定了基础。他强调:"把历史的、统计的和分析上的方法模式结合起来是特别有必要的。"[①] 因为,周期就是指"经济进步"在历史上和统计上的表现形式。统计是必要的工具,历史的、理论的分析是中心。没有历史的和统计的证明,就不能解决是否存在波动周期的问题;而没有理论的、历史的分析,就不能解释、说明和恰当地认识波动的周期。这样,各学派对长波周期的研究方法均不能离开这个基本途径。

第三,熊彼特的"创新"理论为后来的技术长波论提供了发展的适当基础。熊彼特是第一个明确以技术和生产的"创新"来解释长波原因的经济学家。他也十分重视使技术"创新"得以实现的"企业家"。这为现代资产阶级长波理论各流派,尤其是为技术长波论者提供了重要的启发和线索。

但熊彼特的经济长波理论也存在明显的错误和缺陷:

1. 其"创新"理论更多地是强调了技术的作用,忽视了技术得以实行的社会因素。尽管他强调了这种内在因素,但仍是比较肤浅和片面。

2. 在生产关系和社会制度方面,他过分看重"企业家"的作用,而忽视了基本社会制度的基本矛盾。

3. 在熊彼特的经济周期理论中,长波理论并没有更多地给以特殊说明,以至于在很多方面,人们仍然感觉到该理论的粗糙性。

4. 熊彼特未能对其他各种经济周期理论加以注意,这就不免使自己的理论带有更多的片面性。

---

① 熊彼特:《经济变化分析》,载外国经济学说研究会编:《现代国外经济学论文选》第十辑,商务印书馆 1986 年版,第 21 页。

二、战后到70年代前长波沉寂阶段

美国著名经济学家、诺贝尔经济学奖获得者西蒙·库兹涅茨(Simon S. Kuznets),是经济长周期理论比较沉寂的第二阶段中较有影响的人物。他并没有肯定康德拉季耶夫的理论,而是提出了自己的长周期理论与之相抗衡。

库兹涅茨早在《生产与价格的长期运动》(1930)中,就由美国的若干经济时间序列发现了15—20年持续期的波动。以后,他又多次探讨了这一问题,指出这种长波现象在建筑业中特别突出。库兹涅茨这一贡献受到了西方经济学家的重视。像阿瑟·F.伯恩斯(Arthur F. Burns)、摩西·阿卜拉摩维奇(Moses Abramowitz)、布瑞林·托马斯(Brinley Thomas)和A.F.凯恩克罗斯(A.F. Cairncross)都对此表示了相当的兴趣。1955年,P.J.奥利里(P. J. O'Leary)和W.阿瑟·刘易斯(W. Arthur Lewis)首次把库兹涅茨发现的经济长波现象命名为"库兹涅茨周期"。

库兹涅茨周期的突出特征是强调经济增长率的周期变动,而不是经济活动水平的绝对涨落。在其早期著作中,库兹涅茨确定了第一次世界大战前的长波时间,认为1873、1892和1913年为波峰,1878、1896年为波谷,后来,他又指出本世纪20年代和30年代都存在这种长波,波峰在1921年,波谷在1931年。

库兹涅茨综合分析了国民收入的总量指标和人均指标,考虑了人口变动、资本转移、国民生产总值以及其他因素对经济波动的作用。他的分析方法为后来的统计学和经济学所运用。关于经济长波的原因,库兹涅茨并不很清楚。他说:"这种经济长期增长率的波动原因仍不清楚,它们的周期再现也没有广为人知,大量的研究只是肯定其存在而已。"[①] 尤其在建筑业,这种现象更为明显。

库兹涅茨周期在各国间是不一致的,有的甚至是相反的。人们普遍承认的是早期存在这一周期,第二次世界大战后是否存在这一周期则争论较大。阿卜拉摩维奇认为,这主要是因为第一次世界大战之后各国历史和制度性的变化,妨碍了周期的重现。托马斯则认为,某些因素的变化影响了库

---

① 道格拉斯·格林沃尔德主编:《经济学百科全书》英文版,麦格劳—希尔图书公司1982年版,第582页。

兹涅茨周期,使之变形或消失。

总之,库兹涅茨周期并不与康德拉季耶夫长波相同,充其量,它只是像 R.A.戈登所说,是一种"中波"。库兹涅茨提供给人们的更有意义的东西,乃是其趋势分析方法。

三、70 年代后经济长周期理论的发展

由于第二次世界大战后资本主义经济的相对长期繁荣和稳定,对经济长周期的研究也处于相对沉寂的阶段。因而,这一时期,对长波理论的研究进展不大。

70 年代后,由于资本主义经济持续"滞胀"局面的出现,由于凯恩斯主义经济学和其他各派经济学,以及各种传统的经济周期理论不能解释面临的局势和提出有效对策,对经济长周期的兴趣和研究才出现了一个"复兴"的形势。因此,就经济长周期理论的发展而言,可以略过 70 年代之前这一阶段,而直接进入 70 年代后的时期。

这一时期,对经济长波理论的研究,大致可以分为这样几种类型:(1)技术长波论:遵循熊彼特的途径,在 70 年代新技术变化的基础上加以解释;(2)正统的和综合的长波论:遵循康德拉季耶夫的线索,进行综合因素的研究,或者从生产部门结构等角度进行研究;(3)社会因素的经济长周期理论:从社会其他因素对经济因素的作用,研究经济长波;(4)马克思主义和新左派的经济长周期理论。

(一) 技术长波论

这是 70 年代后经济长周期研究复兴的浪潮中声势最大、影响最广的一股潮流。它沿着熊彼特所开创的研究道路、集中研究新技术革命和技术创新对经济长波的作用,因而被称为技术长波学派。该派的代表人物和活动范围主要集中于西欧,其中尤以 G.门斯,克·弗里曼和冯·杜因的观点更具典型性。

1. 格哈德·门斯的长波理论

格哈德·门斯(Gerhard Mensch)系美籍德国经济学家,俄亥俄州西凯斯储备大学管理学院的经济学教授。其代表作为《技术僵局》(1975)。他继承和发展了熊彼特的长波技术论,把技术革新看成经济增长和长期波动的主要原因,并运用统计资料证实了熊彼特的理论。他对熊彼特理论的发展是,

提出基础创新的前提和环境以及长波的变形模式，以弥补熊彼特只强调企业家创新作用，而没有交代创新所需的环境和前提条件，从而不能解决创新周期阵发原因的缺陷。

门斯赞同熊彼特的观点，认为技术革新是经济增长的动力，同时也是经济长周期波动的主要动力。但他认为，单项技术创新不在此列。只有形成大批的基础性技术革新，即形成技术创新群或基础技术创新群，才能推动经济的增长和发展。但是，基础技术创新群的产生，需要一定的条件，这种条件就是门斯所说的"技术僵局"。

门斯是通过对历史统计资料的分析得出这一看法的。他搜集了从1740年到1960年关于技术创新的统计资料。通过对基础技术革新大量发生年代的对比，他发现资本主义历史上有四次发生基础技术创新群的时期，并且产生了全新产业部门。"新的巨大市场使这些部门得以快速增长，并改进产品和生产过程，竞争、合理化和集中提高了新产业部门的能力。然而，达到某点后，国内市场容纳不下这种能力，使出口市场变得极为重要。由于其他工业化国家的情况也是如此，因此，世界市场的竞争将在减少了数目的大康采恩之间加剧。意识到增长的饱和，这些大康采恩在产业部门的投资将减少，在国际金融和资本市场上的投资将增多。事态进一步发展，这些垄断者试图借助大规模信贷，向不发达国家倾销过剩产品。最终，这些国家达到它们的信贷界限，出现需求饱和。这一困难时期由经济不景气开始，并将持续到大危机结束。在这段时间里，只有出现新的基础革新和新的产业部门，经济才能根本好转，只有'创新才能克服危机'。门斯把这种迫使社会通过创新寻求出路的窘境称为'技术僵局'。"① 实际上，"技术僵局"就是长期萧条和大危机，它会迫使政府和企业寻求新技术来摆脱困境。门斯认为，70年代开始的长期不景气也将成为下一轮创新活动的前提，而新的创新浪潮将导致80年代末进入长期发展和增长过程。

门斯认为，熊彼特创新周期理论的提出，是对于传统的连续性原理中所包含的随机性和独立性的否定。指出创新不是孤立的事件，而且在时间上也不是均匀分布，相反，创新是趋于群集和成簇地发生，这是熊彼特的功绩。但熊彼特没有真正说清楚，为什么创新会群集出现，为什么创新群集具有特殊的周期形式。门斯认为，这只能到基础创新的环境和条件中去寻找答案，

---

① 〔比利时〕乔斯·德尔拜克:《对当代长波理论的评述》，载《世界经济中的长波》，伦敦：弗朗斯平特公司(Frances Pinter)1983年英文版，第3—4页。

也就是到经济结构的不稳定和非均衡性中去寻找答案。

这里的非均衡不同于不均衡。不均衡意味着在参加交换体系的经济实体间市场力量的不均衡。而非均衡运动的含义则是，市场力量的分配将随时间而变化，可能会遵照某种程度上的规律性而变化。这样，对长期经济变动的研究就必须是对经济运动与力量的研究。长波从这个角度看，不过是不同类型结构变化的趋势转变，而不仅仅是生产与价格水平的波动。

从结构上说，门斯把宏微观的纵向结构和产业结构的横向层次结合在一起考虑。他认为这样的结构中，经济运动是不稳定的，并且具有非连续性。而非连续性又来源于创新前提的不连续性，即"技术僵局"的不连续性。在一开始，或考察单一过程和阶段时，上述因果关系是单项的。其后，在经济的持续中，因果影响将是双向和相互作用的。如果和熊彼特的创新周期理论统一起来，门斯及其拥护者则认为，"正是创新前提的不连续性改变着市场机会和企业家的创新偏好"①。

这种具体的改变过程，是通过现代非均衡热动力学的"自组织原理"实现的。"自组织原理"原是比利时化学家普利高津提出的。该原理认为，在非平衡的开放系统（即耗散结构）中，微观粒子的热运动是无序的。但由于系统可与外界交换物质和能量，可以引入负熵流来抵消熵的产生。这样，系统就能实现从混沌无序状态向新的有序状态转变。门斯借用"自组织原理"来说明创新产生过程前经济结构的变化。他认为，经济活动在微观层次上是竞争的无序和混沌状态，但由于宏观的调谐作用，却可以形成新的有序状态。这时，结构体系内的变化可能是不断增加的内生变化的结果，而并不一定就是一种强有力的外部冲击的结果。由偶然的原因积累产生的周期性序列，比如微观上某些生产资料的贬值，可能会趋向于在几个周期中模仿一个较小的正弦曲线的调和序列。经过相当数量的阶段后，原来每个个别体系都紊乱起来（贬值普遍化）。这样，原先的整体结构就形成了无序的混沌状态。但到一定的关键阶段后，有时就会逐渐产生创新，向另一有序结构过渡；有时则会突然出现创新，实现突变。创新此时就是一种引入体系中的新能量、新物质。它的扩散会引起一股负熵流来与原来的无序相对抗。这时的不稳定性会推动经济结构向加强和削弱两个方向变化。经济结构削弱的变化就为基础创新群涌现作了准备。大危机时机就正是这种为基础性创新

---

① 见外国经济学说研究会编：《现代国外经济学论文选》第十辑，商务印书馆1986年版，第58页。

扫除了障碍的合适环境。这样,大批的基础创新集中的部门,就代表了新的经济结构。以这些部门为中心的创新扩散,则使经济结构得以加强,经济上在这时就进入长周期的上升波。当创新扩散达到一定程度后,生产过程创新会逐渐取代产品创新,工业投资高潮也就达到顶峰,经济结构的加强也达到顶峰。以后则是伪革新代替革新,上升波开始转向平缓和下降。这样,经济结构的削弱时期就又会来到。如此周而复始,长波的周期性也就表现出来了。

鉴于上述观点,门斯认为长波的波形应和康德拉季耶夫、熊彼特等人推测的不一样。后者认为的长波波形基本上是连续的波形,而门斯则认为,长波表现出连续的S形。这是因为,在经济中,资本边际效率的连续上升到某一点时,会出现突然的崩溃,造成波形曲线突然断开和下跌。这与"自组织原理"描绘的无序状态的产生很相似。从历史上看,工业经济和资本边际效率的突然崩溃,发生在大危机期间。危机则是基础创新群的酝酿时期。于是,基本创新将克服危机,使增长重新上升。

总之,门斯依据的是长期总量指标。其波形图表示了其中强调宏观经济运动中的非连续性和跳跃性的特征,也说明了他从"需求推动"的原理出发,把大危机作为推动创新群产生的主要动力的思想。

2. 雅各布·J. 范·杜因的长波理论

长波技术论的另一代表是荷兰经济学家雅各布·J. 范·杜因(Jacob J. Van Duijn)。范·杜因系荷兰戴尔佛特管理研究生院的经济学教授。他的《经济生活中的长波》(1979)于 1983 年译为英文出版后,产生了较大的影响。

范·杜因的经济长波理论也是以熊彼特的技术创新长波论为基础的。他的新发展在于,在把基础技术创新看做经济长期波动的主要原因的解释中,他提出并强调了创新寿命周期问题。在另一方面,范·杜因也吸收了罗斯托的某些观点,把罗斯托关于领先部门地位的变化对经济发展过程影响的分析,与他关于创新生命周期的观点结合起来,去解释经济的长周期。虽然罗斯托本人并未以其经济发展阶段论去解释经济长波,但范·杜因却赋予这种观点以新的含义。这样,范·杜因的经济长波理论就有了他的独特之处。

范·杜因也赞成主要的或基本的创新集群是导致经济长波的主要力量。有些基本的创新将导致新的工业部门出现。但这些部门会按照人们所知道的 S 型生命周期模型发展。

这种把以基本的或主要的创新为核心的经济生活看做创新生命周期的思想,是发端于熊彼特,确立于库兹涅茨的。范·杜因继承了它,并把它运用了经济长波分析。

范·杜因认为,一个主要的创新生命周期可以说明创新的过程如何随时间发展而发展。如把产出与创新相联系的话,那么,当原来的创新生命周期到达 S 型的下降阶段以后,产出的增长率就逐渐放慢。这时,有两类原因会促使新的基础创新出现。即,在一定技术状态下,进一步的技术改良可能性有限;还有在一定的渗透速度下,进一步的市场渗透可能性也有限。通常这两方面会相互联系发生作用:降低成本的改良创新可以加快产品的渗透速度,而市场的饱和又成为产品改进创新的强大推动力,因为创新后,销售的下降便可以被阻止或推迟。

任何一次基础性的技术创新都会经历四个阶段。每一阶段中,都以需求结构和创新活动的方式为特征。

第一阶段是基础创新的引进和采用阶段。这时,随着旧产品和技术的衰落,社会对其需求减少,从而它们的投资也日渐减少。大量的产品和技术创新已经出现,但处于刚刚引进和采用的阶段。它们尚未在更大范围内被认识。这时,生产上存在着不同的技术选择,但很少了解需求的特征。

第二阶段是基础技术创新的增长和扩散阶段。这时,由于消费者的认可不断增加,创新产品和技术在社会范围内得到广泛承认。生产新产品和应用新技术的企业利润丰厚。于是,对新产品和新技术的投资渐趋高潮。新企业纷纷建立,新产品和基础技术创新得到扩散和增长。此外,新产品销售的增加导致了技术上的标准化,产品创新的数量增长减缓或下降。这时,降低成本的工序技术创新则成为创新增长的主要因素。

第三阶段是基础创新的成熟阶段。这时,新产业的发展达到顶峰,基础技术创新经改进后日趋成熟,因而,产出率增长减慢,产品演化的竞争和伪创新日趋增长。创新开始倾向于局部改良,工序的技术创新也倾向于节约劳动。总的说来,这时已没有了前一阶段迅速增长的势头。

第四阶段是基础创新的衰落和下降阶段。这时,新兴产业的社会需求已趋于饱和,开始出现过剩产品和过剩生产能力,利润下跌,投资萎缩。企业企图通过技术改良而摆脱这种困境,继续使用节约劳动的工序技术创新。于是,原来的新产品、新技术已变为旧产品和旧技术,进入衰落阶段。

上述这四个阶段就构成了一个基础技术创新的生命周期。一般地,在最后的衰落和下降阶段,处于竞争和市场压力之下,很可能产生新的产品和技术创新的萌芽,并在适当的条件下导入下一轮基础创新的生命周期过程。

范·杜因认为,实际上,经济生活中存在着多种不同标准的技术创新生命周期。它们代表工业面临饱和市场时所可能采用的不同方法。这些基础创新产品的性质不同,生命周期各阶段的长度不同。比如,在美国,汽车的引入阶段约为15年,增长和扩散阶段的时间也很长。电视的引入阶段则短得多。彩色电视在1953年开始创新引入阶段,很快就达到了增长的顶峰,60年代已出现下降倾向。范·杜因认为,一般地,一次基础技术创新完全被新的创新所代替的情况,在19世纪末20世纪初是很少的。通常是多种重要的创新互相叠加,使大的基础技术创新的阶段得到延长。一般地,基础技术创新的介绍阶段约20年,扩散和增长阶段约20年。这样,即使对衰落下降阶段忽略不计的话,基础技术创新的生命周期也有近半个世纪左右。这样半个世纪一个循环的长波周期,就主要由创新生命周期决定了。其各阶段模式形状如下:

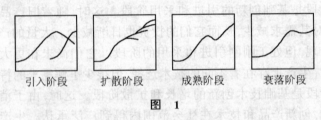

图 1

总之,生命周期的长度非常重要。创新对经济增长的贡献完全取决于它们本身的生命周期。但各种创新的生命周期长度,只能进行个别的研究。这样,范·杜因就引入了对70年代经济停滞原因的探讨——战后领先部门生命周期变动过程的研究。

范·杜因认为,基础创新生命周期主要存在于中观经济层次(即,部门这一层次),但会影响到宏观经济层次。从中观层次上看,长波或者说长期宏观经济发展,就是领先部门连续发展的结果。"领先部门的本质是,它们把主要的新技术联系起来。因此,罗斯托的领先部门只不过是我们所说的处于增长阶段的主要创新生命周期。主要的创新创造领先部门。"①

这样,范·杜因就把用创新生命周期解释经济长波的理论,同罗斯托关于经济发展阶段中领先部门的作用的观点结合起来了。他认为,从技术创

---

① 外国经济学说研究会编:《现代国外经济学论文选》第十辑,商务印书馆1986年版,第89页。

新生命周期和领先部门的连续过程看,罗斯托的有关论点可以成为对长波解释的最好代表。尽管罗斯托本人提出的完全是另外一种长波理论(后面会有单独的介绍),但范·杜因的主要依据则是罗斯托下面一段话:"老的部门可能会衰落,其他的可能会停滞,作为一个整体(像原料生产),另外的可能正在以大约平均的工业生产速度向前发展。然而,将有一个或更多的领先部门比平均速度发展得更快(反映了主要新技术的采用),它们吸收了目前投资和有能力企业家的不匀称的数量,提高维持这种发展的要求,并经常导致在新地区城市的加速发展。"[①] 罗斯托还指出,历史上领先部门的传统顺序是:棉纺、铁路和铁、钢、化学、电和汽车工业。范·杜因认为,由于主要的技术创新能创造出领先部门来,所以,精细的工业分类会清楚地显示出主要创新生命周期的连续出现或(部分)恰好会重合,而体现在领先工业部门的连续中。

这样,可由创新生命周期的连续(或集群)加以解释的宏观经济增长的长周期特征(即观察到的增长加速和增长减速的替代),就同样可以由领先部门的更新替代过程来加以解释。长波本身就成为领先部门生命周期的一种接续,长波的阶段也就适应于生命周期的阶段了。

另外,范·杜因还提出,资本品生产的波动也会影响经济长周期的发展。这就是说,投资作为复杂的经济活动和行为,也是影响经济长波的重要因素。理论和实践都可以证明这点。范·杜因还指出,资本建设波动特征的最引人注目的证据是,在钢铁、造船、人造纤维和化学等部门中,本世纪70年代出现的设备过剩。但过剩能力一方面是资本建设的结果,另一方面是市场销售发展的结果。而资本投资同样与领先部门密切相关。"用资本货物来解释长波也必须解决领先部门的作用。"[②] 范·杜因把长波的四个阶段同创新生命周期四个阶段相对应:

繁荣——增长和扩散;
衰退——成熟;
危机——下降和衰落;
复苏——引入和采用。

宏观上,四个阶段的特征是:繁荣阶段,国民生产总值年增长率很高,资

---

① 转引自外国经济学说研究会编:《现代国外经济学论文选》第十辑,商务印书馆1986年版,第89页。
② 外国经济学说研究会编:《现代国外经济学论文选》第十辑,商务印书馆1986年版,第90页。

本投资迅猛增加,各部门对消费的需求扩大。衰退阶段,国民生产总值年增长率递减,资本投资递减,大多数部门的消费需求下降。危机阶段,国民生产总值年增长率很低或无增长;生产设备过剩;企业缩减需求,节制投资;各部门和消费者花费过去的储蓄。复苏阶段,国民生产总值年增长率递增;企业需要更新设备,投资增加;对消费需求的购买压力也增加。

范·杜因说:"继熊彼特之后,我把长波划为四个阶段:繁荣、衰退、危机和复苏。繁荣和衰退在一起形成长波的上升阶段;危机和复苏在一起形成长波下降阶段。"[①] 在历史上,则按下面的方式分期:

第一个康德拉季耶夫长波:
繁荣阶段:1872—1802 年(战争 1802—1815 年);
衰退阶段:1815—1825 年;
萧条阶段:1825—1836 年;
复苏阶段:1836—1845 年。

第二个康德拉季耶夫长波:
繁荣阶段:1845—1866 年;
衰退阶段:1866—1873 年;
萧条阶段:1873—1883 年;
复苏阶段:1883—1892 年。

第三个康德拉季耶夫长波:
繁荣阶段:1892—1913 年(战争 1913—1920 年);
衰退阶段:1920—1929 年;
萧条阶段:1929—1937 年;
复苏阶段:1937—1948 年。

第四个康德拉季耶夫长波:
繁荣阶段:1948—1966 年;
繁荣阶段:1966—1973 年。

把长波周期各阶段与创新生命周期各阶段相对应进行解释,则形成如下观点:

在创新的引入和采用阶段,新产品影响市场,使消费者对之有所了解和使用。当消费者习惯和熟悉新产品后,就为新产品开辟了市场。于是,新兴

---

① C.弗里曼编:《世界经济中的长波》,伦敦:弗朗斯平特公司(Frances Pinter)1983 年英文版,第 23 页。

产业就可以出现了。这时,经济发展进入上升波。

在创新增长和扩散阶段,随着对新产品需求的扩大,新兴产业利润提高,生产进一步扩大,通过经济结构内在的乘数加速器作用,整个经济高速发展,达到繁荣的顶峰。

经济达到顶峰后,中观经济层次的创新进入成熟阶段。宏观经济层次中,由于投资已饱和,出现了产品和生产能力的过剩,于是长波进入衰退阶段,这时就是投资不景气时期。

当创新进入衰落阶段后,投资进一步萎缩,产品和生产能力过剩严重,发生萧条。当新技术再次出现,创新引入和采用阶段又会再次开始,于是,设备更新出现,投资上升,长波再次进入新的循环。

总之,范·杜因认为,领先部门所体现的基础技术创新的生命周期决定了长波的周期,基础技术创新的阶段也决定了长波的阶段。不过,繁荣阶段往往是由一个或更多的领先部门的强有力增长所支撑的。而且创新生命周期的各阶段与长波的各阶段并不是恰好吻合的。在一些情况下会出现偏离。这时,领先部门往往会挽救宏观经济萧条(即在萧条阶段继续增长,尽管其速度放慢了),并且在下一个上升阶段再次恢复扩张。他认为,美国的汽车和飞机工业就是例证。它们在第二次世界大战后恢复了增长。微电子则是个充满创新的部门,它正在70年代的萧条中取得增长。可见,主要的创新生命周期可以横跨一个以上的长波周期。但就增长率而言,主要是创新后第一次需求浪潮推动的。这种需求成熟时,就会出现设备能力过剩,由此开始形成负的乘数加速器作用。战后的增长主要是建立在替代需求基础上的。每个长波扩张阶段都与新的创新群的采用阶段相吻合。

范·杜因的理论还与创新和部门的具体性质有关。他区分了四种创新在长波不同阶段中的倾向。四种创新是:创造新工业的主要产品创新、现有工业中的主要产品创新、现有工业中的工序创新和基础部门中的工序创新。第一类,像汽车、飞机、无线电、人造纤维、塑料或电子计算机,它们的采用会导致新工业部门和新市场产生。第二类是那些对现有产品市场饱和做出反应采用的创新。70年代的例子是电视机和唱片工业。欧洲当时的汽车工业和人造纤维以及某些家庭耐用设备,也是如此。它们市场的饱和与长波下降会相吻合(部分是导致的)。第三类指现有工业中改进生产工序的创新。这是在供给成本压力和市场需求压力双重作用下的结果。第四类是基础部门在需求增大压力下产生的工序创新,如钢铁和石油部门。

范·杜因还假设了在长波不同阶段创新倾向的模式图表(见表1)。但是，在表中没有说明和列出各类创新产生的原因。在他看来，战争这个在历史上一直导致创新产生的重要因素，是不能被忽略的。

表 1

创新类型	萧条	复苏	繁荣	衰退
产品创新（新工业）	+	+ + + +	+ +	+
产品创新（现有工业）	+ + +	+ + +	+	+
工序创新（现有工业）	+ + +	+ +	+ +	+ +
工序创新（基础部门）	+	+ +	+ + +	+ +

为了验证自己的理论假说，范·杜因还列举了对20世纪13个增长部门的发展产生影响的80项主要创新，并对其进行研究。他从中得出了与门斯和J.斯莫克勒(Jacob Schmookler)不同的观点。

范·杜因认为，门斯和斯莫克勒都强调创新过程所引起的特点，但他们对创新时间所做的结论不同。门斯认为基本创新是在萧条阶段被采用的。斯莫克勒则发现，发明活动的变化趋向落后于产量的变化。门斯把萧条看成导致创新活动的触发器，而斯莫克勒发现工业中的专利数量只是在需求增大之后才增加的。如果考虑到发放专利往往先于创新，那么，斯莫克勒所说的创新就比门斯所讲的晚得多，两人的共同之处是，都注意了需求对创新的促进作用。

范·杜因指出，门斯所说的创新包括了新部门中的产品创新和基础部门的工序创新。但门斯没有真正区分开二者。由于这两类创新的生命周期不同，因此，必须区别分析。

范·杜因认为，20世纪30—40年代创新很多，但没有显示出创新在大危机期间出现集群的任何趋势，倒是大战期间和战后出现了创新集群。这样，门斯的观点就是不可靠的，而导致30—40年代基本创新的具体原因，只能是战备和与战争有关的需求。70年代的情况也无法证明门斯的观点。杜因认为，一定工业生命周期的成熟和下降阶段的到来只是使新的产品创新成为必要，只有找到了新的市场时，创新才会真正产生。门斯也承认："只有很少的基本创新将在1984年以前取得成功(即在萧条阶段)。约有2/3的在20世纪后半叶获得成功的技术上的基本创新将在1989年前后的年代出现(即在回升阶段)。"① 斯莫克勒则只是从经验上表明回升和繁荣阶段的创新很多。但其结论是建立在许多老部门(铁路、农业、石油和造纸)经验的基础上的。另外,他说的只是专利与短波的关系,而不是讲长波。况且,专利统计并不区分主要的和小的技术改进。杜因认为,斯莫克勒关心的只是用于改进性创新的经济动机,而不关心生命周期的接续和主要创新时间。所以,斯莫克勒的估计和长波关系不大。

3. 克里斯托夫·弗利曼的长波理论

克里斯托夫·弗利曼(Christophe Freeman)是技术长波论的另一突出代表。他是英国苏塞克斯大学教授,曾任联合国经济合作组织顾问。他领导苏塞克斯大学科学政策研究室专门研究科学政策和经济长波问题。他在长波方面的主要著作有《工业创新经济学》(1974)、《世界的未来》(1978)、《失业和技术创新》(与人合作,1982)、《世界经济中的长波》(1983),以及文章若干。在长波研究复兴的热潮中,弗利曼做了很多工作。

弗利曼也以熊彼特的长波理论为基础,在把技术创新看做经济增长的主要动力之时,重点强调技术创新对劳动就业的影响,从而进入长波理论研究。这样,他的经济长波论也就有了与众不同的特点。

弗利曼认为,对基本技术的研究可能存在着某种集中突破的情况。一种基本技术和理论的发现与突破,很可能引起与之相关技术的一系列变革。这些技术变革本质上是某种基本技术发明和理论突破扩展的结果。当这种集群式的技术发明和改进引起实际盈利需求的可能时,随着投资的加入,创新的集群也可能会产生。而创新的集群一旦出现,就会推动经济迅速发展繁荣起来,进入经济的上升波。

推动经济上升波的盈利,主要来自新产业、新技术的规模效益。但新产业、新技术发展到一定时期,成本(特别是工资成本)的增加和需求程度下降,会使边际利润发生下降。这就引起对这些产业和技术新增投资的减少。而原有的已建产业和技术的继续改进,也会因盈利下降而停顿下来,产业规模、技术改进和劳动生产率因需求和盈利减少而缩小,这又反过来进一步减少了需求和盈利。这些使经济停滞或萧条,进入下降波。只有当下一轮创新集群出现时,才会推动整个经济重新进入上升波。

弗利曼认为,新兴产业和技术初创时期,生产具有劳动力密集的性质,

---

① 转引自外国经济学说研究会编:《现代国外经济学论文选》第十辑,商务印书馆1986年版,第99页。

因而需要较多的劳动力,像铁路、汽车、电子工业发展初期,都是如此。此外,由于新兴产业会促进和带动相关产业的发展,因而,相关产业的发展对扩大就业产生了第二层次的需求。比如,铁路的发展必然带动钢铁业的生产;汽车工业的发展会带动橡胶工业、玻璃工业和电气仪表业的发展;电子计算机工业的发展,又带动了软件工业的发展等。这种就业扩大的机制还会进一步引起第三层次、第四层次……的就业扩大,最终波及整个经济,使全社会的劳动就业随着创新、新产业的发展和经济长波一起呈现上升趋势。弗利曼认为,第一次世界大战前和20世纪50—60年代都属于这种情况。

弗利曼认为,在经济上升波中,新兴产业和新兴技术利润高,因而呈扩张趋势。它们对劳动力的需求较大,引起了工资上升。这不仅扩大了本国居民的就业水平,也刺激大批移民流入这类国家。随着时间的推移,就业量逐渐趋于饱和,而较高的工资成本则侵蚀了边际利润,随着外界对新产品需求的减少,盈利水平就开始下降。这又会导致新增投资减少。现存企业也被迫日益设法降低工资成本,或减少劳动雇员。这一过程与经济转入下降波是一致的。一旦经济进入下降波,造成劳动就业扩大的机制又会在相反方向上,即在劳动就业缩减方面起作用。最终,在经济下跌时,失业率迅速上升,社会也会因之产生动荡。

由于弗利曼认为技术创新决定经济长波,而劳动就业又与经济长波相适应发生变动,所以,解决失业和经济不景气问题的关键是技术创新问题。由此出发,弗利曼认为,70年代经济停滞中,西方各国政府的货币紧缩和后凯恩斯主义的刺激宏观需求的政策存在较大缺陷,因为这些政策对于长期结构性萧条难以发挥效力。必须采用开发新技术领域的政策,才可能克服凯恩斯主义那种以短期经济效果为目标的扩张和紧缩相交替的做法的弊端,他强调政府的科学技术政策和研究发展部门具有重要的作用和决定性意义。因此,当结构性萧条和危机发生时,更需政府采用特殊的科技政策。

这些政策主要有三方面:

第一,要扶持、资助和鼓励基础技术的发明与创新。因为基础理论研究和基础创新研究的突破所需时间较长,风险大,而且盈利前景是不确定的,而经济萧条和停滞状态的重大改观、经济增长的加速,又必须依靠这种基础革新的突破和在生产中的广泛采用。但是,私人资本难以资助它,必须依靠政府的扶持、资助和鼓励政策,基础创新才能出现。这是至关重要的问题。政府必须要有长远的眼光和观念,实行妥当的政策,为今后经济的重新发展和较快增长奠定基础。

第二,在基础创新的传播和应用阶段,政府要采取相应的政策,以推动和促进这一进程。这也是推动经济繁荣,扩大就业的重要措施。

第三,采用一整套适当的政策来改善对国外先进技术和创新专利等的进口,并促进其在国内的广泛应用。

弗利曼相信,只要政府能够真正采用他的政策方针,就可刺激基础创新的产生,改变经济现状,使西方经济摆脱70年代的困境。他的政策主张明显区别于货币主义和凯恩斯主义,在操作中较少遇到利益冲突,因而具有了相当大的影响。

总之,克·弗利曼的经济长周期观点明显属于"新熊彼特理论",同门斯的观点也有很多相同之处。

弗利曼认为,造成经济不均衡增长的最重要原因是新产业的出现和老产业的衰落,因为"在资本存量的调整和劳动力技能之间存在着长的时滞"[①]。熊彼特认为,技术创新的机会在不同经济部门中分布是很不均匀的,而且,当富于想像力和创新精神的企业主意识到,因技术和组织变化的新结合而出现特殊的增长可能性时,就会有爆发性的突破。因此,创新并不是一直持续的。创新行为的"密集"将会导致经济的波动。弗利曼认为,这种密集来自于模仿和扩散过程,也来自技术上有关系的创新和发明簇的集群,但不是来自于萧条引起的一系列各个基本创新的集群。这后一种观点,即门斯在《技术僵局》中阐述的基本观点。

弗利曼一方面对门斯的论据,即支持其假设的统计资料的适当性表示怀疑。另一方面,他不同意严重萧条引起创新集群,以及萧条期间发明与创新的时滞缩短的假设。他认为,门斯的统计资料有较大局限性,而且对发明和创新日期的估计模糊不清。此外,即使基本创新集群大量发生于经济长波上升或下降前后,也不能说明必然存在着导致创新集群发生的机制。各种创新可能会有某种技术性联结,由此,可以解释一些早期的创新集群。许多经验证据表明:基础理论研究的进展和突破会领先于发明集群的出现,而发明集群之后,才紧接着创新的集群,创新又导致投资和生产,引起新产业部门起飞。尽管基础科学的发展和"需求拉上"一起发挥基本创新集群"启动器"的作用,但在上述过程中,并未见萧条所起的直接重要作用。有时,甚至严重萧条会拖延创新的采用,而不是加速其采用。

---

① 外国经济学说研究会编:《现代国外经济学论文选》第10辑,商务印书馆1986年版,第167页。

(二) 相对比价经济长周期理论

这是完全有别于长波技术论的又一种经济长周期理论。美国经济学家沃尔特·惠特曼·罗斯托(Walt Whitman Rostow)是其倡导者。

罗斯托曾以其经济成长阶段理论著称于世。70年代后期,资本主义经济面临长期停滞和通货膨胀相交织的局面,主流派经济学家又束手无策,这时,罗斯托也转向从经济长波理论方面寻求解释和出路的潮流。经过几年努力后,他终于提出了一种不同于技术长波论的、以初级产品和工业品相对比价为核心的经济长周期波动理论。在该理论中,他试图从康德拉季耶夫用资本主义经济内在原因对长波的解释中得到启发,去寻根究源。这样,他的观点自然就带有了一定的特点,并受到西方长波学者的注意。

罗斯托的《世界经济:历史与展望》(1978)一书,在论述经济的"趋势周期"时,集中反映了他对经济长波的见解。他认为,解释经济长波,首先要区分三种经济现象:第一,由增长着的领先部门所推动的运动力量。它们起因于新技术的采用和进一步扩散。第二,由生产食品和原料的获利能力的变化所推动的运动力量,包括它们对新疆域和新矿藏投资的影响,对资本运动、利率、贸易条件、国内和国际收入分配的影响(不管是因价格的作用还是因技术的作用)。第三,由国内或国际人口迁移的大浪潮,或者其他改变家庭构成的速度、建房需求以及工人队伍规模的力量所推动的运动力量。由于18世纪末以来世界经济的发展,这三种现象同时发生,并以复杂的、不易分开方式相互联系起来。如果把这些现象更清楚地区别开,然后再把它们按特定的时间和地点相互联系起来,就能更有效地使关于长波的大量文献变得清晰易懂,而且易于建立一套适宜的动态理论。

罗斯托由此提出了解释经济长波的三个因素:(1)初级产品与工业品的相对价格;(2)主导部门(领先部门)对经济的影响;(3)人口流动对经济的影响。这三种因素错综复杂地交织在一起,影响商品的价格水平、利率、投资流向、国际贸易的商品结构,以及国家之间的收入分配,从而引起康德拉季耶夫周期波动。这三个因素中,罗斯托更强调人口流动及主导部门的增长对相对价格变化所起的决定性作用,以及对长波的重要影响。

在70年代,罗斯托还没有突出强调相对价格变动对长波的重要作用。到80年代初,罗斯托进一步采用了两个因素来解释长波的起因,即世界范围内食品和原料的生产能力,以及它们的产量。他认为,食品及原料的生产能力大小是由对食品和原料生产部门的投资总量决定的。但由于这类生产部门的特点,造成了投资的分散性,而且从资本投入到产品产出之间时滞较长。所以,同一时点上,食品和原料的生产能力同其产量并不相适应。这就有可能引起投资失误,使生产能力过剩或不足。罗斯托认为,在生产能力的过剩与不足之间,有个最佳适度,即不过剩也没有不足的状态。康德拉季耶夫长波就是由两者间适度变化的动态过程引起的,其中,最佳适度和最劣适度分别形成长波的波峰和波谷。到1982年后,罗斯托更明确地用相对价格解释经济长波,最终形成了经济长波研究中独树一帜的相对价格长波论。这种观点既是他自己研究长波的结果,也是受康德拉季耶夫的启发,即对康德拉季耶夫关于长波下降波的起点和农业危机的起点恰好相遇,以及农业危机所引起的原材料价格下跌有助于工业资本积累的观点引申出来的。

按照这种观点,初级产品对工业品的比价高低,会影响初级产品的供求量,从而造成初级产品的相对不足或过剩的时期。初级产品供给相对不足时,会引起初级产品价格上涨,投资增加。此即长波上升段的特点。反之,初级产品过剩时,其价格会下跌,社会投资又转向加工工业、消费品制造、城市公共设施、服务行业等赢利较高的部门。而这时,恰为长波的下降阶段。这样,长波周期就恰好是对初级产品投入与产出相协调的时滞。

罗斯托把资本主义经济史分成两类时期。在第一类时期中,一般商品价格,特别是农产品和原料提高,利率上升;农业部门迅速增长,收入分配有利于农业和工业资本的利润,不利于城市的实际工资收入。1790—1815年、1848—1873年、1896—1920年、1935—1951年、1972—1977年均属该类时期。在第二类时期中,一般商品价格、特别是农业产品和原料价格下降,利率降低,收入分配有利于城市实际工资收入,不利于农业和工业资本的利润。1815—1848年、1873—1896年、1920—1935年、1951—1972年属于这类时期。这实际上是划分了长波的上升段和下降段。罗斯托认为,从1972年开始,初级产品的提价表明世界经济的长波已进入第五个周期的上升段。这种看法在事实上与实际情况相去较远。因此,很多人对此表示异议。罗斯托的长波观点亦因此受到批评。

(三) 对经济长周期的动态系统研究

美国麻省理工学院艾尔弗雷德·P.斯劳恩管理学院的杰梅斯豪森教授,长期领导着一个动态系统模型小组,对经济长波和经济系统动态进行研究。他们主办的《未来》杂志,专门刊载关于经济长波研究的论文。杰梅斯豪森教授还以杰伊·W.福瑞斯特(Jay W. Forrester)的名字发表了一系列关于经济长波的著作。在经济学界引起较大关注。

他们在对经济动态的研究过程中,运用先进的电子计算机技术,编制了规模浩大而复杂的模拟动态系统模型,来考察经济系统的全面综合变动,发现了出乎意料的结果:生产资料部门的生产增长与萎缩具有明显的波动性,其周期长度 50 年左右。他们仔细检查了模型本身结构及其假设的合理性之后,认为其模型假设是合理的。这样,问题便转向康德拉季耶夫长波。

福瑞斯特小组认为,由系统动态模型反映出来的经济长期波动,是"一个典型的为期 50 年的长期经济变化模式,包括 10 年的萧条、30 年的技术创新和活跃的资本投资,以及最后 10 年的经济不稳定,此时以前的增长力量减弱。经济活动的 50 年重复上升和下降被称之为'长波'或康德拉季耶夫周期"①。长波产生的原因在于资本部门的过度发展。它们的发展和增长超过了长期均衡所需要的那种资本产量。这种过度扩张会为一种大萧条造成的间歇所终止。

具体说来,微观经济层次对需求的变动,会通过宏观经济系统内的"振荡放大效应"引起生产资料部门生产的过度扩张或急剧过剩,乃至发生崩溃。这一过程就会使投资及整个经济发生长期波动。这种机制表现为:企业和消费者需求增加→订货增加→生产能力扩大→投资增加→对生产资料需求增大→生产资料部门生产能力扩大→生产资料部门生产扩张、消费品部门吸收劳动力→劳动力供给紧张→消费品部门资本密集化……这就进入长周期的上升波。该阶段的起因是消费需求的扩张和增长,而引致的资本需求会自我增强。这样,一个长期的、强有力的再生产过程就推动了资本部门的扩张。最终,过度的资本扩张会使需求变得饱和。此刻,当微观经济层次上出现较小量积压存货时,系统的振荡放大效应又推动需求量层层压缩,最终导致生产能力大大超过需求的那些生产资料部门发生急剧崩溃。

福瑞斯特等人认为,"自 1800 年以来,有三个这样的重要资本投资周期。生气勃勃的经济活动分别于 19 世纪 30 年代、19 世纪 90 年代和 20 世纪 30 年代被严重的萧条所终止"②。他还把 20 世纪 20 年代到 70 年代这 50 年期间,作为长波的典型情况。他把这 50 年分为三个阶段:第一阶段是 30 年代的大萧条;第二阶段是 50 年代和 60 年代的资本投资高潮;第三阶段是

---

① 外国经济学说研究会编:《现代国外经济学论文选》第十辑,商务印书馆 1986 年版,第 73 页。
② 同上。

70年代的社会压力提高和经济不稳定增长阶段。70年代经济正处于周期的下降波上。

福瑞斯特认为,经济长波与创新之间有密切的关系,但在谁决定谁的问题上,却与长波学派持相反意见。他认为,"长波使技术变化陷入某个时间的间隔,并且改变创新的机会。"① "长波强有力地影响着创新的气候。这个论断颠倒了创新与长波之间的关系。"② "主要经济发展的相继阶段,每一个都是以技术的独特结合为特征的。"③ "长波的每一个重要扩张都是围绕一个高度一体化的、相互支持的技术结合而进行的",④ 但是,"在这样一种经济发展的一体化模式建立起来之后,它就拒绝任何与它不相容的创新。那种认为存在一种激烈打破现存状态的重要创新的看法是不符合实际的"⑤。

从技术创新本身来看,福瑞斯特认为,"创新不是一个持久不变的过程。作为对经济变化的长期猛烈推动的反应,创新在特点和强度方面都会发生改变"⑥。在长波中,"有技术创新应集中改进已制造出的产品的时期和准备为将来创造新产品的时期;有用于技术创新的时期和用于管理创新的时期;有在一个公司内部提供机会的时期,也有从外部造成威胁的时期;有科学和工程方面创新的时期和在社会与政府中创新的时期"⑦。各种创新(包括技术、管理、组织、政治、制度等创新)相互按既定方式相接,这是由经济长波各种不同阶段的特点所决定的。此外,在导致长波发生的其他因素中,"没有一个是严重依赖更快的通讯或技术变化的细节"⑧。因此,福瑞斯特主张,可以用长波现象去解释许多事情,但不能反过来。他认为,一个长波经济模式可以维持大约200年,"自1800年以后,导致长波资本建设周期的政策和工业结构几乎没有发生变化"⑨。比如,使用资本设备的生产方法、资本设备和建筑的寿命、人们在经济部门中移动的缓慢速度等,都是这样。此外,长波不会因人们提前做计划的时间和他们对过去经济灾难记忆的时间的长度而加深,而这两方面又在很大程度上决定于人的寿命长短。

---

① 外国经济学说研究会编:《现代国外经济学论文选》第十辑,商务印书馆1986年版,第73页。
② 同上书,第79页。
③ 同上。
④ 同上。
⑤ 同上书,第79—80页。
⑥ 同上书,第72页。
⑦ 同上书,第72—73页。
⑧ 同上书,第78页。
⑨ 同上。

综上所述，福瑞斯特长波研究的最突出特点是：

1. 应用电子计算机技术对长波动态进行模拟。这就突破了人的智力和精力的局限性，使长波研究在充分考虑各种因素的动态变化方面，迈进一大步。

2. 他设立的美国系统动态模型是动态的不平衡模型，这更切近于资本主义经济的实际情况。

3. 该系统动态模型由宏、微观两个经济层次构成。它强调微观决策和行为的宏观效应的特点是分散性和盲目性。这也比较切合资本主义的实际。

但福瑞斯特在理论上没有提出长波的真止起因。他只是把乘数加速原理和一般关于经济周期的笼统看法用于长波。他的理论更多的仍是一种统计分析。

（四）对经济长波理论的其他观点

1. 筱原三代平的经济长波观点

筱原三代平是日本长波研究的元老和主要代表。

他以 1970 年作为战后长期繁荣的顶峰；然后倒推 50 年，把 1920 年作为第一次世界大战后经济繁荣的顶峰；再倒推 50 年，把 1870 年作为再前一次长波的顶峰。从 1970 年向前顺推 50 年到 2020 年，他预计很可能出现下一次长期繁荣的顶点。他认为，80 年代世界经济即使景气回升，也不会持久，而 90 年代后，生物工程、新材料、电视通讯等各种新技术投入产业应用，则会使世界经济再次进入繁荣。

他把流行的长波理论分为三种加以考察：

（1）技术革新论：以熊彼特为鼻祖，门斯、弗利曼等人沿袭。他认为，门斯提出的是"危机引动假设"，而朱拉尔提出的是"需求推动假设"。这二者是互相对立的观点。门斯的"变移模型"是以产业 S 型生命周期假设为基础的，但他没有区分技术创新的各种情况、性质和特点。

（2）资本不足与资本过剩交替论：科林·克拉克、曼德尔·福瑞斯特均持该类观点。其中尤以福瑞斯特的计量模型考察最具特点。筱原三代平认为，该模型的特点颇像凯恩斯的短期和中期模型一样，包含三个主要内容：第一是乘数加速原理；第二是资本存量调整原理；第三是"靴带结构"，即"系紧靴带，就能起到把自己的身体往上推动的作用"。这就产生了"投资引起投资"的现象，使长期投资自身不断引发。其中转折调整期较长。

（3）罗斯托的交易条件论：认为工业制成品对初级产品的相对价格达到顶点时即长波的顶点，到谷底时即长波的谷底。这是颇具片面性的一种局部考察方法。筱原三代平认为，该理论中有三点颇有意义：第一，由对主导产业的重视而产生的部门分析和产品分析。第二，以交易条件为基础的分析，导致对价格变动引起世界长期投资向社会资本方面转移的重新调整过程给予极大关注。第三，从长波顶点时价格的猛涨，引出实物分析而不是货币分析。但罗斯托的结论却很奇怪。他注重的也仅是供给。

范·杜因1982年曾提出，有必要把技术革新论、新产业生命周期假设和福瑞斯特的乘数加速度原理综合起来，对长波进行考察。筱原三代平对此深表赞同。他认为，"为了最确切地理解长期波动的有关理论，有必要从'制约条件循环论'的角度去分析"[①]。

在他看来，制约世界经济长波的因素是多元的、复杂的。各种因素是相互作用的，"过分强调某种因素，就难免片面而不能达到综合理解的境地"[②]。

他认为，世界经济靠长期动力增长的局面是"凯恩斯局面"。这是"投资增加引起消费增加，消费增加引起投资增加"的"正和"局面，即"投资引起投资"的局面。它是在非通货膨胀局面下出现的。当能源、资源受限制时，"正和"局面就会变为"零和"局面。即消费与投资对立变动，公共投资与民间投资对立变动的"非凯恩斯"局面。如果从世界经济的长期波动来看，把消费不足论和投资过剩论看成因情况不同而互相交替使用，会更合适。这就是说，在"凯恩斯局面"下，消费不足论是对的；在"非凯恩斯局面"下，投资过剩论是对的。凯恩斯主义的缺陷是忽视了技术进步，但在推动长波的力量中，技术革新是十分重要的。长波的长度就是由技术革新的速度和规模所决定的。在长波顶峰期间，会发生价格暴涨、战争；而在长波谷底期间，则出现"累积债务膨胀"。

筱原三代平认为，特定的理论有其特定的适应环境。"以特定前提、特定局面为条件建立的理论并不能说普遍适用于任何局面。应当考虑随着历史的长期发展，理论的条件本身是变化的。从这个意义上讲，经济理论本身也会显示出长期波动。"[③]

---

① 外国经济学说研究会编：《现代国外经济学论文选》第十辑，商务印书馆1986年版，第274页。
② 筱原三代平：《康德拉季耶夫波与世界经济》，载《世界经济译丛》1983年第6期，第10页。
③ 外国经济学说研究会编：《现代国外经济学论文选》第十辑，商务印书馆1986年版，第280页。

长波理论的历史条件中最重要的是技术系统。像以微电子电脑为核心的技术系统,或许将改变我们的决策方式、组织形态、生活以至社会本身。它可能开创与19—20世纪的技术系统在本质上不同的局面。但应注意各阶段间转化的因果关系,要进行多因素的综合分析,而不要片面强调和依赖单一的技术系统。

筱原三代平还提出长波理论研究的不足,即"它对于长期波动与英美及其他大国历史的兴衰之间有何联系这一问题还没有考察到。这个问题迄今仍是个悬而未决的问题。谁能写出一部成功地分析这一问题的著作,谁就将成为仅次于马克思的提出真正宏大的历史动态学的人"[①]。

2. 内森·罗森堡等人的观点

美国斯坦福大学经济学教授内森·罗森堡(Nathan Rosenberg)和克劳迪奥·弗里希塔克(Claudio R. Frischtak)把西方长波学派分为两类:第一是内部调节机制的长波论,主要包括从康德拉季耶夫到罗斯托、E.曼德尔,杰伊·福瑞斯特的系统动态小组等。第二是长波技术论,主要包括从熊彼特到门斯,以及西欧现代长波技术论。

他们认为,前者没能说清楚长波周期的必然性,而且在强调内部机制作用时,都又认为各种外源性因素会对长波发生边际影响。这是理论不成熟和不彻底的表现。而后者则未能由技术创新说明长波的周期性,即时间长度,同样是理论不成熟和不定型的表现。

3. 优势政治力量长波说

这是波兰经济学家卡莱斯基(M. Kalecki)最早提出的一种周期观点。他认为,优势的政治力量决定政府的经济政策,从而导致经济长期波动。具体而言,就是指"多数群众"和"资本家"这两股政治力量对比的变化对政府经济政策的影响,引起经济规则性繁荣与衰退的交替变化。群众力量占上风时,通过影响经济政策,使经济处于繁荣阶段,资本家力量占上风时,经济又会进入衰退。这样,经济就处于周期性的变动之中。

卡莱斯基原本是探讨30—40年代大批失业问题时,从经济政策对就业动态的影响出发,来探讨政治力量的作用的。后来,由于各种原因,该理论未受重视。70年代,英国的弗雷(B. S. Frey)、美国的诺德豪斯(W. Nordhaus)把它发展成了政治周期论,以解释中短期经济波动。他们认为,资本

---

① 外国经济学说研究会编:《现代国外经济学论文选》第十辑,商务印书馆1986年版,第282页。

主义国家大选前,政府首脑为争取选票,往往采取扩大财政支出、减少失业、增加福利等政策,使经济出现繁荣。选举结束后,新政府为弥补赤字、提高效率、抑制通货膨胀,又会采取紧缩政策,导致经济衰退。下次大选,情况又会重复变化。这就形成了政治性经济周期。80年代,意大利都灵大学经济学教授米歇尔·索尔瓦蒂等进一步发挥和补充了这一学说,使之成为长期波动学说的一种。

4. 两代人心理变化周期长波观

美国学者罗伯特·海尔鲍纳和英国学者菲利浦·布朗认为,人们的价值观、期望和偏好、行为习惯,决定其对工作和纪律的不同态度,从而影响经济的状况。而人们的心理和行为总是隔代相像的。因此,隔代重返的心理变化周期,会影响经济发展以及产业繁荣与衰退的交替。一代人工作的时间为25年,两代人正好50年左右,所以,在50年的长波中,上升段与下降段、繁荣与衰退各占25年左右,战后50—60年代的繁荣和70年代的衰退就是这种原因造成的。

除此之外,英国曼彻斯特工业大学的 J. 兰格里什用另一种形式的心理因素解释长波。他认为,工程技术人员有一种"信心周期":在上升段,信心充足,大量创新涌现,推动经济发展;在下降段,则信心不足,创造性成果较少,使得经济发展缓慢。这种周期长度与康德拉季耶夫周期相同。

上述两种心理观点片面性比较明显。

(五) 马克思主义观点倾向的经济长周期理论

1. 欧内斯特·曼德尔的长波论

这方面最突出的代表是比利时布鲁塞尔自由大学研究员欧内斯特·曼德尔(Ernest Mandel)。他认为,长期以来教条主义的马克思主义者拒绝承认和研究经济长波是错误的。"事实证明,这已带来双重的自我挫伤。首先,它使马克思主义经济学家对现在显然是工业周期的关键方面(它与长期波动的结合和它变化中的幅度)越来越视而不见。第二,它妨碍了大多数马克思主义者去预见近期经济史的重要转折点,如40年代后期的转折点,它孕育了资本主义国家经济增长的巨大高涨;60年代和70年代初期同样明显的转折点,它导致了国际资本主义经济平均增长率的急剧下降。"[①] 教条

---

① 曼德尔:《资本主义发展的长期波动——一个马克思主义的解释》,剑桥大学出版社 1980 年版,第 2—3 页。

主义的马克思主义者的这种错误态度，使当代马克思主义学术界无法对资本主义经济发展趋势进行准确的观测和提出科学的预见。

曼德尔提倡并实行对经济长波的马克思主义研究。他主要试图以资本积累率和剥削率的变动为基础。他认为，"从马克思主义的观点看，工业产量平均增长率的突然长期高涨只能反映资本积累率和平均利润率的突然上升，因为我们是在资本主义生产方式的结构内来考察这些波动的"①。

曼德尔的经济长波理论主要有两个阶段的特点。第一阶段是70年代，他相对强调技术革新对利润率变动的影响，而利润率的长期变动趋势则决定经济的长期波动。

他在《晚期资本主义》(1970)中提出，资本主义经历了四次长波：第一次是工业革命长波，特征是手工制造的蒸汽机逐步向主要工业部门和西方主要工业国家扩散。时间为1790—1847年，1790—1823年为上升段，1824—1847年为下降段。第二次是第一次技术革命长波，特征是机器制造的蒸汽机普遍应用，成为主要动力来源。时间为1848—1893年，1848—1873年为上升段，1874—1893年为下降段。第三次是第二次技术革命长波，特征是电子机械和内燃机在各工业部门普遍应用。时间为1894—1939年，1894—1913年为上升段，1914—1939年为下降段。第四次是第三次技术革命的长波，特征是由电子仪器控制的机器普遍采用，同时原子能成为动力来源之一。时间自1940年开始，尚未结束，上升段是从1940—1948年一直持续到1966年，下降段从1966年开始。

他认为，每次长波的上升段，都要经历一次技术革命，这时资本主义经济具有利润上升和积累加速的特点。下降段则技术革新浪潮已过，经济中利润萎缩、积累减缓。60年代中期以后，资本主义经济进入了第四次长波的下降段。

长波的直接原因是利润率和资本积累速度的变化，而这又要以固定资本更新加以说明。曼德尔认为，资本家为在竞争中获取较多利润，势必求助于新技术来降低成本和提高效率。但技术的更新在一定条件下，又与固定资本更新联系在一起。当技术创新发生时，除去使再生产延续和扩大规模之外，"还有一种基础的更新，它会引起劳动生产力的质的变化"②，而"一种

---

① 曼德尔：《资本主义发展的长期波动——一个马克思主义的解释》，剑桥大学出版社1980年版，第9页。
② 曼德尔：《晚期资本主义》，马清文译，黑龙江人民出版社1983年版，第125页。

生产技术的基本变化，可以决定固定资本的一项很重要的额外支出……。这是因为要创建新的生产基地并购置新的生产工具，而现存的生产过程'正常的'积累情况下能够生产出来的那些额外的生产工具还不包括在内。换言之，它决定了固定资本增长率的较高比率。这样，每个重要的技术发明时期，都似乎是一个资本积累突然加速的时期"①。这种新技术推动的资本积累加速，会导致长波进入上升阶段。

而"当一种较长期的加速积累之后，会导致一种较长期的减速积累状态，也就是导致一种更新的投资不足和呆滞资本重新出现"②。而这又引起长波进入下降阶段。经过长期资本减速积累，呆滞资本才可能大规模地投入能发展新的基本技术的生产领域。于是，新的基本技术又将推动大规模固定资本更新，推动利润率上升，积累加速，经济便再次进入长波的上升阶段。

曼德尔70年代的长波论试图从马克思主义观点去分析资本主义经济的长期波动，但明显受到熊彼特很大影响。其弱点在于比较粗糙，未能真正揭示资本主义经济长期波动的特点和周期性的真正原因。

到80年代，曼德尔的长波理论从强调技术创新对利润率的影响，转向强调资本主义的时代特征和多种因素对利润率变动的影响。

他首先从长波分期上修正了原来的划分标准及特征。这时他认为：第一次资本主义经济长波是工业革命长波，时间为1789—1848年，上升段为1789—1825年，下降波为1826—1848年。特征为资产阶级革命、工业革命及拿破仑战争。第二次长波是自由竞争工业资本主义长波，时间为1848—1893年，上升段为1848—1873年，下降段为1873—1893年。第三次长波是1893—1940年。其中，1893—1913年为古典帝国主义全盛期和金融资本上升期。1914—1940年为资本主义衰落时代的开始，出现两次帝国主义战争及革命与反革命。第四次长波是晚期资本主义长波，从1940年起到1980年，上升段为1940—1967年，下降段为1967年以后。他认为，这一时期资本主义将趋于衰落和瓦解。在他看来，晚期资本主义是世界革命历史性拖延和20世纪30—40年代工人阶级大失败的产物。

曼德尔这时更强调资本主义时代特征和政治因素，但其缺点十分明显。第一，在第二次长波中，他没有指明其特征；第二，第三次长波的特征则未能

---

① 曼德尔：《晚期资本主义》，马清文译，黑龙江人民出版社1983年版，第125—126页。
② 同上书，第131页。

统一;第三,对革命、战争等因素有所考虑,但缺乏经济因素的作用。

对于自己的理论,曼德尔是这样看的:"把平均利润率的波动看做是长波持续的主要原因,其优点基于下述事实:促使经济体系持续运转的正是利润。在资本主义制度下,该体系全面的情况是根据其自身的逻辑来衡量的,利润是一个极好的综合指数。因此,把平均利润率的波动看做是资本主义发展长波的主要原因并不是以一种单一的解释来代替另一种单一的解释。相反,这是为了找出一种由足够数量的因素(部分相互作用、部分独立的)所决定的原因,以便反映出该体系的全面情况,并同时足以接近于它的本质,使人们了解为什么那种因素的变化可以促使产生一种使得整个经济体系增长或不增长的变化。"① 他坚决反对对经济周期作任何单一原因的解释,这也包括长波。他说:"在我们必须强调在从长期繁荣到长期萧条的转折点与从长期萧条到长期繁荣的转折点之间存在不对称的同时,我们相信,扩张性的长波源于多种(部分自主的)变量之间的相互作用,它们导致平均利润率突然大大提高和世界市场突然迅速扩大。"②

曼德尔认为,平均利润率的变动是经济长波的内在原因,它还必须借助外部因素发生作用,否则,就不能解释其在趋势转折点上的变化。他认为,"这个问题对于许多'建立模型的人'来说仍然是个谜,这就是外部因素(战争、革命、反革命、尖锐的阶级斗争的结果,重要的新的金矿突然发现等)对于从萧条到扩张长波的转折点在很大程度上具有决定性的影响"③。而"这些外部因素得以相继发生作用基本上是通过两种方式:通过对平均利润率的波动发生影响;通过激发资本主义发展的扩张性长波出现"④。在曼德尔看来,"可以肯定,资本主义赖以起作用的环境的巨大变化足以能激起经济增长率的长期提高(即导致平均利润率下降的因素长期不起作用)。为了造成上述结果,它们必须与资本主义体系内在的并行趋势结合起来。……我们只强调,不管怎么说,所有这些内在因素若得不到外部力量的最初推动,它们自己是不会自行显现的"⑤。

曼德尔认为,长期繁荣向长期萧条的转折同相反的转折并不对称,因为

---

① 外国经济学说研究会编:《现代国外经济学论文选》第十辑,商务印书馆1986年版,第42—43页。
② 同上书,第42页。
③ 同上书,第43页。
④ 同上。
⑤ 同上书,第44页。

外部冲击力对于二者并不相同。对于前者,积累过程的内在原因就可实现,而对于后者,必须借助外部冲击力来实现。这样,"从长期萧条到长期繁荣的转折基本上不是预先已决定的,它依赖于重要的政治和社会斗争的结果——阶级斗争、帝国主义内部的斗争、战争、革命、反革命——这个结果只是在结论性的分析中,非常间接地能与资本积累本身的过程联系起来,而反过来,只是在考虑到不同的时间时才能做到"①。但这种结果更多是以前长波的产物,尽管它对后来的长波具有重要的决定性影响。由此,曼德尔认为,推测资本主义当前的长期萧条是否会在本世纪末以前导致一个新的长期繁荣是缺乏根据的。尽管理论上有这种可能性,但实际上,促进转折的外部冲击力尚未出现。

总之,曼德尔的长波理论试图从马克思主义观点对长波加以研究和探讨。他提出以平均利润率的变动作为综合指标,从资本主义制度下的技术革新与内外因素的结合对长波加以说明,这都是有一定启发性的。缺点是对于长波上升与下降之间的相互转换仍未真正说清楚。

2. 美国左派经济学的非再生产周期长波论

美国左派经济学家中对于经济长波也提出了自己的看法。戴维·M.戈登(David M. Gordon)、托马斯·E.韦斯科夫(Thomas E. Weisskopf)和塞缪尔·鲍尔斯(Samuel Bowles)等认为,70年代的长波危机同以前的长波危机的一个突出表现特征是:商业周期不能通过自己正常的运转恢复资本迅速积累的状态。他们提出了一个关于商业周期与长波扩张和危机之间的关系的理论模型,并提出了一些支持证据。他们试图说明,多数用以确定资本主义经济长波发生时间的一致性理论基础,不能从总产出和投资中找到,而只能到戈登称为积累的社会结构及其在周期下降阶段恢复利润能力的各项调查中去寻找。

他们认为,戈登、理查德·爱德华兹(Richard Edwards)和米切尔·赖克(Michael Reich)合著的《分割了的工作、分开了的工人:美国劳动力的历史转变》一书的第2章,对长波原动力提供了马克思主义的分析。这些分析强调制度上周期性重新组织的极端重要性。他们称这种制度重新组织为积累的社会结构(SSA),认为它提供了经济上的稳定和政治经济冲突上的缓和,对于取得有利的利润前景,从而对资本的迅速积累是重要的。这些制度包

---

① 外国经济学说研究会编:《现代国外经济学论文选》第十辑,商务印书馆1986年版,第47页。

括:劳动管理体制、国际货币体制、衔接原料供应的结构等。它们受到损害,就为经济危机提供了基础。但该书的分析,并未把商业周期与长波结合起来。

戈登、韦斯科夫和鲍尔斯就正是做了这一工作。他们首先区分了再生产(正常的)周期与非再生产(反常的)周期。前者是指经济活动下降由周期自身的作用给以纠正的周期。它不需要积累过程的结构作根本的改变。后者是指经济活动下降不能由周期自身内部作用给以纠正的周期。它要求调节积累过程和对确立获利条件的制度进行根本改变。

由此,他们提出,长波的扩张阶段是以再生产周期为特征的,它使促进利润、投资和增长的那种积累的社会结构得到维持。而长波的危机阶段则以非再生产周期为特征,导致经济的长期停滞或非积累。如果资本主义继续存在,就会逐渐使能把利润、投资和增长重新带动起来的那种新的积累的社会结构建立起来。"因此,长波扩张与危机间的理论界限存在于商业周期的再生产或非再生产本质特征之中。"[①] 这样,经济低速增长或积累减少就可能是长波危机的结果而不是为之定义的特征。

他们认为,长波定义要以积累的社会结构、预期的利润率、周期和投资活动间一系列特定的内部关系为先决条件。周期下降的原因在于预期利润率的下降,因为投资的方式和水平依赖于积累的社会结构和预期利润率。而预期利润率又依靠那些构成一定的积累的社会结构的制度的效力。再生产的周期下降可以恢复预期利润率水平和投资活动,而非再生产周期下降则不能导致这一结果。

他们还采用了具体考察方法,通过模型,从对利润率的决定因素来分析再生产周期向非再生产周期的转变。

设:r 为公司纳税后利润率;S_r 为公司增加价值中利润所占份额;Y_u 为产出对所用资本量的比率;K^* 为所用资本量对总资本量的比例。于是,表达式为:

$$r \equiv S_r Y_u K^* \qquad (1)$$

令 Π 为公司税后利润量;K_o 为公司拥有的资本量的价值;Y 为公司的增加价值,K_u 为拥有的资本量中目前使用的部分;则:

$$r \equiv \Pi/K_o; \quad S_r = \Pi/Y; \quad Y_u \equiv Y/K_u; \quad K^* \equiv K_u/K_o; \qquad (2)$$

[①] 外国经济学说研究会编:《现代国外经济学论文选》第十辑,商务印书馆1986年版,第111页。

上式(1)和(2)表明了利润率的决定因素。其中 S_rY_u 为"全设备能力利润率"。如预期设备利用率为 K_e^*，则预期利润率可表述为：

$$r_e \equiv S_r Y_u K_e^* \qquad (3)$$

这表明：在周期下降中，恢复预期的利润率可以通过两种方式，一是提高 S_r，一是提高 Y_u（因为下降时不会提高预期的设备利用率 K_e^*）。这也就是，周期通过企业间竞争，迫使成本高的公司破产，迫使生存下来的公司提高产出对所用资本的比率，通过预期利润率的提高来恢复投资和生产的扩大。

如从更复杂一点的因素分析，把利润总额作为 1 的话，令 w 为名义工资，p 为产出价格，q 为劳动单位产出，e 为每小时劳动投入量，则公司税后利润份额可表述为：

$$S_r \equiv 1 - [(w/p)/qe] \qquad (4)$$

这样，周期下降可以降低产量工资(w/p)，提高劳动单位产出量 q，或提高每小时劳动投入量 e。其中，对 w/p 的影响主要取决于劳资力量对比，对 q 的影响主要是竞争压力。

而在非再生产周期中，上述周期下降对利润额以及对产出与所用资本的比率所具有的自动恢复作用都不复存在。这是因为积累的社会结构和制度的有效性遭到了破坏。而这又会导致长波危机的发生。

总之，经济长波的上升还是下降，取决于周期下降对预期利润率的影响，而这又是上述各种因素综合作用的结果。更广义而言，就是依赖积累的社会结构调节产品市场、劳动市场、劳动过程、国际交换和政府开支等因素。

戈登、韦斯科夫和鲍尔斯还通过实际经验数据重新定义了非再生产周期，即产品工资与每小时产出的比率或者实际单位劳动成本[$(w/p)/qe$]在商业周期波峰和波谷以后的一个年份之间上升而不是下降。他们由此判断历史上非再生产周期是 1890—1903 年，1926—1937 年、1969—1970 年代末。他们认为，自己的危机阶段划分与历史学家划分的制度上的激烈斗争和创新年代相一致，都经历了尖锐阶级对抗和围绕主要经济问题展开的激烈辩论。

美国新左派经济学家对长波的看法，对于曼德尔的理论，可以看做是某种意义上的补充。但其弱点也很明显。即无论经济的，还是政治、制度的解释都欠深入，它们只说明了供给的问题，但未说明需求和实现的问题，而后者恰是马克思主义观点在说明周期性波动问题时的重要之点。

(六) 莱维·巴特拉的规则长周期理论

80年代,美国印度裔经济学家莱维·巴特拉(Ravi Batra)另辟蹊径,提出一种与众不同的严格规则的经济长周期理论,曾经轰动一时。

巴特拉的观点集中反映在其《1990年大萧条》(1985)一书中。该书曾在1987年被《纽约时报》评选为当年15本非小说类畅销书的第三名,销售量达25万册之多。

巴特拉在该书中以印度学者帕拉哈·兰江·萨尔卡(Prabhat Ranjan Sarkar)的"社会周期规律"为依据,考察了美国200多年的经济史,提出了建立在货币增长、通货膨胀、政府管制和财富集中四种长周期基础上的美国经济长周期理论,并依此对90年代美国经济和世界经济发展的趋势和前景,做出了明确的预测,还提出了一些解决办法。他的观点同美国一些经济学家看法相近,但其理论却富有神奇的魅力和新鲜感,尤其当他按萨尔卡"社会周期规律"极其准确地预测了80年代世界发生的重大事件和变化之后,就更是如此。

他的《1990年大萧条》从对90年代经济形势的估计和预测入手,引出其经济长周期理论。他认为,康德拉季耶夫长周期是一种与基钦周期、米切尔周期、朱拉尔周期、库兹涅茨周期等完全相似的不规则周期,而不规则周期无法解释70年代的衰退,更无法准确预测90年代的经济形势。为此,必须要有一种新的周期理论,这就是他的经济长周期理论。

1. 萨尔卡的"社会周期规律"

巴特拉认为,萨尔卡在其《人类社会》第二部中,"给出了关于社会进化之谜的一个答案;这里终于有了一种历史哲学,使我们可以在举手投足之间便能揭示每个社会现象的玄秘堂奥。在一个有着无与伦比的说服力的学说中,萨尔卡吸取了以往全部编史者的思想。"[①] 依照这种历史哲学,便可揭示出一种社会周期理论。这种社会周期理论认为,社会按既定次序发展进化,依次通过各个时代,不断往复进化。该理论强调基于人的本性的内在素质决定达到其目标方式的差异,而这又会形成人们的基本阶级类型。

萨尔卡把人们分为四个阶级。任何试图以肌肉和力量解决问题的人,具有尚武心理倾向,像士兵、警察、消防队员、职业运动员和熟练的蓝领工人

---

① 巴特拉:《1990年大萧条》,中国国际信托投资公司国际研究所译,上海三联出版社1988年版,第6页。

等,都属于尚武阶级。试图以智力解决困难的人,都是智者,如哲学家、作家、学者、律师、医生、诗人、工程师、科学家、白领工人、教士等都属于智者阶级。试图以积累财富实现美好生活的人,是聚财者,如商人、银行家、贷款者、实业家、地主等,都属于聚财者阶级,最后,那些既缺乏尚武者的活力,也缺乏智者的敏慧和聚财者的积累本能,更无远大抱负的人,像非熟练工人和体力劳动者,文化水平低,也缺乏适应市场需求的技能,都属于劳力者阶级。他们最穷困,又无首创精神、远大志向和取胜的动力。萨尔卡认为,从古到今,这四大阶级任何时候都有,并将永远存在。但各阶级间有流动性,在一定的条件下可以互相转化,不过,这是在个人间实现的。每个社会都由尚武者维持法律与秩序,智者提供哲学和宗教,聚财者管理经济,劳力者从事缺乏技能性的工作。但每个社会有一个统治阶级(除劳力者阶级外),决定该社会的时代特征。其中,"劳力者时代"基本上是一个以自私心支配的无政府主义和无秩序的时代,但它多为聚财者统治着。所以,准确地说,应该叫做"聚财兼劳力者"时代。

社会的发展和时代的变化,就依劳力者、尚武者、智者和聚财者这样的顺序进行。这是一种绝对可靠的"自然法则"。每个时代都要经历童年、青年、壮年、老年和死亡五个阶段。现在的西方社会正处于第二个社会周期的"聚财者兼劳力者时代"。

2. 巴特拉借助于上述萨尔卡的社会周期论和进化论观点,分析和考察美国的经济史,提出一个规则的30年长周期理论

该理论描述和证实了货币、通货膨胀、政府调节和萧条四种周期模式,并由此对经济进行短期和长期的预测。他认为,美国经济中的主导变量,像货币增长、通货膨胀、政府调节、财富集中与萧条,都按为期30年的精确周期运动着。它们周期性峰值期的一致性,是美国经济中非同寻常的特点。

巴特拉提出,萧条每30年或60年出现一次,如果第30年经历的只是一次衰退,那么,第60年就要出现一场以大规模恐慌为特点的经济下降。这样,巴特拉的观点就有可能与康德拉季耶夫长波相一致。

(1) 美国货币增长的长周期

巴特拉认为,美国从其一诞生就表现出聚财者时代的全部特征,到20世纪80年代,则进入聚财者兼劳力者时代。

萨尔卡认为,统治阶级是社会周期性兴衰变动的核心。"在当前这个聚财者时代,作为统治阶级的实业家的兴衰是与货币供给联系在一起的。在资本主义中,货币与财富紧密相关,二者几乎没有实质意义上的差别。因为

现今富豪位于社会最高层次,又因为货币与财富同步变动,所以在资本主义中货币供给必然成为所有社会变量(包括经济本身在内)中最重要的决定因素。"① 巴特拉认为,这种观点不过是弗里德曼观点的共鸣,只有借助社会周期律,才能对为什么在资本主义中货币成为经济活动的最基本的决定因素这一问题,予以充分的解释。

巴特拉认为,任何实体都是循环运动的,其周期必然是规律性变化的。基本经济变量也必定有其自己的准确而稳定的周期。关键是要证实,资本主义中货币是一切经济波动的根源,证实货币增长必然以一种恒定模式的或节律性的循环路线进行,必然每若干年到达一个峰顶或下降到一个谷底。他根据弗里德曼、施瓦茨、格利和肖的材料,发现了10年平均货币增长率在每30年出现一个峰值期。这个惊人特点恰与萨尔卡提出的任何时代支配地位的变量循节律型周期发展变化这一猜想相吻合。

巴特拉认为,货币增长长周期的内涵是:第一,货币供给或财富是核心。美国社会的所有实体,都围绕它做循环运动。这表明美国处于聚财者时代。第二,它清楚地表明了历史循特定模式发展的决定论的观点。第三,凯恩斯主义者断定当局不可能控制货币供给是正确的。联邦储备系统只能在短期内控制货币供给,而在长期中则无能为力。第四,说明资本主义体系基本上是不稳定的。对此,只能靠根本性的经济改革解决。这是因为在他看来,历史决定论意味着事物按可预测的周期运行。在周期形成的原因被发现之前,现象会反复出现。一旦找到了原因,就能使周期运动停止,但这极其困难,因为只能靠根本性改革去实现。

(2) 美国通货膨胀的长周期

巴特拉认为,历史上严重的通货膨胀通常是大萧条的先导。美国10年平均的通货膨胀变化率也按30年的周期变动,并同货币增长率的长周期恰好平行。他通过对历史考察后发现,每次通货膨胀的高峰总是伴随着谷底出现。持续的货币增长是通货膨胀存在的前提条件和主要决定因素。这两种周期的运动几乎是相应一致的。

(3) 美国政府管制的长周期

巴特拉把政府管制定义为政府对私营部门决策过程的干预。他以每10年中所设立的管理机构数量,作为衡量经济中政府管制程度的一种办

---

① 巴特拉:《1990年大萧条》,中国国际信托投资公司国际研究所译,上海三联出版社1988年版,第58—59页。

法,数量越多,管制程度就越高。另一种方法是,观察国会通过的主要经济法规的数目。这些法规的增加导致政府对经济干预的增加。从较宽泛的标准看,经营法规可以等同于政府对市场运动的干涉。从经验上看,上述两种数量的增加与经济的扩张在时间上是一致的。

经研究,巴特拉证明每 10 年的政府管制程度也呈周期循环的特点,每 30 年出现一次峰值期。每次政府管制的高峰都同通货膨胀、货币增长的高峰在同一个 10 年中重合。他由此认为,通货膨胀不仅是货币现象,也是政府控制的现象。经济低效率产生于管制的增加,反过来又强化了这种管制。他认为,货币增长和政府管制同时出现,是由于同样的外生力量,如战争和干预的要求等所导致。

(4) 萧条的周期

巴特拉认为,萧条与衰退不同,它是由财富极端集中引起的。一般衰退持续 1—3 年,其间,失业率不会超过 12%。当衰退持续 3 年以上,失业率介于 12%—20% 之间时,便是一场萧条。当失业居高不下,经济停滞 6 年以上时,便可称为大萧条。

历史上,美国经济每 10 年至少有一次衰退,每隔第三个 10 年或第六个 10 年有一次大萧条,即,如果在第三个 10 年里避免了出现萧条,那么,第六个 10 年便要遭受累积的影响,发生一场全面的灾难。如 18 世纪 80 年代,19 世纪 40 年代、70 年代、20 世纪 30 年代都出现了大萧条。

巴特拉认为,迄今为止,经济学家们只是提出了关于衰退的理论,而缺少关于萧条的理论。主流经济学很少研究财富的集中问题,而这恰是形成大萧条的重要因素。他认为,如果国民生产总值因需求减少开始下降,或增长速度未能与劳动力增长保持一致,以至于失业在好几年内持续地急剧下降,这时候就出现萧条。这就是说,一时性的需求下降不足引起衰退,持续相当长时间的需求下降,才会引起萧条。主流经济学的理论一般未能解释需求持续下降的原因,所以也就未能分析萧条。

巴特拉从美国经济史中看到多次衰退,但仅有三次大萧条,并且在每次萧条中,正是对银行大规模的挤兑,使国民生产总值的普遍下降转变为一场灾难。他认为,财富的集中是造成金融恐慌的重要因素。财富的集中通常有三种结果:第一,贫困人数增加。这使中下收入阶级的借款需求超过富人的借款要求。第二,借款人信誉下降。它导致有相对不可靠贷款的银行数目增加。财富集中程度越高,银行潜在破产的数目也越多。第三,投机性投资增加。富有者对风险的敏感和担心是随其富裕程度的增加而减少的,但实际投资风险则随其富裕程度的增加而增加的。这样,财富越集中,投机性投资就越增大,甚至引起投机浪潮,产生投机性投资的"狂热"和"幻觉"。这就可能导致破产和衰退。衰退的程度取决于当时财富分配不公平的程度。但资本主义的财富分配不均,在长期内是趋于上升的。随着财富分配不公平的加剧,不可靠的银行数目的增加,会发展到十分严重的地步,以致任何衰退都可导致金融体系的崩溃。这一时刻一旦来到,货币供给、总需求、总产出和就业随后就会螺旋式下降,普通的衰退就转变为一场萧条。如果投机幻觉极大,其破产便造成大萧条。大萧条则使财富集中程度下降。

巴特拉认为,财富分配的严重不平等有一个较长的时间过程。财富主要来自继承。通常至少要一代人的时间,才能传给后代,其分配的不平等程度才能变得有决定性意义。这就是美国历史上有多次衰退,但萧条却不多见,而且往往隔一二代人时间的原因。巴特拉认为,每代人大致活到30岁,才会产生下一代。每代人都会以新的方式去犯同样的错误。解决社会问题相对无痛苦和最容易的办法是政府干预和印发货币。这样,刺激经济的政府投资就具有相当大的诱惑力。每代人都企图通过高速货币增长和政府干预去治愈其经济病症。这样,通货膨胀将会产生,也会受到公众的强烈反对。于是,国家干预减少,货币供应紧缩,直到通货膨胀得到控制。但30年后,这些又重新发生,重新采用同样的治疗方法。每代人皆如此,30年的周期便形成了。

总之,巴特拉的理论认为,萧条的前提是财富分配的极不平均,"萧条不过是伴随衰退而来的金融恐慌的结果"①。财富分配的不平等又与错误的财政政策和社会经济制度有关。

(5) 对90年代的经济预测及对策

巴特拉依据他对货币增长、通货膨胀、政府管制以及大萧条规律的研究,并在其社会周期理论基础上,提出了他的综合的经济长周期理论,而且以此预测90年代美国经济的发展趋势。

他认为,凯恩斯主义及货币主义对70年代以来经济状况的解释是错误的。按照他本人的周期理论,70年代的衰退是势在必行的。而且,由于70年代经济未达到萧条的程度,本世纪90年代将发生较大的萧条。他认为,这由于里根总统的错误财政政策而更加不可避免。

---

① 巴特拉:《1990年大萧条》,中国国际信托投资公司国际研究所译,上海三联出版社1988年版,第100页。

他认为,从本世纪30年代至今,支配西方社会的是智者型的聚财者,而不是"纯"聚财者。这是聚财者时代自此衰退,并将步入坟墓的最确切标志。90年代的大萧条将会加速其进程。

不过,巴特拉认为,如果实行根本性的经济改革,克服大萧条也有可能性,因为改革会通过改革体系本身而改变其自然节律,从而创造一个本身具有相对稳定的自然周期的新实体。此即自由市场经济。他认为,在自由市场经济中,如果减少财富分配的不平等,体系内部的能量就可以被控制和利用,以其造福于社会。

他的根本性改革包含以下几项内容:第一,限定最高工资,保证最低工资能满足家庭食、住、衣、教育、医疗等基本需要。第二,对每人提供足够的物质刺激,使之努力工作,享用劳动成果。第三,保证经济高增长率、低通货膨胀率和低失业率。第四,使外部干扰降到最低限度。第五,税收制度公平,没有漏洞。

总之,巴特拉的经济长周期观点具有其本身的特征:以社会周期律为基础的经济周期率。其周期长度依据是一代人的工作时间,长周期的条件是财富集中,直接原因与掌权者心理有关。

四、我们的评论

(一)我们对资本主义经济长周期的基本态度

通过对资产阶级经济长周期理论各流派的介绍,我们可以基本看到当代西方经济学中长波理论发展及其演变的大致情况。

长波理论研究的情况表明,经济长周期波动问题的确是值得认真看待和加以研究的。我们认为,资本主义经济长波既有其独立的特殊性,也有同一般经济周期发生联系,从而相互作用,相互统一的性质。

按照马克思主义关于资本主义经济周期的观点,我们认为,经济周期是资本主义经济发展的一种外在运动和表现形式,其根本原因是资本主义经济中生产力与生产关系的矛盾运动。

资本主义社会的经济形态有其自身发生、发展的必然趋势。这是一种自然的历史过程。这一过程中,生产力和生产关系的矛盾始终存在,并采取了阶段跳跃式的发展变动形式。随着资本主义社会的发展,其生产关系对生产力有一个从总体上适应到不适应,到必须彻底改变生产关系的变化和发展过程。这是一个否定之否定的变化过程。随着生产力的发展,一方面,资本主义生产方式中会逐渐成长起对资本主义生产关系来说是异己的、否定的因素和力量;另一方面,在生产力不断强大的冲击下,生产关系也会逐步发生一些局部的适应性的变化,并从局部量变逐步走向部分质变。从生产力方面说,它始终是积极的、活跃的、要求发展的革命性因素。生产方式中的矛盾主要是由它引起的。从生产关系方面来看则有两个方向的作用:第一是当生产关系整体上基本适合生产力发展要求时,基本促进生产力发展的作用和局部阻碍生产力发展的作用。第二是当生产关系整体上基本不适应生产力要求时的基本阻碍作用,和局部变动后的暂时适应生产力的作用。无论如何,生产力与生产关系的矛盾,在经济上都会通过经济波动表现出来,特别是通过周期波动表现出来。

这种波动表现为:当生产力受到生产关系阻碍时,具体表现为经济的衰退、萧条,甚至危机;当生产力和生产关系基本相适应时,具体表现为经济的复苏、上升和高涨,甚至繁荣。我们说,经济周期波动和危机,不仅是资本主义生产力与生产关系矛盾的反映,它也是暂时解决和缓解这一矛盾的一种强制性手段。在存货调整和再生产周期波动下,它主要通过对生产力的强制性破坏来缓和矛盾。正因为这不是解决,而只是缓和矛盾,所以,周期性地再现这一矛盾,就是必然的。在长波周期中,生产力和生产关系矛盾的解决则更多是通过对生产关系的局部强制性调整和改善来实现的。由于这种改善的有限性,所以,经过一段较长的时间后,矛盾又会再次出现。其时间间隔主要取决于生产关系的局部改善程度,也取决于生产力的发展速度和程度。随着这一过程的延续,资本主义生产关系就逐渐走向自己的否定方面。当然,这种部分质变和局部否定,是以基本维持资本主义生产关系和所有制为限度的。这一过程对于资本主义生产方式而言,还主要是量变过程。

由上所述,我们认为,资本主义的经济长波,如同资本主义其他经济周期波动一样,都是资本主义生产力与生产关系这一基本矛盾的冲突和缓解过程造成的。这是最本质的原因。长波与一般周期波动在这一点上是相同的。因而,应当把长波同一般周期波动统一起来看。但长波与一般周期波动又是不同的。这种不同,从根本上说,就是一般经济周期主要是缓和再生产的局部性矛盾,即通过对生产力的强制性抑制和破坏,来暂时缓解矛盾,而经济长波则主要是暂时解决更深刻的矛盾,即主要通过对生产关系的强制性局部调整,来暂时解决矛盾。经济长波与一般经济周期的这种不同,又正是它们可以统一的条件。也就是说,因为一般经济周期不能解决较大的矛盾,而只是缓解局部矛盾,才在相当长的时间内积累为程度更大的冲突,导致长波强制对矛盾进行较大的调整。这样,经济长波就成为一般经济周期发展的阶段性结果。此外,因为经济长波中,强制调整了局部生产关系,使之能较前适应一点生产力的要求。所以,在其后一个相对较长的时期内才可能允许整个经济相对满足于一般经济周期的调节,而不必不断进行大调整。这样,强制性进行局部生产关系变革的大危机或者大萧条,就可能成为长波周期的转折点。

当然,造成资本主义经济一切周期性波动的生产方式内部的矛盾运动,主要是由于资本主义生产力的发展引起的。其中,人的方面,除去技术联系外,多与生产关系相统一,表现为工人阶级同资产阶级间利益和关系的对立、对抗程度的变化。物的方面,主要表现为新技术时代的出现和劳动工具系统更新换代式的巨大进步。这种几十年完成一次的劳动工具系统的更新换代,推动了生产力层次的提高,增大了对原有生产关系的冲击力,从而成为经济长波的物质基础。其变动的阶段性,即时间上的间隔,与它要求的生产关系局部调整一起造成了长波的标志:较大的经济萧条或危机。

应当注意,这里我们只涉及经济长波的本质性原因。这并不排斥在促成某次经济长波中的许多具体因素,甚至偶然因素和外在因素的影响和作用。历史的必然性总是在偶然性的具体事件中为自己开辟道路的。问题不在于注意到偶然性和细节,重要的是不应舍本逐末。

(二) 对西方学者主要经济长波理论的评论

经济长波是资本主义经济发展的一种综合性现象。它既有产生的本质原因,也有由本质原因决定的各种直接原因。一般说来,西方学者关于经济长波理论各种观点的一个最大共同点,或者根本性缺陷,就是没有指出或者解释清楚这种本质性的原因。当然,他们也不可能把各种从属的和派生性的直接原因,同这种本质性原因相联系。这是资产阶级经济学家们自觉或者不自觉具有的根本性通病。明白了这一点,我们就可以进一步看看他们对一些直接原因或派生原因的分析,究竟如何。

我们说,经济长波现象是各种因素综合作用的结果。其直接原因是多方面和综合的,其理论反应也应是多方面的和有机综合的。但是,现有的资产阶级各种长波理论,都明显带有较大的片面性。

1. 评熊彼特及长波技术论的观点

沿袭熊彼特观点的长波技术论,是当代资产阶级经济长波理论的主流。

长波技术论各派别明显地继承了熊彼特的周期理论,但比熊彼特考察的范围更狭窄。

熊彼特尚能把长、中、短三种经济周期统一在一个理论体系中,以"创新周期"理论一以贯之地加以解释。这的确是他比其他学者高明之处。更何况,他毕竟由经济波动发展的趋势和创新的动向角度,涉及了资本主义为社会主义所代替的问题。这更是一般资产阶级经济学家所力图回避的领域。

我们说,事物总是发展变动的,其形式又是多种多样和多层次的。经济发展的变动也是如此。资本主义经济本身就是一个多方面多层次的经济综合体。其整体发展变动是由各方面各层次的变动共同形成的。与经济整体发展的周期波动相联系,资本主义经济各层次、各方面也都具有周期波动的特征。整体长期的平稳发展并不排除各层次、各方面的波动。而各方面各层次的不断波动,在长期中必然会影响经济的整体发展和变动。因此,从长期观点看,经济整体的发展也同样处在波动之中。熊彼特从特定角度揭示的经济长、中、短周期的统一性,在这方面,有一定道理。

众所周知,短周期,即"基钦周期",是一种存货调整周期;而中周期,即"朱拉尔周期",是一种再生产周期;长周期,即"康德拉季耶夫周期",则是整体经济发展的长期变动趋势。熊彼特认为,短周期包含于并构成中周期,而中周期又包含于并构成长周期,是承认不同层次和方面的经济变动与整体经济间的联系。这在一定的意义上应当肯定。因为不同的周期反映的是资本主义经济不同层次上矛盾冲突与解决的状况。局部构成整体的一部分,而整体又是若干局部的综合。曼德尔对经济长波同一般经济周期的关系所进行的有限研究,在一定程度上证明了这种不同周期波动间的联系和作用。但是,无论熊彼特,还是曼德尔,都未能真正说明,究竟是短周期和中周期决定并构成长周期,还是长周期约束中周期和短周期。

熊彼特以包含五方面因素的"创新"理论解释经济周期。尽管他没有直接分析社会经济制度和组织方面,但他显然是站在资本主义制度的立场上,以资本家为主导提出"创新"理论的。他用"创新"的多样性和各种"创新"类型的特征来解释不同长度的经济周期。尽管他多少正确地涉及了经济周期的物质基础,但他既没有对生产力,更没有对生产关系展开深入的分析,当然也不能把经济周期的物质基础放到生产方式的矛盾中加以考察。这样,在他的理论中就不能真正说明经济周期的原因,自然也不能真正说明经济长周期的原因。

作为熊彼特后继者的长波技术论者,在熊彼特的基础上发展为仅以"技术创新"来解释经济长波。这比熊彼特涉及的因素就更窄小了。尽管长波技术论仍有其优点,比如,它从生产力发展的技术方面,也就是从长波的物质条件方面进行了一种有意义的努力,它说明了技术创新的生命周期,基础技术创新群,以及技术与劳动比例关系的变动对就业的影响,等等。这些都有一定的积极意义。但是,仅以这些因素去解释经济长波,就远远不够,而且十分片面了。抛开了社会关系、生产关系、市场、生产状况等多种因素,把复杂的经济社会关系人为地简化为单一因素,就不可避免地要发生错误。

我们说,造成资本主义经济周期波动的根本原因,是资本主义生产关系与生产力之间的矛盾冲突。各种不同的经济周期,就是这种根本性矛盾冲突在社会经济的不同层次和范围内,在不同程度上反复激化与缓解的反映和表现形式。技术创新长波论者没有看到,也不懂得,技术创新只是社会生产力方面众多因素当中的一个因素,这只是物的因素。尽管生产技术和工具的重大改进标志着生产力水平的提高,并且从物的技术联系上,要求着其他方面一系列的改进和提高。但是,生产力的变化不可避免地引起并要求生产关系发生相应的变化与之相适应。这种变化首先是作为社会关系,即生产技术的主导者、生产者与其他人之间利益和关系的变化出现的。其变化和适应过程,或者矛盾缓和过程,是经济周期发生的根本原因。西方资产阶级技术长波论者见物不见人,只注重技术关系,而丢掉技术关系赖以存在和发生的社会生产关系,显然是十分错误的。这种错误的发生,一方面是他们不自觉的业已习惯的阶级利益、立场和思想方法使然,另一方面又是他们自觉维护资本主义制度,避免涉及威胁资本主义制度的敏感问题使然。同时,这种错误也不仅仅是技术长波论者的致命错误。几乎全部资产阶级经济学家,都大同小异地采取了相类似的方法,犯了同样性质的错误。即使是政治力量长周期说和两代人心理说,也未能真正触及资本主义社会生产力与生产关系矛盾冲突的本质,而仅在表面性的社会问题上做文章。

2. 评罗斯托的经济长波观点

罗斯托先是从结构分析角度提出其经济长波论。他把经济中产品比价、主导部门的作用和人口流动的作用看做首先影响经济结构,从而影响整个经济的因素,认为这种结构性局部或部门的不平稳发展最终引起了经济长期波动。我们说,结构性的变化导致全局的变化,是客观存在的一种现象。但是结构性变化仍然只是经济的一种浅层次的、现象性的看法。他至多涉及到了经济长波产生的一些直接性因素,而不是本质性原因。虽然,结构性分析是应当的,也是必要的和有一定道理的,但罗斯托的结构性分析并没有真正说清楚其道理。他的分析只是知其然而不知其所以然。

罗斯托的结构性分析归根到底,至多只能归结到主导部门和其他部门生产技术水平的差异,以及技术性联系基础上的部门联系,并不能涉及技术范围之外的任何重要因素,因此,无法有力地解释经济长波。正由于他自己也对此不满意,他后来又把注意力完全转到初级产品的生产方面。

罗斯托认为,粮食和原料这些初级产品同工业品的相对比价,会影响经济结构发展的变动,从而造成经济长波。具体机制是相对价格决定投资结构和流向的变化,从而影响不同部门生产能力和产量变化。当投资流向初级产品部门时,经济结构容易合理和互相适应,因此,经济就处于长波上升段。当投资受相对价格影响更多流向加工工业时,经济结构会失调,从而产生制约经济均衡顺利发展的"瓶颈"。这时,经济就处于经济长波的下降段。罗斯托还把康德拉季耶夫关于长波下降期与农业危机开始期相遇的观点,以及农产品价格下降有利于工业资本积累增加的观点,引为对自己论点的支持。我们说,罗斯托的相对价格长波实质上仍然未脱其本来的窠臼。他仍然是想从世界经济结构的失衡到合理化的调整过程来说明经济长波,只不过加入了一点价格和利润诱导下的投资流向分析而已。但是,在罗斯托的考察和研究中,更多的篇幅是大谈相对价格的变动,其长波分期也仍是对相对价格变动趋势的分期。他的结构和投资流向的分析只是潜伏在价格分析背后的。这样一来,他直接的观点显然丢掉了更多的原因分析,更谈不到对经济长波的根本性原因分析。抛开资本主义生产力与生产关系的矛盾且不论,就连技术进步和资本主义国家直接的经济矛盾他都没有谈到。所以,他关于经济长波的阶段划分和预测,与现实情况及大多数人的见解大相径庭是毫不奇怪的。

3. 评麻省理工学院的动态系统模型对长波的研究

他们最突出的贡献是,采用电子计算机系统对众多的经济变量进行长期的综合性技术性考察,并提出了相当有意义的结论。他们把美国经济看成是一种不平衡的经济,注意到微观经济层次活动的盲目性,看到了大危机对大量过剩产品和生产能力的强制性清除的作用。这都是很有价值的,是资产阶级经济学家中难能可贵的比较客观看问题的一面,应当给以肯定。他们得出的生产资料增长与萎缩的波动具有明显的约50年左右周期的结论,包含了"10年有萧条,30年的技术创新和活跃的资本投资,以及最后10

年的经济不稳定"①。这是资产阶级经济学家在除去对资本主义生产方式方面的基本原因分析之外,相对说来最全面的综合性因素分析。它不仅包含了技术创新的观点,也在一定程度上涉及了资本主义经济运行中的一些弊病,还看到经济危机和长波本身对经济周期的某些作用。这也是自熊彼特之后强调各种经济周期统一性的观点。他们看重投资和技术创新相结合的作用,看到资本设备寿命的作用,并把乘数—加速数作用引入说明投资周期的波动。这也是对资产阶级原有经济周期理论的一种扩展。

但是他们的主要问题仍是没有抓住经济长波的本质性原因。充其量,他们只是对经济中的各种现象进行了客观描述,并能说出一些似乎是"中性"的结论。但其主要长波理论只抓住投资周期变动,只注意乘数—加速数原理的说明,仍然是片面的,仍然具有本质的缺陷。不过,他们毕竟是资产阶级经济长波论者中客观性较多的一派。其研究可以给人以相当的有益的启发。

4. 评政治力量长周期说和两代人心理长周期说

政治力量长周期说认为,政治集团的决策或政府政策的交替变化是经济长波的原因,甚至认为群众和工会的力量会周期性地占上风。这无疑是片面的。该观点之错误,首先在于它还未能就经济原因来说明政治力量变化之前,就用政治力量的对比来说明基本的经济问题。这是本末倒置的。其次,它完全脱离资本主义现实,把资本主义经济完全解释成政府经济政策变动的结果,似乎资产阶级政府对于经济具有十分灵敏和完全有效的管理和调节能力。这显然不符合事实。第三,它完全甩开经济方面的因素,单纯以政治力量对比去解释经济长波,是十分片面的。至于以资本主义国家"竞选周期"为主来说明政府经济政策变化的观点,除去上述错误之外,还有一点,即简单地把中短期对经济有所影响的某些因素,直接等同于长期因素。这也是错误的。总之,政治力量长周期说由于其明显的片面性,很难具有说服力。

两代人心理变化周期影响和导致经济长波的观点,如同政治力量长周期说一样,其片面性也是十分明显的。我们说,心理因素是客观存在,但它主要是在一定的客观环境中产生的。即使社会上存在他们所说的心理状况,但由于每个时期,人们的社会构成不同,年龄构成不同并不是截然一律

---

① 外国经济学说研究会编:《现代国外经济学论文选》第十辑,商务印书馆 1986 年版,第 73 页。

的,各种年龄、各种地位的人总是共同存在的,因此,两代人的年龄心理并不能形成影响社会政策和行为的统一性因素。一些人的心理兴奋可能和另一些人的心理低落同时共存,更主要的是,心理因素对人们行为的影响远不及经济利益、社会因素来得力量大,时间持久。该理论抓住一点,不及其余,不分主次,无限夸大的方法,当然不可能正确说明经济长波问题。该理论观点的影响之微弱是显然易知的。

5. 评曼德尔和美国左派经济学家的经济长波论

曼德尔试图以马克思主义观点去研究长波。他提出了应当从资本主义经济运转的动力——平均利润率的变动,以及资本积累率的变动去研究经济长波的起因。他还把这种动力的分析与固定资本更新和新技术革命问题相联系,力图从动力作用的机制上说明问题。这些尝试是有意义的,也是有价值的。它比资产阶级经济学家用其余因素解释经济长波要深刻得多。

但是,曼德尔并未由此深入到资本主义生产方式的内在矛盾及其作用机制和过程的分析。他在这里同样是徘徊于表面现象和局部问题上。他注意到固定资本更新同新技术革命以及资本积累的关系。但他更多地为技术革新所吸引,把技术革新作为引起固定资本更新扩张和加速的根本原因,而把资本积累看做前者造成利润变动所导致的结果。这样,他就在分析具体问题时,滑向了长波技术论者一边。

尽管曼德尔后来修正了他的观点,把影响利润率变动的因素扩展为多种,但上述问题并未得到真正克服。比如,他说:"利润率上涨不能由资本主义生产方式运动规律自身推演出来。它也不能从'一般资本'的活动中推断出来。只有在特定条件下,资本主义发展的所有具体形式(许多资本的具体形式和矛盾)共同起作用,它才能得到说明。而这就包括着一系列非经济因素,如征服性战争,资本主义活动地区的扩大和缩小,资本家内部的竞争,阶级斗争,革命和反革命等等。因此,资本主义生产方式在其中起作用的整个社会和地理环境的剧变,反过来引起了资本主义增长中基本变量的剧变(即它们能导致平均利润率的剧变)。"[1] 他甚至认为"非经济因素起着关键作用"[2]。这种观点与马克思主义观点是相去甚远的。此外,曼德尔对于围绕利润率变动的经济机制的分析,也是很不够的。尽管他注意到经济波动本

---

[1] 曼德尔:《资本主义发展的长期波动——一个马克思主义的解释》,剑桥大学出版社1980年版,第21—22页。

[2] 同上。

身通过资本积累率的变化而影响利润率,但未能说明利润率变动影响和决定经济长波的具体机制,尤其未能说明利润率本身为何变动,以及长波的周期性机制。至于他把工人阶级放到同科学技术的普及应用相对立的位置,就更是与马克思主义观点相背离了。

美国左派经济学者的非再生产长波论,基本上与曼德尔的观点相近。他们也是力图从利润率的变动上说明长波。他们的理论的特征是把经济周期波动分为再生产性的和非再生产性的周期。再生产周期是指,刺激资本积累和生产的利润率能通过周期本身的作用得到恢复提高的那种周期。相反的情况,则是非再生产周期。他们认为,经济长波即由这两种周期交替组成。长波上升段中,再生产周期居主要地位和形式;长波下降段中,非再生产周期居主要地位和形式。非再生产周期和长波下降的转折,需要社会结构起作用,来调整恢复利润率。

我们说,美国左派经济学家中的这种观点,是对曼德尔观点的一种补充和纠正。他们更多强调了影响利润率变动的经济和社会的内部原因,这是一个进步,但他们仍是停留于经济运动某些机制的表面或机制本身,去寻找长波的原因。在一定程度上仍未摆脱求助于经济之外因素作用的观点。他们同样丢掉了资本主义经济的基本矛盾。他们片面地研究了供给方面的机制,而忽略了需求方面的机制,甚至连长波的转折点也没有真正涉及到。西方用马克思主义观点研究经济长波的经济学家,在某种程度上深受当代西方资产阶级经济学的影响,过多地陷入表面经济机制关系的纠纷和数学模型的建立,而限制了自己的眼界,恐怕也是他们无法深入研究经济长波的原因之一。

6. 评巴特拉的社会周期长波论

这一理论很有其特点。他更多是从社会学的角度去提出问题。他能够站在历史发展角度,注意到各个不同时代的社会特征,又注意到经济中多种周期的叠加与综合。这是有一定意义的。其主要缺陷是,他色彩浓重的历史循环论和历史决定论的规律成为其周期依据。他强调时代的社会心理、社会结构,但缺乏对时代物质基础、社会基本矛盾的分析。因此,他的经济长波观点尽管援引了不少统计学上的验证,但总给人以不踏实的哲学说教的感觉。下面我们就简要评述一下巴特拉社会周期律基础上的经济长波论。

(1) 巴特拉经济长波论的历史观基础

巴特拉是以萨尔卡的"社会周期规律"为其历史观基础的。该观点承认历史进化论的哲学,认为历史永远是在其四大阶级之间交替统治的轮回中循环发展。我们说,该种观点在承认社会历史的自然进化,承认历史发展有其规律性方面,有一定的合理性。它对于这种进化的动力——阶级斗争,也有所涉及。但它不能揭示这种"规律"的必然性。因为,首先它的阶级划分是仅仅立足于人们的心智状态的。我们知道,人们的思想和心理首先取决于他们的社会存在,尤其是经济地位和状况这一重要社会存在。脱离经济问题的阶级划分,说明划分者根本不懂阶级首先是一个经济的范畴。失去了经济根基的心理范畴的阶级,是很难说明其稳定的社会行为及特征的。这样,所谓"社会周期规律",即使有一定的道理也很难有充分说服力。以它作基础的社会历史观、经济发展观也很难说是正确无误的。其次,历史的有规律发展并不意味着既定循环的必然性。历史的必然性总是在其众多的偶然性中为自己开辟道路的。这众多的偶然性虽然不排斥规律的必然性,但它绝不是宿命式的循规蹈矩,否则,就不成其为历史了。即使是周期发展,也只是形式上大致相同,而不会精确再现。

(2) 巴特拉的经济长周期理论

在萨尔卡"社会周期律"的大背景下,巴特拉提出30年的严格经济周期,并以美国货币、通货膨胀、政府调节和经济萧条四种周期波动的一致性来说明其周期的严格。我们说,巴特拉这种观点,从其统计验证上看,是有一定说服力的,而且也与历史上的萧条周期基本相吻合。但是,巴特拉并不把自己的观点与已有的康德拉季耶夫长波、朱拉尔中波和基钦短波相提并论。他认为那些周期都是非规律性的周期,因而无法充分解释70年代的经济衰退。

在巴特拉的理论中,他最重视货币增长。他认为货币运动是美国社会所有实体运动所围绕的核心,但政府对货币的增长规律,又是无法控制的。货币增长的变动与政府控制程度的变动一起,促成了通货膨胀的变动。其间伴随着经济的衰退和萧条。巴特拉认为,他与货币主义和凯恩斯主义观点,在上述问题上,既有相近之处,又有很大不同。他认为,关键在于:第一,资本主义经济体系的基本不稳定性;第二,货币增长的自然规律;第三,财富的集中;第四,历史决定论。这几条是其特点。

巴特拉承认资本主义经济体系的基本不稳定性和财富两极分化,是其应予肯定之处。他把货币作为财富变动的表现也是值得肯定的。但他过分看重货币因素,把货币信用体系的发展和资本主义的投机性货币信用的波动看做经济衰退和萧条的根本原因,则是片面的和不正确的。他重视流通,忽略生产是产生错误的一个重要方面。这与多数资产阶级经济学家有共同之处，在财富分配方面，他缺乏真正的阶级分析和具体机制分析，这是又一个错误的方面。由于这些原因，巴特拉的理论显然也有较大的片面性。

(3) 巴特拉经济长周期"时滞"的支点

巴特拉认为，经济长周期的根本原因是财富分配的严重不平等，而财富分配不平等程度加剧的时滞就是造成经济长波的时滞。这里，他是以一代人的有效时间为时滞支点的。他认为，每代人之间的更新是 30 年时间。财富靠继承方式由上一代传给下一代，其分配不均的程度也才会变得有意义。每代人都会重犯上一代人的同样错误，都企图通过高速货币增长和政府干预去解决经济难题，也都会同样受到公众的强烈反对。这样，30 年的周期就形成了。

在对两代人心理长波论观点的评论中，我们已经说过，这种以社会心理观点解释周期性的观点，是十分片面的。巴特拉以该观点说明其统计验证，显然是无力的。巴特拉把萧条看做随同衰退而来的金融恐慌的结果，而金融恐慌则是财富分配不均的反映。财富不均最终又是社会经济制度和错误的财政政策所致。这样，他就既对凯恩斯主义经济政策提出批评，也对资本主义现行经济制度的合理性提出质疑。他主张尊重货币变动规律，同时停止凯恩斯主义经济政策，并对资本主义体系进行符合货币变动规律的"根本性的经济改革"。看起来，这似乎带有着较为激进的资产阶级改良派色彩。但实际上并不如此。

他这里与开始时的主张有矛盾。一方面，他主张历史决定论下周期波动规律的不可避免性；另一方面，他又认为，一旦认识了周期的成因，"我们就能够使这些周期运动停止"[①]。我们认为，如果说，彻底改变了资本主义制度，则资本主义的周期波动将消除，是有道理的。但是，这既不符合巴特拉信奉的"社会周期律"的历史决定论，也不符合他的实际目的。他主张的实际是"大众资本主义或产业民主"的"自由市场制度"。还是资本主义，只不过废除干预和进行一些收入分配的改革而已。既如此，又怎么与其"社会周期律"的必然性相统一呢？

总之，巴特拉的经济长波观点，有其独到之处，但他说到底仍未能脱出资产阶级自由主义的范围的局限。但他却代表着西方经济思潮当前正在上

---

① 莱维·巴特拉：《1990 年大萧条》，中国国际信托投资公司国际研究所译，上海三联书店 1988 年版，第 65 页。

升的一股势力,即新经济自由主义的观点和要求。这是值得我们注意的。

综上所述,我们不难看出,已有的主要资产阶级经济长波理论,都不过是从某些侧面和局部,研究了经济长波的某些因素和动力。虽然它们具有一定程度的合理性,但其中谬误不少,尤其是不能以之掩饰其整个理论的不足和错误。从根本上说,在复杂深刻的经济长波规律性面前,这些理论不过是盲人摸象的局部经验和认识。尤其缺乏对于长波的根本原因、动力、转折点、周期性、条件、机制等重要方面的全面、统一、有力的说明。即使有些学者,注意到经济长波的研究应当从多处因素综合进行。但他们本人也没有真正提出一套像样的理论来。

(三)资产阶级长波学者的局限性及其理论的不成熟性

从前面所谈资产阶级经济学长波理论各流派的观点来看,可以说,资产阶级经济长波论目前仍处于一种不成熟的,未充分发展的阶段。长波理论的发展程度与其他经济周期理论的发展程度,在同一资产阶级经济学范围内,形成鲜明的对照。这一方面,是由于经济长波真正表现出来的历史还比较短,而且其表现并不总是非常明显,尤其是对于现代一般的经济周期发展的历史而言,更为突出。另一方面,人们的眼光和观察力,并不能直接从经济现象上直观地发现它,必须借助一定的研究和统计方法才能做到。而完备的统计数据和方法只是后来才出现。另外,经济长波研究要求更充分的理论条件和高度的研究能力,才能从微观到宏观,从短期到长期,从局部到广泛的范围,进行深入的分析、有机的综合和高度的概括。从这方面说,长波研究比一般经济周期研究更困难,要求更高。所以,从目前资产阶级经济学研究的主客观条件、历史及现状来说,还不具备提出完备的长波理论的条件。这种状况将在一个相当长的时间内制约其深入发展。

一般地说,经济长周期理论的研究对象具有如下的性质和特点:第一,它和一般的经济周期理论相近似,要研究周期的性质、原因、机制、物质基础,以及它对经济生活的影响。第二,它又有不同于一般经济周期理论的特殊性。它既要首先证明经济长周期的客观存在,又要说明这种长周期产生和存在以至于消灭的条件。既要说明经济长周期在某些国家的状况,又要说明经济长周期在许多国家共同发生和作用的状况。第三,经济长周期的显著特征是时间延续之"长"。这种"长度",既是可观察、可证实的,又是不容易直接观察体验的,因而,在研究上就具有一般经济周期研究所遇不到的困难;第四,由于经济长周期可观察到的次数的有限性,很容易使对其理论和规律性的研究结果,显得不具有更普遍的意义而仅具相对的特殊性。

经济长周期理论研究对象的这些性质和特点,决定了在当前经济长周期理论进展的有限性和对之重视程度的有限性。这不仅在西方资产阶级经济学家那里如此,而且在马克思主义经济学家中也是如此。

经济长周期理论研究的前提是经济长周期的客观存在,以及对这种现象的承认和肯定。其次,还要有关于经济长波的一致性概念。然而这两个重要前提,在西方资产阶级经济学家那里,尚未真正解决。

在西方资产阶级经济学家中,虽然研究长波的人承认经济长周期的存在,但更多的人,甚至像萨缪尔森这样的著名学者都怀疑或否认经济长周期的存在。当然,这与长波统计验证的困难较大有关,但它也与他们缺乏对经济长波的统一概念有关。在承认经济长波的上述各流派中,都已把经济长波的存在和经济长波的概念当做不言自明的前提。但是,仔细观察就会发现,他们关于经济长波的概念并不相同,因而表现出的统计验证指标也很不一样。康德拉季耶夫主要依据价格、价值和产量指标的时间序列得出经济长波的结论;熊彼特则依据其"创新周期"理论,推论并划分出经济长周期;罗斯托是纯粹用初级产品相对价格的变动指标得出长波;门斯则根据美国固定资本总额的实测时间序列证明经济长波及其波动形式……。这些人对于统计资料选取的不一致性和主观片面性,造成其所研究的长波概念和对象的模糊性。这一方面增加了他们相互之间的一些原本不必要的争论,另一方面则造成不承认长波的经济学家对经济长波存在事实的怀疑。

从长波验证技术上说,应当对反映长波的基本统计指标和配合指标,以及其他指标进行区分,不能混淆使用。此外,从指标反映的曲线图形来看,实测指标数据与趋势数据也不一样。由于技术验证上的指标体系不同,其结果必然影响对长波的研究和评价。

在经济长波的概念和涵义上,西方经济长波学者多数受一般经济周期理论的影响,而基本有两种不同的理解和变化。一般地说,经济周期概念和涵义,以库兹涅茨的研究为界,分为两个阶段。前一阶段,多研究经济指标的绝对量的变动情况,其反映的是经济发展对一条水平不变的趋势线的波动,一般称为古典周期。而自库兹涅茨以后,多研究经济指标的相对变化率(多为增长率)在一定时期内的变动情况。这反映的是经济发展速度对于一条逐渐上升的趋势线的变动,一般称为增长周期。古典周期和增长周期的概念显然不同。对于古典周期来讲可能是不处于低谷的情况,对于增长周期却很可能正处于低谷之中。与此相似,资产阶级经济学家对于长波概念和涵义的理解,实际上也多以库兹涅茨为界,分为古典长周期和增长长周期两种情况和两个阶段,但他们并未明确声明自己长周期的概念涵义,这就引起了看法的分歧和混乱,以至于影响了对长波的理论研究。

纵观经济长波理论发展的过程,我们不难看出,资产阶级经济长波理论研究所受到的限制。其中很重要的一点是,资产阶级经济学家明显的实用主义的研究态度。尽管经济长波问题早已提出,但迟迟未受重视。一方面,固然是凯恩斯主义兴起后,其影响之大,理所当然地压倒了长波问题。另一方面是战后资本主义经济的顺利发展,使长波问题被束之高阁。从客观上说,当经济现实中的问题,无需长波理论便可理解和解决时,自然也不会有长波问题的地位。只是70年代以后,凯恩斯主义严重失灵,其他学派也一时拿不出有效的办法时,长波理论才被一些人情急中从被遗忘的角落里搜寻出来。最近这次经济长波研究热潮中的大部分人都属于这种情况。他们当然不大可能对长波进行长时间的深入研究。只有很少部分人对长波研究采取了较为一贯的态度。但他们也分为两类:一是把经济长波作为一种值得认真研究的特殊领域看待,而并不把它同一般经济周期相联系;二是把经济长波和其他经济周期理论,统统放在统一的周期领域和体系中进行研究,就像熊彼特所做的那样。但这样的人就更少了。长波理论研究和发展的历史,已经比较明显地反映出资产阶级经济学家的上述态度。从一定意义上说,这是造成经济长波研究进展缓慢的原因之一。不言而喻,实用主义和急功近利的态度,必然造成理论研究中的短期行为。从根本上说,重视短期分析是资产阶级经济学家中的普遍现象,这也是资产阶级本性的一种必然反映。作为资产阶级利益代表的经济学家,其当务之急,自然是与现实关系最直接的短期和即期问题,而不是鞭长莫及的经济长波问题。

此外,最根本的一点是长波理论的发展,始终受到资产阶级经济学家本身固有的社会阶级局限性的制约。从资产阶级经济周期理论的发生发展就可以表明这点。在历史上,经济周期理论并非首先产生于资产阶级经济学家,而是产生于异端的经济学家。马尔萨斯是站在贵族地主阶级的立场上,西斯蒙第是站在小资产阶级立场上提出经济危机的理论的。马克思和恩格斯更是站在无产阶级立场上提出经济危机和周期学说的。这些事实说明,资产阶级经济学家由于本身立场和眼界的局限性,不愿意自己的理想社会从经济上遭到破裂,也不想怀疑其经济制度的缺陷,更不希望这种缺陷成为致命伤。所以,他们对于经济危机和周期,先是否认,然后是千方百计从现象上和外部去寻找周期波动的原因,力图说明周期性波动和危机或是偶然的,或是其他外部原因引起的。但这毕竟不能令人信服。随着资本主义经济的发展,问题的暴露更加普遍化和经常化,资产阶级经济学家不得不在研究中,逐步从现象向本质作一定程度的靠近和某种角度的靠近。要真正解决问题,提出对策,挽救资本主义制度的危机,他们就不能不认真来研究和对待它。但无论如何,他们是不会触及资本主义的根本矛盾的。资产阶级的阶级利益以及在此立场上出发的根本社会观、历史观和方法论,都有力地制约和妨碍了资产阶级经济学家对长波周期的深入研究和本质分析。这样,资产阶级的阶级局限性也成为长波理论研究不够发展和深入的最根本的原因。

货币金融

货币金融

马克思评资产阶级早期国际货币金融理论*

马克思在完成自己主要研究任务的同时,对资产阶级经济学家有关国际货币和金融的理论进行了评论和分析,批判了某些错误观点,澄清了一些混乱概念,发表了自己对于国际货币和金融问题的某些看法。

在《政治经济学批判》和《资本论》中,马克思主要涉及有关国际货币和金融问题的资产阶级经济学家有:休谟、斯图亚特、亚当·斯密、萨伊、李嘉图、詹·穆勒、图克、富拉顿、威尔逊和纽马奇等人,甚至更早可以追溯到重商主义时期。

一

马克思认为,包括重商主义在内的货币主义,是资本主义社会的最初解释者。他们对货币的看法,即认为金银就是惟一的财富,只是正确地说出了资产阶级社会追求的目的。当时真正的资产阶级经济领域是商品流通领域,所以,货币主义和重商主义者的出发点就是商品流通领域。他们以此来分析资本主义生产的整个复杂过程,力图控制作为财富或货币真正源泉的国际贸易和与之直接有关的特殊生产部门。

重商主义者重视的主要是对外贸易,而国际金融问题则是作为它的附属,从贸易差额的支付角度来看的。他们未能真正展开关于国际贸易和国际金融的理论研究,只是在大商人的要求与建立君主的财政要求相一致时,才有所表现。不过,重商主义毕竟"粗野而坦率地吐露了资产阶级生产的秘密:资产阶级生产受交换价值支配"①。

尽管资产阶级古典学派认为重商主义的理论只是一种纯粹虚构和幻想,也不承认重商主义提出的基本原理是他们这些后来者理论的原始形式。马克思却认为:"这种主义不仅在历史上保留着它的权利,而且在现代经济

---

* 原载于《北京大学学报(哲学社会科学版)》1985年第6期。
① 《政治经济学批判》,人民出版社1976年版,第138页。

的一定领域中也完全享有它应得的权利。"①

二

从古典经济学派到18世纪中期的国际金融学说,绝大多数都是在货币数量论的基础上产生的。古典学派多在反对重商主义的同时,提出自己的理论。他们认为,"货币首先在它的流动形式上,作为在商品形式变换本身内部产生而又消失的交换价值形式来理解"②。当然,由于摆在古典经济学面前的,是一个远较重商主义发达的经济社会关系,从金融货币角度来说,首先是作为流通的支配形式的金属流通,所以它就把金属货币理解为铸币,而把金属铸币理解为单纯的价值符号。于是,按照价值符号的流通规律,商品价格决定于流通中的货币量,而不是流通中的货币量决定于商品价格这一原理就被提出来了。

古典学派的国际货币金融学说,主要表现为货币数量论,而这种货币数量论又是与他们坚信资本主义经济具有自动调节机制的信念相联系的。这种自动调节的经济机制即后来所说的"萨伊定律"及其延伸。而作为整个18—19世纪货币数量论最初的重要代表,就是大卫·休谟。

在休谟之前,已有若干经济学家对国际货币和金融问题提出了一些有意义的见解。如:达德利·诺思认识到货币在国际间的分配规律应是客观的,无须加以人为干涉;约翰·洛克则在英国首次从货币供求关系提出货币数量论,认识到货币流通速度问题;西蒙·克莱蒙特提出在汇兑中,金银出口的界限点这一技术问题;尼古拉·巴本则指出,国际贸易中心须有买有卖,而金银的进出口则与国际贸易平衡互为因果。但是,这些观点多是零碎的,不系统的。只是到大卫·休谟,才正式建立起货币数量论的体系。

休谟是18世纪货币数量论的著名代表。他所主张的货币数量论其实就是关于商品价格的理论,这种理论产生于对重商主义观点的否定。他认为,一切物品的价格由商品与货币的比例所决定,商品与货币的任何一方发生变动,均将引起物价的腾落。这是不证自明的道理。若商品增加,物价就下跌,若货币增加,物价就上涨;若商品减少,或货币减少,则必又引起相反的结果。商品和劳动都要表现为货币,而货币则是决定价格的手段。具体

---

① 《政治经济学批判》,人民出版社1976年版,第138页。
② 同上书,第139页。

来说,就是流通中的货币数量决定商品价格;流通货币量的增加必然引起商品价格的成比例上涨,反之则引起商品价格的下跌。

马克思曾经把大卫·休谟的货币理论"归结为下列几条原理:(1) 一国中商品的价格决定于国内存在的货币量(实在的或象征性的货币)。(2) 一国中流通着的货币代表国内现有的所有商品。按照代表即货币的数量增加的比例,每个代表所代表的被代表物就有多少。(3) 如果商品增加,商品的价格就降低,或货币的价值就提高。如果货币增加,那么,相反地,商品的价格就提高,货币的价值就降低。"① 休谟的这种货币数量论也被他运用于国际金融问题,认为国外货币(外汇)流入国内会引起物价上涨,国内货币流往国外则会引起国内物价下降。他认为:"货币过多所造成的物价昂贵,对现存的一切商业都不利,因为它能使较贫的国家在一切国外市场上用低廉的价格与较富的国家竞争……如果我们单就一个国家来看,那么,用来计算或用来代表商品的铸币不论多少,都不会产生任何好的或坏的影响,这就像某个商人不用数码少的阿拉伯记数法而用数码多的罗马记数法记账,并不改变他的账款一样。是的,较大量的货币就像罗马数码一样,反而不方便,无论在保管上或搬运上都更费事。"②

对于休谟的货币数量论,马克思给予了科学的评价,既指出了其错误,也指出了存在错误的客观原因。他注意到,除去反对重商主义之外,休谟研究和考察货币问题的时代,恰逢价值尺度发生革命的时代。"自从美洲矿山发现以来随着金属货币量的增加同时发生的商品价格的提高或为他的学说的历史背景,正如反对货币主义和重商主义的论战构成他的学说的实际动因一样。"③ 由于贵金属的价值即生产贵金属所需要的劳动时间的减少,最初只表现在贵金属的进出口增加上,因此,后来休谟的门徒说,贵金属价值的减少表现为流通手段量的增加,而流通手段量的增加则表现为商品价格的提高。但在实际上,只有某些出口商品的价格发生了上涨,这些商品同金银相交换时,是把金银当作商品,而不是当作流通手段的。这些商品在国际贸易中是用价值降低了的金银来估量的,而一切其他商品则继续用金银原来的价值(即以原生产费用来生产金银时金银的价值)来估量。这样一来,前者的价格就提高了,而后者则不变,一国之中就产生了两种对商品交换价

---

① 《政治经济学批判》,人民出版社 1976 年版,第 141 页。
② 同上书,第 142 页。
③ 同上书,第 140 页。

值的计算。但这只是暂时的，价格水平必然会在竞争中彼此拉平，这样，最终一切商品的交换价值就都会按货币材料的新价值来估计。马克思认为："在资产阶级生产还不很发达的时期，这种拉平的过程进行得极其缓慢，经历了很长的时期，而且无论如何赶不上流通中现金的增加。"[①] 休谟显然没有看到这种长期的缓慢过程，而把它看做立即就可实现的过程，这样一来，休谟就从现实的历史条件中引出了错误的货币数量论的结论。

休谟的错误理论还在于，他仅仅抓住商品价格随货币量变化的假象，而忽略了货币价值变动的实质。他研究的是贵金属货币，但他却忘记了，用金银计算价值时，既不需"现存的"金，也不需"现存的"银。他把计算货币与流通手段都当作铸币，这样一来，"由于价值尺度或执行计算货币职能的贵金属的价值变动使商品的价格提高或降低，从而在流通速度不变时也使流通中的货币量增加或减少，休谟就得出结论说，商品价格的提高或降低决定于流通中货币的数量"[②]。休谟不仅没看到金银价值变动对普遍价格水平影响的长期过程，而且没有看到价格上升与贵金属增加的不一致性。

就货币数量而言，休谟虽然认为物价和货币价值并不决定于一国中的货币绝对数量，而决定于实际进入流通的金银数量；但他认为，一国中存在的全部金银最后必然作为铸币被流通所吸收。这样，休谟实际上仍旧回到了物价取决于货币绝对数量的观点。尽管偶然增加的金银必然作为流通手段参加商品交换，但这时金银已无内在价值，而实际上也不是真正的商品。休谟完全丢掉了商品的价格和金银的价值，只谈其数量关系，这必然导致货币数量论。

马克思认为，休谟一方面让金银以非商品的资格进入商品世界，但另一方面，一旦金银在铸币的形式规定性上出现，他又反过来把它们变成一种通过简单物物交换同其他商品交换的单纯商品。这显然是错误的。这种错误与其货币数量论的观点密切相联系。

休谟抽象地把商品世界当作同种单一商品，而把贵金属与之相对立。"他满足于空洞模糊的想像，说每一个商品作为商品总量的一个分数同金量中的一个相当分数交换。于是，由商品所包含的交换价值和使用价值的对立引起的，表现在货币流通中并结晶为货币的各种形式规定性的、过程中的商品运动就消失了，代替它的是幻想的、一国中现有贵金属重量和同时存在

[①] 《政治经济学批判》，人民出版社1976年版，第141页。
[②] 同上书，第142页。

的商品数量之间的机械相等。"①

此外，马克思还认为，仔细研究货币流通问题还必须具备两个条件：第一是可靠的商品价格史；第二是关于流通媒介物的膨胀和紧缩、贵金属的输入和输出等等官方的经常的统计。而"这样的资料只有在银行业充分发展时才能产生，而休谟同18世纪的所有其他著作家一样，都缺少这些资料"②。

三

作为迟到的重商主义者詹姆斯·斯图亚特，则对以往的重商主义货币金融理论做了一个总结，并将其发展到一个新的高度。重商主义者认为财富只在于对外贸易的差额，而这差额则表现为以金银的货币形式结算的价值差额。正是从这一角度，重商主义者才探讨了国际上金银的流动问题。詹姆斯·斯图亚特在剩余价值的来源上，是"资本主义和重商主义体系的合理表达者"③，而在国际货币金融方面却有独到的见解。

詹姆斯·斯图亚特实际上是"第一个提出流通中的货币量决定于商品价格还是商品价格决定于流通中的货币量这个问题的人"。他当然倾向于问题的前一种提法，虽然，"他的阐述模糊不清，但他还是发现了货币的各种基本的形式规定性和货币流通的一般规律，因为他不是机械地把商品放在一边和把货币放在另一边，而是实事求是地从商品交换本身的各种因素中来说明货币的各种职能"④。

斯图亚特认为，"一国的流通只能吸收一定量的货币"⑤，而不像休谟那样认为金银都能进入流通，也不像孟德斯鸠那样，直接把一切货币不论多少都当作符号与商品相比。他认为流通对货币的需求量是一定的。流通中对现金的需要是由支付需要和购买需要构成的，而"商业和工业的状况，居民的生活方式和日常开支，这一切加在一起，调节并决定所需现金的数量，即转移的数量"⑥。但支付和购买又是以商品价格既定为前提的。斯图亚特认为，"商品的市场价格是由需求和竞争的复杂作用决定的，需求和竞争同一

---

① 《政治经济学批判》，人民出版社1976年版，第144页。
② 同上书，第141页。
③ 《剩余价值理论》Ⅰ，人民出版社1975年版，第13页。
④ 《政治经济学批判》，人民出版社1976年版，第144—145页。
⑤ 同上书，第145页。
⑥ 同上。

国中存在的金银数量完全无关"①。这样,斯图亚特就提出了:需求和竞争决定商品的市场价格,而商品市场价格确定后,流通中所需的货币量也就确定了。"那么,不需要用作铸币的金银又怎样呢? 它们当作贮藏货币积累起来,或当作奢侈品的原料被加工。如果金银的数量低于流通所需要的水平,人们会用象征性的货币或其他辅助手段来代替金银。如果一个有利的汇率使国内货币过剩,同时又切断了把它运出国外的需要,那么,货币常常就会在保险箱里堆积起来,就像躺在矿山里一样无用。"② "因此,不论一国的金属货币增减到什么程度,商品仍然会依照需求和竞争的原则涨跌,而需求和竞争总是决定于那些握有财产或某种可以给付的等价物的人的意图,而绝不是决定于他们所拥有的铸币数量……"③

"斯图亚特所发现的第二条规律是以信用为基础的流通回到自己的出发点。"④ 他说:"至于纸币,只要它达到第一个目的,即满足了借钱人的需要,就会回到债务人手里而被实现。"⑤

最后,斯图亚特还认为,象征性的货币或信用货币(他未能区分这两种形式)能在国内流通中代替充当购买手段和支付手段的贵金属,但在世界市场上则不行。世界市场上的购买和支付只能使用贵金属。这样他就说明了只有金银可以充当世界货币,并且阐明了各国的利率差异对贵金属在国际输入输出上所起的影响。

马克思一方面肯定了斯图亚特的贡献,另一方面指出他也有错误,那就是他从价值尺度观点出发,只把货币在观念上看做计量单位,而忽略了作为这种尺度的质。此外,斯图亚特仍保留着重商主义残余,对一般交换价值的解释也摇摆不定。但一般说来,斯图亚特的理论毕竟为亚当·斯密理论体系的有关部分奠立了基石。

四

亚当·斯密的货币金融理论并不像他其余的理论那么系统和集中。斯密的货币理论是多重的。斯密认为货币是一种商品,其作用是作为流通的

---

① 《政治经济学批判》,人民出版社 1976 年版,第 145 页。
② 同上。
③ 同上。
④ 同上。
⑤ 同上。

媒介来克服流通的困难和评价交换的物品。从职能上来说，斯密强调了货币的流通手段职能，认为"货币是商业上的大工具"①，"货币是流通的大轮毂"②，并且由此主张以纸币代替金属货币；他还谈到了价值尺度的职能。

斯密正确地以劳动价值论观点解释了货币的价值，但其解释中也混杂了他多元的价值论观点。他还认为，一国每年所流通的货币量，取决于每年在国内流通的消费品的价值。"无论在哪一个国家，铸币量都受国内借铸币而流通的商品的价值的支配：商品的价值增加了，立刻就会有一部分商品被运到有金银铸币的外国，去购买为流通商品所必需增加的铸币量。"③ 他也注意到货币流通速度快慢可使货币量减少或增加的问题。

斯密并不认为有多少货币都可进入流通。他说："对黄金的有效需求，正像对其他各种商品的有效需求一样，在任何一国都是一个有限量。"④ "如果金银累积超过所需的数量，那么，由于金银的运输是那么容易，而闲置不用的损失又那么大，任何法律也不能防止其立即输出国外。"⑤ "因兑换过剩纸币而由英格兰银行或苏格兰银行付出的金币，亦必成为过剩而为流通界所不容。结果，这种金币，或以铸币形式输往外国，或熔成金块输往外国。"⑥ 这样，斯密就说明了货币流通的需要是规律。

马克思指出："亚当·斯密关于信用货币的观点是独创的而且深刻的。"⑦ 斯密认为，由银行钞票构成的纸币，如由有信用的人发行，随时都能无条件兑现，那么纸币的价值就等于金、银币，其使用时完全可替代金、银币而没有什么不便。但是，"任何国家，各种纸币能毫无阻碍地到处流通的全部金额，决不能超过其所代替的金银的价值，或（在商业状况不变的条件下）在没有这些纸币的场合所必需有的金银币的价值……如果超过了这个总额，那过剩的部分，既不能行于国内、又不能输往国外，结果，会马上回到银行去，兑换金银"⑧。这样，斯密就创造性地提出了银行券流通规律。

斯密也指出了纸币不能在国际上流通和运送。他说："纸币是不能送到外国去的，因为外国离发行银行远，离开可使用法律强迫其兑现的国家远，

---

① 《国富论》（上），第267页。
② 同上。
③ 《国富论》（下），第12页。
④ 同上书，第120页。
⑤ 同上书，第12—13页。
⑥ 同上书，第278页。
⑦ 《政治经济学批判》，人民出版社1976年版，第147页。
⑧ 《国富论》（下），第275—276页。

所以纸币在外国是不能通用的。"①

他还提到银行只能贴现真实票据而不可贴现融通票据,否则就会使银行券发行过多,造成钞券泛滥,通货膨胀。而银行贷款发行银行券的一般原则是:垫借纸币数量不得超过商人或企业家应急之用的应有储备金额。

总之,马克思认为斯密基本是接受了斯图亚特的观点和理论。"他偷偷地采用了斯图亚特的理论,说一国中存在的金银一部分转化为铸币,一部分积累起来,在没有银行的国家变成商人准备金,在有信用流通的国家则变成银行准备金,一部分当作贮藏货币用来平衡国际支付,一部分被加工成奢侈品。他把流通中的铸币量问题悄悄地抹掉了,因为他完全错误地把货币当作单纯的商品。"② 马克思还说:"反对重商主义幻想的激烈论战,使他不能客观地理解金属流通的现象。"③

至于让·巴·萨伊,则主要是进一步庸俗化了斯密的理论,提出了所谓"萨伊定律",这后来被资产阶级经济学家运用于国际贸易和金融方面,成为国际金融平衡自动调节的主要信条。因此,马克思只是把他提了一下,就转入了对其他人的批判和评论。

五

李嘉图的货币理论主要是继承了洛克和休谟的货币数量论,他在把货币数量论的观点混乱地加以阐述时,引入了国际货币和金融的问题。他认为,在正常情况下,每个国家都具备与其财富和实业相适应的货币量。货币总会依照其实际价值或符合其生产费用的价值流通,即货币在一切国家都是等值的。于是,就不会有货币的国际间流动或输出输入,各国间的通货总是保持平衡的。对于事实上国际间通货的失衡,李嘉图则认为原因在于某一国家国内的金量因发现新金矿而有了增加,或者个别国家流通中商品的交换价值总额有了增减。这时作为调节和恢复平衡的力量就是贵金属的国际流动,即输入或输出。商品价格上涨的国家会输入商品,输出贵金属;商品价格下跌的国家则是输出商品,输入贵金属。

李嘉图认为这种调节机制是自动的:当一国金量不足时,会产生货币短

---

① 《国富论》(下),第269页。
② 《政治经济学批判》,人民出版社1976年版,第165页。
③ 同上书,第147页。

缺,金价上涨而物价下跌;低物价有利于出口,于是通过对外贸易,输出商品,输入(流入)货币(黄金),随着这一过程的进行,国内货币量会逐渐增加,于是物价回升,金价下降,直至达到正常水平为止。反之,当金量或货币过多时,则会通过物价、外贸引起商品输入和货币输出,最后达于平衡。总之,李嘉图认为,只要金价高于或低于其本身的价值,就会引起贵金属的国际流动;而贵金属的国际流动则会影响参与国的流通金属量从而影响价格,对经济和通货发生调节作用。这里,李嘉图是把货币自动调节机制具体化为黄金铸币的自动调节作用了。

对于汇率下跌的发生,李嘉图也有着自己的奇特解释。他是用商品与金在量上的比较来说明的。他认为荒年和歉收时,歉收国家的金同其他商品相比较就贬值了,于是歉收国的通货和其他国家的通货相对比,也贬值了,这样就引起了歉收国金的输出和商品的输入。正是歉收减少了流通中的商品数量,使流通中货币的既定数量超过了它的正常水平,因而一切商品的价格就上涨了。他断言 1800—1820 年间英国的荒年里金的输出就是如此。他还证明拿破仑实行大陆封锁和英国实行封锁令时,英国向大陆输出黄金也是同一原因。马克思说:"同这种怪论相反,统计材料证明,从 1793 年到最近,每逢英国遇到荒年的时候,流通手段的现有数量不是过多,而是不足,因此就有并且必须有比从前更多的货币流通。"① 李嘉图的货币数量论在这里不仅没有被证明,反而遭到了破产。马克思说:"李嘉图从事著作活动的时期,是不适宜于观察贵金属作为世界货币的职能的时期。在大陆体系实施之前,贸易差额几乎总是对英国有利,而在大陆体系实施期间,同欧洲大陆的交易太少了,不足以影响英国的汇率。货币的输送主要是政治性的,而李嘉图对于补助金在英国金的输送中所起的作用看来是一无所知的。"②

对于李嘉图贯穿国内外的货币数量论,马克思一针见血地指出:"李嘉图同他的前辈一样,把银行券流通或信用货币流通同单纯的价值符号流通混为一谈。他所依据的事实主要是纸币的贬值和与此同时发生的商品价格的上涨。美国矿山对休谟的意义,与针线街纸币印刷厂对李嘉图的意义是相同的,李嘉图本人也曾在某处明确地把这两个因素同等看待。"③ 李嘉图

---

① 《政治经济学批判》,人民出版社 1976 年版,第 147 页。
② 同上书,第 156 页。
③ 同上书,第 157—158 页。

由于抹杀了货币除流通手段职能外的一切其他职能,因而才产生了"商品价格按货币增减的比例而涨跌,我认为这是无可争辩的事实"① 这一结论。李嘉图把它运用于国际金融问题时,正如马克思所说:"他给整个阐述涂上了一层国际的色彩。但是不难证明,表面上的规模宏大一点也不改变他的基本思想的渺小。"② 李嘉图所举的例子甚至更证明他"完全不理解贵金属作为国际支付手段的职能"③。

六

詹姆斯·穆勒是李嘉图理论的积极追随者,他只打算根据简单金属流通来说明李嘉图的货币理论,而不想涉及与问题无关的、被李嘉图用来掩饰自己贫乏无力的观点的复杂的国际关系,也不打算涉及英格兰银行的措施。

詹·穆勒认为,货币的价值等于人们用它交换别种物品的比例,或人们在交换一定量的其他物品时所给的货币量。这个比例决定于一国中存在的货币总量。假定一方是一国的全部商品,另一方是一国的全部货币,那么显然,当两方交换时,货币的价值,即货币所交换的商品量,完全决定于货币本身的数量。詹·穆勒认为,"实际情况完全如此"。"在其他物品的数量不变的条件下,不论货币总量减少或增加到什么程度,这个总量和总量中每一部分会成反比地减少或增加。显然,这个原理是绝对真理。只要货币价值有了增减,而人们能用货币交换的商品数量和流通速度保持不变,这个变动的原因必然是货币的成比例的增减,而不会是任何别的。如果商品量减少而货币量不变,情形就同货币总量增加一样;反之亦然。流通速度的每一变动也产生类似的变动。流通次数的每一增加产生同货币总量增加一样的结果;流通次数的减少直接引起相反的结果。"④

马克思认为詹·穆勒实际上"是把应当证明的东西已经假定好了"⑤。而且他"犯了同休谟一样的错误,认为处在流通中的是使用价值,而不是具有一定交换价值的商品,因此,即使我们承认了他的一切'假定',他的原理还

---

① 《政治经济学批判》,人民出版社 1976 年版,第 148 页。
② 同上书,第 153 页。
③ 同上。
④ 同上书,第 157 页。
⑤ 同上书,第 158—159 页。

是错误的"①。"穆勒看到了一国中现存的货币一部分在流通,另一部分停留不动这个事实。但是,他却借助于一种十分可笑的平均计算假定一国中存在的全部货币实际上都在流通,虽然实际上看来不是这样。"②"穆勒认为,对他具有决定意义的,不是把商品直接同流通中现存货币量联系起来,而是同一国每个时期存在的货币的储备总量联系起来。他承认,一国的商品总量'并不是一下子'同货币总量相交换,而是分成不同部分在一年中的不同时期同货币的不同部分交换。为了排除这个不合适的情况,他就假定这种情况不存在。"③

总之,马克思认为,"穆勒的全部智慧不外是一套强词夺理的假定"④。而表现其观点的具体看法,即把商品同货币直接对立和直接交换的认识,则是从简单的买和卖的运动中或货币当作购买手段的职能中抽出来的。一旦货币作为支付手段,商品和货币就不会同时出现了。

七

与李嘉图的理论和通货学派见解相对立的图克、富拉顿、威尔逊、纽马奇、吉尔巴特等的银行学派观点,则较前者跨进了一大步。

托马斯·图克(1774—1858)是李嘉图参加的"金块论争"之后的"通货论争"中银行学派的主要代表。马克思主要评论了图克的学说。

图克并没有从前人的既成理论出发,而是认真分析研究了1793年到1856年的商品价格和通货状态的历史,从中引出自己的结论和原理。"图克在1823年出版的他的《价格史》第一版中还完全受着李嘉图学说的影响,徒劳无益地力图使事实来迁就这一理论。他的《论通货》这本在1825年危机之后出版的小册子,甚至可以看成后来奥维尔斯顿所实际运用的那些观点的第一次系统叙述。可是,对商品价格史的继续研究使他不得不看到:这个理论所假定的那种价格和流通手段量之间的直接联系完全是臆想出来的;当贵金属的价值不变时,流通手段的膨胀和紧缩始终是价格波动的结果,而不是它的原因;货币流通只是居于第二位的运动;货币在实际生产过

---

① 《政治经济学批判》,人民出版社1976年版,第159页。
② 同上。
③ 同上。
④ 同上书,第160页。

程中还取得与流通手段这一形式规定性完全不同的其他的形式规定性。"①

图克认为,当贵金属价值不变时社会所需要的通货数量是由交易量和物价所决定的,货币流通则是第二位的原因。他认为通货学派的观点是主观臆想,而不切实际的,他们忽略了货币的流通手段之外的其他形式规定(即职能形式)。

马克思认为,图克的学说,实际是恢复了斯图亚特的某些观点,他说:"斯图亚特对于货币的具体观念终于由托马斯·图克恢复了它的权利。"②但图克以及与之属于同一流派的威尔逊和富拉顿都把研究的重点放在金融资本的角度。他们的"精心研究不是属于简单金属流通的领域"③。因此,"所有这些著作家都不是片面地而是从货币的不同要素上来理解货币,可是仅仅注重材料,而无视在这些要素之间或它们同经济范畴的总体系之间的任何生动的联系。因此,他们错误地把不同于流通手段的货币同资本,甚至同商品混淆在一起,虽然另一方面他们有时也不得不承认它同后两者的区别"④。"金作为国际交换手段的作用并不是从它作为资本的这个形式规定性产生,而是从它作为货币的这个特殊职能产生。同样,当金或代替金的银行券作为支付手段在国内贸易中发挥作用时,它们同时也是资本。但是它们不能由商品形成的资本来代替。"⑤

马克思认为,图克混淆了收入的货币形式和资本的货币形式,以致引起各种混乱。"在图克的见解中,产生了各式各样的混乱,这是由于:(1)混淆了职能上的规定;(2)混进了关于在两种职能上合计需要多少流通货币量的问题;(3)混进了关于在两种职能上,从而在再生产过程的两个领域内流通的流通手段量互相保持相对比例的问题。"⑥ 这些混淆主要"是因为他单纯站在发行自己的银行券的银行家的立场上"⑦。另外他们看待货币,不是首先从抽象形式上看货币怎样在简单商品流通内部发展,以及怎样从那正在经历发展过程的商品本身的关系中成长起来。因此,他们经常动摇于同商品对立的货币所具有的抽象的形式规定性和隐藏着像资本、收入等等更具体的关系的货币的规定性之间。

---

① 《政治经济学批判》,人民出版社 1976 年版,第 159 页。
② 同上书,第 163—164 页。
③ 同上书,第 163 页。
④ 同上书,第 164 页。
⑤ 同上。
⑥ 《马克思恩格斯全集》第 25 卷,人民出版社 1974 年版,第 502 页。
⑦ 同上书,第 503 页。

总的来说，正是在这些对资产阶级经济学家的批判中，马克思逐渐地表露了自己对国际货币和金融问题的看法。但马克思的这些批判，毕竟还只是正面阐述的前奏。由于时代的条件还没有把国际金融问题提高到以后那样的重要地位，由于当时还仅限于金作为国际货币的简单情况，也许还由于马克思的写作计划的指导思想的原因，所以，马克思才没有立即把该问题提到自己的最迫切的写作计划上，但我们决不能因此而抹杀马克思对国际货币和金融问题的基本态度。

人民币为什么不贬值：中国经济
未来几年可保持增长[*]

现在,从东亚、东南亚到环太平洋,从北美到欧洲,越来越多的国家和地区对于中国经济的发展给予了较大的关注。中国经济的现状和未来已经和它们自身的利益息息相关。当东南亚金融风暴过后,有关国家和地区的经济受了较大的震荡和打击。人们同样也对这场风暴中较少遭受影响的中国经济的未来走势,表示了特有的关心。因为中国经济未来几年的状况和发展趋势,将在很大程度上影响到其他国家和地区的经济发展。未来几年中国经济是否仍能保持较高的增长势头？中国经济是否仍将成为亚洲经济增长的火车头？人民币会不会贬值？对此,本文将从中国经济周期波动的角度,对于未来几年中国经济可能会有的变动趋势作一点分析和估计。

中国经济经历了三个波动周期

中国经济走上改革开放之路已有将近二十个年头。尽管在此期间,经济发展仍有起伏波动,但是经济周期的波动形态却有很大变化。如果把从20世纪80年代以来的经济周期波动,算作经济体制改革以来经济周期波动的新阶段的话,那么,在此期间,中国经济已经经历了三个波动周期,即：1982至1986年的周期、1987至1990年的周期和1991以来的周期(见附图)。

这三次经济周期和改革开放以前的经济周期相比,发生了很大的变化。这主要表现为：(1)改革开放后的经济周期,其波动幅度比改革开放以前大为降低。改革开放前,各次经济周期的高峰和低谷间经济增长率的落差平均为23.4%,而改革开放后这种落差到目前已经缩小为平均大约6.1%左右。(2)改革开放后的经济周期中,每次经济收缩的谷底仍然保持了一定

---

[*] 原载于《中国评论》1998年4月号。

正值的经济增长率,而不像改革开放以前的经济周期那样,经常在收缩的低谷发生经济产出量的绝对下降。这就是说,改革开放后的经济周期在性质上已经变为增长型经济周期,而不是以前的古典型经济周期。这种变化使得中国经济的发展能够相对平稳和较快地进行。

中国改革开放以来历年 GDP 的增长率变动

当前经济正处于两次周期的交界

当前,中国经济正处于两次经济周期的交界。最近这次经济周期波动是从 1991 年开始的。到现在,已经经历了 6 年。从改革开放以来前两次经济周期波动的持续时间来看,第一次周期从 1982 年到 1986 年,持续了 5 年,第二次周期从 1987 年到 1990 年,持续了 4 年。改革开放之前经济周期的平均长度大约为 4.8 年左右。如果以 5 年左右作为平均周期长度的话,则 1998 年应该开始进入下一个经济周期的扩张阶段。如果情况正常的话,下一个经济周期大约会持续到 2000 至 2002 年左右,而在未来二三年内经济将会平缓地扩张和增长。

此外,改革开放以来三次经济周期中 GDP 增长率的峰值分别为 15.2%、11.6%、14.2%,平均值为 13.6%。一般说来,经济周期波动的峰值接近各种经济资源在既定生产效率下被最大限度使用时所能达到的产出水平。若考虑到经济增长本身的趋势,控制通货膨胀的需要,以及第九个五年计划期间"适度从紧"的经济政策,以 1996 年和 1997 年的平均水平为参照,则下一个经济周期中经济扩张的峰值大约在 10% 左右。改革开放以来三次经济周期中 GDP 增长率的谷底值分别为 5.2%、8.8%、3.8%,平均值为 5.9%。一般说来,经济周期波动的谷底值接近于社会基本生活与运转所需要的产出水平。若以此为参照,则下一个经济周期中经济收缩的谷底大约在 6% 左右。这样,下一个经济周期将是一个平缓升降的周期。1997

年中国经济增长速度将比 1996 年略有下降,而 1998 年的经济增长速度也只是基本持平。

当然,上述这种估计既有一定的根据,又有一定的条件。这样估计的根据是:(1)"九五"计划规定,在整个"九五"期间,中央政府都要执行"适度从紧"的财政政策和货币政策。继续在保持经济适度增长的同时,抑制通货膨胀。中央经济工作会议又进一步明确了 1998 年财政和货币政策"适度从紧"的原则和方针。(2)在推进国有企业改革的同时,中国政府正在通过破产、联合、兼并、控股、新建等形式进行经济结构的调整,使经济各部门的比例关系趋向协调,缓解"瓶颈"性约束和结构性生产过剩。(3)鉴于今年东亚金融风暴和经济危机的教训,中国政府正在积极认真地抓紧进行金融体制的改革、调整和整顿,力求增强中国经济抗击国外金融投机和金融风暴冲击的能力。(4)中国政府继续进行宏观和微观方面的经济体制改革,增强经济活力,减少盲目性重复建设。

作出上述估计的条件是:(1)未来的经济中不会出现较大的意外的外在冲击,如特大自然灾害,社会政治动荡等;(2)协调好经济体制改革和经济发展的关系;(3)政府宏观调控政策适度。

经济景气状况基本适当

从当前中国经济现实的具体情况来看,至少 1998 年中国经济仍将在低通货膨胀率条件下保持平稳快速的经济适度增长。

中国改革开放以来历年 GDP 的增长率变动

年份	GDP 增长率(%)	年份	GDP 增长率(%)
1980	7.8	1989	4.1
1981	5.2	1990	3.8
1982	9.1	1991	9.2
1983	10.9	1992	14.2
1984	15.2	1993	13.5
1985	13.5	1994	12.6
1986	8.8	1995	10.2
1987	11.6	1996	9.6
1988	11.3		

首先,当前中国经济景气状况在总体上基本是比较适当的。从经济发展的趋势来说,存在着平稳快速增长的可能。尽管从 1993 年后半年开始的

连续几年,随着物价上涨幅度的较大下降,居民消费增长速度、投资的增长速度和经济增长的速度稍微有所下降,但这主要是为了降低经济过热和因此而引起的通货膨胀所带来的必然结果。目前所达到的经济增长速度和综合情况还是比较理想的。上一次经济周期的低谷——1990 年 GDP 的实际增长率为 3.8%,而本次经济周期的低谷尚未到达,1997 年的 GDP 的实际增长率预计为 9% 至 9.5% 之间。这一增长速度应该说还是比较快的,也是比较平稳和适应国力的。1990 年固定资产投资实际增长率为 3.2%,而 1997 年固定资产投资的实际增长率预计可达到 10% 以上;1990 年社会商品零售总额实际增长为 0.4%,而 1997 年社会商品零售总额预计将增长 11% 以上;1990 年的对外贸易顺差不足 90 亿美元,而 1997 年将达到 200 亿美元以上。这些情况都表明,即便经济增长仍会有所下降,当前中国经济的状况也是比较理想的:既消除和抑制了通货膨胀,又保持了经济的快速增长。

可以说,当前的经济状态正处于改革开放以来最为有利的环境之中,它是对前几年经济过热适度调整的结果。

其次,今后几年中,中国经济存在着平稳快速发展的若干具体条件。

1. 中共第十五次代表大会继续坚持以建立社会主义市场经济体制为目标的改革开放的方向,并积极地推进经济体制和经济增长方式的根本转变,提出调整和改善所有制结构,以公有制为主体,多种所有制经济共同发展,加速推进国有企业的改革等一系列具体战略方针和措施,这为今后中国经济的快速平稳增长提供了政治保证。

2. 改革开放已有相当的进展和突破。财政、税收、金融、外汇、对外贸易、计划、投资、流通、住房和社会保障体系等方面已经取得和正在发生明显的体制变化。这使得市场调节机制在经济中的作用明显增强。这些也为中国经济的快速、稳定增长创造了条件。

3. 政府已经初步建立起来一个宏观调控体系的框架,而且宏观调节能力也有了明显的提高。这主要表现在,通过改革开放十几年来宏观经济调控的实践,中国政府已经积累了比较丰富的宏观经济调控的经验,调控的方法越来越成熟。1993 年以来,为克服经济过热和较高的通货膨胀而采取的一系列宏观调控措施所取得的成功,使国民经济既保持了快速的发展,又降低了通货膨胀率,实现了解决宏观经济过热问题的成功的"软着陆"。这一事件证明中国政府在领导市场经济问题上的日益成熟,从而为今后国民经济的适当快速、稳定增长提供了有利的条件。

4. 改革开放以来,中国经济不合理的产业结构得到了调整和改善。基础产业部门得到了较大的发展,能源、交通、通讯等部门的供给能力有了明显的加强,国民经济的"瓶颈"制约得到了相当程度的缓解。这也为国民经济的适当快速、平稳发展提供了有利条件。

5. 中国经济成功地实现了"软着陆"之后,通货膨胀率已经降低到适当的程度,主要商品的物价水平保持了稳定。在中国政府继续认真谨慎地执行"适度从紧"的政策下,这种低通货膨胀的经济态势仍将继续保持下去。这种形式为中国经济今后几年的适当快速发展提供了一个较为稳定的环境。

6. 农业生产稳步发展,是中国经济适当快速发展的又一个有利条件。多年来,中国政府一直注意增加对农业的投入,保持了农业政策的连续性和稳定性,加上粮食的连年丰收,都为中国经济的较快发展和物价稳定提供了重要的保证。从 1997 年开始,国家以高于市场价格的保护性价格收购粮食,更使农业的稳定增长得到了保证。而农业的稳步增长则为整个国民经济的适当快速增长提供了稳定的条件。

7. 投资增长的推动作用。中国经济的快速增长在很大程度上靠投资发挥了重要的作用。近两年来全社会固定资产投资一直保持着适当的增长速度,投资的行业结构也有较好的改善。

8. 1997 年财政收支完成预算情况良好,上半年收大于支 380 亿元人民币,财政收支状况好于往年,而且,中央财政收入增长快于地方。政府财力的增强为国有企业改革和经济增长提供了适当的保证。

9. 中国对外贸易连年保持了顺差,外汇储备不断增加,目前已居世界第二位,实际利用外资也在不断增加。根据今年亚洲金融风暴冲击后的形势来看,尽管对外出口会受到一定程度的影响,但影响变化不太大。而且,明年和今后几年内,中国仍将是世界上有利的投资场所之一。中国吸引的外资仍将继续增长。从这方面来看,中国经济的适度快速增长仍然是有条件的。

10. 金融形势依然保持着稳定。1997 年上半年 M_2 增长速度继续回落,M_1 的增幅变动不大,M_0 的余额增长大致正常,金融活动基本适度。这也为中国经济的适度快速增长提供了稳定的环境。

经济增长的阻碍因素

当然,中国经济的适度快速稳定增长也面临着一些不利因素。从国外因素来看,一方面,由于中国近几年连续出现对外贸易顺差,外汇储备水平较高。这就会产生要求增加进口、减少净出口额的压力。这样,净出口额对于经济增长的推动作用将会减弱。另一方面,主要是亚洲金融风暴冲击后,中国维持人民币币值稳定所造成的出口竞争能力的削弱。尽管对于已经签订的1998年的出口合同而言,这种影响并不存在。对于未签订的出口合同,影响也主要在于相同产品或可替代产品方面,而不是所有的产品。而且,从长期来看,随着东亚和东南亚各国经济的逐步恢复,这种不利影响也许会逐步消除。从整体来看,这种不利因素并不会长久阻止中国经济快速增长的基本趋势。但是,无论如何,在近年内净出口增长将会放慢。

从国内因素来看,对于经济增长有阻碍的方面主要是:

(1) 中国经济在整体上已经比较庞大、初具规模,简单的数量扩张阶段已经基本结束。工业化正在从数量扩张为主转化为以结构调整和结构优化为主。依据多数经济发达国家和地区的已有经验来看,在这种转变中,经济增长会出现增速逐渐变慢的趋势。

(2) 在投资结构调整过程中,投资规模不会过度扩张。目前投资名义增长率处于12%至13%左右,是大致较为合理的水平。

(3) 由于收入水平的限制和收入差距的扩大,消费需求变化不大,消费品市场变化也不会很大。1996年底以来,社会消费品零售总额的实际增长率已出现略有下降的趋势,再加上当前居民收入增长幅度趋缓,消费需求增长减缓将成为1998年乃至今后几年中国经济不会出现高增长的主要原因之一。

除去上述问题之外,中国经济增长过程中也有一些不确定的因素:

(1) 国有企业改革和结构调整问题。1990年以来,国有企业改革的进展一直比较缓慢。国有企业长期积累的问题最多、最复杂,涉及范围最广泛。尽管中共"十五大"进一步解除了国有企业改革的禁区,但改革仍然充满了困难,绝不可能一蹴而就,很快完成。国有企业改革进展如何,将会直接影响到中国经济在未来几年内的增长速度和状况。

(2) 收入分配的改善问题。这也是改革较慢的方面之一。这方面进展如何也将直接影响消费需求的增长,从而影响中国经济的增长速度。

(3) 在发生了东南亚和东亚金融风暴之后,中国金融体制的进一步改革面临着既要提高金融效率,又要增强其抵抗风险和外部冲击能力的问题。这就有可能使中国金融改革的进程放慢,从而增加其支持经济增长的不确定性。

上述这些不确定的因素都会在一定程度上影响经济的快速稳定增长。

不过,从总的方面来说,有利的因素还是大于不利的因素。只要政府把握得当,不出大的意外,中国经济在未来几年内仍可保持适度快速稳定的增长,所以,人民币贬值可能性不大。

中国金融风险的预防与经济隐患的消除*
——亚洲金融风暴的警告和改革的迫切性

亚洲金融风暴及其在一些国家引发的经济危机已经持续了将近一年,遭受金融风暴摧残的国家至今尚无经济复苏的明显征兆。最近,日元汇率进一步大幅度下跌;印尼甚至在经济和政治互动的情况下,出现了经济危机进一步加深的迹象。这次金融风暴不仅严重地损害了有关亚洲国家的经济发展,而且对于全球经济都发生了重大的影响。面对如此严峻的局面,值得庆幸的是,中国不仅躲过了这场来势凶猛的金融风暴的袭击,而且还对某些遭受金融风暴伤害的国家提供了有力的支持和帮助(直接提供了中国能够提供的外汇援助,并且在付出很大代价的情况下,坚持人民币不贬值)。但是,躲过这次金融风暴的直接袭击并不意味着中国不会遭受影响和损失,也不意味着中国经济中不存在发生金融危机和经济问题的隐患。考察这次亚洲金融风暴在有关国家引起经济危机的内在原因,并和中国的金融与经济问题相对照,便会发现,中国经济中同样存在着发生金融危机与相关经济问题的隐患,只不过由于某些原因的制约,特别是中国的金融市场并未对外国资本自由开放,才避开了这次亚洲金融风暴的直接冲击。

但是,在发展市场经济的道路上,在改革开放的进程中,我们不能永远对外关闭金融市场。一旦放开金融市场,我们是否也应该对于国际金融危机的发生保持应有的警惕呢?为了保证中国经济体制改革的顺利进行和经济的健康发展,为了使中国能够在目前的经济体制改革和今后的长期经济发展中避免发生类似的金融危机和经济危机,我们必须真正警醒起来,对于此次亚洲金融风暴和经济危机在一些国家发生的原因进行真正深入的研究和探讨,以便及早清除隐患。

为什么有的国家会发生金融危机?为什么在这次亚洲金融风暴袭击中一些国家会在外来的冲击之下引发经济危机,遭受严重损失呢?经过研究,

---

* 原载于《经济科学》1998年第4期。

我们发现这些国家发生金融危机和经济危机既有外部原因,也有内部的原因。归结起来,这些原因主要在于以下几个方面:

首先,国际游资的投机性活动,是造成某些东南亚国家爆发金融危机的直接外在原因与导火线。但相对说来,这并不是最重要的原因。

其次,这些国家发生金融危机,甚至引发经济危机最重要的原因在于其国内的金融或经济方面的问题。再进一步探讨,从内部原因来说,主要表现为如下几个方面:

1. 在金融市场实行自由化的国内条件尚未成熟时,提前全面放开本国国际金融市场,为国际投机资本冲击本国经济和金融市场大开方便之门。泰国从1992年开始,在汇率体制僵化、金融制度不健全、缺乏应有的严格监督和管理机制情况下,全面放开了资本市场,实现了金融市场的自由化。这既为国内企业自由借贷外债提供了方便,也为国际短期投机资本的自由进出敞开了大门。韩国则实行了不彻底的金融自由化改革,一方面,实行对外金融自由化政策,对外完全放开金融市场,为外资的自由进出打开方便之门,让国内企业和银行直接参与国际竞争;另一方面,又对国内银行与企业实行了一定的官方保护,在一定程度上掩盖了企业和银行存在的问题,直至在金融风暴冲击下发生危机的总爆发。

2. 经常项目逆差、外债增加和资本外逃,造成本国货币汇率贬值的巨大压力,成为金融危机的爆发的直接原因。泰国从1992年放开资本市场起,就开始大量举债。到1996年,泰国外债已经高达900亿美元,其中400亿美元为短期债务,超过了其外汇储备的存量。菲律宾、印尼和马来西亚的外债在其国内生产总值中所占的比重分别为53%、48%和36%。泰国1996年的经常项目逆差为14.3亿美元。而东南亚发生金融危机的国家国际收支逆差在国内生产总值中所占的比重都超过了国际公认的5%的安全线。此外,1996年,在投资效益不佳情况下,泰国开始发生外流资金大于内流资金的现象。1997年,这种情况变得更加明显和严重。资本外逃还直接造成了汇率不稳。众所周知,1994年,墨西哥爆发金融危机主要就是由大量外债和资本外逃引起的。国际收支逆差较大,外汇储备较少,缺乏维持本国正常国际经济活动和应付特殊需要的外汇能力,使得这些国家抵御国际金融风险的能力脆弱。在这种情况下,为了保持国际收支平衡,泰国企图以投机性较强的短期外国流动资本流入的增加来弥补经常项目的赤字。但在经济形势和投资气候发生变化后,这种短期外国流动资本立即抽身外流,形成对泰国外汇和金融市场的巨大冲击,引起泰国本国汇率狂泻和资本奇缺,酿成了金融危机。

3. 金融制度不健全,缺乏应有的严格监督和管理机制,是一些东南亚国家发生金融风险的潜在性制度原因。这些国家在发展外向型经济过程中,对于外资的依赖程度日益加深,但是,又缺乏严格有效的金融监督制度和管理机制来对外资的不当使用和存在的风险,实行及时有效的监督管理,并提出及时必要的警告,以防止和躲避金融风险。金融制度和管理体制上的这些缺陷,使得经济和金融方面的问题与隐患,不能被及时发现和制止,以致在特定条件下酿成危机的爆发。比如,泰国一方面实行金融市场对外自由开放的政策,实行"曼谷国际金融便利"业务和"非居民泰铢账户"的制度,让外国资本自由进出;另一方面又没有建立相应的制度或机制来引导和制约这些外国资本的恰当运用,以至于既为本国企业自由举借外债大开方便之门,又为形成"泡沫经济"提供了条件。(据悉,泰国股票市场上外国资金所占的比例高达34%。这既直接加剧了证券市场的波动,也对房地产市场的投机活动起到了推波助澜的作用。)在"泡沫经济"出现、短期外国流动资本被大量投入本属长期资本运用的范围时,泰国的有关方面也没有给予相应的约束和及时制止。这在客观上纵容了"泡沫经济"的膨胀,为后来发生的危机埋下伏笔。

4. 汇率体制僵化,不能与适当的调控机制相配合,以适应外汇市场的形势变动,是一些东南亚国家发生金融危机的另一个潜在原因。比如泰国,在金融自由化条件下,实行泰铢与美元挂钩的钉住汇率制,这本身就意味着维持汇率稳定的巨大成本和一旦不能维持汇率稳定时存在的巨大潜在风险。最初泰铢汇率定值就偏高,再加上近年来美元汇率由于美国经济形势较好而上扬,与美元捆在一起的泰铢的汇率也随之上升。在外资因投资效益不好而大量外逃的情况下,泰国政府面临着维持汇率稳定的极大压力。但是,泰国政府在外汇储备不足的情况下,对于不适应经济变动、容易受到外部冲击的钉住汇率制,既没有加以适当的改革,也没有及时加以调整。这种体制上的缺陷为金融危机的发生提供了运行条件。

5. 金融政策运用不当,未能及时采取有效的措施对金融危机进行预防,是这些东南亚国家发生金融危机的重要原因。例如,泰国在经常项目连年逆差的情况下,没有及时调整产品和产业结构,扭转出口不利的局面,而是错误地靠提高利率吸引大量短期外资流入来弥补国际收支缺口。在这种情况下,泰国政府又没有认真地对自己的金融政策加以审视和检讨,以便及时加以调整,以适当的金融政策去弥补制度和机制上的不足。这种情况最终既为后来金融危机的爆发提供了条件,也为金融危机导致的经济危机提供了条件。韩国则为了支持本国企业在国际市场的竞争中占据优势,在不顾企业资产负债状况和经济效益的情况下,实行了对于大企业财团的融资和贷款加以扶持和保护的政策。这在一定程度上忽视了大量债务累积所可能引起的风险损失,当东南亚金融风暴袭击到来时,终于在本国汇率下跌、外汇储备不足的情况下引发危机,酿成大患。

6. 外资利用不当是一些国家发生金融和经济危机的又一内在原因。这表现为:(1)本国经济发展对于外资过分依赖。这在一定程度上造成本国经济必然遭受国外资本波动的较强影响。(2)外国短期流动资本在本国引进的外资中比重过大。这在一定程度上又增大了本国经济波动和风险的程度。(3)外资运用流向不当:把短期外国流动资本拿到长期投资领域使用,形成资本运用中的较大风险;把大量短期外国流动资本,运用到人为炒热的证券市场、旅游业和房地产业方面,造成"泡沫经济"。这也成为经济风险发生的隐患。泰国就是在炒热的"泡沫经济"中,把借入的大量短期流动资本投入证券市场、房地产业和旅游业,造成供求失衡,酝酿了巨大风险。

7. 银行的"空壳化"和负债经营,是发生金融危机的直接原因。在这次金融危机爆发时,韩国最大的九家银行的坏账率竟高达其资本额的37%—94%;日本四大证券行之一的百年老店——山一证券隐藏了五年之久的账外不明债务高达2 648亿日元(约21亿美元)。据估计,全日本银行的不良债务可能高达100万亿日元,而实际数字也许永远都查不清。由此不难看出,银行呆账和坏账较多,金融企业资产运营不良,这也是一些国家形成金融危机的内在原因。

8. 经济体制不健全条件下,政府的不当干预以及官商勾结的腐败行为为金融危机提供了发生的土壤。印尼、韩国、日本在这方面较为典型。在韩国,为了增强本国企业在国际市场上的竞争力,政府大力扶持大财团,垄断国家经济。在特定政策目标下,政府为大企业和银行提供了金融风险的最后屏障和保护伞。银行对于大财团的融资充分支持,甚至违规操作、无限供给,而不管其资金运用效率如何。这些都为经济发展和金融运作埋下了隐患。另一方面,韩国、日本和印尼的当权者贪污受贿丑闻不断,政客和大财阀相互勾结,妨碍市场经济的正常运转和调节。这些既为金融危机的发生提供了土壤,也在一定程度上掩盖了问题、积累了矛盾,增强了金融危机爆发的突然性和危机对经济冲击的强度。有着世界最多外汇储备的日本,此次受到金融风暴冲击,经济发生萎缩,同样也和官场腐败、法制不健全、金融机制透明度低,掩饰了矛盾和问题,以致不能及时调整和解决经济中的问题有关。

综上所述,一些东南亚国家由于存在诸多内在的深刻的金融和经济方面的原因,国际投机资本抓住时机发动的投机冲击(或者由此而来的金融风暴冲击),成为这些国家发生金融危机和经济危机的导火线,就是不足为奇的了。

和这些国家相比,由于金融市场尚未对外自由开放、人民币不能自由兑换、外汇储备相对丰富、外债数额不大等原因,中国经济没有受到这次亚洲金融风暴直接的外来冲击,也没有发生金融危机和经济危机。但中国经济并非高枕无忧。在不断发展市场经济、走向更加开放的环境、与世界经济接轨、逐步融入全球经济一体化的过程中,中国全面放开国际金融市场只是早晚的事。现在一些亚洲国家发生的金融和经济危机,未必永远不可能在我国发生。事实上,中国经济中已经存在着某些引发金融危机和经济危机的隐患,只有引起高度的警惕和注意,及时加以改革和调整,才能防患于未然。与东南亚发生金融危机和经济危机的国家相对照,我们的一些金融和经济弊端具有惊人的相似性。这主要表现在以下一些方面:

1. 我国的金融制度同样不健全,同样缺乏应有的严格的监督和管理机制。在我国的金融活动中违规违法现象同样存在:银行向企业发放贷款不问企业的信用和效益的情况、企业对银行贷款任意拖欠不还的情况、各级政府向银行以各种名义发号施令,支配贷款的情况、各种"有关系"的人可以用各种办法从银行弄出钱来的情况、银行内部的人想办法挪用公款为私人牟利的情况以及管理混乱、账目不清、资金流失、资不抵债、制造假账等情况。这些都为金融企业的危机与风险提供了存在的条件和可能,如不及时改革和整顿,迟早会引发大患。

2. 中国同样存在资产运营不良、银行呆账和坏账较多的问题。中国的银行坏账和呆账既与银行经营管理不善有关,也与国有企业效率低下有关。中国国有企业资金来源实行"拨改贷"以来,许多国有企业的固定资产和流动资金几乎全部来源于银行贷款。这造成了国有企业高达80%的单一来源的负债率及高额利息成本。银行和国有企业之间形成了一种恶性循环:国有企业需要靠银行贷款维持运转。借贷利息加上其他成本(如"回扣"、"好处费"、"交际费"等)形成了企业的沉重负担。在国有企业经营管理不善、效益不好的情况下,国有企业长期拖欠借款和利息不还又造成银行坏账和呆账增多,信贷资金长期沉淀。而风险增大的银行在国家政治需要和政策压力下,明知道这种做法可能发生危机,也只能继续向那些国有企业发放贷款。在银行经营管理不善条件下,这种情况会更加严重。当这种情况达到一定程度时,就会增大发生金融危机的风险。按照《巴塞罗那宣言》的规定,银行自有资产必须保持在8%的警戒线以上。而到1996年,我国国有银行自有资金比率已经下降到了3%左右,比该警戒线整整低了五个百分点。这表明我国国有银行业如同坐在火山口上一样,随时都存在着爆发金融危机的巨大隐患。而我国一些国有企业也存在着严重的问题。有关资料表明,我国国有企业的负债率竟高达80%。此外,国有企业的经济效率不高,资产损失和资金挂账问题突出,空壳企业占企业总数高达1/4。当国有企业和国有银行同时存在上述问题时,就会互相拖累。如不认真解决国有企业的经济效率问题,迟早也会拖垮银行,导致金融危机的发生。

3. 中国金融领域同样存在着政府不当干预和腐败行为的问题。由于我国金融体制和相关经济体制不健全,国有商业银行尚未成为真正独立自主的经营主体。各级政府经常出于自身利益或局部发展的需要,对国有商业银行进行干预。它们不顾银行的经营原则,强行要它贷款给那些经营不善的企业。这往往造成不良贷款,形成呆账、坏账。此外,也有一些人利用手中的权力,进行"权钱交易",或化公为私贪污挪用,或要求银行进行不当贷款,或私自将银行资金拿去炒股票和投机,造成银行自有资金的减少和国有资产的重大损失,从而削弱了银行的经营和调节能力。这种情况不加制止,也很有可能像有些东南亚国家那样,早晚会引发金融危机。

4. 中国国有资产流失严重,有些银行和企业事实上已经成为"空壳"。中国从1985年到1994年间的资本外流(即流往国外)占外债增长比例的52.3%。这表明,在中国,一方面向国外大量举债融资,另一方面却有超过一半的资本通过各种途径在流失,甚至有些是永久性地"消失"在国外。90年代以来,中国每年的资本外流额甚至超过了新增的外债额,并且超过了80年代世界上15个债务负担最沉重的国家资本外逃的平均水平。这种资本外流使得中国成为位于委内瑞拉、墨西哥和阿根廷之后的世界第四大资本外流国。从1989年到1995年期间,中国长期资本外流的总量超过了一千亿美元。(与1996年的外汇储备差不多相等。)从长期看,真正的对外投资增长会给中国带来收益和其他好处。但是,化公为私的资本外逃则完全削弱了国家的经济实力。大量资本外流总会削弱国家的征税基础和能力,而且外流资本总是以外汇流失的形式发生,这在一定程度上就会对我国汇率的稳定形成压力,从而孕育潜在的金融风险。幸亏中国的老百姓对于政府和银行始终给予了充分的信任。他们从来没有怀疑过政府和银行,因而保持了较高的储蓄率和购买国债的热情。这才支撑了某些负债经营的"空壳化"国有银行和企业的存在。如果老百姓对于国有企业和银行的信心崩溃,发生挤兑的话,我国的金融危机将是难以避免的。

5. 尽管中国至今尚未实行资本市场的对外自由化,但短期国际资本的活跃已有迹象。我国一些国有企业的股票在海外公开上市,这些企业必然会受到国际金融市场波动的影响。另外也有资料表明,现在已经有一些国际短期资本(通过侨汇或其他形式借助国内私人之手)进入中国金融市场来套利。在我国金融制度不能尽快健全、严格的金融监管机制不能尽快建立、腐败行为不能彻底清除的情况下,短期国际资本的活动也将会在一定程度上增大我国的金融风险。

6. 我国也存在引进的外资运用不当和产业结构不协调的问题,"泡沫经济"在一定程度上也有所表露。最近一些年里,国内一些地区竞相招商引资,一方面出现大量重复投资的同构企业,造成产品结构重复,产品数量积压,供给大于需求,严重影响了投资效益和外资利用效率;另一方面,大量资金进入证券市场炒买炒卖,或投资房地产,造成房地产业持续升温,产生一定程度上的"泡沫经济"。我国纺织、家电、煤炭等行业已经出现严重产品过剩。由此引发的价格大战,造成了企业经济效益差,社会资源配置效率低下,银行不良贷款增加。在房地产热中膨胀起来的大量投资,在形势变化后也难以收回。到 1996 年底,中国商品房积压已达 6 800 万平方米,由此发生的资金沉淀达 1 200 万亿元。在中国大多数老百姓收入水平较低的情况下,房价过高形成资金长期沉淀,造成不良资产和银行的呆账;如降低房价,则会造成房地产开发商的经营亏损。上述这些问题都加剧了企业和银行相互拖累的程度,也增大了金融危机发生的风险。

可喜的是,亚洲金融危机的发生,已经引起了我国政府的高度重视和警惕。政府已经着手制定和采取了一些重要的措施,如:对外谨慎放开金融市场;进一步改革中国的银行体制,撤销中国人民银行在各省、市、自治区和直辖市的分行和支行,增强中央政府对银行活动的监管,从制度上减少各级地方政府干预银行业务活动的可能性,让商业银行真正成为独立经营的金融企业;认真整顿全国的金融秩序,对全国金融信托机构进行整顿,清理债务、呆账、烂账;加强对农村信用社互助金的管理、控制;调整 1998 年的宏观经济指标,适当降低经济增长率,改革国有企业,提高企业经营效益。这些举措的实施无疑会使中国增强抵御金融风暴和金融(经济)危机的能力。但是,对于我国发生金融危机或经济危机的危险绝不能掉以轻心。我们还必须进一步深化经济体制和金融体制改革,认真解决所有的隐患和问题,特别是长期中形成的令行不止、上有政策下有对策,使得政策不能贯彻到位的状况,以及各级行政机构中少数人的腐败现象。只有真正做到了这些,我们国家才能真正消除发生金融危机和经济危机的隐患与危险。

欧元汇率变动趋势的分析*

欧元正式启动以来,至今已有两年。其间,欧元汇率几乎一路持续下降,尽管出现过一些小幅止跌的情况,但都是非常短暂的变化,基本趋势一直是下跌的,只是在 2000 年 11 月底才出现了抬头回升的势头。在经济日益全球化的条件下,欧元汇率的变动趋势自然引起人们的关注。尤其是欧元经济区以外的人们对此莫衷一是,反应不一。对于欧元汇率的一路下跌,人们关心的是这种趋势什么时候会到达它的最低点。而在欧元汇率出现回升时,人们又关心这种回升的势头会持续多久,是否会恢复到它最初的发行水平,甚至是否最终会超过最初的发行水平。针对这些问题和疑问,有必要从经济学的角度,认真分析一下欧元汇率变动趋势背后的真正原因,看看到底应该如何看待和评价欧元汇率的变动趋势,欧元汇率在今后会继续上扬还是在当前水平上徘徊震荡。这将直接影响我们国家在新形势下制定适当的对外贸易和金融政策,也会影响到一些有关企业的相关对策。

欧元启动以来究竟是否成功,需要从它对欧元区经济发展的影响和对世界经济发展的影响来看。

从欧元经济区的经济发展情况来看,两年来基本是处于一种复苏和增长的态势。欧盟 15 国在 2000 年的总体经济增长率达到了 3.4%,比上一年增长了一倍多。尽管这个增长不如美国(5%),但比日本(1.5%)要高得多。① 此外,整个欧元经济区就业增长,投资增加,物价控制在适度水平内,产业结构也得到一些调整。这种较好经济状况的取得,除去其他各种因素之外,欧元的启动及其汇率状况也发挥了一定的作用。以此看来,欧元的启动并没有对欧元经济区的经济发展产生消极作用。所以,站在欧元经济区

---

* 原载于《经济科学》2001 年第 1 期,本文是在作者于 2000 年 11 月作为德国奥斯纳布鲁克大学经济研究所访问教授时所写作的文章基础上,经翻译和修改补充而成。本文的写作得到了德国奥斯纳布鲁克大学经济研究所及米歇尔·布劳尔克教授的大力帮助,这里谨对他们表示衷心的感谢。

① 该处数据转引自裘元伦《欧盟虽逊美国,仍具春色》,载《北京青年报》2000 年 12 月 28 日第 15 版。

的角度看,可以讲,欧元的启动在这两年内基本是成功的。

从外部来看,人们主要是从欧元汇率变动的影响和国际资本的流动角度来对欧元启动的成功与否进行判断的。在欧元启动后的两年中,和最初启动时的汇率相比,欧元汇率最低曾经一度下跌了近30%。即便在2000年10月底,按照名义值计算,也下跌了20.4%,按照欧元经济区实际消费物价指数计算,下跌了19.2%,按照实际生产物价指数计算则下跌了18.9%。同样,如果按照欧元对美元的双边汇率计算,欧元的汇率则从最初的1欧元兑换1.161美元降为1欧元兑换0.855美元。[1] 尽管欧元汇率变动并不是评判该时期欧元发行是否成功的惟一标准,但它却是那些生活在欧元经济区之外的人们判断欧元成功与否的标准,而且是影响欧元在国际货币与金融市场中的地位与重要性的一个重要因素,甚至它也会最终影响欧元经济区的物价稳定和经济发展。事实上,就在2000年9月底,欧元经济区的一致消费物价指数已从1998年的1.1%上升到2.8%,增加了1.7%(该总量包含了商品消费物价指数从1998年的0.1%上升到2000年9月底的3.5%,工业品物价指数从1998年的0.1%上升为2000年9月底的4.2%)。

应该怎样理解欧元启动以来其汇率的变动呢?我认为,在这里,不能运用纯粹的汇率决定理论进行分析,而应该着重从外汇市场的供求角度及其决定因素方面加以分析。在正式对外汇市场上欧元的供求进行分析之前,首先,我们可以理解在欧元发行最初几个月内欧元汇率的下跌。这也许是因为人们对于欧元的期望和预期太大,或者是当时的具体条件使得欧元的汇率在最初设定时就高过了它本来应该被实际估算的价值。

应当说,在欧元启动之初,其汇率被高估是有一定客观理由的。对于这种情况,我们可以从两方面来加以理解:

其一是,在1998年12月31日准备启动欧元时,欧元汇率的设定是以当时欧洲货币单位(EMU)的价值为基础的。而1998年底时,欧洲货币单位的价值要高于在那以前几年的水平。因为1998年的石油价格比欧元发行后要低,欧元经济区进口生产资料的成本也较低,因而欧元经济区的通货膨胀率自然就较低。此外,由于1997年7月以后亚洲金融危机和经济危机的影响,亚洲经济不景气,陷入了萧条状态,而欧洲经济却开始走向复苏。在这种形势下,人们普遍看好欧洲经济,德国马克和法国法郎的汇率比较坚挺,其变动趋势在走强。在这种背景之下,欧洲货币单位的价值自然会处于

---

[1] 该数据来自:"*ECB Monthly Bulletin*", November 2000, European Central Bank press.

高点。但是,1999年后,亚洲金融危机逐渐过去,石油的价格也再度急剧上涨,欧洲经济区的通货膨胀上升的压力开始增大,原来以欧洲货币单位的价值为基础的欧元的实际价值也自然变小,欧元的汇率也就理所当然地下跌了。由此,站在现在的角度,我们也许可以客观地讲,和后来相比,欧元的汇率在欧元最初启动时的确是被高估了。不过,我们也应看到,欧元经济区的经济发展形势在同一个时期(直至当前)却是比较好的。从这个角度看,欧元启动时的定值也许并不算高。然而,不管怎么说,欧元汇率的变动趋势似乎与欧元经济区的经济发展趋势在方向上并不一致,与欧元汇率下跌相并行的,却是欧元经济区经济的进一步复苏和发展。当然,也正是鉴于欧元经济区的这种较好的经济发展形势,欧洲中央银行在这一期间基本上没有采取十分有力的措施去干预和维持欧元汇率的水平。与之相反,欧洲中央银行倒是一直采取中性立场和态度,以维持物价的稳定作为既定的货币政策目标,而任由欧元汇率在外汇市场上自由变动。

其二是,欧元经济区的一些人(我们也不排除某些决策者和各国政策在内心上)希望通过较低的欧元汇率来推动欧元经济区的经济发展。众所周知,欧元经济区的经济在很大情况下需要靠出口来带动,同时也要靠较低的资源进口成本来增强其国际竞争力。在较低的汇率下,欧元经济区的商品出口将会增长,如果资源进口的成本没有大的变化,欧元经济区的经济也将会由此而增长。事实上,在欧元汇率最近刚刚回升之前,欧元汇率的下降和欧元经济区经济的回升,似乎都是按照抱有上述期望的人们的意愿发展着的。欧元经济区在2000年的出口比上一年增长了10%左右。欧元汇率持续低于美元显然是其中一个重要的因素。

不过,实际上,欧洲中央银行的决策机制和有关制度并不会按照那些人的意志去决定欧元的汇率。欧洲中央银行也不是在绝对意义上不对欧元汇率进行干预。仅在2000年11月,它就曾经在不同程度上三次干预过欧元的汇率。只不过其干预效果并不理想罢了。

实际上,欧元汇率的长期持续下跌,或者下跌幅度太大,终究会对欧元经济区的经济发生重要影响。当欧元汇率过低时,国际投资者和投机家的利益都将受到损害,国际资本将会较多地移出欧洲,进口成本将会上涨,物价也许难以保持稳定。问题在于,欧洲中央银行究竟会把欧元汇率的变动问题放在什么位置上,是否会提到它的议事日程上。

正是由于这些原因,一些人已经开始更多地注意这个问题,开始研究欧元汇率的变动趋势,分析其变动的真正原因。在本文中,我将研究和分析影响欧元变动趋势的真正原因,并对欧元汇率当前和以后一段时间的变动趋势给出个人的估计。

在我看来,在一般情况下,首先应当从两个最直接的方面理解欧元在国际货币市场上的汇率变动:这就是欧元在国际货币市场上的供给和需求的状况。(当然,在需要的时候,我们也应该了解美元的汇率变化和日元的汇率变化,并把它们与欧元的汇率变化对照加以研究。)当然,我们也应当进一步分析影响欧元供给和需求的原因。那就是:(1) 在国际货币市场和国际金融市场上对欧元和对美元需求力量的差异。(2) 欧元经济区和美国(有时也包含日本)的经济差异。这两方面的原因相互影响,在将近两年的时间里,形成了欧元汇率下跌美元汇率上升的局面。这种形势似乎也表明了一种已有趋势不断加深的循环圈。如果没有一种大的力量从外部来打破这个循环圈,它就会继续存在,并且会不断加深下去。我们可以相信,上述两个原因中的任何一个都不足以单独解释近两年内的欧元汇率下跌和欧元的疲软,也不足以单独造成欧元发行后至今的局面。

为了更好地理解欧元汇率的变化趋势,我们需要对影响欧元汇率变动的真正原因和要素加以分析。具体说来,这些真正原因和要素有这样一些:

第一,美国和欧元经济区的经济实力和经济状况对比,是决定美元和欧元汇率高低以及全球金融市场对他们需求状况的根本因素。

美国经济在近十年来基本上完成了它相关的经济结构调整和经济结构改革。美国经济也实现了连续 120 个月的经济增长,甚至美国政府也在美国信息技术和其他高科技领先的条件下实现了大量的财政盈余。这在美国历史上是没有先例的,在世界历史上也是并不多见的。这似乎表明,美国经济走上了一条经济增长的快车道、充分就业的快车道和没有通货膨胀的持续发展的快车道。这条美国道路极大地鼓舞了全球投资者和冒险家到美国去投资,去投机。而全世界对美国投资的增加和向美国流入大量的资本,又反过来促进了美国经济的增长。这种情况似乎也表明了一种容易为人们所接受的循环圈子。在这种情况下,美元在国际货币市场上就越来越强,美元汇率则日趋上扬。最终,美元成为被国际投资者和投机家们竞相追逐的对象。这种情况为美元保持坚挺提供了有力的基础。毫无疑问,在国际货币和金融市场上,对美元的需求越多,对欧元的需求就越少。于是,一个强大的美国经济不仅支持了美元的坚挺,而且也相对地引起了欧元的疲软。

另一方面,欧元经济区的经济状况,也对欧元汇率变动的趋势具有重要的影响。在欧元经济区,从欧元启动以来,固然主要的欧元成员国已经取得了经济复苏,并表现出其经济的一定活力。但是,他们的经济基本上还是属于传统的经济结构,而且,其经济增长速度和美国相比,也较为逊色。例如,2000年6月份以后的5个月时间内,在石油高价的冲击下,欧洲市场需求普遍表现疲软,德国西部地区的周期性繁荣指数连续三个月持续表现出下滑。此外,在同一时期内,欧元经济区内通货膨胀的风险在增大,人们对欧元经济区进行投资和持有欧元资产的信心不足,因为欧元经济区的投资条件与具有高新技术、高生产率的美国无法相比。于是,大量的资金从欧元经济区流向了美国,这就导致了国际货币和金融市场上对欧元的需求减少,而对美元的需求增大。结果,引起了欧元汇率的下降。而这又反过来进一步鼓励了欧元经济区的大量资金流出。这种情况似乎也形成了另一个不断加深的循环圈。如果没有任何外部力量来打破这个循环圈,它也将继续存在,并且会不断加深。显然,这是一个不能为人们所接受的循环。解决这种循环问题的最好办法就是首先尽量去避免它,而不是如何打破它。

此外,在欧元经济区内,欧元成员国之间的经济水平原来是存在着差距的。这种差距在欧元正式启动后没有很快消失。本来,各个欧元成员国都希望本国的经济能够通过欧元的启动得到推进。但是,由于各成员国之间经济发展水平的差异,欧元带给它们各自的影响和冲击是不同的。鉴于这种情况,每个欧元成员国都试图对欧洲中央银行施加压力,以便欧洲中央银行能够制定出更符合自己利益的政策。但这是给欧洲中央银行出难题。因为从欧元经济区所有成员国的整体利益出发,欧洲中央银行必须制定统一的经济政策。否则,欧洲中央银行制定的就不再是它自己的政策,而变成了个别成员国的政策。那是其他国家更不能接受的。但统一的中央银行的政策也肯定不会满足所有欧元成员国的个别要求。在这种情况下,不可避免地会出现两个后果。一方面,欧元成员国各自不同的条件,包括具体的政治、经济、文化、政策等将对欧洲中央银行的政策和欧元汇率的变动产生影响。这些将使欧洲中央银行的决策产生困难。另一方面,欧元经济区的整体经济增长会由于个别成员国的经济滞后而被"拖后腿",不能尽快地进入增长的快车道。

由上可知,至少,在欧元启动的最初这将近两年时间内,欧元经济区和美国经济的形势与实力对比,是决定全球金融市场对它们需求状况的根本因素,也是欧元汇率和美元汇率此低彼高的基本因素。

尽管2000年11月底以来,由于美国股市行情下跌,显露出经济增长放慢的迹象,人们便开始寻求风险较小的选择。但欧元经济区的经济情况仍然相对保持稳定,所以,对欧元的需求出现上涨,欧元汇率也出现转折,开始掉头上扬。不过,要知道,如果美国经济真的出现增长放缓,甚至波及全球的话,欧元经济区的出口增长也必将大受影响,因而也可能因受美国经济的牵连而发生停滞。到那时,欧元经济区和美国的经济实力对比,也许仍然不会发生大的变化。如果其他各国政府在经济全球化的联系中害怕美国经济减速的连锁影响,从而对美国经济施以援手的话,欧元经济区和美国的经济实力对比,也可能同样不会发生大的变化。总之,欧元经济区和美国的经济实力对比,在几年时间内并不会迅速缩小差距。因而决定其货币汇率变动趋势的这个根本因素也不会发生大的变动。

第二,欧洲中央银行的货币政策目标和它对欧元汇率变动所采取的放任政策,也是导致欧元启动以来所出现的变动趋势的因素之一。

欧洲中央银行缺乏,也从未有过一种对其成员国的实际经济进行有力控制和有效调整的举措。他们相信市场会自动地解决那些问题。欧洲中央银行的主要任务始终是在欧元经济区内稳定物价水平。所以,从欧元正式启动以来,欧洲中央银行在大部分时间内没有干预欧元经济区的实际经济活动。在另一方面,在大部分时间内,它也没有把欧元汇率的变动趋势放在重要的地位,或者说,没有认真地重视这个问题。它关心的首先是,甚至只是通货膨胀问题。只有通货膨胀问题提上议事日程时,它才会从解决通货膨胀问题的角度对欧元汇率进行某种程度的干预。从欧元正式启动后其汇率一路下跌的时候起,欧洲中央银行就采取了不干预的放任政策。但在2000年内,当较高的石油价格进一步冲击了本已下跌的欧元汇率,使之进一步下降,并推动了欧元经济区的通货膨胀指数几乎上升到欧洲中央银行曾经加以保证过的最高上限时,欧洲中央银行才考虑采取一定的措施。2000年9月,欧洲中央银行曾经紧缩了它的货币供给。从2000年11月起,欧洲中央银行进一步采取步骤,把它的利息率提高了总共225个基本点。但是,那些在国际金融和货币市场上能够运用其资金在欧元经济区进行实际投资的人,担心欧元的利息率会继续提高,也担心欧元经济区的经济增长会受到损害。所以,他们仍然会在对比欧元经济区和美国的经济状况之后,选择在美国投资,并在国际货币和金融市场上抛出欧元和追捧美元。此前,欧洲中央银行曾宣布了它对欧元汇率不干预的决定,结果引起了欧元的跌势不止。这使欧洲中央银行在某种程度上陷入了在为防止通货膨胀和汇率下跌所要采取的紧缩性货币政策和为促进欧元成员国经济增长所采取的政策之间两难选择的境地。实际上,从欧洲中央银行的基本立场来说,它既不赞成欧元汇率的下跌趋势,也不反对欧元汇率的下跌趋势。2000年11月17日,欧洲中央银行行长杜伊森贝赫(W.F. Duisenberg)在法兰克福曾经说:"欧洲中央银行持有这样的观点,即它既不可能也不愿意直接促进欧元的进一步国际化,也同样既不可能也不愿意阻碍欧元的进一步国际化。"①这句话意味着向外界宣示,欧洲中央银行在对待欧元汇率变动问题上,采取的是一种任其自由波动而静观其变的保守主义立场,或者说是无所谓的立场。目前,它甚至不打算推动欧元在欧元经济区之外的进一步国际化,因为它认为,目前它的首要任务是使刚刚建立起来的新货币制度得到稳固,使物价得到稳定。由此可见,欧洲中央银行的立场和态度显然也是造成欧元汇率持续下跌的一个条件和因素。

当然,实际上,欧洲中央银行的立场和态度在欧元汇率影响到通货膨胀率时,已经开始发生变化。不过,但是当欧元汇率开始恢复后,其态度很可能仍旧回到原来的不干预上去。所以,未来在这方面,变化也不会有多大。

第三,强烈的心理因素在欧元汇率变动趋势中发挥了重要的作用。

从某种意义上说,在国际货币和金融市场上,强烈的心理因素在欧元汇率变动趋势中也起到了一种至少和实际经济因素不相上下的作用。在这方面,也会出现一个恶性的循环圈,即实际经济因素和心理因素之间的相互影响、互相推进和深化的恶性循环圈。特别值得注意的是,心理因素会因为这个循环圈的关系而得到加强,而实际因素却不能由此而得到增进。实际经济情况只能在心理因素作用下得到弱化。在这种情况下,最重要的事情就是,如何从一开始就注意防止上述恶性循环关系的产生或出现,而不是当它已经出现后再如何降低其影响。无论如何,欧元在其最初启动后这两年的绝大部分时间内,似乎没有能够完全避免这种恶性循环关系的出现。因为,首先,作为一种新的国际上接受的货币,欧元完全是绝大多数欧盟国家之间政治协议的产物。(尽管此前的基础是欧洲货币单位,其产生也的确有经济的基础和原因,但那也是与政治协议分不开的。)在2001年之前,欧元还不是真正意义上的完全的货币。因为欧元还没有出现流通领域的现金形式。它的使用在未来必定充满着不确定性和风险。这样,至少在欧元现金正式流通之前的这段时间里,人们对它缺乏足够的信心。信心不足当然会影响到人们在国际金融和货币市场上的心理。其次,当欧元的利率比美元的利

---

① "The international role of the euro", Keynote address by Dr. Willem F. Duisenberg, President of the European Central Bank, at the European Banking Congress, Frankfurt, 17 November 2000.

率更低时,间接投资者和为获取利息收入而持有其流动资产的人,就不能从储蓄欧元或者持有欧元上得到更多的收益。这会迫使间接投资者和投机家们增大对美元的需求而减少对欧元的需求。再次,美国经济的长期强劲增长已经给人们留下了深刻的印象和较强的信心,特别是亚洲金融危机之后的这一段时间,更是全球看好美国经济。这不免使人们产生了一种习惯性的思维惯性,看不到欧元正式启动后,欧洲经济已经快速复苏,还总是认为,美国经济无论如何也比欧洲的经济情况好。

由于这些原因,一旦经济形势发生了变动或波动,间接投资者便会首先抛掉欧元,转向美元或日元。因为他们认为,欧元风险较大,而美元和日元较为保险和安全。由于这些原因,人们不看好欧元便会抛出欧元,引起国际金融和货币市场上欧元汇率下跌;而欧元汇率下跌又反过来进一步增强人们不看好欧元的心理。这样一来,恶性的循环推进关系就形成了,欧元也就变得疲软了。我们说,由于一些客观的、历史的原因,再加上人们的主观心理因素,至少在欧元正式启动后的最初两年中,上述那种关系已经出现过,并且已经产生了欧元汇率持续下跌的结果。只是在短时间内,打破恶性循环的力量尚未形成。而只要那种循环没有打破,欧元汇率就一直处于低迷之中。所以,尽管在这段时间内,欧元经济区曾经出现过关于经济状况良好的信息,比如,和美国等国家相比,欧元经济区的通货膨胀率一直保持在较低的水平上,工业生产的速度也呈现加速的迹象,现期账户的赤字也低于美国,一些大公司也进行了结构调整和管理制度的改革等。这些现象也意味着欧元经济区的资本盈利率将会好转。应该说,这些是有利于欧元经济区增强经济实力并有利于恢复人们对欧元的信心的。但现实情况并不如此。这就是说,欧元的汇率变动趋势,在某种意义上讲,并不完全是欧元经济区实际经济状况的反映和结果,而在更大程度上是人们在国际金融和货币市场上心理因素作用的结果。

当然,这种心理因素也往往受到政治家和官员们,特别是欧洲中央银行领导人的讲话的影响。这些人认为,他们有责任经常向其人民表明其对欧元汇率的关注和态度。从政治上说,这种做法当然是可以理解的。不幸的是,在经济上,这种做法可能会引起国际货币和金融市场上人们的心理混乱或误解,从而造成欧元的疲软。一个实际的例子就是,2000 年 10 月 16 日欧洲中央银行行长 W.F. 杜伊森贝赫先生关于欧洲中央银行政策的讲话,就直接导致了两天后欧元汇率的剧烈下跌。在这方面,心理因素对欧元汇率变动趋势的影响也是比较强的。2000 年 11 月底以后欧元汇率的较快回升,其实主要也表现为心理因素的作用,而不是实际经济有多么大的变化。

第四,日元汇率趋势的变化也会在某种程度上对欧元汇率趋势产生影响。

自从欧元正式启动,国际金融和货币市场上最主要的货币就变成了三大板块:美元、欧元和日元。在对外汇供求发生影响的相互关系角度上,从主要力量来说,美元具有最重要的影响,但日元的影响也同样不可小觑。在欧元启动后其汇率下跌的时期内,人们也曾一度对日本经济的复苏给予了乐观的预期。那时,人们的乐观心理曾经支持了日元汇率的走强,从而也就相对地压低了对欧元的需求,在下跌的欧元身上顺势推了一把。美元与日元同时被人们看好,欧元的境况就可想而知了。不过,在亚洲金融危机之后,日元在大多数情况下,并未对欧元造成长期威胁,只有短暂的影响。从今后来看,如果日元汇率回升,也将会相对压低欧元的汇率。

第五,美国持续推行的强势美元政策无形中导致欧元的汇率降低。

亚洲金融危机后,日元的地位下降并且一直没有得到很好的恢复,美元的地位相对增强。美国由此而得到大量好处:可以廉价进口大量外国资源和产品来满足美国的需要;可以吸引大量外国资本来美国投资以支撑其经济增长;可以吸引大量流动资金来弥补美国的赤字而使美国免遭财政紧张之虞,同时也可以支持美国股票和证券市场以保持投资者的信心等等。为保证这种好处,特别是在石油涨价之后,美国实行了支持美元高汇率的政策。这就使国际金融和货币市场上的资金继续流向美国。结果,相对地减少了国际金融市场对欧元的需求,无形中导致欧元的汇率降低。

从今后来看,美国出于自身的利益考虑,不太可能放弃强势美元的政策。所以,在这方面,欧元汇率上升的力量似乎并无太大转机。

此外,作为一种特殊的因素,在欧元经济区正式启动和发行、流通欧元现钞前夕,东欧的持币者、大的跨国公司所持有的欧元成员国的货币被抛出,也在某种情况下增加了欧元货币的供给,从而在某种程度上压低了欧元汇率。

上面所述欧元正式启动后头两年内的绝大部分时间里其汇率变动趋势的原因,基本上都属于市场需求方面的。这些因素共同形成了欧元汇率趋势变动的最主要原因。它们一般都很难在短期内发生变化。只有心理的因素和美国经济的状况是最可变的因素。2000年11月底以后,由于美国总统大选的政治局势以及美国经济开始出现长期繁荣后的减速迹象,人们对美国经济未来前景的信心开始出现怀疑和动摇,从而影响了人们在证券市场和国际金融与货币市场上的心理变化。相对比之下,欧元汇率开始回升,而且在半个月不到的时间内恢复到1欧元兑换美元的数目超过了0.9。在未来,欧元汇率是否会收复失地,回到最初设定的汇率水平,甚至超过那个水平目前还不好说。这要取决于美国经济今后的状况和国际金融与货币市场上人们的心理因素的变化。但是,不管怎样,欧元经济区的经济状况并没有大的改变,欧元汇率的回归在性质上应该说是从不正常向正常的回归。至于它究竟会不会超过最初设定的水平,要取决于上面所分析的各因素的权重对比情况。从根本上来说,欧元经济区的经济实力略弱于美国,因此,在欧元最初设定的汇率水平附近波动都是基本正常的。如果偏差较大,也是暂时的,就像欧元正式启动后这两年内所出现的汇率过低的情况不太正常一样。

总之,对于欧元汇率的变动趋势的估计,既要看到其经济的基本面决定的正常水平应该是其长期趋势的平均反应,也要看到由于其他不稳定因素(例如心理因素)所导致的暂时性偏高或偏低,毕竟美国经济的那样长期的持续增长与繁荣是罕见的。

参考资料

1. "The euro area-fist experience and perspectives", at The Morgan Stanley Dean Witter Conference "Cermany-Structural Revolution", on 26 January 2000 in Berlin. by Professor Otmar Issing, Member of The Executive Board of the European Central Bank.
   (http://www.ecb.int/key/00/sp000126.htm)
2. "Why price stability?", by Dr. Willem F. Duisenberg, President of the European Central Bank. "Welcome speech" at "first ECB Central Banking Conference", 2—3 November 2000, Frankfurt am Main.
   (http://www.ecb.int/key/00/sp001102.htm)
3. "The Euro, Living Dangerously", by Paul Krugman.
   (http://web.mit.edu.krugman/www/euro.html)
4. "Heaven is a weak euro", by Paul Krugman.
   (http://web.mit.edu/krugman/www/herskey.html)
5. "The short past and the long future of the euro", Speech delivered by Christian Noyer, Vice-President of the European Central Bank, on the occasion of a conference organised by 'Ie Club des Affaires de Berlin e.V.', in Berlin, 23 February 2000.
   (http://www.ecb.int/key/00/sp000223.htm)
6. "The outlook for the euro area economy and its financial markets", Speech delivered by

Christian Noyer, Vice-President of the European Central Bank, at the "cœercœemonie de remise des Victoires des SICAV" in Paris on 24 February 2000.
(http://www.ecb.int/key/00/sp000224en.htm)

7. "The euro-experiences and prospects", Speech delivered by Ms. Sirkka Hämäläinen, Member of the Executive Board of the European Central Ban, Eurozone factor: Mind the Gap-The Euro Capital Markets Forum, Paris, 5 April 2000.
(http://www.ecb.int/key/00/sp000405.htm)

8. "Are different price developments in the euro area a cause for concern?", by Dr. willem F. Duisenberg, President of the European Central Bank, at the Financial Services Industry Association, Dublin, 6 September 2000.
(http://www/ecb.int/key/00/sp000906.htm)

9. "Business conditions and the economic outlook in the euro area", Speech by Dr. Willem F. Duisenberg, President of the European Central Bank, on the occasion of the 75th anniversary of the International Chamber of Commerce Deutschland, Berlin, 26 October 2000.
(http://www.ecb.int/key/00/sp0001026_len.htm)

10. "Monetary policy in a new environment", by Professor Otmar Issing, Member of the Executive Board of the European Central Bank at Bundesbank-BIS Conference, Frankfurt am Main, 29 September 2000.
(http://www.ecb.int/key/00/sp000929.htm)

11. "The euro and the single monetary policy", Speech by Dr. Willem F. Duisenberg, President of the European Central Bank, on the occasion of the 10th anniversary of the Amsterdam Institute of Finance, Amsterdam, 10 November 2000.
(http://www/ecb.int/key/00/sp001110.htm)

12. "The international role of the euro", Keynote address by Dr. Willem F. Duisenberg, President of the European Central Bank, at the European Banking Congress, Frankfurt, 17 November 2000.
(http:/www/ecb/int/key/00/sp001117.htm)

13. "The international impact of the euro", Speech delivered by Christian Noyer, Vice-President of the European Central Bank, on the occasion of his visit to the United States, January 2000.
(http://www.ecb.int/key/00/sp000113.htm)

14. "*ECB Monthly Bulletin*", November 2000, European Central Bank press.

宏观经济政策

深毛登钧攻取策

财政问题与财政改革*

当前,我国市场经济发展过程中呈现的基本趋势是令人鼓舞的,但宏微观经济运行中反映出的矛盾和问题,亦不容忽视。其中相当重要的一个方面,就是财政困难。

一、财政困难的表现和原因

财政困难的主要表现是财政收入锐减,财政赤字增加。据有关方面统计,从1979年改革开放以来到现在的15年中,除1985年外,每年都保持着不同程度的财政赤字,而近几年来更一直是连续赤字预算和连续超过预算的赤字。到1992年底,我国的财政硬赤字累计已达1 300多亿元,而软赤字则达4 000多亿元。今年以来,财政困难的问题更为突出,在相当大程度上制约了经济的发展,牵制了整个经济体制改革的进程。

一般说来,财政出现赤字,没有什么大惊小怪,在采用赤字财政的预算政策下,连年赤字也较为正常。问题在于赤字是否会不断扩大,是否会影响国民经济的正常运行和发展。我们所强调的是,当前的财政困难,恰恰已严重影响了经济的正常运行,造成了某种秩序混乱。

当前我国财政困难的主要原因是:财政收入流失过多,而财政支出又增长较快。这具体表现为:(1)税收流失严重。这是由于:其一,一些地方政府不顾有关政策规定,随意实行税收优惠,擅自减免企业税收;其二,一些地方在实行承包制时擅自承包了企业的流转税,造成税收额不能增长;其三,偷税、漏税、逃税、骗税和抗税等违法行为,减少了税收入库;其四,一些亏损企业不能及时交纳税款,也有些企业故意拖欠税款,这也严重干扰了税收的按时收缴,特别使产品税减少较多;其五,个别金融机构擅自越章拆借、挤占、挪用税款,这也造成国家财政收入的流失。(2)税外财政收入减少。这

---

* 原载于《时事报告》1993年第10期。

是由于：其一，国家征收的能源交通重点建设基金和国家预算调节基金未能按时完成计划；其二，国库券的发售工作未能按时完成，影响了预算收入的实现。(3) 国有资产流失严重。这主要是由于体制和经营管理原因，造成国有资产产生亏损，磨损毁坏增加，浪费和失窃严重，再加上职工工资上升，最终形成国有资产收入减少，或国有资产本身的损失。(4) 财政支出增长过快。这是由于：其一，社会集团购买力失控，公款消费增加，造成行政管理经费大幅度上升；其二，公款开支，私人消费有禁不止，有增无减，造成财政开支的巨大漏失；其三，财政正常开支和政策性增支也在上升；其四，物价上涨，币值下降，使财政开支被迫扩大。

二、财政体制中存在的问题

我国财政与经济运行的矛盾主要反映在两个方面：一是财政秩序混乱，二是当前财政体制不能适应当前市场经济发展的要求。

财政秩序混乱表现在：(1) 法纪松弛，管理不严。某些地方无视税法与有关政策规定，越权擅自减税、免税，自行制定税收优惠政策，延长减免税期限。这不仅减少了国家税收，也破坏了国家税法和政策、纪律的统一性和严肃性。(2) 自作主张、不顾大局，各行其是。一些地方自行决定承包或变相承包流转税。为了刺激企业积极性，他们对流转税实行实额减征，超基数减免，递增包干，财政返还，税收目标管理或投入产出总承包等方式。这些措施暂时调动了企业积极性，但最终冲击了国家税收，也影响了长远和全局利益。(3) 有法不依，明知故犯，打击惩处不力。各地偷税、漏税、骗税、逃税、避税、拖欠税等违法违纪行为屡有发生，但有关管理、监督机构惩处打击极为不力。这就加剧了财政税收部门的秩序混乱，影响和干扰了经济的正常运行。

财政体制不适应当前市场经济发展的要求，主要是税负不够公平，税政不够统一，税制不够简便，征管缺乏监督。在财政支出上，政企未能分开，预算开支和管理不够规范。这种情况无法保证充分公平竞争的市场环境，从而无法促进资源的合理配置与充分利用，无法促进社会的公平分配。虽然经济体制改革进程中，各方面的改革尚未完全同步、配套，但财政体制改革的滞后，显然是上述问题的基本原因。如欲真正解决这些问题，紧迫而必要的任务就是立即抓紧进一步深化财政体制的改革。

三、财政手段是国家进行宏观调控的重要方法之一

有些人认为,市场经济主要是靠竞争机制和利益机制对经济实行自动的调节,因而财政的经济调节职能不再像从前那么重要了。这是一种错误的认识。事实上,在市场经济体制下,财政仍会发挥其十分重要的经济调节职能,而不像有些人所想的那样不起作用。

现代西方市场经济发达的国家,无一例外,都充分重视和发挥国家财政和地方财政在经济中的调节作用。像亚当·斯密那样最早的古典经济自由主义者的观点,已不复存在。现代财政制度在经济生活中具有的调节作用是多方面的。财政收入包括政府投资收入、税收及其他一些收入。税收是涉及政府财政实力大小,影响其对社会经济活动调节能力的主要方面。具体说来,税收会影响政府财力和国家资本的数量;税收的结构和水平也会影响私人储蓄、消费和企业投资;税收还会从激励和惩罚两方面来影响资源的配置与利用;税收,特别是累进所得税、遗产税、资源调节税、级差收入调节税等,也会对社会收入分配的公平性加以影响和调节。对外资的税收则可影响和调节国外资本流入的规模、数量,以及外资盈利再投资的比率。对关税的征收,则可影响国际贸易和国际收支的平衡。财政中的政府投资,既能直接增加收入增强财政调节能力,又能直接参与对生产结构、资源配置的调整。这对于缓解经济"瓶颈"、改善经济运行环境都有重要作用。财政支出则维持各级政府的正常运转,维持国家的国防、治安、文化教育、卫生保障、社会公益事业的进行,也会影响资源配置,收入分配,还会调节经济波动,推动经济增长。总之,国家财政和地方财政,在市场经济条件下,不仅直接参与经济活动,而且在维护市场的环境和秩序方面,发挥着十分重要的作用。和计划经济体制下财政的作用和职能相比,市场经济体制下,财政参与经济活动的方式、途径,其作用的形式和手段都有很大变化,但其发挥作用的重要性丝毫没有减弱。正因为如此,财政体制的改革,就更为迫切和重要。

四、解决财政困难的出路是进行财政改革

我国财政体制改革要依附于整个经济体制的改变。从计划经济到市场经济,最大的变化是由过去以计划为经济活动的中心,变为以市场为经济活动的中心;政府经济职能由过去的一手包揽,变为适当参与;企业由过去的

经济计划执行者,变为自主决策、独立活动的经济主体和经济法人。

适应于这一过程,我国财政体制已发生了一些变革,如:对财政收支进行了建立复税制,实行利改税,财税承包,减税让利,拨款改贷款,以及划分税种,核定收支,分级包干的改革,实行了从高度集中的统收统支、一切包揽的模式向政企分开,两权分离,分级管理的有计划的商品经济体制的财政过渡。这在一定时期内,对于转变经济体制和职能,推动经济发展,起了一定的积极作用。但是,应该看到,有计划的商品经济体制模式与市场经济模式还有较大的区别。已有的财政改革对于市场经济体制还很不适应。这正是目前财政收支困难,财政秩序混乱,不能较好发挥作用的根本原因。

当前各地区财政问题的主要症结就在于财政包干体制不适应市场经济的要求。承包制是一种较低水准的过渡性形式。对计划经济而言,它具有相对灵活性,有利于调动承包者积极性的特点。但它固有的契约性短期行为不利于市场经济的长期发展。而延长契约期,又会丧失和经济发展相适应的灵活性。从长期来看,市场经济要求的自主经营、自负盈亏、自我积累、自我约束的经济法人,同承包制之间并不协调。因而,在产权明晰化的所有制改革,特别是国有企业的所有制改革,向股份制转变已成为必然的趋势的情况下,与之相应,财政包干体制也必须进行改革。

现有财政包干体制的主要弊端在于:(1)保护局部既得利益,损害国家利益,扩大了社会分配和经济发展在地区和部门间的水平与差距。现有财政体制收支基数的核定,是以传统的基数方法为依据的。它以某年的实际收支数字为基准,确定包干期内的收支水准。这就使包干期内实际利益的增长完全落入承包者手中。另外,包干数额不适应变化,最终也会造成分配不公和地区、部门间发展的差距。(2)按企业隶属关系划分财政收入,不利于政府职能的转变,也不利于合理配置资源,调整产业结构。税收包干降低了税收调节作用的弹性,把税收的多种经济功能仅限于收缴定额税金,这就使税收调节经济发展,促进资源合理配置和产业结构合理调整的功能丧失殆尽,也无法在宏观上约束经济盲目重复发展,无法推动全国统一市场的形成。(3)财政收入包干制,鼓励了收入向地方财政倾斜,使中央财政收入缺乏保证,从而减弱了宏观调控作用。

从本质上说,财政的统收统支模式和分级包干模式,在发挥财政对经济的积极调节作用方面,也许是都走了极端。统收统支模式片面强调和发挥政府的调节职能,特别是中央财政的决定性作用,而剥夺了微观单位的自我经营调整能力与下级财政的调节作用。而分级包干模式却走向了另一端,使得财政对经济的积极调节作用,特别是中央财政的宏观调控作用大大降低。二者都不能很好地适应经济发展的要求,尤其是不能很好地适应社会主义市场经济的要求。我们进一步深化财政体制改革,不仅要改变过去大包大揽的统收统支模式,也要改变当前分级包干的模式。

五、财政改革的目标和目前应解决的问题

我们深化财政体制改革的目标模式和基本取向,是适应社会主义市场经济的要求。市场经济运行的一般规律和主要特征是:产品与生产要素商品化、资源配置市场化。而这又要求企业经营自主化、经济生活法制化、政府调控间接化和规范化、社会保障制度化。

从长远来看,随着产权明晰化和商品化的发展,随着国有企业股份制的发展,政府间接调控要求政企分离。而在政府经济职能中,国有资产的经营与财政收支的经济作用也要分开。国有资产或以股份,或以独资进行企业经营,最终以利润增殖形式为国家扩大资产积累或获取收入。而财政收支则成为政府与企业联系的最主要途径和形式。政府要借助税收来调节企业的经营发展方向,产业结构及资源配置状况,也借助于税收来调节社会收入分配的公平程度。当然,税收也可调节流通,维持商业秩序,并从供求两方面调节消费,调节产销和供求的平衡。政府也可借助公债和财政支出来进行调节,以维系市场的正常运转环境。无论如何,财政体制改革所遵循的基本原则都是:有利于维持正常的市场经济环境和秩序,有利于约束和调整微观行为,有利于保持必要的宏观调控能力,特别是要保持对经济波动和失衡的有效调控。

我们深化财政体制改革的基本方向是:以市场经济为依据,建立规范的税收与国债制度,规范的严格的财政预算收支、监督审计、会计核算和申报制度。当前,为解决税收流失和纳税秩序混乱的问题,首先要在加强法制的前提下,搞好税收制度的改革。

当前税收制度改革的重点是规范所得税制与建立分税制。改革所得税制是要规范国家与企业或个人的分配关系,为企业提供公平竞争的市场环境。规范所得税主要是统一税种,简化税率,扩大税基,减少优惠。统一税种是指把目前各种不同的所得税统一为一种一致的企业所得税和个人所得税。这将克服税收包干和流转税承包的非规范性与非公平性,消除税制中固有的混乱因素。简化税率是指把目前繁琐的所得税率简化为单一税率或

统一分档次的超额累进税率,同时也要适当调低税率,以期形成征税的透明度、规范性和易操作性,从而避免名义税率高、实际税负低的状况。扩大税基,减少优惠,是指通过规范和减少各种减免税收的优惠,统一各类企业税前成本费用列支标准和应税所得额的计算,来扩大税基。同时也要统一和规范对税收优惠和减免的决定权,并由税法加以保证。这将使税负更为公平,也会消除或减少各地擅自决定减免税收造成的税源流失现象。

废除财政包干制,建立中央和地方的财政分税制,主要是为了克服税收收入流失、财政收入向地方倾斜、财政宏观调控能力弱化的问题。通过分税制改革解决各级政府间财力分配的随意性,实现制度化、规范化、合理化和公平化,力求调动各级政府发展经济,增收节支的积极性,提高资金支出使用效益,发挥财政的积极调节作用。

分税制主要是按照各级政府事务权力划分出各级财政支出的范围,并根据财权与事权相统一的原则,划分出各级财政收入的范围。具体说来,就是把有关国家权益和宏观调控的税种作为中央财政收入范围,把与地方经济与社会发展密切相关的税种、税源分散的税种以及适于地方征管的税种作为地方财政收入范围。而把收入稳定、数额较大的主体税种作为中央与地方财政共享的收入。中央与地方各设一套税务机构,各自分头征收管理。中央财政与地方财政共享的税收,由中央税收机构负责征管,并合理确定双方所占比例。地方财政收入的基数,应由中央根据各地近年来收入的实际水平,参照税基和法定税率等加以计算核定。地方财政的支出基数,则要按影响支出的各因素,按一定支出标准及各地具体情况,综合计算加以确定。考虑到某些情况,还要有中央对地方税收的返还制度。在地方收支基数确定的条件下,中央财政要将所集中收入的大部分按一定的标准和条件,返还给地方。返还应做到科学化、制度化和规范化。

实行分税制的最大好处就是防止税收流失,增强财政对经济的调控作用,同时为市场经济的正常发展提供必要的保证。但分税制的规范的财政体制无法孤立发挥作用,也不能一步改革到位。财政体制改革必须同计划、价格、投资、流通、社会保障等其他改革措施相互配合。它也要求政府部门转变职能,明确划分事权与财权,而且要把国有资产的经营与财政部门对经济的管理和调节职能分开。

另外,税收制度的改革在税收、税目等方面也要有通盘的规划。除所得税、分税制的问题外,现行流转税制也要加以改革。产品税、增值税和营业税三税并列的流转税,最主要的弊病在于不利于企业之间的公平竞争。比如,产品税的重复课征,有利于大而全、小而全的全能厂,而不利于专业化协作的企业。增值税率过多和征管繁琐,不利于税负的公平性,而且征税成本和纳税成本较大,也不利于企业之间的公平竞争。流转税制的改革要依照公平、中性、透明、普遍的原则,可以以增值税为主,使其覆盖面延伸到产品税和营业税的征收范围,同时改造产品税,使之成为特殊的调节税种,就像有些国家的货物税那样。改革后的增值税,税率要简化,可只设一般、低、高三种税率。征收管理方式也要简化和规范化。

在税收法制管理方面也要加以改革和健全,力求形成税收立法、司法、执法、监督管理检查(财政监督、社会监督、审计监督)相互独立制约的机制。要体现税法的严肃性、统一性、权威性和不可侵犯性,严格依法治税,形成严明有序的税收纪律。

财政体制改革的复杂性决定了改革难以一步到位,但问题的必要性和紧迫性要求我们必须立即动手,起码也要为其解决创造条件。当务之急应先加强宏观调控,按《国务院关于加强税收管理和严格控制减免税收的通知》办事,认真清理各地违法越权制定的各种税收优惠减免政策,制止、纠正流转税的承包,清理银行压税和企业各种欠税,严厉打击出口退税中的骗税行为,加强对个体工商户、私营企业、集体企业和外商投资企业税收的征管工作,搞好财政税收大检查。在此基础上,切实着手进行税制改革,力争改革一步,巩固一步,最终达到彻底改革。

我国当前的宏观调控与实行减税政策的可能性*

造成中国经济增长减速的原因是多方面的,而任何一种单纯的解决办法只能解决部分问题

亚洲金融危机发生以来,中国经济在内外多种因素作用下出现了减速增长。对此,中国政府采用了多种对策。在货币政策上,一方面,继续实行近年来降低利率的政策,连续几次调低了储蓄存款利率;另一方面,适当增加了货币投放。在金融政策上,采取了鼓励投资和消费的信贷措施,并放宽对证券业融资入市的限制。在财政政策上,政府主要采用了增加国债发行、扩大政府支出、增加基础设施建设和公共工程投资的办法,同时,也实行了出口退税的政策。最近,又实行了给国家公务员、事业单位工作人员和社会低收入者、下岗和离退休人员增加工资和收入补贴的收入政策。在其他方面,政府也采取了一些促进生产投资和消费支出的相应办法。

从总的情况看,在上述措施的综合作用下总需求的增长发生了一些好的变化,但是目前的状况依然不能令人满意。其主要原因在于造成中国经济增长减速的原因是多方面的,而任何一种单纯的解决办法只能解决部分问题。在采用多种政策综合治理和调整的情况下,经济的变动既涉及到各种宏观经济政策之间的相互协调问题,也有政策发挥效应的时滞问题,还涉及到经济体制改革和人们观念与行为方式的改变问题,这些更需花费时间,绝不会一蹴而就。

中国当前的经济增长缓慢问题,大体说来主要是由于这样几个原因造成的:(1) 1993 年以后实行的"软着陆"政策的惯性;(2) 中国经济的结构性失衡;(3) 东南亚金融危机的冲击;(4) 中国经济体制改革进入关键期,国有企业进行破产、兼并、改组,减员增效造成失业增加,而社会保障体系尚未建立起来;(5) 中国经济增长中原有供给短缺问题的缓解;(6) 中国经济周期处于特定阶段与转型期。我们说,第三个原因主要属于国际上的原因,它所

---

* 原载于《经济活页文选》1999 年第 22 期。

引起的问题的解决,当然也主要取决于国际环境的变化。而其他原因则属于国内原因,这些原因引起的问题是不可能在短期内迅速得到解决的。

总需求是由消费需求、投资需求和国外需求构成的

在当前总需求不足的情况下,如何才能刺激需求,从而推动经济增长率的回升呢?从现代经济学的角度看,总需求是由消费需求、投资需求和国外需求构成的。刺激需求当然要从这三个方面去努力,而能够在这些方面发挥作用的宏观经济政策一般是指财政政策、货币政策、汇率政策和其他政策。从汇率政策来说,我们采取了基本上不变的汇率政策。这样一来,在人民币不贬值的情况下,要刺激出口的增长,就必须依靠其他政策来发挥作用。这既需要我们自己的企业努力去开拓国外市场,提高产品质量,进行产品创新、技术创新,也需要依托国外的经济形势变化进行适当的调整。但是,这方面的努力不是短期内可以迅速见效的。亚洲金融危机以来,国外对中国产品需求下降的形势至今尚无大的改观。我们采取的出口退税政策只是在一定程度上有利于出口企业,而并不能增加国外对我国产品的需求。

在西方国家,政府干预经济、刺激投资需求和消费需求比较有效的方法多是采用扩张性财政政策和货币政策。

运用扩张性货币政策的效果与国外有所不同

一旦市场存在障碍,货币政策的效果将大打折扣

从扩张性货币政策来说,依据现代宏观经济学的理论,货币供给总量的扩张,将通过下列机制对投资需求产生刺激作用;货币供给总量的扩张首先造成货币市场在原利率水平上的货币供给大于货币需求,从而引起货币市场的调节,形成利率下跌;利率的下跌将降低企业的投资成本,从而相对提高企业利润,这将在其他条件不变的情况下,刺激企业扩大投资需求。如果政府直接采取降低利率的政策,也将起到相同的作用。当然,货币政策的作用要以市场的自由运作为前提。一旦市场存在障碍,货币政策的效果将大打折扣。我们知道,我国的经济状况与西方发达国家是有差异的。我国的货币市场尚未达到西方发达国家那样的发达程度,而且,我国的货币流通速度也较为缓慢。这样,当政府采用扩大货币发行量的政策来刺激投资需求时,由于我国的市场利率不能自动地发生变动,即便发生变动也不够迅速,因而,使该政策难以奏效。这就使得政府不能把扩大货币发行量作为主要手段,而只剩下降低利率一条途径。不过,我们也应当看到,降低利率从而

降低企业的投资成本,并不是企业扩大投资需求的惟一决定因素。企业是要获取最大化利润的,而利润能否增加,既取决于成本,也取决于市场对其产品的需求和其产品的价格水平。当价格普遍下跌,社会对商品需求不旺的时候,即便投资成本下降,利润能否增加仍是不确定的。因此,企业的投资需求能否扩张,从根本上说,取决于市场的需求状况。生产消费品的企业扩张投资需求直接取决于消费品市场的需求状况;而生产资本品的企业扩张投资需求则取决于生产消费品的企业的需求扩张。目前我国消费需求不太活跃的状况必然会影响扩张性货币政策对于投资需求的扩张效果。再加上亚洲金融危机以来我国对金融制度和金融秩序的清理与整顿,使得一些银行出现了为规避风险而对企业"惜贷"的现象。一些急需贷款来摆脱困境的企业往往得不到贷款。这也减弱了扩张性货币政策的应有效果。

我国大多数居民储蓄存款的动机主要是预防性需要,而不是投资

从扩张性货币政策刺激消费需求增长的效果来说,我国与西方发达国家也是不同的。在国外往往是通过降低利率,使人们感到储蓄存款的获利下降,从而将存款转为消费或者转向其他投资。此外,如果扩张性货币政策引起了物价水平的上升,则人们的预期收益将会下降,于是,人们就会扩大即期消费。但是,这种机制在我国当前的情况下作用并不明显。因为我国大多数工薪家庭的储蓄存款的动机并不像西方国家的多数家庭那样是进行投资。我国工薪家庭的储蓄存款主要是出于预防性动机的需要。在人们的工资水平没有较大幅度提高,或者没有较好的收入预期,社会保障体系也没有建立和完善的情况下,人们的储蓄存款多是为了应付子女读书、购买住房、防备意外急需(如医疗费用)、防备下岗或退休时收入下降而准备的。因此,在当前政府采用扩张性货币政策时,人们并不会取出存款转为消费或投资。再加上目前我国一般物价水平持续下降也不会使人们产生扩大即期消费需求的预期。这样,我国货币政策的效果必然不太明显,不能像西方发达国家那样收到预期的效果。

一般说来,扩张性货币政策刺激消费需求的机制是:货币供给量的增加会造成利率的下降,而利率降低会使消费者减少其储蓄存款,增加消费支出或增加投资支出。但是,这一机制发生作用,是以人们的收益对利率变动特别敏感和社会具有其他可替代的投资途径为前提的。如果人们的收益对利率并不敏感,而其他投资途径也缺乏吸引力,则扩张性货币政策就难以发挥刺激消费需求的作用。从我国的情况来说,居民储蓄存款的总量的确不少。但是,如上所述,我国大多数居民的储蓄存款动机主要是预防性需要,而不是投资。在这种情况下,人们是不敢将这种储蓄随便用于扩大消费或者转为投资的。再加之中国老百姓传统的节俭习惯,在基本解决温饱之后也不会轻易大手大脚地花费。因此,在利率下降时,即便物价水平较低,人们也不会增加多少消费。直接降低利率的扩张性货币政策的结果与此相同。

扩大政府支出与减税的作用不同

鉴于这种情况,在我国当前形势下,刺激总需求主要就得依靠财政政策,特别是财政政策中的政府支出政策。当然,最近也使用了提高人们收入水平的收入政策。

西方国家的经济理论和实践证明,财政政策的效果要快于货币政策的效果。在财政政策中,扩大政府支出和减税政策的作用也不同。扩大政府支出的政策(像政府购买和政府进行公共工程投资)可以直接扩大总需求,但最终结果是增加了政府在国民所得中的份额,社会增加的多是公共产品;而减税政策虽然也是扩大总需求,但最终结果却是增加了社会民众的所得份额,增加了一般商品的供给。增加政府支出扩张总需求的速度也许会快于减税政策扩张总需求的速度,因为后者要通过企业和居民需求的扩张才能实现,而前者则不必那样。由于减税政策刺激总需求要取决于企业的投资决策和消费者的消费决策,所以,减税政策的效果不如扩大政府支出的效果来得明显。在使用减税政策时,总需求不是政府想刺激就能刺激起来的,也不是马上就能刺激起来的。

实行减税政策要有一个前提,那就是实行减税政策之前,该国的税收负担是比较重的

从理论上讲,减税是一种双管齐下的政策。减税政策既可以增加总需求,也可以增加总供给。一般而言,在短期内减税可以刺激个人和企业的总需求,在长期内则会增加总供给。具体说来,减少个人所得税(降低个人所得税税率、免税和退税),既可以在短期内直接增加个人收入,从而增加消费需求,也可以刺激劳动者的劳动积极性,提高生产效率,在长期内增加产出。减少企业所得税,既会刺激企业扩大投资的积极性,在短期内增加投资需求,也会在长期内增加产出。

美国曾经在60年代的肯尼迪—约翰逊政府时期和80年代的里根政府时期实行过减税政策,来刺激经济增长。这两次减税政策的效果难以具体肯定。肯尼迪—约翰逊政府的减税幅度相当大,是美国历史上空前的。当时,美国全面缩减了税收,把个人所得税的边际税率从 91% 减为 70%,也缩减了公司的利润税,放宽了对资本折旧的限制。这次减税使美国财政收入减少了 2%,约为 140 亿美元。从结果上来看,当时美国的产出率、就业率都有较大增长,但是,由于在实行减税政策的同时也实行了扩张性货币政策,以至于在可以肯定减税政策的积极作用的同时,却无法肯定是否是减税政策在推动美国的经济增长方面发挥了主要作用。至于里根政府的减税政策,则由于中途的转向而无法作出适当的评价。其他经济发达国家也在不同程度上实行过减税政策,但都是与其他政策配合使用的,很少单独实行减税政策来刺激总需求。不管怎样,实行减税政策要有一个前提,那就是实行减税政策之前,该国的税收负担是比较重的。

我国实行减税政策的可能性

减税要持续足够长的时期,才可能促使企业下决心扩大投资以获取更多的利润

从我国来说,实行减税政策的背景与国外有着很大的不同。其一,个人所得税在我国目前还不是最重要的税种,个人所得税收入还不是税收的重要来源,而国外则不然。由于我国大多数人的收入水平较低,很多人还达不到纳税起点,因此,实行个人所得税的减税政策并不会有力地刺激个人消费需求的增加。对于那些个人收入较高的人,虽然减税可以增加他们的收入,但是,由于高收入者的边际消费倾向要低一些,因而减税对于他们增加消费的刺激却是有限的。其二,从企业所得税的降低会刺激企业投资需求的角度看,我国与国外没有什么不同。但是,尽管我国企业的所得税税率是 33%,由于我国企业的税收结构是以流转税为主,而不是以所得税为主,因而在这方面可能发挥的作用有限。此外,减税要持续足够长的时期,才可能促使企业下决心扩大投资以获取更多的利润。期望在短期内刺激企业的投资需求,则是不现实的。其三,在增值税和流转税方面,从理论上讲,减税政策在我国和国外的作用应该是一样的。但是,由于我国企业的增值税和流转税的税率较低,分别为 17% 和 9% 以下,因此,在这方面实行减税政策的余地和空间也不大。当然,以上三点并不是说我国就完全没有实行减税政策的可能性了。这只是表明,我国如果想实行减税政策,在不致较大影响国家财政收入的情况下,将会有多大的操作空间。

减税政策刺激需求的效果尽管从理论上来说是大致确定的,但实际上却是相当不确定的

我认为,对企业在一定时期内实行适当的减税政策或者结构性的减税政策在理论上和实践上应该说仍是有可能的。只不过对其效果不应期望过高。因为,我国的企业税费负担虽然比较重,但其中很大一部分是非税负担。仅从企业的税收负担方面来说,减税的余地并不很大,充其量,比如说,33%的企业所得税可否减到30%,增值税可否降到15%?还有一个问题是,采取减税政策后财政收入下降怎么办?对此,需要采取办法加以具体解决。当然,可以通过实行赤字财政政策,增大国债发行量来应付财政开支的需要,从而使政府财政真正发挥宏观经济调控的作用。但是,这里要注意的是,减税能否刺激投资需求,既取决于减税的幅度是否能够达到产生刺激企业采取行动的程度,也取决于企业对市场前景的预期。由于前者的幅度太小不能产生刺激力,太大则有可能严重影响政府的财政收入,增加财政负担。(西方经济学有关理论认为,单纯降低税率时,由于企业会获得好处,因而企业会增加产出,从而有可能扩大税基。至于税收能否增加则取决于税基对于税率变动的弹性系数。税基的税率弹性系数大,就是说,当税基扩大的幅度大于税率降低的幅度时,政府税收就不会减少,反而会增加;税基的税率弹性系数为1,即当税基扩大的幅度等于税率降低的幅度时,政府税收量就保持不变;只有在税基的税率弹性系数较小,即税基扩大的幅度小于税率降低的幅度时,政府税收量才会减少。)所以,如果考虑实行减税政策,减税幅度将是一个关键环节,而这需要有关部门进行具体的测算。至于减税政策配合增加国债是否会使国债规模过大,引发通货膨胀,则应具体分析。再者,减税政策毕竟要以企业和个人是否采取扩大投资或消费的决策为前提,而企业的投资又以其产品的市场需求状况为依据。至于消费者个人和家庭的消费需求是否增加,并不是减税给他们带来的收入增长这一个因素所能决定的。至少还要考虑商品的价格水平、各种商品的需求收入弹性、消费者的消费偏好以及产品的创新情况。因此,从整体来看,减税政策刺激投资需求和消费需求的效果尽管在理论上来说是大致确定的,但实际上却是相当不确定的。因为西方经济学中的宏观经济政策在理论上往往强调总量分析,而忽略了结构性分析。我们的问题却不仅仅在于经济总量的失衡,而且在于经济结构的失衡,即经济中各部门之间以及各种产品之间的比例不协调。这样一来,减税政策既可能刺激总需求的增加,也很可能只是对那些在当前情况下较好的企业或者至少是没有亏损的企业,才会有明确的刺激投资需求增长的效果,而对于经营状况不佳的企业则难以确定其预期效果。

综上所述,具体到我国当前的经济情况,如果政府能够接受扩大财政赤字的结果,并且希望总需求能够进一步持续扩大,当然也可以尝试运用减税的财政政策。但是,应该看到,减税政策刺激总需求的预期效果不是短期内能够出现的,也未必能够达到期望那么大的效果。因为除去上述原因之外,减税政策扩张经济的乘数作用本来就比政府支出政策要小,而且市场运行状况的不理想也会制约企业在减税后的扩张需求。对为数较多的不景气的企业来说,减税政策恐怕难以收到确定的效果。

参 考 书 目

1. 〔美〕赫伯特·斯坦著:《美国总统经济史》,金清、郝黎莉译,吉林人民出版社 1997 年版。
2. 〔美〕斯蒂格利茨等著;〔荷〕阿诺德·赫特杰主编:《政府为什么干预经济》,郑秉文译,中国物资出版社 1998 年版。
3. 王传纶、高培勇著:《当代西方财政经济理论》(上,下),商务印书馆 1995 年版。
4. 刘仲藜、桂世镛、项怀诚、唐铁汉主编:《中国财税改革与发展》,中国财政经济出版社 1998 年版。
5. 刘积斌、谢旭人主编:《迈向新世纪的中国财政》,中国财政经济出版社 1998 年版。

20 世纪美国扩张性财政政策的经验与教训*

财政政策作为各国政府调节经济的一项重要手段,与货币政策一起在宏观经济的调控方面具有举足轻重的作用。美国政府在 20 世纪 30 年代至今的经济发展历程中,多次在不同时期运用了不同的财政政策措施来调节国家经济。考察这些政策实施的效果,既有成功的经验,也有失误和教训。扩张性财政政策带来经济发展和社会繁荣的经验深具启发和参考意义,其产生的失误和教训也值得认真引以为戒。这些对于我国在当前条件下,在宏观调控过程中运用扩张性财政政策应该很有借鉴意义。

一、20 世纪美国运用扩张性财政政策的回顾与效果分析

(一)"罗斯福新政"

20 世纪 20 年代,美国经济经历了第一次世界大战以后的高速发展时期,但是,美国政府当时采取的不干预经济的立场已经埋下了经济危机的隐患。1929—1933 年,经济大危机爆发了。为克服严重的经济危机和萧条,罗斯福采取了一系列"反危机"措施,后来,这被叫做"罗斯福新政"(简称为"新政")。"罗斯福新政"中包括多项扩张性财政政策,主要有:

1. 通过各种法令,扩大财政支出用作福利救济目的,建立社会保障体系。罗斯福 1933 年向国会提出拨款 5 亿美元给各州作为社会救济金,1933 年 5 月通过"紧急救济法令",成立联邦紧急救济总署,对失业者进行直接救济。1935 年国会还相继通过了《1935 年社会保障法》、《社会保险法》和《紧急拨款救济法》,建立失业保险和老年保险制度。

2. 1935 年美国政府成立专职机构"工程兴办署",有组织、有重点地兴办公共工程,安置失业人员,解决就业问题。对有劳动能力的失业者,实行"以工代赈"。采用多种筹资方式,改善市政建设,由联邦政府和地方团体共

---

* 原载于《福建论坛·人文社会科学版》2003 年第 1 期。合著者:侯艺。

同负担市政建设费用。成立房主贷款公司,授权为住房困难家庭提供财政援助;通过住房法,建立联邦住房管理局,为住房抵押贷款提供担保;给低收入者住房补助,给房主税收优惠。

3. 对企业生产给予扶持和管理,通过全国工业复兴法,成立全国复兴总署,给予工商企业大量贷款和津贴,并对其生产和销售进行指导和管理;成立农业调整署,对农产品实行各种扶持补贴政策。

"新政"实施后经济上的反应是令人满意的。一方面,"新政"使美国经济较快地得到了恢复,为后来参加第二次世界大战并争取胜利奠定了物质基础。1937年,美国工业生产恢复到了1929年的水平,而1939年的国民生产总值也恢复到了1937年的水平,投资恢复至70亿美元。政府救济使得人民的生活状况有所改善。"罗斯福新政"从实践上印证了英国经济学家凯恩斯在20世纪30年代中期提出的国家干预经济以拯救经济大危机的经济理论体系和政策主张。不过为了达到这些目的,赤字财政政策在联邦收入和支出之间造成了一个29亿美元的缺口,为日后新的经济问题埋下了隐患。而且,"新政"对就业并没有形成根本的改善,这个问题一直遗留到了第二次世界大战时期。另一方面,"新政"反映了美国财政政策的重大转变,形成了财政赤字长期化的开端,并开辟了政府对经济生活进行大规模干预的先河,其影响十分深远。

(二) 二战后杜鲁门与艾森豪威尔的财政政策

1946—1948年的繁荣期过后,赞成凯恩斯主义的美国经济学家汉森等人提出了补偿性财政政策。对此深表赞同的杜鲁门政府减少了军费开支,并伴以紧缩性货币政策,结果引起了1949年的经济危机,失业率从3.8%上升到5.9%。此时杜鲁门政府以同军事相关的扩张性财政政策来应对,将国民经济军事化作为刺激经济的手段,希望能够创造战时那样的经济高涨。刚好此时发生了1950年的朝鲜战争,军事和政治上的需要与时机出现了。侵朝战争高峰期间,美国直接军费开支达到了504亿美元,占联邦政府支出的66%,从而达到了以扩大政府支出为主要手段的扩张性财政政策拉动经济的目的。

杜鲁门政府采取的另一项扩张性财政政策是减税,但这一政策的实施涉及了杜鲁门与国会共和党的斗争。杜鲁门主张减税的时机最好应该选在1946—1947财政年度,因为届时预算支出将从战时的400亿美元下降到和平时期的250亿美元。而1946财政年度预计只有19亿美元的赤字,希望预算平衡的杜鲁门不想在这时减税。但共和党人对减税计划的重大修改终于使得减税法案在被否决两次后于 1948 年付诸实施,并被认为对缓和 1948—1949 年的经济衰退起了及时雨的作用。

杜鲁门政府对物价也实行了管制,不过这属于收入政策的范畴,我们不在这里讨论。福利方面的一系列措施同时出台,这是除了军费开支之外联邦政府的又一项主要财政支出方向。《1949 年住宅法》授权联邦政府在其后 6 年内为低收入家庭建造 11 万套廉价公共住房,并为城市清理贫民窟和改善农村住宅提供了大笔贷款和援助。杜鲁门政府在福利建设其他方面的努力也解决了一定的社会问题,有助于扩大人们的购买力,间接促进经济发展。

杜鲁门信奉凯恩斯的经济理论观点和政策主张,认为医治失业和经济危机最有效的手段是推行赤字财政和扩大预算支出。他的政策一度刺激了经济,使美国产生了战后繁荣。尽管他反对减税政策,但这一政策的最终实施却恰好及时地抑制了经济衰退。杜鲁门拒绝了诺斯为了防止预算赤字,政府必须紧缩开支的观点,给美国财政赤字的继续扩大留下了空间。显然,依靠战争拉动的经济增长并不会持久。1953 年朝鲜战争结束后,当国防采购下降时,美国经济便再次陷入了衰退之中。

艾森豪威尔就任总统时,美国经济已经从 1948—1949 年的经济衰退中复苏,当时全国最大的问题是通货膨胀。艾森豪威尔希望维持预算平衡,到 1953 年 3 月底,随着在朝鲜战争时期开征的附加税停止征收,以及 1952 年关于削减消费税立法的通过,到 1954 年,大约有 60 亿美元的减税可以对经济起到刺激作用。于是主张预算平衡的艾森豪威尔不愿意实行赤字财政和大规模减税计划。然而当 1953 年衰退来临时,为了应付危机,艾森豪威尔不得不采取降低税收、增加失业救济等开支项目缓解形势。经济复苏后,他一直注重预算平衡。但是,这个愿望受到了军事政策的限制,秉承杜鲁门对外政策的结果使得在艾森豪威尔执政八年期间,军费一直接近于朝鲜战争的水平,占去了联邦政府一半左右的开支。而 1957—1958 年经济衰退的到来,又迫使艾森豪威尔进一步放弃平衡预算,加强政府军事机构和军工工业联盟的综合体,采取以军费膨胀为中心,扩大政府支出的扩张性赤字财政政策。于是美国在 1958 年财政年度出现了 103 亿美元的财政赤字,而 1959 年财政赤字更是高达 120 亿美元。

总体来说,艾森豪威尔的经济政策在抑制通货膨胀方面起到了显著的作用,但是它非但没有实现平衡预算,反而将美国政府的财政赤字推到了新的高峰。另外,他执政期间,国民经济增长缓慢,1956—1961 年平均增长率仅为 2.1%,出现了所谓"艾森豪威尔停滞"。失业率却居高不下,1953 年以来从来没有低于 4%,并且显示出持续上升态势。

(三) 肯尼迪的增长性财政赤字政策和约翰逊的减税

受到黄金外流西欧的影响,美元因国际收支恶化濒临危机,同时越南战争又处于僵持状态,这些都使得美国在 20 世纪 60 年代初陷入了又一次萧条。经济增长缓慢,维持在 2%左右,而同时失业率却超过了 6%,这样的背景迫使新任总统肯尼迪决定要以经济增长作为主要的经济政策目标来实现。肯尼迪的早期经济政策并没有使美国经济出现什么起色,这促进了他向凯恩斯主义的转变,倾向于增长性财政赤字政策。1962 年 6 月在耶鲁大学的演讲中,他明确指出:"战后大的预算结余并未阻止通货膨胀,而最近几年连续的赤字也并未扰乱基本的物价稳定。"

肯尼迪的刺激性减税政策是除了赤字财政政策之外调节和干预经济的主要措施。1961 年他实施了"直接计划",降低公司税收,对新投资予以 7%的投资税优惠,提高企业固定资产的加速折旧率,1962 年他又进一步要求国会削减个人所得税 100 万美元,1963 年更是提出了一个完整的减税计划,包括三个目标:一是将个人所得税率从 20%—91%降至 14%—65%;二是把公司所得税率从 52%降到 47%;三是将公司所得税中第一档(25 000 美元)税率从 32%降低到 22%。预计减税将减少 102 亿美元的政府净收入,但是这一计划在他当政时并未付诸实施。

减税和包括大规模军事开支在内的扩张性财政政策在肯尼迪执政期间取得了显著成功,失业率从 1963 年的 5.7%下降到两年后的 4.5%,扩张性财政政策引发的通货膨胀也是温和的,仅为 1.5%左右,国民经济年增长率达到 5.6%,克服了经济停滞。这是凯恩斯主义在美国成功运用的典范,并且创造了美国政府第一次在非衰退期间利用财政政策刺激经济的历史。肯尼迪政府这次扩张性财政政策的运用,为经济学家后来把凯恩斯所主张的经济萧条时期运用的短期扩张性财政政策运用到长期经济增长当中,提供了一个先例。

肯尼迪的继任者约翰逊总统承袭了肯尼迪的事业,这两届政府的经济政策之间的连续性尤其明显。侵越战争逐步升级,大规模军事开支刺激了美国经济,1961—1968 年累计财政赤字达到 604.5 亿美元,直接军费开支 1969 年达到了 855 亿美元的新高。1964 年国会通过了肯尼迪于 1962 年提出的减税计划,但作了修订,改为两年内减税 115 亿美元,个人所得税率从

20%—91%降至16%—77%,但起征点却从2 000美元下降到500美元,公司所得税率从30%—52%降到22%—50%;1965年个人所得税率进一步降至14%—70%,公司所得税率进一步降至22%—48%;投资优惠税率继续有效,而且范围有所扩大。

此外,约翰逊政府还提出了所谓"伟大社会计划",向贫困宣战,扩大联邦政府对教育和医疗卫生领域的投入。国会于1965年通过了《中小学教育法》,授权联邦政府向各州拨款13亿美元用于改善中小学教育;而随着各项医疗计划的实施,联邦医疗卫生支出也从1963年的29亿美元上升到了1969年的130亿美元;约翰逊制定了城市和环境保护立法,而联邦政府承担了解决城市颓败和环境污染问题的许多费用。这些福利计划使得美国政府用于福利的开支从1963年的668亿美元剧增至1969年的1 271.5亿美元,占国民生产总值的14.1%。

减免税政策、税收优惠对私人消费和投资以及私人企业经营都起了很大的刺激作用,增强了人们的购买力,推动了20世纪60年代美国经济的高速发展。整个20世纪60年代美国经济年增长率均高于4%,个别年份甚至高达6%;国民生产总值从1961年的5 233亿美元增至1969年的9 355亿美元,增加了近80%,福利计划的成功提高了人们的生活质量。但是,军事支出超过了国力,造成供需失衡和战争浪费,而减税又使得政府收入减少,进一步扩大了联邦政府的收支缺口,引起财政连年赤字。而且短期财政支出扩张政策逐渐变成了经常性的财政支出扩张政策,趋向于长期扩张,造成经济真实实力下降,形成了通货膨胀,经济繁荣开始显现出"滞胀"的阴影。

(四)尼克松、福特、卡特——"滞胀"时期的扩张性财政政策

尼克松上任的时候,继承的是一个高通货膨胀率和低失业率的经济,同时还有美元危机。于是,尼克松希望放慢物价上涨而不增加失业,为此他采取了紧缩性货币政策,提高利率,控制货币供应量。但这却触发了1969—1970年的经济危机,通货膨胀率为5.9%,也达到20世纪60年代的最高点。经济增长率在1968年为4.7%,而到了1970年,只有0.1%,基本处于停滞状态;失业率在1970年上升为5.6%,形成高通货膨胀和高失业并存的"滞胀"局面。不愿为稳定工资和物价而引起更严重衰退的尼克松政府此时放弃了正统的保守做法,在1971年初实行了财政政策刺激经济,增加政府开支的同时降低个人所得税,对公司所得税实行优惠待遇,停征汽车消费税以刺激经济。

尼克松政府新经济政策的执行扩大了国家预算赤字，减少了联邦预算收入，很快使1970年的盈余转为巨额联邦赤字。扩张性财政政策的确有助于解决失业问题，但是并未促进经济增长，同时还增加了通货膨胀的威胁。这迫使尼克松在应用扩张性财政政策的同时宣布工资和物价冻结，进行物价管制。管制的生效暂时抑制了通货膨胀，但时间并不长久，连任后的尼克松被迫放弃价格扭曲后，消费品价格在1973年上升了8.8%，美国经历了第二次世界大战以来最为严重的通货膨胀。此时，尼克松又强调平衡预算，采取紧缩政策，1973年美国终于在能源危机的冲击下，遭遇了战后最严重的经济危机。

尼克松因"水门事件"下台后，福特继任，面临严峻的经济形势：1974年失业率高达5.6%，消费物价上升了12.2%，而经济则开始出现负增长，增长率为-0.64%；1975年经济连续负增长，失业率达到8.2%。这迫使福特政府采取刺激性财政政策。1974年10月，他建议减税280亿美元，但为了防止通货膨胀而提出的逐步削减开支最终并未实现。1975年财政年度，政府赤字达到了452亿美元，而1976年则攀升至664亿美元。结果1975年经济开始复苏，通货膨胀率下降，从1975年的9%降至1976年的6%左右，到了1976年，美国经济形势继续好转，失业率下降到了7.7%，福特在这样的形势下结束了其总统任期，留下了664亿美元的巨额财政赤字。

卡特政府面对的是1976年缓慢回升的美国经济和布雷顿森林体系解体。因此，他在上台伊始决心减少失业，促进经济增长，并希望降低联邦开支占国民生产总值的比例，消灭赤字。卡特政府通过适当增加福利开支，同时对个人和企业实行减免税收的政策来刺激经济。这样到1977年底，失业率降低到了6%，但很快货币政策和财政政策的配合不当就推动了通货膨胀率上升，消耗了减免税收所带来的收入与投资增加，1978年通货膨胀率达到了9%。不久，第二次石油危机爆发，遏制通货膨胀成了卡特政府的首要目标。因此，卡特政府转向了财政和金融的紧缩性政策，并反对日益上升的减税要求，结果给萎缩的经济以进一步打击，形成短暂衰退。在选举年，卡特仍然没有减税，为了应付经济的不景气，他采取了扩大政府开支的财政政策，这是卡特在任期内第二次使用扩张性财政政策。而这就决定了他无法实现上台时的预算目标，联邦开支被推到占国民生产总值的22.6%。1980年的财政赤字总额虽然并非历史新高，但也达到了596亿美元，同年平均失业率为7%，通货膨胀率高达13.5%，经济形势依然严峻。

（五）里根与布什的新保守主义政策

如前所述，里根面对的是卡特政府遗留下来的严峻经济形势：7%的失业率、高达13.5%的通货膨胀率、-0.2%的经济增长和738亿美元的巨额财政赤字。前几任政府对付滞胀的失败表明了凯恩斯主义的失灵,里根经济学代表的是供给学派的抬头。但为了对付萧条,实际上里根也采取了扩张性财政政策,试图恢复经济。里根政府的经济政策主要包括:

(1) 实行税制改革,大量减免税收。里根当政期间,曾两次大幅削减个人所得税和企业所得税税率。第一步计划在3年内减税25%,分5%、10%、10%三次完成,使得1983和1984财政年度分别减税927亿和1499亿美元;1986年通过的新税收法案又进一步规定个人所得税税率从50%降至28%,企业所得税税率从46%降至34%,此外还实施了各种优惠税收。结果有650万低收入者免税,7630万人减税,平均每人减税801美元。

(2) 与削减政府开支目的背道而驰的支出扩张政策。尽管里根政府主张实行紧缩性财政政策,压缩政府支出,追求预算平衡,并于1985年通过了格拉姆—拉德曼—霍林斯平衡预算法规定赤字限额,但政府的支出状况却表明里根政府实际上采取的是一种扩张性财政政策(见表1)。这是因为里根政府有三个方面的支出是无法压下来的:军事、利息、社会福利与社会保障,其中以军事支出为最多。里根政府不断扩大国防开支,使之达到了历史最高水平,从1980年的1359亿美元增加到1985年的2515亿美元,平均年增长率为13.1%。国防开支在联邦政府总预算中的比重也持续上升,1980年为23.6%,1985年上升到26.8%。军事赤字政策大大促进了国防工业的发展,同时使大量国防开支转入相关制造业部门和高科技研究机构,从而推动了整个国民经济的发展。

表1 里根政府的财政赤字状况　　　　单位:亿美元

财政年度	政府公布的赤字
1981	-790
1982	-1 280
1983	-2 080
1984	-1 850
1985	-2 120
1986	-2 210
1987	-1 500
1988	-1 550

资料来源:《美国经济与政府政策——从罗斯福到里根》,陈宝森著,世界知识出版社1988年版。

里根的经济政策促进了 20 世纪 80 年代美国经济的复兴,帮助美国摆脱了"滞胀"的阴影,1980—1988 年里根当政期间,国民经济平均增长率达到了 3.3%,失业率约为 6%,平均通货膨胀率为 4%,出现了经济繁荣。但同时,仅 1981—1985 年美国的赤字总额就达到了 5 392 亿美元,超过了历届政府的赤字总和 4 484 亿美元,离预算平衡的目标越来越远;同时联邦债务扩大到 1988 年的 27 000 亿美元,沦为净债务国。由于里根努力减少政府在经济方面的调控,没有对赤字采取适当措施,最终巨额赤字导致了一系列连锁反应,造成巨额贸易逆差,并且直接预示了 1990 年开始的新一轮经济萧条。

1989 年上台的布什总统,遭受着里根政府遗留下来的高赤字和高国债的困扰,因此而将"减少赤字"作为既定目标。开始时布什计划通过减少富人税收,提高除富人之外的其他人的税收的双重财政政策以及削减部分福利和军费开支来达到目的,但是《缩减赤字法案》通过不久,美国就于 1990 年进入了战后第 9 次经济衰退,布什的支持率严重下降。因此,1991 年 12 月,布什从增税政策转到了退税和减税的扩张性财政政策,采取了一系列紧急措施,包括减少资本收益税,并首次向购房者减免税额等,试图用扩张财政的方法刺激需求,提高国民购买力。这些措施对经济发展起了一定的推动作用,使得经济增长有所恢复,但是却远没有达到复兴和减少赤字这两大目标。在降低资本收益税方面,布什也没有收到预期的效果,到 1992 年初,资本收益税仅仅降低了 5%,远低于 18% 的减税目标。因此,布什的税收计划不能算作成功。

另一方面,布什强调缩减军费和一部分福利开支,1989 年后的实际军费开支基本呈下降态势。但是,随着海湾危机和战争的爆发,军费暴涨又变得不可避免,布什政府又不得不开始采纳扩张性财政政策。同时为了兑现竞选诺言,布什大幅增加了环保、教育、禁毒、妇幼保健和老年医疗照顾等方面的福利支出,再加上每年的巨额国债利息达到 2 860 亿美元,占去联邦总支出的约 1/7,使得布什政府的"减少赤字"计划彻底落实。并且,这些支出并没有像以往的扩张性财政政策那样赶走衰退,1991 年经济增长率仅有 0.7%,直至次年才缓慢复苏,1992 年失业率一度达到 7.8%,国债由 27 000 亿美元上升到 40 000 亿美元,联邦预算赤字不减反增,比 1980 年上涨了约 4 倍,达到 2 900 多亿美元的历史高峰。

总体来说,布什政府计划利用紧缩性财政政策"减少赤字"的愿望被经济衰退和海湾战争粉碎了。这样的形势迫使布什运用了减免税收和增加军费、福利开支的扩张性财政政策,但最终效果却不尽如人意。

(六)克林顿"减少赤字"之后的减税和小布什的财政政策方向

20世纪80年代,美国为了对付经济滞胀,实行扩张性财政政策,通过减税、增加国防支出、给予投资优惠等政策刺激经济,成功地控制了通货膨胀率和失业率,但却导致了高利率、高赤字和高负债。在这种情况下,1992年就任总统的克林顿不得不推出紧缩性财政政策以减少预算赤字和国债,在格林斯潘的配合下,经过增税和减少开支等一系列措施,基本消除了困扰美国多年的财政赤字问题。由于本文讨论的是扩张性财政政策,因此对克林顿政府的政策在这里不作详细分析。我们只需要提到一点,就是克林顿在完成"减少赤字"任务之后,认为应该适当减少税收。因此,他在1997年连任总统后拟定了《减税法案》,规定父母年收入11万美元以下的每个孩子可抵免500美元的个人所得税以及最高资本收益税率从28%降到20%等,五年内净减税额约达950亿美元。这一减税举措同此前的若干增税政策一起重新确立了美国的税收结构,为维持平衡预算,消灭联邦赤字做出了积极的贡献。

从2000年下半年起美国经济的增速已经开始放慢,第四季度的经济增长率甚至仅有1%,与全年平均增长率5%形成了鲜明对比。降幅之巨,令人震惊。消费者信心指数在2001年2月下降到了106.8点,达到1996年以来的最低点;制造业投资连续半年减少,破产和失业率开始上升。在这样的形势下,小布什于2001年2月8日向国会提出了他的10年减税计划,这项计划减税规模达到1.6万亿美元,包括多项措施:降低边际税率,将现行五级税率改为四级,分别由15%、28%、31%、36%、39%降至10%、15%、25%、33%;家庭的儿童税额抵免幅度增加一倍,为1000美元;降低婚姻罚款,恢复已婚夫妇缴纳税额的扣除制度;废除遗产税;对研发事业采取稳定税收优惠政策等,以刺激消费和投资,应付经济衰退。5月国会通过了小布什的财政预算法案,实际批准的减税金额达到1.35亿美元,仅对一些具体减税办法做了修订。美国财政部长奥尼尔指出,2001年的减税总额度将达到500亿美元左右。然而,减税的效果并不如预期的那么显著,2001年6月以来的连续3个月内,美国经济都在零增长附近徘徊,9月8日的报告显示,尽管失业保险从上周的40.5万美元降至40.2万美元,但是领取失业救济的人数却不断攀升,达到了自1992年以来的顶点,即使制造业在一年的持续下滑后得到了暂时的稳定,但是除制造业外的其余商业指数却从7月的

48.6降到了8月的45.9,美元继续走低,投资者信心依然不足。

还未等到小布什政府为这些经济反映做出进一步举措,"9·11"袭击事件发生,给衰退中的美国经济带来了更大打击,建筑、交通损失约合100亿美元,保险公司赔付300亿美元,航空公司亏损40—45亿美元,7大金融机构损失10亿美元,美国直接经济损失达500亿美元,股市持续下跌造成了1.2万亿美元的损失,消费者和投资者因此对经济更加缺乏信心。美国政府迅速做出了政策反应:白宫设立了400亿美元的特别基金用于打击恐怖活动、救援和灾后重建;美联储支持银行系统1195亿美元资金,与欧洲央行达成500亿美元的换汇协议;国会在"9·11"后的9月19日批准财政部发行战争债券,22日同意提供50亿美元现金援助和100亿美元担保贷款;政府进一步决定本年度向个人退税400亿美元,2002年减税700亿美元。应急措施或许起了一点作用,美国政府公布2001年全年经济增长率为1.4%,好于"9·11"后人们的预期。美联储则以一年内的11次降息来加以配合。但是情况仍然不妙,仅在阿富汗战争发动前一周,美国就有52.8万人首次申请失业救济;阿富汗战争后,美国经济尽管处于缓慢的复苏状态,但并没有取得像海湾战争那样的刺激作用;近期随着大公司纷纷爆出财务丑闻,人们的信心受到了更大伤害,使得美国经济处于更加危险的信用危机中。至于小布什将会采取什么进一步的措施来应对,人们只能拭目以待。

二、20世纪以来美国实行扩张性财政政策的经验教训及其对我们的借鉴意义

(一) 20世纪以来美国实行扩张性财政政策的经验教训

综观20世纪美国实行扩张性财政政策的历史,我们可以发现这样几个值得注意的经验和教训:

1. 实行扩张性财政政策面对的形势和任务:一般说来,实行扩张性财政政策大都是在经济处于萧条情况或者面临着迫切推动经济增长的任务情况下进行的。前者在理论上是与凯恩斯主义经济学说的政策主张相一致的,而后者则是美国凯恩斯主义经济学家在政策实践中提出并加以实行的。

2. 实行扩张性财政政策的手段,主要是在举债支出情况下扩大政府支出(进行政府直接投资和政府采购)和实行减税。一般看来,前者主要应用于对付经济萧条和衰退,后者主要应用于推动经济增长。因为减税发生作

用所需要的时间过程也许更长一些。

3. 实行扩大政府支出和扩大政府直接投资的扩张性财政政策需要存在真实的购买需求和生产建设投资项目。前者可以包括各种满足社会公益需要的商品与服务,实际上军事开支在美国的历史上往往具有极重要的作用。后者一般涉及公共设施的建设和特殊的项目,比如修建公路、铁路、港口、城市建设、开凿运河、修建水坝等。

4. 减税则分为两种情况:其一是针对经济萧条的短期减税或局部结构性减税,其目的是刺激短期内的投资和消费的增长,从而扩大总需求水平。其二是着眼于推动经济增长的长期性减税,这涉及税收结构的调整和长期税负水平的改变,其目的是改变社会对耐用消费品的长期需求并在长期中增加社会的供给能力。美国的历史表明,前者主要是凯恩斯主义者解决经济萧条问题的对策,而后者却是供给学派克服经济"滞胀"的对策。

5. 从美国的历史情况来看,扩张性财政政策的确有助于克服经济萧条,但是与之相伴随的是大量的财政赤字。巨额财政赤字可能引起两种结果:其一是巨额债务会越滚越大,无法解脱,使政府无法正常运转,无法正常处理其他社会问题;其二是大量发钞弥补赤字,引发社会严重的通货膨胀。从短期来看,每届政府都关注短期问题,但从长期来看,这就形成了严重的问题。美国在20世纪70年代发生的经济"滞胀"与此有着极大的关系。

6. 美国历史上似乎也存在着扩张性财政政策推动经济增长的时期,不过,它并不像短期扩张性财政政策作用那么明显。因为,很难说经济的增长主要得益于长期扩张性财政政策。

(二) 20世纪以来美国实行扩张性财政政策的启示

20世纪中,美国依靠政府支出扩张来克服经济衰退,推动经济增长的历史经验和教训对我国具有很重要的借鉴意义。美国实行扩张性财政政策的经验教训表明:由于经济衰退发生时,经济中往往是总需求不足或者供给过剩。所以,政府采取赤字预算的扩张性财政政策来刺激消费和投资,拉动经济增长的确是一个比较有效的办法。这种办法对于我们国家来说,在情况大致相同的情况下,也是可以采用的。我国在1997年亚洲金融危机发生后几年来所采取的扩张性财政政策实践就证明了这一点。

鉴于这种成功,我国目前也已经将扩大政府支出作为拉动经济发展的主要手段之一,并且试图探讨是否可以在较长时期中来应用这种手段的问题。过去几年中我国扩张性财政政策运用的成功,在本质上仍然具有短期政策的性质。而且，具体说来也存在着一系列保证其运用成功的客观条件。这表现为：第一，我们在亚洲金融危机后面临着总需求不足的形势；第二，我们存在着大量急需建设的基础设施和公共设施项目；第三，我们也存在着通过发行国债来实行赤字财政的条件。但是，要在长期中运用扩张性财政政策来推动经济增长，就需要仔细衡量这些条件是否有所差别，同时，也要考虑短期内实行扩张性财政政策所带来的负面问题和代价，在长期中会发生什么变化。

美国在20世纪里长期实行扩张性财政政策的代价和教训是巨额的财政赤字和严重的通货膨胀。这成为了20世纪70年代以后困扰美国经济最严重的问题和顽症。事实证明，不计后果地单纯扩大政府开支是不可取的，那将会置政府于巨额财政赤字和国债的压力之下，如果经济形势不好，还可能面临继续扩张政府支出和不能增税的威胁。里根之后的美国经济就经历过这样一个痛苦的时期：高赤字、高国债、高通货膨胀，直到海湾战争爆发、克林顿上台之后，这种情形才结束。这种先例是应当引以为戒的。

应当承认，利用扩大政府支出来拉动经济增长要有一定限度，并且效果也并非像预期的那样好。因此在使用这种扩张性的财政政策时，有必要仔细考察政府支出可能取得的成绩，密切关注社会反应。因为如果当前条件下扩大政府支出并不能带来太大益处，那么盲目扩大支出就只能导致得不偿失，最终入不敷出。当然这其中是包含了短期利益和长期利益的，紧急情况下采取措施要考察短期利益的变化，而如果定位在长期，考虑方式自然有所不同。无限期的财政扩张不仅有可能积累起巨大的财政赤字和巨额国债，而且会弱化财政政策调节经济的能力，带来通货膨胀的压力，并影响货币政策和财政政策的协同作用，最终给国家经济造成很大危害。

从基础设施和公共设施的需要来看，今后我国仍然存在着比较大的运作空间，仍然存在运用政府开支进行有关项目建设的余地和条件。但是从资金和财力方面看，则不容乐观。我国改革开放以来，资金不足一直是发展的"瓶颈"，再加上改革过程中建立社会保障体系等方面的要求，使得财政方面的支出日益扩大，收支缺口也有扩大的倾向，面临着赤字压力。1979—1995年，我国赤字数额累计约6 000亿元，国债余额累计4 700亿元，人均负担国债近400元，县级财政一半以上存在预算赤字。腐败现象的时有发生更加增大了"公款"的负担。从近几年来看，大型建筑项目增多，财政支出有增无减，这不能不引起人们对赤字的关注和警惕。

在这种形势下，长期靠扩大政府支出来维持经济增长显然存在问题。

政府财力能否承受,值得认真考虑。此外,扩大政府支出的扩张性财政政策适应于单纯扩张总需求的形势。而我国长期经济增长所面临的并不单纯是总需求不足的问题。除去总需求问题之外,还有总供给方面的问题、结构方面的问题,这是不能靠扩大总需求、扩大政府支出的政策加以解决的。

根据美国的经验教训来看,在促进长期经济增长方面应该同时注重总供求两个方面,特别是总供给方面。美国在这方面主要是采取了减税和刺激供给的政策,依靠税收的增减和税制结构的合理改革达到目的。这样做的好处是显而易见的,因为税收变动与财政支出相比,并不直接对经济产生强烈的刺激作用,效果缓慢、间接,给经济以刺激,但又不会引起剧烈震荡,而且还在一定程度上避免了政府直接开支增加所可能引起的巨额财政赤字,因此美国政府在进入20世纪70年代后至今,越来越多地应用税收手段来调节经济,推动经济增长。

那么,我们国家能不能运用减税这种财政政策手段来推动经济增长呢?从理论上看,应该说,我们也是可以考虑运用减税政策的。但是,从现实上看,总体减税则有较大的局限性。因为,第一,减税固然会刺激社会投资和消费的积极性,但是,对于大量中低收入家庭和中小企业来说,获益也许不大,因为他们的税基较小。第二,减税的同时,如果不能减少政府开支,同样会产生财政危机。第三,减税后,在将来如果需要增税就比较困难。因此,就我国目前来说,总体减税的办法不一定是妥当地推动经济增长的政策。我们可以考虑的、也是近些年来行之有效的办法也许是税收结构的调整和局部减税的政策,比如经济特区的税收优惠政策、特定产业的税收优惠政策、出口退税政策和支持西部大开发的具体优惠税收政策等。目前,我国在调节经济时,税收手段利用得还不是很频繁,增减税收或者改变税收结构似乎还比较遥远。诚然,税收具有一定的稳定性是件好事,但是,我们现在或许还不能这样做,因为税收体制的不完善和相关法律的各种漏洞限制了税收调节的现实性,一旦调节发生,总有各种各样的人利用这些漏洞,反而达不到预期效果;另外,监管不力也是一个重要的问题。特别是高收入阶层的偷税漏税已经成为了国家税收的一个毒瘤,不过,近期我国政府正在下大力气整顿税务工作,如果取得显著成效,相信财政状况能够得到非常可观的改善。

我们不能因为这些客观原因的存在就漠视税收调节的可行性,当前应该做的工作是尽量完善税收体制和相关法规,取消或合并不合理的税种,简化和规范税款收缴体制,加强监管,逐步建立起完善的税收制度。只有这些准备工作做好了,我们才能利用税收杠杆对国民经济进行更得力的宏观调控,促进经济的稳定和发展。

当然,推动经济长期发展还需要从改善经济结构、激励创新方面加以努力。不过,那些主要属于改善供给的问题,这里不加讨论。

参 考 文 献

1. 〔美〕赫伯特·斯坦著:《美国总统经济史——从罗斯福到克林顿》,金清、郝黎莉译,吉林人民出版社 1997 年 6 月版。
2. 陈宝森著:《美国经济与政府政策——从罗斯福到里根》,世界知识出版社 1988 年 4 月版。
3. 李世安著:《一只看得见的手——美国政府对国家经济的干预》,当代中国出版社 1996 年 7 月版。
4. US data underline continuing weakness in economy, by Despeignes, Peronet, *Financial Times*, London, Sep 7, 2001.
5. US growth almost hits negative territory, by Baker, Gerard, *Financial Times*, London, Aug 30, 2001.
6. Crawling out of Recession (editorial), *New York Times*, New York, N. Y., Mar 3, 2002.
7. 杨鲁军著:《论里根经济学》,学林出版社 1987 年 11 月版。
8. 郭吴新等主编:《90 年代美国经济》,山西经济出版社 2000 年 1 月版。
9. 黄绍湘:《二战后凯恩斯主义在美国的应用与演变》,载《中国社会科学院研究生院学报》1995 年第 3 期。
10. 唐承运、刘锡海:《80 年代美国经济与里根政府对策》,载《外国问题研究》1996 年第 3 期。
11. 李炳鉴:《罗斯福"新政"及其财经政策理论评析与借鉴》,载《山东财政学院学报》2000 年第 2 期。
12. 孙健夫:《美国财政政策的演变及启示》,载《世界经济》1997 年第 7 期。

20世纪美国扩张性财政政策的演变及启示*

当前,经济自由主义思潮似乎占据着主流,但实际上,无论是经济自由主义的拥护者还是国家干预主义的拥护者,都无法彻底否认政府在经济生活中所起的作用。即便是亚当·斯密在《国富论》中所涉及的政府,也要充当"守夜人"的角色,而没有游离于经济生活之外。凯恩斯的《通论》发表以后,特别是20世纪50—60年代,政府对经济活动的干预更成为一种时尚。虽然自20世纪80年代起经济自由主义卷土重来,但政府对社会经济活动的干预并未消失。

在新千年来临之际,哈佛大学的一位经济学教授曾经撰文声称,混合经济是20世纪最宝贵的遗产。[①] 他说:"19世纪发现了资本主义。20世纪学会了如何驯服并提高资本主义的生产能力,同时还为市场经济配置了机制性要素:中央银行、有利于稳定的税收政策、规范化和反垄断政策、社会保险和民主制度。"[②] 他认为,20世纪的历史表明,各国经济能否搞好,不仅取决于他们能否建立起恰当的混合经济,而且取决于各国政府怎样对经济进行干预和调控。显然,这位美国经济学教授是主张把混合经济连同与之相关的政府干预活动带入21世纪的。而财政政策和货币政策则是这位教授所涉及的、曾经被西方国家在20世纪后半期内20多年时间里作为调控经济的有效工具。

对此,我们应持何种看法呢?1998年以来,中国一直面临着通货紧缩和结构性供给过剩的问题。中国政府当然是赞成承担起保持经济稳定和促进经济增长责任的。它曾经几次采取降低利息率的货币政策,试图维持经济的稳定,并推动经济增长。但是,货币政策的实际效果并不明显。与之相对应,倒是运用扩张性财政政策来拉动经济增长,取得了明显的效果。不

---

* 原载于《经济科学》2003年第2期。合著者:毛晖。
[①] 〔美〕达尼·罗德里克:《混合经济是20世纪最宝贵遗产》,《参考消息》2000年9月4日,第1页。
[②] 同上。

过,鉴于美国在20世纪70年代所发生的严重通货膨胀,人们也担心:中国连年实行积极的财政政策是否会由于过大的财政赤字而引发通货膨胀,甚至是经济"滞胀"呢?于是,国人关注的焦点问题之一便是:在中国加入WTO以后,当全球经济仍没有出现明显好转的形势,而中国已经连续5年实行扩张性财政政策来维持和推动经济增长的情况时,能否继续依靠扩张性财政政策来拉动内需、推动经济增长呢?本文试图从西方经济发达国家,特别是美国在20世纪长期实行积极财政政策的经验和教训中获得一些启示,以有助于对该问题的研究。下文中,我们将把第二次大战后历届美国政府的财政政策的发展和演变分成三个大的阶段加以审视、考察和分析。

一、20世纪30—70年代美国的财政政策实践

(一)扩张性财政政策

扩张性财政政策是英国经济学家凯恩斯针对20世纪30年代西方国家出现普遍性经济大萧条提出来的。凯恩斯认为,经济中之所以会出现失业和萧条,是总需求不足的缘故。要解决经济萧条和普遍失业问题,就要想办法增加经济中的总需求。因而,凯恩斯主义的核心原则就是,彻底放弃过去新古典传统的经济自由主义信条,采用政府积极干预经济生活的办法来解决严重的失业和萧条问题。但是,凯恩斯认为,在经济萧条中,主要问题是由于资本边际效率的崩溃所引起的,因而采用货币政策很难达到预期的效果,只有采用扩张性财政政策才能解决问题。为此,凯恩斯主张摒弃平衡收支的古典财政原则,实施减税增支的办法,通过减税、大量举借公债,实行赤字预算,并积极扩大政府开支来扩大社会总需求。

凯恩斯的对策显然是有一定道理的。不过,在20世纪30年代真正运用凯恩斯上述思想来克服经济衰退的国家并不多。除个别北欧国家和希特勒德国是从不同意义上采用了与凯恩斯思想异曲同工的做法外,只有美国的"罗斯福新政"的反危机手段,后来被世人看做是对凯恩斯理论主张无意识地实践尝试。(尽管从经济上说,"罗斯福新政"在本质上是罗斯福政府尝试运用各种不同的政策手段,自己对付严重的经济危机和萧条的办法。)

针对20世纪30年代美国严重的失业问题,罗斯福政府运用大量政府开支,举办了很多市政公共工程和基础设施建设,建立了平民自然资源保护队,雇用失业青年从事造林和水土保持等工作等。政府还拨款帮助各州、各

地区对失业者和生活贫困家庭进行直接救济或以工代赈,给大批失业者提供就业机会,以减少社会的不稳定。据称,美国对田纳西河流域水患的治理、国土的绿化和水土保持以及连接各州的公路网络系统等都得益于当时政府开支扩张的财政政策。

尽管罗斯福总统最初并不打算放弃传统的平衡预算财政原则,但严重的经济衰退使财政赤字额不断增大,使他不得不接受赤字财政的做法。到1938年6月,美国国会通过为开支计划拨款的立法时,财政赤字已经达到了29亿美元。这一时期美国政府的经济政策实践向人们表明了财政政策对经济发展的巨大影响。在1936年初和1937年中,当联邦政府财政开支下降后,收入显著减少,再往后则是经济的急剧滑坡。而当1938年春,当罗斯福政府实行了扩大开支和借贷计划后,经济就开始迅速回升。

罗斯福政府在20世纪30年代的经济政策实践,是对凯恩斯主义扩张性财政政策在经济萧条方面效果的首次检验。它客观上证明了,凯恩斯主义扩张性财政政策在经济萧条时期具有积极效果。

(二) 补偿性财政政策

补偿性财政政策是在美国的"罗斯福新政"时期提出来的。当时,解决就业问题的"一种方法是用加速进行公共工程和拟定较大的创造就业机会的工程计划使工人就业。当然,这种挽救经济结构和谋求职业的办法意味着更大的赤字开支;但是,有人认为这种赤字开支是合理的,其理论是:全国未来的经济扩张可以把它弥补,而且它在萧条的危机中是合理的,也正如它在战争时期是合理的那样。此外,政府开支的扩大政策会促进经济的复苏"[①]。这种观点后来由美国凯恩斯主义经济学家阿尔文·汉森正式提出来,作为改变传统财政政策思想,实行凯恩斯主义功能性财政政策的依据。

汉森认为,凯恩斯主义的财政政策并不只是经济危机到来后才运用的政策,它应该是一个彻底消灭经济危机的全面性方案。在这一思想的基础上,汉森更为全面地提出了补偿性财政政策的思想,即在经济萧条时期,政府应当增加财政支出,以扩大有效需求,增加就业量;而在经济高涨和通货膨胀时期,政府则应当减少财政支出,实现预算平衡或结余,以便降低有效需求,控制通货膨胀。这样,就能够不拘泥于当年的财政预算平衡,而着眼

---

① 〔美〕哈罗德·A.福克纳:《美国经济史》(下卷),商务印书馆1964年中文版,第412—413页。

于实现预算的周期性平衡。

20世纪50年代,美国政府采用了汉森提出的这一补偿性财政政策。其结果是:一方面,经济中没有出现严重的财政赤字与通货膨胀;另一方面是经济的缓慢增长。在艾森豪威尔担任总统的8年中(1952—1960年),有3年是有财政盈余的,而财政赤字的最高记录是125亿美元。艾森豪威尔执政时期发生了三次经济危机。从1953年到1960年,美国的实际国民生产总值平均每年增长2.5%,而同一时期西德、法国、意大利、日本、苏联,甚至许多发展中国家的增长速度都大大高于美国。因此,这一时期被称为"艾森豪威尔停滞"。[1]

总的说来,在20世纪50年代,由于艾森豪威尔政府实行了补偿性财政政策,美国还算平稳地度过了三次经济危机,而且财政上并未出现大的赤字,也未发生通货膨胀。尽管其经济增长速度落后于西德、法国、意大利、日本、苏联等国,但是,考虑到那些国家的经济处于战后恢复时期,其经济起点较低,因而,美国的经济增长速度还是比较令人满意的。

(三) 增长性财政政策

增长性财政政策是由美国经济学家赫勒与托宾提出来的,其主要内容是以充分就业与经济增长为目标的长期预算赤字政策。应该说,这是首次正式将凯恩斯主义的短期扩张性财政政策长期化的实际转变。

肯尼迪政府的经济顾问委员会主席赫勒认为,20世纪60年代初美国经济停滞和失业增加的原因是:潜在生产能力与实际生产能力之间已形成越来越宽的"鸿沟",这是长期奉行补偿性财政政策的恶果。因为补偿性财政政策要求政府在经济危机之后增加税收和削减开支,以便弥补政府财政预算在采取反危机行动时所产生的赤字。而这种为弥补财政赤字所采取的增税减支政策,恰恰紧缩了经济中的总需求水平,从而对经济增长造成了一种"财政阻力"。在赫勒看来,政府必须实行以3.5%的经济增长率和4%以下失业率为目标的长期性赤字财政政策。这也就是说,赫勒主张实行长期的扩张性财政政策。

这一思想的提出就把政府从过分害怕财政赤字的框框下解放出来了。从此,长期赤字财政政策就成为美国政府在20世纪60年代刺激经济增长

---

[1] 晏智杰主编,张延、杜丽群编著:《西方市场经济下的政府干预》,中国计划出版社1997年版,第135页。

的主要手段。事实证明,肯尼迪和约翰逊政府采用减税和扩大政府支出的扩张性财政政策的结果,使美国出现了第二次世界大战后很长时期的经济增长。从1961年2月到1969年12月,美国经济持续增长了106个月。1969年时美国失业率为3.5%,事实上达到了凯恩斯主义者提出的充分就业水平(失业率低于4%)。①

肯尼迪和约翰逊两届政府的扩张性财政政策实践不仅使美国走出了经济的低谷,而且在经济持续增长的基础上进一步把美国推向了"福利国家"的道路,使政府干预经济的规模空前扩大。在这方面的具体表现是:(1)健全和完善了失业、养老、医疗等社会保险和社会福利制度。实现了国民收入的再分配,使贫富悬殊的现象得到一定程度的缓和。这显然有利于社会总体消费水平的提高,有利于长期维持较高的有效需求水平,推动经济增长。(2)加强了联邦政府对医疗卫生和教育领域的干预,增加了人力资本投资,提高了劳动者素质,推动了科技进步。这对于提高劳动生产率和社会产出率,减少社会福利损失都是明显的。(3)在基础设施方面,政府大量投资为私人投资改善了环境,普遍促进了工农业的发展,特别是汽车工业、建筑业、第三产业的发展和边远地区的开发。(4)制定了城市和环境保护立法,着手解决老城市衰败和环境污染的问题。这些则提高了社会的公共福利水平。

增长性财政政策的实行确实带来了美国战后经济发展的黄金时代。但财政赤字规模的不断扩大,在增加货币供给的情况下,最终导致了20世纪60年代末70年代初的美国经济"滞胀"问题。再加上70年代上半期发生的世界性粮食短缺和石油危机,更使美国的失业率和通货膨胀都上升到了两位数。不过,除去增发货币的原因外,据萨缪尔森分析,恰恰是由于美国在20世纪60年代中期以后的财政政策未能及时适应经济风向行事,才导致了通货膨胀的发生。因为当时的情况是,减税再加上1965—1966年越战中财政扩张的影响,使得收入增长过快,超过了潜在的GDP水平,于是通货膨胀开始升温,而直至1968年才由国会批准开征了一项临时性收入附加税。萨缪尔森批评说,这一举措不仅力度太小,而且也来得太迟。② 所以,美国的经济"滞胀"不能归罪于凯恩斯主义的财政政策本身,而是扩张性财政政策

---

① 颜鹏飞、张彬主编:《凯恩斯主义经济政策述评》,武汉大学出版社1997年版,第30页。
② 〔美〕保罗·萨缪尔森、威廉·诺德豪斯著,萧琛等译:《宏观经济学》,华夏出版社1999年版,第122页。

的使用者未能正确灵活运用的结果。

二、20世纪80年代美国的财政政策实践

20世纪80年代,美国经济面临的主要问题基本上仍然是经济"滞胀"。当时,无论经济理论界,还是社会上的其他人,都认为凯恩斯主义的经济政策是造成经济"滞胀"的主要原因,而凯恩斯主义经济学又对经济"滞胀"束手无策。在这种形势下,主张自由放任的经济自由主义各派别纷纷跳出来,表述自己的政策主张。到80年代初,里根就任美国总统时,供给学派的政策主张得到了重视,于是,在里根政府的经济政策中便凸显出供给学派的色彩。

供给学派的理论主张是:恢复"萨伊定律",强调供给第一。他们认为,凯恩斯奉行的"需求会自动创造供给"的观点是错误的,而凯恩斯主义者所主张的"需求管理政策"则是造成经济"滞胀"的根源。供给学派认为,需求增大不一定造成实际产量增长,很可能只是单纯增加货币量,引起物价上涨,储蓄率下降。这又必然引起利息率上升,影响投资的增长和设备更新,造成技术变革的延缓。只要需求的扩大超过实际生产的增长,通货膨胀就不可避免。而在这种情况下,生产必然出现停滞或下降,从而造成滞胀的局面。

供给学派认为,促进经济增长的着眼点不应是需求而应是供给。"萨伊定律"之所以正确,是因为供给是需求的惟一可靠的源泉。没有供给就没有需求,没有出售产品的收入,也就没有可以用来购买商品的支出。因此,只要依据"萨伊定律"去做,制定一系列的供给管理政策来刺激储蓄,储蓄自动转化为投资,投资增加就能提高劳动生产率和增加产量,从而促进经济的增长。这样,一个没有通货膨胀的充分就业均衡就会出现。

在此基础上,也有人把20世纪70年代的宏观经济病症称为"供给冲击"(supply shock),也就是成本或生产率发生突变,从而使总供给急剧变动。这一病症在1973年最为严重。那一年被称为"七灾之年",其显著的标志是:农作物歉收、海洋环流转变、世界商品市场大规模投机、外汇市场剧烈波动以及由中东战争引起的世界原油价格猛涨,涨幅高达4倍,等等。[①]

---

① 〔美〕保罗·萨缪尔森、威廉·诺德豪斯著,萧琛等译:《宏观经济学》,华夏出版社1999年版,第58页。

由于供给学派十分重视供给方面,因而其政策主张(供给学派的政策主张主要表现在财政政策方面)也多针对供给提出。但这些供给政策的重要部分仍属于扩张性财政政策,除去一些调整供给的政策外,它们集中表现在减税方面。具体说来有:

1. 为刺激资本形成而减税。这包括加速折旧政策,即将机器设备名义上的使用年限缩短,每年多提可以免税的折旧。加速折旧使企业能提前收回投资,刺激投资的增加。里根政府于1981年实施了这一政策。其次,降低公司所得税税率,让企业保留更多的税前收入,增加了企业的再投资资金。另外,降低资本增值税。资本增值税是指在金融资产以高于原价卖出获利时征收的税种。在供给学派的倡导下,美国国会于1979年和1981年两次降低了资本增值税税率。

2. 对储蓄收入减税。由于对利息收入和股息收入减税会刺激储蓄增加,从而为投资增长创造条件,所以,美国政府在实践中推行了这一政策,从1985年开始对利息收入减税。

3. 降低个人所得税税率。这能鼓励人们更勤奋地工作,把更多的时间用于工作,而用更少的时间去享受闲暇。里根总统减税方案的重点就是削减个人所得税,在他的任期内曾分三个阶段大幅度地削减个人所得税。1981年削减5%,1982年削减10%,1983年再次削减10%。1987年,美国开始实施号称"第二次美国革命"的《1986年税制改革法案》,其特点就是大幅度降低税率,使个人最高税率从过去的50%减低到28%,档次由14级(从11%到50%不等)简化为2级,即28%和15%。同时,为了减少避税行为的发生,减少和取消了许多税收优惠。

4. 研究与开发费用可以免税。由于总供给的多少也取决于技术水平。所以,为了刺激技术进步,要对研究与开发费用免除税负。1981年美国法律规定,公司用于研究开发的费用可从应纳税额中扣除。这项规定激发了私人领域进行开发研究和技术创新的热情。①

公正地说,里根政府所采取的供给学派的政策也不乏可圈可点之处:如将经济政策的重心由需求方面转向供给方面,强调宏观经济政策的微观基础,注重激发企业的投资热情和个人的工作积极性;另外,它鼓励技术创新,为高科技革命、产业结构的调整升级创造了良好的外部环境。最为重要的

---

① 晏智杰主编,张延、杜丽群编著:《西方市场经济下的政府干预》,中国计划出版社1997年版,第179页。

是,这类政策主张和观点使人们认识到,在解决市场的周期波动问题时,政府也不是万能的,关键是如何界定政府和市场二者的职能范围,使市场机制保持其强大的生命力。

无论如何,里根政府的经济政策实践毕竟使美国经济从"滞胀"的困境中摆脱出来了。整个 20 世纪 80 年代,美国的 GDP 增长率比西欧主要国家高出 0.5%—1%,而失业率则低 2%—4%。政策效果比较显著,但财政赤字仍然居高不下,其占 GDP 的比重在 1985 年高达 5.34%,里根第一任期内,联邦预算赤字之和甚至大大超过了战后其余历年净赤字之和。[1]

当然,上述政策主张也招致了理论界的一些批评。批评意见主要包括:

第一,减税效应不确定,而且发生作用的时间太长。例如,减税后增加了可支配收入,当收入效应大于替代效应时,人们也许会选择更多的闲暇,而不是更多的工作。

第二,减税扩大了收入分配中的不平等。降低累进税率会使富人从减税中获得的好处比穷人多。另外,高收入者多数是企业主,他们将从降低资本收益税中获得更大的好处。因此,里根的减税计划实质上是"劫贫济富"。

第三,减少福利支出和规章制度会影响公众福利。放宽环境保护、商品检验等条例来刺激企业发展,那无疑是牺牲公众利益来增加企业利润。

我们说,如果从更广义的角度来看,里根政府的经济政策实践尽管增加了战后历届美国政府所没有强调的保守主义色彩(即更多的经济自由主义性质),但是,他并没有放弃扩张性财政政策,也不可能在实际上抛开扩张总需求的政策。因为减税本身就是扩张性财政政策的应有之义。里根政府实行减税的目的是刺激社会投资的增加,但这在增加社会生产供给能力的同时,显然也增加了总需求。因为投资活动是具有两面性的,在当期内,甚至在最初几年内,投资都造成了社会需求的增长。这是投资的短期效应。但是,随着时间的推移,投资活动逐渐完成,以增加社会需求为主的短期效应便开始转化为以增加社会供给为主的长期效应。即便如此,在生产活动进行时,它们所造成的社会需求(对劳动和原材料,乃至对生活资料等的需求)仍然会比社会原先的绝对水平有所增长。而里根政府实行的减税政策事实上并没有更多地显现出长期效应,而只是表现出了一定的短期效应。此外,里根政府极力推动的"星球大战计划"也极大地增加了政府的军事开支和采购。这在性质上仍然与凯恩斯主义的扩大政府开支的政策有异曲同工之

---

[1] 商庆军:《美国"新经济"述评》,《南开经济研究》2000 年第 1 期。

处。由此观之,里根政府的财政赤字大大超过美国历史上历届倾向于实行凯恩斯主义扩张性财政政策的政府所拥有的财政赤字,也就不足为奇了。

至于里根政府能够降低通货膨胀,恐怕与该政府支持紧缩货币供给的政策和国际上石油价格的下降存在着密切的关系。

可见,尽管从舆论上给人的感觉是,在经济"滞胀"的情况下,里根政府奉行了与他以前历届政府截然不同的经济主张和经济政策,但是,实际上,不同形式的扩张性财政政策在里根政府中依然占有重要地位。对此,我们应该正确地理解,恰当地估计,而不能仅仅停留在表面性的看法上。

三、20世纪90年代美国新凯恩斯主义的经济政策实践

20世纪80年代末和90年代初美国的经济衰退与新自由主义经济政策的失误,为凯恩斯主义在理论和政策上走出危机提供了条件。1989—1992年,美国实际GDP年平均增长约为1%,而1983—1988年为3.8%。从1989年第一季度到1990年第三季度的七个季度内,出现了经济增长的逐步停滞,在其后的两个季度内出现了GDP的绝对下降,1991年全年的经济增长率出现了0.7%的负增长。[1]

1992年11月,克林顿当选为美国总统,在新的经济形势下,积极采纳了新凯恩斯主义经济学的一些观点和经济政策主张。克林顿政府的经济政策的基本观点是:政府必须干预经济,尤其要进行财政干预,以实现充分就业和经济增长的战略目标。克林顿政府加强干预经济的原因在于,一方面,当时银行体系疲软,生产能力继续萎缩;另一方面,政府干预比不干预在政治上所承担的风险要小。1994年为国会选举年,如果政府不干预,经济再度衰退,就会得不偿失;如果政府刺激经济,维持一个较高的增长率,引发通货膨胀的危险性也并不大。基于这些考虑,克林顿政府采取了以下具体措施:

(一) 实行短期财政刺激

为增加社会就业,克林顿政府决定采取短期扩张性财政政策,通过扩大政府支出来达到目的。克林顿曾计划在执政的头两年内,增加310亿美元

---

[1] 刘骏民主编、姚国庆副主编:《宏观经济政策转型与演变——发达国家与新兴市场国家和地区的实践》,陕西人民出版社2001年版,第68页。

的政府开支,以缓解 900 万人的失业。不过,由于共和党人和部分民主党人认为当时的美国经济已经开始回升,无需刺激,并指责这项拨款提案没有相应地削减政府支出,会在今后几年增加联邦赤字。结果,这项计划在国会讨论中被否决,只有用于延长失业救济的 40 亿美元开支获得国会通过。

(二) 长期削减财政赤字计划

与此相对照的却是,削减财政赤字,减少政府债务,也是克林顿经济政策的核心内容之一。克林顿政府急切削减财政赤字,显然与为实现增加就业而扩大政府支出的财政政策相悖。其原因在于,里根、布什时代积累了巨额的财政赤字和债务,占用了私人生产资金,高债务导致的高利率排挤了私人投资,减少了居民消费(主要指抵押贷款的住宅、汽车购买),增加了贸易赤字,最终导致经济增长乏力;同时,巨额赤字负担与利息支付,也使政府得不到足够的资金和民众的政治支持来推行扩张性财政政策。所以,对于克林顿政府来说,减少财政赤字势在必行,是不得已而为之。如果说,实现充分就业和经济增长是克林顿政府的战略目标,那么,削减财政赤字则是其策略性手段。对此,政府是从增税和减支两个方面着手的。

1. 税收调整计划

由于里根政府的税收体制被认为有"劫贫济富"之嫌,所以克林顿政府决定从税收结构上进行调整。他主张对高收入者提高税率。如提高个人所得税的边际税率,对已婚夫妇年收入超过 14 万美元,单身纳税者收入超过 25 万美元的,其税率从 31% 提高到 36%;年收入超过 25 万美元者加征 10% 的附加税。提高了公司所得税,对年利润超过 1 000 万美元的大公司,税率由 34% 提高到 36%。

在增税的同时,克林顿政府决定对中低收入家庭和小企业实行减税,即对 4 000 万中低收入者和 90% 的小企业减税。

2. 减支计划

在削减政府开支方面,克林顿计划在 4 年内削减 2 470 亿美元,其中,国防费用减少 760 亿美元,医疗保健和退伍军人福利开支减少 910 亿美元,冻结联邦工作人员工资一年,以节支 83 亿美元;精简政府机构,克林顿于 1993 年宣布白宫裁员 25% 的计划;同时,削减增长过快的老年及残疾者医疗保险计划、低收入家庭补助计划、联邦退休计划、农场主补助金、退伍军人计划、大学生贷款计划等。

(三) 改革福利制度

克林顿认为,美国当时的福利制度只为一小部分人保了险,而超过15%的美国人(接近3900万人)直到1992年还没有保险。这既不公平,又使现行制度没有效率。于是,他强调建立更广泛的高效医疗保健网络,雇主应为职工提高医疗保险。

(四) 长期投资计划

克林顿政府计划4年内投资1600亿美元,以消除公共部门和私人企业的负债投资,其中将总计480亿美元的投资用于基础设施建设,如高技术产业、交通、通讯、环保、能源、住房及社区开发等。此外,还要投资于教育、职业教训、研究与发展来开发人力资源。

另外,克林顿政府还陆续提出建立"信息高速公路"的计划,刺激和推动官方与民间联合研究开发新技术及加速政府对民间先进技术的转让等一系列重大措施,加强政府对经济的干预与调控。

克林顿政府的上述这些措施取得了显著的成果,在其任期内,美国经济呈现出"两低一高"的良好态势,即低失业率、低通胀率和高速经济增长,号称战后美国经济真正的"黄金时代"。克林顿政府的经济成就具体表现在:

1. 财政赤字大幅削减,并实现了年度财政盈余。1992年的财政赤字为美国最高记录,达2900亿美元。1997年已经降至20世纪70年代来的最低点,为220亿美元。1998年美国出现了20世纪60年代以来的首次联邦盈余,约630亿美元。之后,联邦政府连续实现预算盈余,2000年财政年度盈余达2560亿美元,创历史新高。

2. 实现了经济的快速增长。美国经济在1994年成功实现了软着陆。1997年,经济增长率达到3.8%。1998年又升至4.1%。2000年,全球经济增长率为4.2%,其中,美国为5.2%—5.3%,是17年来最高的。

3. 股市上涨,投资者和消费者信心增强。1990年,道琼斯指数为3000点左右,1995年初升至近4000点。1999年3月16日则冲上了万点大关。

4. 保持了物价稳定。1992年以来,美国消费者价格指数稳定下降。1994—1996年徘徊于3%以下,1997年降至30多年来少有的1.4%的最低点。

5. 国家创新能力和竞争力显著增强。美国的知识技术密集型产业已成为最具竞争力的产业,其新技术产业,如电脑、软件和半导体产业已取得世界技术领先地位,并创造出全球市场对其新产品的需求。①

2001年,美国经济又出现下滑趋势。为此,小布什总统提出了1.6万亿美元的减税计划,税收政策也开始再次表现出供给学派的色彩,倾向于保护富人利益。不过,要观察小布什政府这些政策的实际效果,尚需假以时日。

尽管有人把克林顿政府的经济成就归功于以全球领先的新技术为基础的新经济发展的结果,但不可否认的是,克林顿政府的适当经济政策显然是推动这种发展的重要条件。而在克林顿政府的经济政策中,包括增加政府开支在内的扩张性财政政策依然发挥了重要作用。

四、美国扩张性财政政策实践给我们的启示

通过对战后美国政府经济政策实践的考察,我们可以看到,美国在20世纪大多数年份的经济发展过程中,是长期运用扩张性财政政策来推动经济增长的。除去20世纪30年代的"罗斯福新政"和40年代的战时经济中,美国政府试验性地和不自觉地采取扩张性财政政策取得的成功之外,20世纪50年代扩张性财政政策并未停止。而在60年代,凯恩斯主义的扩张性财政政策(以减税和增加政府支出为主要特征)则达到了相对成熟和相对自觉的程度,其结果是出现了所谓的美国战后历史上第一个经济增长的"黄金时代"。尽管在20世纪70—80年代严重通货膨胀时期,扩张性财政政策暂时受到抑制,或者说不占有突出地位,而且那一时期经济的萧条和呆滞也是显而易见的,但是,明显的事实仍然证明了积极财政政策的有效作用。美国著名经济学家、诺贝尔经济学奖获得者詹姆斯·托宾在20世纪70年代末、80年代初曾经借用马丁·贝利的统计图表②说:"他的图片显示,美国自1946年以来,特别是1961年以来,由于有意识地采取的内在稳定器的政策和相机抉择的政策,实际产量一直是多么更加稳定。"③ 在20世纪90年代,美国历史上第二个经济增长的"黄金时代"的出现尽管与供给需求两方面经济政策都有关系,但是,扩张性财政政策具有明显的作用,也显然是不容否

---

① 秦凤鸣:《转变中的美国财政政策》,《当代亚太》2001年第7期。
② 参见M.N.贝利:《稳定化政策与私人的经济行为》,载《布鲁金斯经济活动论文集》1978年第1期,第14页。
③ 詹姆斯·托宾:《资产积累与经济活动:十年后的稳定化政策》,葛奇、乔依德译,商务印书馆1992年版,第49页。

认的。美国历史上的这些经验,对于我们发展社会主义市场经济,推动我们的经济摆脱不景气,维持经济稳定和经济增长,是可以从中得到一些有益的启示的。

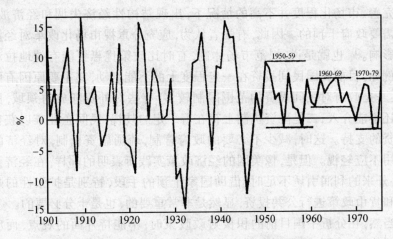

20 世纪 70 年代美国经济中实际产量的变动

资料来源:詹姆斯·托宾:《资产积累与经济活动:十年后的稳定化政策》,商务印书馆 1992 年中译本,第 48 页。

(一) 应该合理界定政府干预和市场调节的范围

美国政府的经济政策实践告诉我们,为了刺激经济增长,需要实行增加财政开支式的扩张性财政政策,但是,扩张性财政政策并不限于增加政府的财政开支。减税也是扩张性财政政策的内容之一。此外,在正常情况下,减少政府对经济的过多干预和管制,为企业创造一个宽松的竞争环境,同样也能实现经济扩张的目的。

我们在借鉴美国政府的扩张性财政政策时,必须清楚地认识到,中美两国经济的微观基础是不同的。美国的市场经济经历了几百年的发展历程,在 20 世纪已经完成了从自由竞争的资本主义向国家垄断的资本主义的过渡。当经济出现萧条时,被认为是出现了市场失灵,因而需要政府予以干预。

而中国经济却属于由计划经济向市场经济过渡的阶段,体制转型期的诸多不确定性导致了消费、投资需求被抑制。如养老、医疗、教育改革都在进行之中,居民预期未来的支出水平较高,因此降低了当前的消费倾向。又如,在产权制度有待健全的今天,私人投资者的投资需求也没有被充分释放出来。此外,中国经济在向市场经济体制转变过程中,也发生了结构性的经济失调,出现局部产品过剩和部分产品供给不足。所以,我们是在市场机制尚不完善、市场化程度并不高的情况下,出现结构性经济失调和经济波动,因而需要政府干预的。因此,有学者认为,应充分重视市场化改革对经济增长的影响。① 也就是说,规范市场体制,有时比政策优惠更能有效地拉动经济。例如,目前我国民间投资在一定程度上的不能启动,其主要原因有两个方面:一是政府对民间投资的范围限制较多,有些对外资开放的领域,民间资金还不能介入;二是融资机制上存在着一定的歧视,民间企业难以获得银行信贷的支持。这时,减少不必要的政府管制,疏通融资机制,对经济的拉动作用不应轻视。但是,像美国的经济政策实践所表明的那样,在经济萧条时期,外来的利润引诱不足时,借助国家干预的手段,特别是扩张性的财政政策和货币政策进行公共投资,显然是非常重要的,也是十分必要的。

当然,在分析中国目前的积极财政政策时,不能持片面的观点,而应该客观对待:一方面,要看到它可能产生的重要作用;另一方面,也要看到它可能产生的消极影响,如增强政府对经济的直接干预,有时与改革的目标存在着相抵触的情况;在中国的国情下,政府投资的效率有时也难以达到预期的效果;随着时间的推移,国债投资项目也逐步会出现效率递减现象;再加之资金使用过程中的腐败问题,贪污、浪费、工程质量低下的问题在一定程度上也在所难免。② 所以,有学者由此认为,财政投资对整个需求的拉动只是起一种短期调节作用,它只能刹住经济下滑的势头,起到一个启动经济的作用,但很难支持长期的稳定增长。③ 对此,我们认为,应该解决两个层次的问题:一是要合理界定政府干预和市场调节的界限范围,既不能片面强调政府干预而忽视市场调节的作用,也不能单纯强调市场调节而不要政府干预;二是要辩证看待政府经济政策的运用,既不能单纯依靠某一政策(如扩张性财政政策),也不能不注意长期和短期的不同效应。

(二) 要辩证看待财政预算平衡

美国政府的财政政策实践告诉我们:一方面,不能片面追求预算平衡,

---

① 吴俊培:《积极财政政策及效应评价》,《当代财经》2001年第12期。
② 刘国光:《对几个宏观经济问题的看法》,《改革》2002年第2期。
③ 《积极财政政策是得不出乐观的结论的——吴敬琏教授访谈录》,《云南财贸学院学报》2001年第2期。

应该树立功能性财政的思想,让财政为国家的经济发展和经济增长服务。在功能性财政思想指导下,根据经济的具体情况,在特定情况下,该盈余就盈余,该赤字就赤字,不能过于死板。当经济出现供求相差过大时,一味恪守预算平衡原则,只会使经济形势更加恶化。我国自1998年以来实施积极财政政策所取得的成效,也有力地证明了这一点。另一方面,一味单纯依赖国债投资和赤字财政政策也绝非良方。财政赤字在拉动经济增长的过程中,尽管有积极效应,但是其效应是递减的。从美国赤字财政政策运用的历史也可以看出,过大的财政赤字在货币政策配合不当或者货币政策无法配合的情况下,有引发通货膨胀的危险,有时甚至会危及政府信用。克林顿政府在削减赤字的同时,还成功实现了产业结构调整和经济增长,其经验值得认真研究。由此也可见,赤字开支并非刺激经济增长的惟一途径。

在我国,近几年政府债务规模的扩大有力地支持了积极财政政策,拉动了经济增长,但是也使财政风险加大了。2000年中央财政赤字(含债务利息支出)2 597亿元,占GDP的比重已接近欧盟规定的3%的标准。从债务负担来看,2000年国债发行4 180亿元,国债余额13 011亿元,国债占GDP的比例为14.6%。2001年国债发行4 000多亿元,国债余额达15 000多亿元,占GDP的比重为16%左右。[①] 此外,我国财政还存在大量的隐性债务,主要包括:未纳入预算的转贷地方建设国债,补充国有银行资本金的特别国债,未纳入预算的国务院有关部委以政府名义从世界银行、亚洲开发银行、外国政府借入的政府主权外债,国有银行不良贷款损失,粮食亏损挂账和社会保障基金支付缺口等。这些欠账最终都是要由国家财政来弥补的。据初步测算,这些隐性债务约占GDP的40%。显性债务和隐性债务合计也已接近欧盟规定的60%的标准。所以,在发行国债时,一定要考虑这些因素,注意控制风险,不能将巨额赤字长期化。

(三) 在以扩张性财政政策拉动需求的同时,也要注重供给的改善

20世纪80年代,美国政府在出现经济"滞胀"以后,采取了增加供给方面的政策,即注重提高供给者的活力。这一政策的影响应该说是长期的,它带来了美国在20世纪90年代以来经济长时期的增长。

我国经济学家认为,在东南亚金融危机爆发以后,我国政府除了采取刺激需求的积极财政政策外,实际上也实施了供给方面的政策,即启动、发挥

---

① 徐放鸣、王利华:《2001年我国财政政策和货币政策分析》,《财政研究》2002年第2期。

供给者(企业)的活力。从1997年开始到1998年,政府制定了全面扶持中小企业的政策。党的十五大确定了以多种实现形式的公有制经济为主体,多种所有制共同发展的方向。这种基本经济制度的规定,具体表现为国有经济有进有退,寻找和发展公有制的多种实现形式;确认私营、民营经济是社会主义市场经济的重要组成部分并写进宪法。党的十五届四中全会又进一步明确了国有企业有进有退的具体范围,强调放开搞活中小型国企等等,这些措施都促使国企改革、经济回升的进度迅速加快。① 正是由于在需求和供给两方面都采取了相应政策,才得以使经济形势出现好转。

由于我国经济中存在的是结构性供给过剩,即一方面,大量性能、质量低的产品出现过剩,另一方面,消费者对性能、质量高的产品的需求则得不到充分满足。由于人们对劣质品需求的收入弹性为负数,对优质品需求的收入弹性为正数,所以,尽管这些年来,人们的收入水平在增长,但对质量不高的产品的需求却在减少。如果我们能改善供给结构,发挥生产者的积极性,优化产品性能、质量、结构,无疑有助于释放潜在的需求。目前,理论界对扩张总需求的财政政策能走多远看法不一,但对改善供给结构政策的长期适用性却基本意见一致。

(四)通过加强人力资本投资和鼓励科技创新,实现产业结构的调整升级

这实际上也是在增大政府开支的同时,改善供给的一个方面。从美国历届政府的扩张性财政政策实践可以看出,他们十分重视这一点。如:里根政府曾经规定,科技研发与新产品研发费用可从纳税基数中扣除;克林顿政府则大力扶持"信息高速公路"计划的实施等。这些政策的采用,都使美国在信息技术发展过程中,经济得到了快速发展。

应该说,利用政府开支来改善经济结构,提高人力资本投资,促进科技创新和技术改造,是对扩张性财政政策的一种灵活运用。这种做法大大扩充了西方国家原先意义上所运用的财政政策的性质和范围。认识到财政政策的这种作用,对于我们如何借助政府的经济政策推动经济增长具有重要的意义。我国在"九五"后半期,利用国债资金支持了一大批技术改造、高科技产业化、装备国产化项目,有力地配合了国有企业改革工作。尽管,从资

---

① 《积极财政政策是得不出乐观的结论的——吴敬琏教授访谈录》,《云南财贸学院学报》2001年第2期。

源配置到产品供给都仍然带有某种计划经济色彩,而且产业结构的优化与升级也缺乏制度保障,但其成效却是有目共睹的。今后,我们应该在这方面进一步考虑政府投资怎样才能更有效地带动民间投资进行科技创新。在进一步改革方面,则要对此加以配合,使体制制约造成的技术投资意愿不足、投资行为不活跃的状况得到改善。

总之,借鉴以美国为代表的西方发达市场经济国家在20世纪长期运用扩张性财政政策的经验教训,我们可以受到一些启发,得出这样的看法:即,在市场经济发展过程中,由于经济波动不可避免,政府必须主动运用宏观经济政策去调节和稳定经济,特别是积极运用扩张性财政政策,扩大社会总需求,保持经济的稳定和增长。尽管,扩张性财政政策从本质上来看,属于一种短期政策,但是,美国的经验表明,在长期中连续实行扩张性财政政策是会产生一些长期的累积性结果的(美国在20世纪70—80年代的严重通货膨胀就是一种表现)。对此,我们必须认真加以对待,而在运用扩张性财政政策增加社会总需求的同时,这种政策所包含的改善社会总供给的积极作用,对我们具有新的启发和理论意义。所以,我们认为,在中国当前的形势下,继续实行扩张性财政政策仍然具有必要性和可行性,只是在扩张性财政政策的运用程度和方向上,应该加以及时地和恰当地调节,同时要注意其他经济政策的配合和相应的经济体制和制度的改革,以便尽可能减少连续实行扩张性财政政策所产生的消极累积性效果,发挥其积极作用。

参 考 文 献

1. 陈宝森:《美国经济与政府政策——从罗斯福到里根》[M],世界知识出版社1988年版。
2. 〔美〕赫伯特·斯坦著,金清、赫黎莉译:《美国总统经济史——从罗斯福到克林顿》[M],吉林人民出版社1997年版。
3. 〔美〕詹姆斯·托宾著,何宝玉译:《通向繁荣的政策——凯恩斯主义论文集》[M],经济科学出版社1997年版。
4. 〔美〕达尼·罗德里克:《混合经济是20世纪最宝贵遗产》[N],《参考消息》2000年9月4日。
5. 〔美〕哈罗德·A.福克纳著,王昆译:《美国经济史》(下卷)[M],商务印书馆1964年版。
6. 〔美〕保罗·萨缪尔森、威廉·诺德豪斯著,萧琛等译:《宏观经济学》[M],华夏出版社1999年版。
7. 〔美〕詹姆斯·托宾著,葛奇、乔依德译:《资产积累与经济活动:十年后的稳定化政策》[M],商务印书馆1992年版。

8. 晏智杰主编,张延、杜丽群编著:《西方市场经济下的政府干预》[M],中国计划出版社1997年版。
9. 颜鹏飞、张彬主编:《凯恩斯主义经济政策述评》[M],武汉大学出版社1997年版。
10. 刘骏民主编、姚国庆副主编:《宏观经济政策转型与演变——发达国家与新兴市场国家和地区的实践》[M],陕西人民出版社2001年版。
11. 王传纶、高培勇:《当代西方财政经济理论》(上、下)[M],商务印书馆1995年版。
12. 朱明熙:《西方财政研究》[M],西南财经大学出版社1999年版。